고용정책론

김영중

National
Employment Policies
in Korea

박영사

책을 발간하며

2022년 9월, 필자가 30년 공직생활을 마감하면서 마음에 남는 과제가 하나 있었다. 바로 고용정책의 현실과 접목하여 고용정책 관련 이론을 체계적으로 정리하고, 다가올 미래에 대비하는 고용정책 방향을 제시하는 작업이다. 이 책을 내면서 비로소 필자가 1993년 시작한 공직생활을 온전히 마감해도 되겠다는 안도의 마음이 든다.

1997년 말 미증유의 외환위기에서부터 2008년 글로벌 금융위기, 그리고 2020년 코로나19 팬데믹에 이르기까지 다양한 고용문제에 직면하여, 그간 고용 분야에서도 수많은 정책이 만들어지고 일부는 사라져 가곤 했다. 이 과정에서 다양한 고용정책을 뒷받침하는 이론과 정책 사례도 축적되고 국민적 관심도 높아져 갔으며, 고용 인프라와 예산도 급격히 확대되었다.

하지만, 한 가지 아쉬운 점은 아직 고용정책에 대한 종합적인 지식 축적이 제한적인 상황이라는 사실이다. 그동안 고용정책의 여러 제도와 사업에 관한 연구는 비교적 활발하게 진행되었지만, 고용정책 분야 전반을 개괄할 수 있는 기본틀에 대한 연구와 논의는 상대적으로 부족했다는 생각이 든다. 한국의 고용정책을 종합적으로 이해할 수 있는 총론서 또는 개론서를 찾아보기 어려운 현실이 이를 잘 보여주고 있다.

이는 여러 가지 현실적인 문제를 초래한다. 고용정책 분야를 처음 접하는 입문자가 고용정책에 대한 종합적인 시야를 키우기 어려울 뿐만 아니라, 고용정책 각 분야에서 실제 정책을 기획하고 집행하는 고용정책 참여자들에게도 타 고용정책 분야와 어떻게 연계·협력해야 하며, 정책 간 상충되는 요소를 어떻게 해결해야 할지 실마리를 찾기 어렵게 된다. 즉, 고용정책에 대한 큰 그림을 보고 각 세부 분야의 역할과 방향을 고민할 수 있어야 하는데, 큰 그림을 이해할 수 있는 지식 기반이 미흡하다고 현 문제점을 요약할 수 있겠다.

이 책의 출발점은 바로 이러한 문제 인식이다. 부족하나마 현 상황에서 진일보하기 위하여 필자 나름대로 그간 고용정책 분야에서 축적된 연구 결과물을 종합하고, 아직 충분히 논의되지 못한 주제에 대해서는 필자의 견해를 정리하여 향후 논의의 출발점이 될 수 있도록 정리해 보았다.

이 책은 크게 2부로 구성되어 있다.

제1부는 '고용정책의 이론과 현실'이라는 제목 아래, 고용정책의 기초가 되는 사항을 5개 장으로 정리했다. 1부의 내용은 아직 충분한 연구와 논의가 진행되지 못한 주제가 많으며, 필자가 거칠게라도 문제 제기 차원에서 정리한 내용이 많이 포함되어 있다.

1장에서는 고용정책의 개념과 유형 및 대상을 세분화해서 살펴보고, 2장에서는 고용정책의 토대가 되는 법령, 예산, 조직, 전달체계를 다루고 있다. 3장에서는 그간 우리나라 고용정책의 역사를 주요 정권별로 요약적으로 살펴보고, 4장에서는 고용보험을 비롯하여 적극적 노동시장정책과 소극적 노동시장정책 등 주요한 고용정책 수단을 상세하게 기술하고 있다. 5장은 고용정책의 과정에 대한 이해를 돕기 위해 고용정책의 주요 참여자 및 네트워크를 설명하고, 고용정책의 과정을 단계별로 나눠서 살펴보고 있다.

제2부는 '고용정책의 미래'라는 제목 아래, 향후 우리나라가 직면할 핵심적인 고용 이슈를 선별하여 필자가 생각하는 의미 있는 정책 대응 방안을 8개 장으로 나눠서 정리해 보았다. 필자의 개인적인 정책 소신이 반영된 내용이 많으며, 바라건대 이를 토대로 생산적인 토론이 확산되길 희망한다.

6장은 인구구조 변화가 노동시장에 미칠 영향에 대해 주목하여 인력 부족, 고령화, 청년 고용, 지역 고용의 문제를 분석하고 있다. 7장은 AI와 로봇과 같은 디지털 혁신이 일자리에 어떤 영향을 주게 될지 살펴보고, 이와 함께 급격히 확산하고 있는 플랫폼노동 문제를 다루고 있다. 8장은 글로벌 리스크로 인한 노동시장 영향을 분석한다. 글로벌 리스크 중 감염병 확산, 기후 위기, 탈세계화와 포퓰리즘 등이 주요한 주제이다. 9장은 일하는 방식의 변화가 가져올 일자리의 미래를 다루고 있다. 일하는 시간과 공간의 유연화, 일과 생활의 균형, 일과 교육·훈련의 조화 등의 이슈는 일자리와 삶의 조화를 위해 핵심적인 관심사가 될 것이다.

10장은 MZ세대의 등장이 노동시장에 지니는 의미를 분석하고 있다. 워라밸, 자본주의 키즈(kids), 디지털 네이티브(digital native), n잡러, 공정 등 MZ세대를 특징짓는 키워드를 중심으로 이들 세대가 가져올 노동시장의 변화와 과제를 살펴보고 있다. 11장은 여전히 풀지 못하고 있는 숙제인 양극화 문제를 일자리의 관점에서 조망한다. 양극화의 분절선이 되고 있는 대기업 vs. 중소기업, 정규직 vs. 비정규직 간의 대립 구도를 분석하고 근로빈곤층 문제도 다룬다. 12장은 인력부족 시대에 대응하는 해법으로 외국인력 이슈를 분석한다. 외국인력 수입 및 이민 관련 이슈뿐만 아니라, 북한이탈주민, 결혼이민자, 유학생 등 잠재적인 노동인력을 활용하는 방안을 제시하고 있다. 마지막으로 13장은 고용정책 집행시스템의 미래를 이슈로 하고 있다. 효율적인 고용정책 수행을 위해 필요한 핵심적인 고용서비스 제공 주체에 대한 고민에서부터 다양한 집행기관 간의 연계, 디지털 고용서비스 확산 방안 등을 제시하고 있다.

이 책이 나오기까지 많은 분이 도움을 주셨다. 무엇보다 필자의 공직생활 동반자가 되어 주었던 고용노동부의 많은 선배, 동료, 후배 분들의 지혜와 열정, 그리고 함께했던 뜨거운 토론 등이 필자에게 체화되어 글로 나타난 것으로 생각된다. 특히, 고용정책에 대한 끊임없는 애정과 열정으로 가득한 이재갑 전 고용노동부 장관님을 비롯해서, 나영돈 한국고용정보원 원장님, 장신철 교수님, 이수영 교수님 등의 조언은 이 책을 더욱 풍성하게 해 주었다. 이와 더불어, 한국노동연구원과 한국고용정보원, 한국직업능력연구원을 비롯한 여러 고용 관련 연구자들의 지속적인 연구 성과가 없었다면 이 책의 많은 내용은 채워지지 못했을 것이다. 지면을 빌어 이 모든 분들의 도움과 노고에 감사의 말씀을 전하고 싶다.

아울러, 필자의 정책학 지식 기틀을 만들어 주신, 이젠 고인이 되신 Peter deLeon 교수님의 열정과 헌신은 여전히 필자의 몸안에 살아있음을 이 책을 쓰면서 새삼 느끼게 되었다. 감사와 존경의 인사를 드린다. 이와 함께, 그간 정책학에 대한 고민과 토론을 함께해 온 문성진 교수님과 이정호 교수님께도 감사드린다. 또한, 이 책이 세상에 빛을 볼 수 있도록 도와주신 박영사 관계자 분들, 특히 이 책을 훌륭하게 편집해 준 윤혜경 대리님께 감사드리며, 이 책을 집중해서

쓸 수 있도록 도와주신 국립중앙도서관 관계자 분들께도 고마움을 전한다.

그리고 무엇보다, 공직생활 내내 그리고 특히 명예퇴직 후 이 책을 쓰는 동안에도 항상 편안한 안식처를 만들어 준 아내와 두 딸, 그리고 어머니를 비롯한 가족들의 끝없는 사랑과 헌신은 항상 필자에게 큰 힘이 되었으며, 책을 쓸 수 있는 원동력이 되었음을 새삼 깨닫게 된다. 감사와 사랑의 인사를 전하고 싶다.

한 권의 책을 마무리하면서 새로운 시작을 꿈꾼다.

여전히 고용 분야에는 해야 할 일이 많이 산적해 있으며, ChatGPT와 같은 생성형 AI는 새로운 시대의 도래를 알리고 있다. 과거의 지식만으로는 도저히 감당되지 않을 정도로 세상은 급속도로 변하고 있지만, 세상이 변하여도 일자리의 중요성은 사라지지 않을 것이다. 중요한 것은 일자리가 우리 개개인의 삶에 축복이 될 수 있도록 다양한 고용 문제를 적시에 해결하려는 노력이라고 생각한다. 그리고 이러한 노력이 결실을 맺기 위해서는 고용 분야에서도 새로운 지식의 축적을 가속화하고, 이에 더하여 우리 이웃의 삶에 티 잡은 창의성과 상상력을 추가하는 열정이 소중해질 것이다. 아무쪼록 이 책이 고용정책 분야에서 새로운 지식의 축적에 조금이나마 도움이 되길 희망해 본다.

2023년 5월
국립중앙도서관에서
김 영 중

목 차

— 제 1부 —

고용정책의 이론과 현실

— 제 2 부 —

고용정책의 미래

제 1 부

고용정책의
이론과 현실

고용정책론

제 1 장

고용정책의 기본 틀

1. 고용정책의 개념 및 기능

고용정책의 개념

정부 정책(public policy)은 기본적으로 공공의 문제를 해결하기 위한 정부의 대응 노력으로 이해할 수 있다. 같은 맥락에서, 고용정책은 '노동시장에서 발생하는 여러 가지 공공의 고용 문제를 해결하기 위한 정부의 대응책'을 의미하는 것으로 포괄적으로 정의할 수 있다.[1]

그러나, 아쉽게도 그간 고용정책의 영역에 대해서는 심도 있게 논의되지 못한 측면이 있다. 2000년대 이전에는 노동정책의 범주에 직업능력개발정책, 고용안정정책 등과 같은 고용정책을 포함하는 경향이 있었으나(김성중 외, 2006; 김영종 1992), 최근에는 역으로 고용정책의 영역에 임금정책, 근로기준정책, 노사관계정책, 산업안전보건정책 등을 포함하는 견해도 나오고 있다(임공수, 2018).[2] 또한, 고용정책을 사회복지정책의 한 분야로 포함하여 이해하는 '고용복지론'적 관점도 있으며, 사회보장정책의 한 분야로 고용보험, 고용서비스 등을 접근하는 흐름도 있다(김수원 외, 2008; 김승훈 외, 2022).

본 '고용정책론'에서는 고용정책기본법 제1조와 ILO의 고용정책 협약(Employment Policy Convention)[3]의 규정에 기초하여 고용정책의 영역을 전통적인 노동시장정책 중심으로 이해하고자 한다. 즉, 고용정책은 '국민의 일자리 기회 확대와 평생직업능력개발을 지원하며, 취업자의 고용안정과 구직자의 생계안정 및 원활한 취업을

---

[1] 공공의 문제의 범주를 결정하는 공공성(publicness)은 다양한 쟁점을 지닌 개념이다. 공공성에 대한 최근 논의는 권향원(2020)을 참고하기 바란다.

[2] 임공수(2018)는 고용정책을 '일하려는 사람에게 일할 수 있는 능력을 갖추어 주고, 차별받지 않으면서 원하는 일자리에 취업할 수 있게 하며, 적정한 근로조건으로 일하여 생활할 수 있게 하고, 실업을 예방하며 실업하게 되었을 때 다양한 지원방안을 시행함으로써, 한 나라의 노동력을 생성하고 효율적으로 사용하여 개인의 행복과 사회적인 안정을 도모하면서 경제적인 발전을 이룩할 수 있게 하는 종합정책'으로 정의한다.

[3] ILO의 Employment Policy Convention, 1964(No.122)는 제1조에서 고용정책의 목적을 규정하고 있다. 다음은 제1조의 내용이다. 1. With a view to stimulating economic growth and development, raising levels of living, meeting manpower requirements and overcoming unemployment and underemployment, each Member shall declare and pursue, as a major goal, an active policy designed to promote full, productive and freely chosen employment.

촉진하고, 사업주의 일자리 창출과 인력 확보를 지원해 주며, 노동시장의 인력수급 균형을 달성하기 위한 정부의 정책'으로 정의할 수 있다.

고용정책의 세부적인 내용은 고용정책기본법 제6조의 국가의 시책에 포함된 내용을 기본으로 하되, 사회·경제적 여건 변화에 따라 새롭게 대두되는 고용문제 해결을 위한 정책을 포괄하는 것으로 이해할 수 있다.

 참고 　　　　　　　　　　　**고용정책기본법상 국가의 시책 유형(제6조)**

1. 국민 각자의 능력과 적성에 맞는 직업의 선택과 인력수급의 불일치 해소를 위한 고용·직업 및 노동시장 정보의 수집·제공에 관한 사항과 인력수급 동향·전망에 관한 조사·공표에 관한 사항

2. 근로자의 전 생애에 걸친 직업능력개발과 산업에 필요한 기술·기능 인력을 양성하기 위한 직업능력개발훈련 및 기술자격 검정에 관한 사항

3. 근로자의 실업 예방, 고용안정 및 고용평등 증진에 관한 사항

4. 산업·직업·지역 간 근로자 이동의 지원에 관한 사항

5. 실업자의 실업기간 중 소득지원과 취업촉진을 위한 직업소개·직업지도·직업훈련, 보다 나은 일자리로 재취업하기 위한 불완전 취업자의 경력개발 및 비경제활동 인구의 노동시장 참여 촉진에 관한 사항

6. 학력·경력의 부족, 고령화, 육체적·정신적 장애, 실업의 장기화, 국외로부터의 이주 등으로 인하여 노동시장의 통상적인 조건에서 취업이 특히 곤란한 사람과 「국민기초생활 보장법」에 따른 수급권자 등(이하 "취업취약계층"이라 한다)의 고용촉진에 관한 사항

7. 사업주의 일자리 창출, 인력의 확보, 고용유지 등의 지원 및 인력부족의 예방에 관한 사항

8. 지역 고용창출 및 지역 노동시장의 활성화를 위한 지역별 고용촉진에 관한 사항

9. 제1호부터 제8호까지의 사항에 관한 시책 추진을 위한 각종 지원금, 장려금, 수당 등 지원에 관한 제도의 효율적인 운영에 관한 사항

10. 제1호부터 제8호까지의 사항에 관한 시책을 효과적으로 시행하기 위하여 하는 구직자 또는 구인자(求人者)에 대한 고용정보의 제공, 직업소개·직업지도 또는 직업능력개발 등 고용을 지원하는 업무(이하 "고용서비스"라 한다)의 확충 및 민간 고용서비스시장의 육성에 관한 사항

11. 그 밖에 노동시장의 효율성 및 건전성을 높이는 데 필요한 사항

이와 같은 고용정책의 개념 정의하에 고용정책의 범주를 협의의 고용정책과 광의의 고용정책으로 구분할 수 있다. 협의의 고용정책은 적극적 노동시장정책과 소극적 노동시장정책을 아우르는 노동시장정책으로 파악할 수 있으며, 광의의 고용정책은 노동시장정책에 더하여 고용보호법제(employment protection legislation) 등 노동시장 제도 관련 정책, 고용 관련 경제·산업·교육·복지정책을 포괄하는 개념으로 볼 수 있다.

일자리와 노동시장에 영향을 미치는 제반 정책을 포괄하는 측면에서는 광의의 고용정책을 분석하는 것이 타당하겠으나, 광의의 고용정책에는 상이한 정책 시스템을 지니고 있는 다양한 정책 분야가 포함되므로 정책 내용과 정책 과정의 통일적 이해와 분석에 한계가 있다. 특히, 고용 관련 경제·산업·교육·복지정책 등은 고용정책의 목적 이외에 각 해당 분야 정책의 고유 목적을 동시에 지니고 있다는 점도 고려할 필요가 있다.

따라서, 이 책에서는 협의의 고용정책인 노동시장정책을 중심으로 살펴보되, 후술하는 '고용정책과 인근 정책 분야'에서 고용정책과 유관 정책 분야와의 접점을 분석하고 본문 각 장의 필요한 영역에서 노동시장 제도 등 광의의 고용정책도 연관하여 살펴보고자 한다.

고용정책의 정체성(identity)

그간 우리나라에서 외환위기를 거치면서 고용정책의 중요성은 지속해서 커져 왔으나, 고용정책 분야가 독립된 학문의 영역으로서 그리고 독자적인 정책 영역으로서 많은 관심을 받지 못한 측면이 있다. 그 원인을 찾아보면 대략 다음과 같은 세 가지 요인을 찾아볼 수 있다.

첫째, 고용정책의 학제적(學際的, interdisciplinary) 특성에서 기인한다. 고용정책 분야는 여러 학문 분야에서 부분적으로 다루고 있다. 노동경제학, 직업학, 직업상담학, 노동법, 사회학, 사회복지학, 사회보장법, 고용복지론, 인적자원개발론 등 다양한 학문이 고용정책과 연결되어 있다. 이처럼 여러 학문 분야가 각기 해당 학문 분야의 시각에서 고용정책을 접근하다 보니 각 세부 분야의 연구 성과는 축적되고 있으나, 고용정책의 종합적인 틀 속에서 각 세부 분야를 바라보는 노력은 상대적으로 미흡한 측면이 있다. 아울러 고용정책을 제대로 이해하기 위해서는 위에서 언급한 여러 학문 분야에 대한 이해가 수반되어야 한다는 측면도 고용정책에 대한 종합적 접근을 어렵게 만드는 현실적인 요인이 되고 있다.

둘째, 고용 문제가 상대적으로 최근에 사회 이슈로 부각했다는 점도 주목할 필요가 있다. 우리나라는 1960년대 본격적인 산업화 시대를 거치면서 외환위기 전까지는 대량실업과 같은 고용 위기를 경험한 바가 없었기 때문에 고용 문제에 대한 국민과 정부의 관심이 크지 못했다. 오히려 산업화 과정에서는 근로 기준과 노사관계를 중심으로 한 노동정책에 대한 관심이 더 컸기 때문에 고용정책을 노동정책의 한 분야로 여기는 측면도 있었다(김영종, 1992). 그러나, 고용정책 분야는 외환위기 이후 급팽창하면서 2022년 정부 예산 607.7조 원 중 31.1조 원으로 약 5.1%를 차지할 정도로 규모가 커졌다. 높아진 고용정책의 예산 비중에 걸맞게 고용정책에 대한 체계적 접근이 필요한 시점이다.

셋째, 고용정책 관련 이해관계집단이 활성화되지 못한 측면도 고려할 필요가 있다. 고용정책은 대표적으로 실업자(구직자)와 사업주가 주된 정책 대상인데, 실업자를 대표하는 단체나 협회는 조직화되지 못한 측면이 있다. 실업자라는 특성이 일시적인 성격이 강하기 때문에 조직화되기 어려운 한계가 있고, 노동단체는 상대적으로 근로자의 권익 보호가 우선적인 관심사다 보니 고용정책에 대한 관여도가 노동정책보다는 약한 측면이 있다. 사업주단체도 고용정책은 주로 서비스 행정이므로 고용보험료 인상과 같이 사업주에 직접적인 부담으로 작용하는 정책이 아닌 이상 관심이 낮은 편이다.

또한, 민간 고용서비스 기관이나 직업훈련 기관도 그 숫자는 적지 않지만 상대적으로 영세하고 조직화 수준은 낮은 편이어서 고용정책에 대한 영향력이 크지 못한 실정이다. 이해관계집단의 활성화는 고용정책에 대한 사회적 관심을 높이고, 고용정책 분야에 대한 사회 내 인적·물적 자본을 높이는 순기능도 있다는 점에서 아쉬운 측면이 있다.

이상에서 살펴본 바와 같은 원인이 복합적으로 작용하여 그간 고용정책의 독자성에 관한 관심이 부족했지만, 갈수록 커가는 고용 문제의 중요성과 지속성을 감안하면 독립된 정책 영역으로서 고용정책을 분석하고 발전시키려는 노력이 중요하다.[4] 전형적인 고용 문제에는 대량실업, 취업난, 구인난, 인력수급 불균형, 숙련인력 부족, 취약계층 고용 촉진 등이 포함되며, 경제·사회적 환경의 변화에 따라 계속해서 새로운 고용 문제가 등장하게 된다.

예를 들어, 고령화 심화에 따라 정년 연장을 포함하여 고령자의 일할 기회 확대에 대한 요구가 커질 전망이며, 청년 고학력화에 따라 이에 상응하는 좋은 일자리를 늘리고 매칭 서비스를 효율화하는 과제가 대두되기도 한다. 또한, 정보화 사회의 급진전에 따라 소프트웨어 산업인력에 대한 수요가 급증하게 되어 숙련된 소프트웨어 인력양성 확대가 긴급히 요청되기도 한다.

이러한 관점에서 보면, 고용정책의 영역은 열려 있는 구조로 이해할 수가 있다. 즉, 고용정책의 대상이 되는 노동시장의 문제는 시대적 상황과 환경의 변화에 따라 계속 변화하는 특성이 있으므로 과거에 우리나라나 세계 여러 나라에서 해왔던 정책의 틀에 너무 매몰되고 한정될 필요는 없다.

사회 문제의 근본적인 구조를 이해하기 위해 밀즈(C. Wright Mills)가 '사회학적 상상력(sociological imagination)'[5]이라는 개념을 활용했듯이, 고용정책의 개념과 영역, 그리고 목적을 올바르게 이해하기 위해서는 변화해 가는 노동시장의 구조와 노동시장 참여자 간 역학 관계를 포함한 노동시장의 운영 기제에 대한 이해를 바탕으로 '노동시장에 대한 상상력'을 발휘하여 노동시장의 문제를 새롭게 정의하고 창의적으로 정책 대응을 해 나가는 노력'이 필요하다.

고용정책의 기능

고용정책은 사회·경제적 환경에 따라 수행하는 주된 기능이 변화한다. 우리

---

4 갤럽 CEO인 짐 클리프턴(Jim Clifton, 2015)은 그의 저서 '일자리 전쟁'에서 갤럽의 6년간의 세계여론조사 결과 전 세계가 가장 원하는 것은 '양질의 일자리'라고 결론지으며, 향후 국가의 운명을 좌우할 핵심 이슈가 '양질의 일자리'라는 사실을 인식하고, 국가의 리더는 양질의 일자리 창출에 모든 역량을 다해야 한다고 강조했다.

5 '사회학적 상상력'은 역사와 사회구조 그리고 개인의 삶 간의 관계를 이해하고자 하는 접근방법 이다. 개인이 일상에서 부딪치는 여러 문제의 원인에 사회구조가 어떻게 영향을 미치고 있으며, 인류사 속에서 현 시기의 위치와 의미를 파악함으로써 개인과 사회에 대한 비판적 고찰과 발전을 도모할 수 있다는 측면에서 사회학의 고전적인 사고 양식으로 볼 수 있다(C. 라이트 밀즈, 2004).

나라의 1970~1980년대 산업화 과정에서는 산업인력 육성 및 적시 공급이 가장 큰 임무였고, 1997년 말 외환위기, 2008년 글로벌 금융위기, 2020년 코로나19 팬데믹 위기 등의 상황에서는 대량실업 해소를 위한 실업 대책, 고용유지 및 안정, 실업자 생계 보호 등이 가장 중요한 역할이었다.

이처럼 시대적 상황에 따라 고용정책의 주된 기능은 변화할 수 있지만, 일반화해서 말하자면, 고용정책은 국민을 실업의 위험으로부터 보호해 주고, 차별없는 일자리 기회 제공을 통한 완전고용과 사회통합을 도모하며, 평생능력개발과 고용서비스를 기반으로 원하는 일자리에 취업할 수 있도록 지원하는 등 궁극적으로 국민의 삶의 질 향상과 노동시장의 안정과 균형, 지속적인 경제 성장에 기여함을 목적으로 한다.

노동시장이 상품시장과 가장 크게 다른 점은 노동시장의 대상이 되는 노동력은 인간과 분리할 수 없는 내재적 요소라는 점이다. 따라서 노동력에 대한 수요가 줄어든다고 해서 노동력을 폐기 처분할 수도 없고 노동력 공급을 줄이는 것도 궁극적으로 많은 사회적 비용을 수반하기 때문에 쉽지 않은 선택이 될 수밖에 없다.

이러한 노동력이 지닌 특성 때문에 정부는 고용정책을 통해 일차적으로 취업자를 실업이라는 사회적 위험으로부터 보호하는 노력을 하게 된다. 이를 위해 '고용보험'이라는 사회안전망을 구축하고 그 핵심 수단으로 실업급여 제도를 두고 있고, '국민취업지원제도'와 같은 한국형 실업부조 도입을 통해 고용보험의 안전망에서 벗어나 있는 구직자를 지원하는 제도를 운영하고 있다.

아울러 고용유지지원금을 통해 사업주가 경영상 어려움에 처한 경우에도 감원이 아닌 고용유지를 택할 수 있도록 지원해주는 제도를 시행하고 있기도 하다. 또한, 정부가 제공하는 직접일자리도 기본 취지는 '경과적 일자리'로서 민간 노동시장으로 가는 징검다리 역할을 하도록 설계된 정책 수단이다. 특히, 대량실업 위기 등의 상황에서는 노동력을 보존하고 생계를 지원하는 이중적인 역할을 하게 되므로 유용한 정책 수단으로 활용되고 있다.

또 다른 측면에서 보면 노동력은 경제성장의 원동력이기도 하다. 아무리 자본이 많아도 양질의 노동력이 공급되지 못하면 정상적인 생산활동이 이뤄질 수 없다. 따라서 경제성장에 필요한 양질의 산업인력을 적시에 양성하고, 지속해서 이들의 직업능력을 향상시키는 노력은 국가 경제의 경쟁력과 직결되는 요소이기도 하다. 특히 현대 경제에서 강조하고 있는 혁신 성장의 근본은 창의적인 인재

육성에서 출발하게 되므로, 인재 양성을 위한 적극적인 정책적 노력은 고용정책의 핵심적인 구성요소로서 그 역할이 더욱 커지고 있다.

구직자와 구인자 간에 고용정보가 잘 유통될 수 있도록 지원하고 개인별 특성에 맞는 고용서비스 제공을 통해 구직자의 조속한 취업을 지원하는 기능도 고용정책의 중요한 역할이다. 고용정보의 부족, 왜곡, 비대칭성 등의 문제는 인력 배분의 효율성을 떨어뜨리고 마찰적 실업을 늘리는 원인으로 작용한다.

따라서 정부 차원에서 국가 고용서비스망을 구축하고 워크넷과 같은 범용 구인·구직 정보망을 운영하고 있으며, 심층 직업상담을 포함한 다양한 고용서비스를 통해 구직자의 원활한 취업과 창업을 돕고 있다. 특히, 최근에는 일회적인 취업 알선보다는 구직자의 생애에 걸친 직업경력설계라는 관점에서 직업훈련, 일 경험 기회, 취업 알선을 패키지로 제공하는 방식의 고용서비스가 확대되고 있다.

궁극적으로 고용정책은 완전고용이라는 목적 달성을 위해 '양질의 일자리 창출'을 위한 역할도 수행한다. 대표적으로 다양한 고용보조금을 통해 사업주의 추가적인 양질의 일자리 창출에 대한 인센티브를 제공하기도 하고, 특히 정상적인 경쟁 상황에서 취업이 어려운 취약계층의 고용 촉진을 위하여 이들을 고용하는 사업주에게 고용장려금을 지원한다. 또한, 일자리를 늘리는 사업주에게는 세금 감면 혜택을 부여하는 등 조세정책도 일자리 창출에 기여하고 있으며, 규제 완화를 비롯한 다양한 경제·산업 정책을 활용하여 일자리 창출을 지원하고 있기도 하다.6

 참고   **고용정책? 노동시장정책? 일자리정책?**

> 고용정책과 유사한 용어로 혼용되고 있는 단어들이 있다. 대표적으로 노동시장정책, 일자리정책 등이 포함된다. 각 용어의 정확한 개념을 법령 등에서 정하고 있는 것이 아니므로 유사 용어 간 차이를 명확히 나타내기는 어렵지만, 각 용어의 용법에는 다음과 같

---

6 고용정책의 '일자리 창출' 기능은 고용정책이 경제·산업정책과 연결되는 고리 역할을 한다. 다만, 일각에서는 경제·산업정책을 통해 민간의 경제활동을 활성화하면 양질의 일자리 창출은 해결될 수 있다고 강조하면서 고용정책의 고유한 역할을 폄훼하는 인식도 있다. 그러나 노동시장에서 발생하는 다양한 유형의 인력 미스매치 현상을 감안하면 경제·산업정책을 통해 만들어낸 노동시장의 잠재적 수요 증가를 실질적인 고용실적으로 바꾸는 역할은 고용정책을 통해 실현될 수 있을 것이다.

은 특징이 있다.

이 책에서 사용하고 있는 '**고용정책**'이라는 용어는 고용 관련 법령과 정부 직제에서 사용되는 공식용어라는 특징이 있다. 「고용정책기본법」의 명칭에서 알 수 있다시피, 우리나라 법령에서 고용 관련 정책을 지칭하는 공식화된 명칭으로는 '고용정책'이 유일하다. 또한, '고용노동부' 명칭과 그 아래 '고용정책실'이 조직 명칭으로도 쓰이고 있고, 그간 정부의 대책이 '고용정책'이라는 명칭으로 발표되어 왔다는 점도 참고할 필요가 있다. 다만, 영어로 'employment policy'라 하면 기업의 채용정책을 먼저 떠올리게 되고, 오히려 'national employment policy'라고 할 때 정부의 고용정책으로 인식된다는 점은 유의할 필요가 있다.

노동시장정책(labor market policy)은 경제학적 어감이 많이 포함되어 있다. 실제 OECD 등에서는 노동시장정책이라는 용어가 더 일반적으로 쓰이고 있으며, 적극적 노동시장정책과 소극적 노동시장정책을 포괄하고 있다. 우리나라의 고용정책도 '재정지원 일자리 사업'을 통해 관리하면서 내용적으로는 OECD의 노동시장정책 유형을 활용하고 있다.

일자리정책은 노동시장정책보다 더 포괄적이고 확장된 개념으로 쓰이는 경우가 많다. 전략 산업 육성 등 경제성장을 통한 일자리 창출, 공공부문 일사리 창출, 비정규직의 정규직 전환 정책 등을 아우르는 개념으로 활용되고 있다. 이 경우 경제정책이나 노동정책과의 경계선이 흐릿해지는 측면이 있다. OECD에서도 '일자리 전략(Jobs Strategy)'을 발표하고 있는데, 여기에는 일자리 창출에 우호적인 경제 환경 조성, 노동시장의 생산성, 적정 임금 등의 이슈를 포함하고 있다는 점에서 유사하다.

고용정책과 인근 정책 분야

정책에 대한 이해를 높이기 위해서는 인근 정책 분야와 어떻게 연결되어 있는지 살펴볼 필요가 있다. 특히 **고용정책의 경우 그 특성상 여러 정책 분야와 중첩되거나 긴밀히 연결될 수밖에 없는** 성격을 지니고 있으므로 인근 정책 분야에 대한 이해가 매우 중요하다.

먼저 고용정책은 노동시장을 중심으로 한 일자리와 관련된 문제점을 해결하려는 목적을 지니고 있으므로 일터에서 발생하는 근로자와 사용자 간의 관계에 초점을 맞추는 노동정책과 매우 긴밀한 연관성을 갖게 되며, 동시에 기본적으로 거시경제정책의 한 요소라는 성격을 내포하고 있으므로 경제정책 및 산업정책과의 연관성이 높다.

또한, 고용정책의 주된 대상은 구직에 어려움을 겪고 있는 저소득 취약계층이라는 측면에서는 사회복지정책과 및 조세정책과의 연관성도 매우 높다. 다른 한편으로 고용정책은 인적자원개발 정책이라는 요소도 지니고 있으므로 교육정책과도 밀접하다. 아울러 고용정책에서 인력수급 균형을 달성하기 위해서는 외국인력 정책도 병행해야 하므로 출입국정책 또는 이민정책 등과도 연결된다. 아래에서는 주요 인근 정책 분야를 고용정책과의 접점과 시사점을 중심으로 살펴보고자 한다.

① 노동정책

노동정책은 자본주의 경제체제 하에서 근본적으로 **근로자와 사용자 간에 발생하는 다양한 노동문제에 대응하기 위해 정부가 취하는 일련의 정책**을 포괄한다. 고용 문제가 크게 부각하기 전에는 노동정책의 범주에 고용정책 분야를 포함하는 경향을 보여왔으나, 대부분의 선진국이 겪어온 바와 같이 경제성장에 따라 고용 문제는 지속해서 범위가 커지고 지속적인 정책 대응이 불가피한 영역으로 자리하고 있다(김영종, 1992).

노동정책이 등장하게 된 배경을 살펴보면, 산업혁명 이후 형식적 평등에 기초한 계약 자유의 원칙이 실질적으로는 사회적 약자인 근로자의 권익을 침해할 수밖에 없다는 사회적 반성에서 출발하였다. 이에 따라, 정부는 적극적 개입을 통해 인간다운 삶을 위한 최소한의 근로조건을 보장하고, 노동삼권을 인정하여 노사 간 실질적으로 대등한 관계를 유지할 수 있도록 제도적 장치를 도입하였다.

노동정책은 크게 **개별적 근로관계와 집단적 노사관계에 대한 규율**로 구분할 수 있다. 근로계약에 기초한 개별적 근로관계는 임금, 근로시간, 휴가, 산업안전 등에 대한 최저 수준의 근로조건을 법으로 정하여 근로자의 안전과 삶의 질 향상을 도모하고 있으며, 「근로기준법」, 「최저임금법」, 「산업안전보건법」 등으로 구체화된다. 집단적 노사관계는 노사 간의 힘의 균형을 달성하기 위하여 근로자에게 단결권, 단체교섭권, 단체행동권이라는 노동삼권을 부여하고 있으며, 「노동조합 및 노동관계조정법」, 「근로자참여 및 협력증진에 관한 법률」 등의 법률이 규율하고 있다.

이처럼 노동정책은 역사적으로 노동법을 통한 규제를 통해 발전해 온 측면이 강하다. 따라서 정책학적인 관점에서 보면 로위(Theodore Lowi)의 정책 유형 구분을 기준으로 볼 때 사용자에 대한 규제정책의 성격을 강하게 지니고 있다. 고용정책이 주로 배분 정책이나 재배분 정책적 성격을 지니는 것과는 크게 차이가 난다(정정길 외, 2020).

노동정책은 고용정책과 밀접한 연관성을 지니고 있다. 노동시장의 관점에서 보면 노동정책은 고용보호법제 등의 노동시장 제도(labor market institutions)를 통하여 노동시장의 구조에 큰 영향을 미치고 있으며, 일자리의 질적 수준을 좌우하는 근로조건에 직접적인 영향을 주게 된다. 따라서, 고용정책이 지향하는 '양질의 일자리' 창출은 노동정책에서 규율하는 최저수준의 근로조건과 불가분의 관계에 있다.

예를 들어 최저임금 수준을 대폭 상향 조정하게 되면 노동시장 내의 일자리의 질적 수준은 그만큼 향상되는 측면이 있으며, 동시에 노동 비용 상승에 따라 일자리의 총량은 줄어들 가능성도 존재한다. 또한, 근로시간 한도에 대한 규제를 강화하여 실근로시간을 낮추면 근로자의 삶의 질 개선에는 도움이 되지만, 사용자의 입장에서는 노동 총량에 대한 유연성을 낮추는 결과를 초래하므로 노동 비용이 상승하게 되어 시장경쟁력이 떨어지는 결과로 이어질 수 있다.

이러한 예에서 알 수 있는 바와 같이, 노동정책의 변화는 직접적으로 노동시장에서 노동의 수요와 공급 등에 큰 영향을 미치게 되므로 정책 과정에서 긴밀한 협력과 조율이 필수적이다.

② 경제정책

정부가 국민의 경제활동에 영향을 미치기 위해 시행하는 제반 조치를 경제정책이라 할 때, 노동시장 그리고 고용은 중요한 정책 대상 중 하나이다. 경제정책을 달성하고자 하는 궁극적인 정책 목표에는 경제성장, 물가안정 등과 함께 '완전고용'이 포함되어 있다는 사실도 이를 뒷받침해 준다. 따라서 정부가 매년 발표하는 '경제정책 방향' 등과 같은 종합적인 경제정책에는 반드시 고용 분야가 포함되어 있다.

경제정책과 고용정책은 일차적으로 노동시장의 안정화에 공통적인 관심을 지닌다. 즉, 고용률, 실업률, 취업자 수, 실업자 수 등과 같은 고용지표를 통해 노동시장의 상황을 점검하고 문제가 발견되는 경우 적정 수준으로 변화시키려는 정책적 노력을 하게 된다. 노동시장의 상황은 경기 변동 주기와 밀접하게 관련되어 있으며, 일반적으로 노동시장은 상품과 서비스 시장의 경기보다 후행하는 특성이 있다.

예를 들어, 경기가 회복 국면에 접어들었더라도 곧바로 고용이 늘어나기보다는 일정 시차를 두고 후행하는 경우가 많은데, 사업주는 경기가 좋아지면 일차적으로 시간외근무 등을 활용하여 기존 인력을 최대한 활용하는 방법을 활용하게 되고 이를 통해서 더 이상 감당하기 어렵다는 판단이 들면 추가적인 채용 노력을 하게 되는 경향이 있다. 다만, 최근에는 '고용없는 성장' 또는 '성장없는 고용'과 같은 이례적인 상황이 발생하기도 하므로 이러한 현상이 지속해서 이어질지 주목할 필요가 있다.

경제정책과 가장 직접적으로 연결되는 고용정책 영역은 '일자리 창출' 관련 분야이다. 민간 기업의 일자리 창출을 지원하기 위해 규제 완화, 전략 산업 육성, 조세 유인책 제공 등 다양한 경제정책 수단을 활용하고 있으며, 이러한 경제정책의 노력과 함께 전통적으로 민간 기업의 고용 창출과 취약계층 고용 촉진을 위해 고용정책 차원에서 시행하는 고용장려금 제도는 전체적으로 일자리 창출이라는 목표 달성에 긴밀히 연결되어 있다.

아울러, 고용정책 차원에서 시행하는 '재정지원 직접일자리 사업'은 공공 분야에서 한시적인 일자리를 제공하는 것으로, 특히 민간의 고용 창출 여력이 떨어지는 경제 불황이나 경제 위기 시 보완적인 일자리 창출 대책으로 역할을 하게 된다.

고용정책의 관점에서 보면 **보다 적극적으로 경제정책 수단을 활용하여 노동시장의 안정을 도모하려는 노력이 중요**하지만, 아직까지는 이러한 노력이 부족한 실정이다. 즉, 경제정책이 일자리 친화적으로 설계되고 운영될 수 있도록 객관적인 데이터에 기반하여 대안적인 경제정책을 제시하는 노력은 중요한 고용정책의 수단이 될 수 있는 것이다.

이러한 취지에 가장 부합한 고용정책 차원의 노력이 '고용영향평가제도'이다. 동 제도는 2014년에 고용정책기본법 제13조에 근거를 신설하면서 도입되었으며, 고용노동부 장관은 예산사업이나 고용에 영향을 미치는 중요 정책에 대한

고용영향평가를 실시하고 제도 개선 등을 위한 제언을 할 수 있도록 규정하고
있다.

이를 근거로 한국노동연구원에 고용영향평가센터를 두고 매년 일정 규모의
평가과제를 선정하여 고용영향평가를 실시하고 있지만, 아직 그 영향력은 기대
만큼 크지 못한 실정이다. 금융정책, 조세정책, 재정정책 등 거시경제정책 수단
이 노동시장에 미치는 영향에도 관심을 갖는 등 고용정책과 경제정책 간의 연
결고리를 강화하고 고용정책 관점에서 경제정책을 분석하고 제안하는 노력은
지속해서 확대할 필요가 있다.

③ 사회복지정책

사회복지정책은 **국민의 삶의 질이나 복지에 영향을 미치는 정부의 제반 정책을**
의미한다. 사회복지정책의 영역은 매우 광범위한지만, 주로 사회보험, 공공부조,
사회서비스를 중심으로 구성된다(이정서, 2022).

고용정책과 사회복지정책은 제도와 정책 대상 측면에서 밀접하게 연결되는
영역이 존재한다. 먼저 우리나라 4대 사회보험, 즉 건강보험, 국민연금, 고용보험,
산재보험 중 앞 두 가지는 보건복지부가, 그리고 뒤 두 가지는 고용노동부가 관장하
고 있다. 각 사회보험의 목적과 대상, 운영방식 등은 서로 다르지만, 사회보험
이라는 공통분모를 지니고 있기에 상호 긴밀한 협력이 필요하다.

양 정책 간에 대표적으로 두 가지 접점을 이야기할 수 있겠다. 첫 번째는 '사
회보험 적용 · 징수 통합'과 관련된 이슈이다.[7] 사회보험료는 국민 입장에서는 준
조세적 성격을 지니는데, 현재는 사회보험 별로 독자적인 기준에 따라 사회보
험료를 부과하고 있으며 징수업무만 건강보험공단에서 통합 시행하고 있다. 이
에 따라, 보험 가입자의 불편과 제도 운영 과정에서 여러 가지 비효율이 발생
하고 있으므로 개선이 필요하다.

이러한 문제 인식하에 개선 노력이 노무현 정부 때부터 시작됐으나 아직 완
결되지 못한 측면이 있다. 문제점은 여전히 지속되고 있으므로 향후 고용보험
을 소득 기반 적용 방식으로 개편하는 과정에서 다시 한번 공론화될 수 있을

---

[7] 사회보험 적용 · 징수 통합 관련 주요 쟁점과 과거 정부의 논의 과정에 대한 자세한 내용은 장신
철(2017)을 참고하기 바란다.

것으로 보인다. 부처 간 이해관계를 떠나서, 국민의 관점에서 가장 편리하고 효율적인 사회보험 적용징수 시스템이 정착될 수 있도록 정책적 준비가 필요하다.

두 번째 접점은 고용노동부가 주관하고 있는 '두루누리 사업'에서 만난다. 이 사업은 10인 미만 소규모 사업장의 저임금근로자에 대한 사회보험료(고용보험과 국민연금) 일부를 지원해 주는 사업인데, 사회보험 사각지대를 해소하려는 목적으로 추진되고 있다. 4대 사회보험 중 고용보험과 국민연금의 가입률이 상대적으로 낮게 나오고 있으므로 사회보험료 지원을 통해 사각지대를 해소하려는 노력은 의미 있는 사업임에는 분명하지만, 사회보험마다 사각지대가 발생하는 원인이 다르게 나타나는 측면도 있으므로 양 부처가 사각지대 해소라는 목적에 부합하게 사업 대상과 지원 수준을 조정하려는 노력은 지속해 나갈 필요가 있다.

고용정책과 사회복지정책의 대상 간에도 중첩된 영역이 존재한다. 대표적인 사회복지 시스템인 국민기초생활보장제도의 경우 가구의 소득인정액을 기준으로 일정 수준 이하인 가구에 대해 선별적으로 지원한다. 고용정책의 경우 소득 수준에 상관없이 구직을 희망하는 국민의 조속한 취업을 지원하지만, 실제 운영되는 일자리사업은 주로 저소득구직자와 같은 취업 취약계층에 집중되어 있다.

이에 따라 '저소득 구직자'는 사회복지정책의 대상이 되면서, 동시에 고용정책의 대상이다. 정책 영역 간 대상의 중첩은 두터운 보호에 기여하는 측면이 있지만, 자칫하면 사업 중복에 따른 비효율을 초래할 가능성이 커지게 된다. 예를 들어 국민기초생활보장제도에 따른 조건부수급자와 차상위계층은 보건복지부가 시행하는 자활근로 사업의 대상이 되기도 하지만, 고용노동부가 시행하는 국민취업지원제도의 대상이 되기도 한다.

궁극적으로 조건부수급자나 차상위계층을 민간 노동시장의 안정적인 일자리에 취업시켜 사회복지로부터 탈출할 수 있도록 지원하려는 목표는 같지만, 그 과정에서 효율적 사업 운영이 저해될 우려도 있으므로 부처 간 상호 활발한 소통을 통해 저소득 구직자의 일을 통한 복지가 구현될 수 있도록 정책을 유기적으로 연계해 나갈 필요가 있다.

또한, 사회복지정책 중 저출산 대책으로 시행하는 여러 정책은 고용정책과의 조율이 필요하다. 예를 들어, 2023년부터 도입하는 '부모 급여'는 만 24개월 미만 영아를 키우는 부모에게 월 최대 70만 원을 지원하는 내용으로 구성되어 있다.

저출산 해소를 위해 필요한 정책 방향이기는 하지만, 이 경우 육아휴직급여와 어떻게 조정할 것인지에 대한 고민도 필요하다.

부모 급여와 육아휴직 급여의 제도 목적이 같지 않지만, 부모 입장에서는 자녀 양육과정에서 받을 수 있는 현금 급여라는 측면에서 큰 차별성이 없을 수도 있다. 따라서 최종 수혜자의 관점에서 어떤 선택이 가장 합리적일지를 감안하면서 재정의 효율적 활용이라는 측면도 고려하여 제도 간 적정 수준의 지원방안을 찾아가는 노력이 매우 중요하다.

④ 교육정책

교육부가 주도하는 **교육정책**은 초·중·고 및 대학교와 같은 정규 교육과정이 가장 기본이 되고 있으며, 사회교육 등을 통한 **평생교육 활성화**도 같이 추구하고 있다. 큰 틀에서 보면 국가의 인적자원개발이라는 기능을 담당하기 때문에 고용정책과 여러 측면에서 관련성이 높다. 다만, 고용정책은 노동시장 참여를 전제로 산업현장에서 필요로 하는 인력을 양성한다는 측면에 강조점을 두고 있고, 교육정책은 모든 국민의 기본적 소양과 인성 함양 등 사회인으로서 생활해 나갈 수 있는 기초 능력 배양을 토대로 각 분야의 전문성을 지닌 인재 양성을 추구한다는 점에서 차이는 있다.

무엇보다 고용정책의 핵심 대상인 '청년'의 경우 교육정책의 변화가 미치는 영향이 매우 크다. 청년은 학교 교육을 마치고 노동시장으로 진입하는 신규 인력의 성격을 지니고 있는데, 청년의 학교에서 직장으로의 원활한 이동을 위해서는 학교 교육정책이 큰 영향력을 발휘한다.

예를 들어, 급격한 대학 진학률 상승은 노동시장의 미스매치를 확대하는 요인으로 작용하는데, 김영삼 정부 시절인 1995년 교육개혁 조치로 대학교 설립 규제를 완화함에 따라 대학교가 대폭 늘어났으며, 이에 따라 우리나라의 대학 진학률은 1990년대 30% 초반에서 2021년에는 73.7%까지 늘어나 OECD 국가 중 최고 수준을 기록하고 있다. 이는 한편으로 인적자본의 고도화라는 긍정적인 측면이 있지만, 다른 측면에서 보면 노동시장에서 소화할 수 없는 대규모 고학력자를 양산하여 노동시장 내 미스매치를 확대하는 부작용도 있다. 이에 따라, 청년의 실업률은 높아지고 하향취업으로 이어지는 인적자본 손실을 초래한다.

또한, 학교 교육이 지향하는 인재상과 산업현장이 필요로 하는 인재상 간에 괴리가 커질수록 재교육·훈련에 따른 사회적 비용이 커지게 된다. 최근에는 계약학과 등 산학협동과정이 많이 늘어나고 있지만, 여전히 산업계에서는 학교 교육 과정이 산업계가 원하는 능력을 갖춘 인재를 키우지 못한다는 애로를 호소한다. 이러한 괴리를 해소하기 위해서는 학교 교육 이수자를 대상으로 하는 직업능력개발 과정을 확대하는 고용정책적 접근도 필요하지만, 더 근본적으로는 학교 교육이 산업계의 의견을 반영하여 정책에 반영할 수 있도록 협력해 가는 과정도 중요하다.

아울러, 기술 혁신의 속도가 빨라짐에 따라 평생 학습의 필요성에 대한 사회적 공감대가 형성되었다. 이에 따라, 재직자와 퇴직자 모두 생애에 걸친 능력개발이 가능하도록 기존 정규 교육기관과 직업훈련기관 등이 협업해 나갈 영역이 점점 커지고 있다. 예를 들어, 현재는 평생 능력개발 관련 '국민내일배움카드(고용노동부)'와 '평생교육 바우처(교육부)'를 별도로 운영하고 있지만, 국민의 관점에서 평생 능력개발을 더 쉽게 할 수 있도록 통합된 학습 플랫폼을 구축하고 지원해 나가는 노력이 필요하다.

⑤ 산업정책

산업정책은 정부가 국민경제 발전을 위해 개별 산업 분야의 활동에 개입하여 영향을 미치는 제반 활동을 총칭하는 것으로 볼 수 있는데, 이 과정에서 필연적으로 각 산업 분야에 종사하고 있는 인력에 대한 문제가 연결될 수밖에 없으므로 이 부분에서 고용정책과 연결된다.

특히, 산업정책은 산업 간 자원 재배분이라는 성격을 지니게 되므로 '산업 구조조정'으로 연결되는 측면이 있으며, 이 과정에서 해당 산업 종사자의 고용 문제에 대해서도 정책적 대응이 필요하다. 또한, 특정 산업을 집중적으로 육성하려면 그 산업에 재정적 지원만 한다고 해결되는 것이 아니라, 거기에서 일할 인력을 양성하고 공급하는 기능이 수반되어야 하므로 산업정책과 고용정책이 긴밀히 결합 되어야 산업정책도 효과를 나타낼 수 있는 것이다.

지금까지 산업정책 추진과정에서 고용정책과 협업을 하게 되는 사례는 주로 산업계의 '구인난 해소'와 관련된 경우가 많았다. 예를 들어, 2022년 조선업 상황을 보면, 그간 우리나라 조선업이 침체 국면에 있다가 호황기에 접어듦에 따라 수주물량이 대폭 늘어났는데, 조선업 현장에서는 인력 부족에 대한 애로가 지속되었다. 과거 불황기에 대규모로 인력 구조조정을 시행한 여파가 호황기에 부메랑이 되어 나타난 것이다. 이러한 업계의 애로 요인 해소는 산업정책 차원만으로는 해결할 수 없으므로 고용정책의 다양한 수단을 찾게 되며, 이 과정에서 산업정책을 담당하는 산업통상자원부, 조선업 관련 협회·단체 등과 협업을 추진하게 된다.

고용노동부가 고용정책기본법 제32조에 근거하여 운영하는 '특별고용지원업종 지원제도'는 산업정책과 긴밀히 결합할 수 있는 연결고리 역할을 하고 있다. 동법에 따라 고용노동부는 고용 사정이 급격히 악화되었거나 악화될 우려가 있는 업종에 대해 사업주의 고용조정, 근로자 실업 예방, 실업자 재취업 등을 지원할 수 있으므로, 이를 근거로 적극적으로 산업계와 소통하고 산업정책과 고용정책이 시너지를 낼 수 있도록 제도를 운영하는 것이 필요하다.

코로나19 팬데믹 상황에서 관광운송업, 여행업, 공연업 등 코로나19로 인한 피해가 집중된 여러 업종을 특별고용지원업종으로 지정하고 고용유지지원금 등을 집중적으로 지원함으로써 해당 산업의 경쟁력 유지에 기여했던 점은 좋은 사례라 할 수 있겠다.

향후 기후 위기 대응 과정에서 발생하게 될 자동차산업, 발전산업 등의 산업구조 재편과 IT 기술 고도화에 따른 인력 구조 조정 등은 고용정책과 산업정책이 협력해야 할 우선적인 과제로 보인다. 고용정책 차원에서는 모든 업종에 동일하게 적용되는 기존의 범용 고용정책에서 벗어나, 각 산업의 특성에 대한 모니터링을 강화하면서 업종별 특화된 고용정책을 만드는 노력을 강화할 필요가 있다.

⑥ 조세정책

조세정책은 정부가 누구에게 얼마만큼의 세금을 부과할 것인지를 정하는 정책이다. 이를 통해 국민의 여러 가지 활동 중 특정 활동을 장려할 수도 있고 억제할 수도 있다. 조세정책 중 국민과 기업의 경제활동, 특히 채용과 인적자본 육성 등을 대상으로 하는 조세정책은 직접적으로 고용정책과 연결이 된다. 고용정책에서 고용장려금이 일자리를 만들거나 특정 대상을 취업시키면 지원금을 주는 것과 비슷한 효과를 조세정책으로 실현할 수 있는 것이다.

「조세특례제한법」 제4절의2 고용지원을 위한 조세특례에서는 ⅰ) 산업수요 맞춤형 고등학교 등 졸업자를 병역 이행 후 복직시킨 기업에 대한 세액공제, ⅱ) 경력단절 여성 고용 기업 등에 대한 세액공제, ⅲ) 근로소득을 증대시킨 기업에 대한 세액공제, ⅳ) 청년고용을 증대시킨 기업에 대한 세액공제, ⅴ) 중소기업 청년근로자 및 핵심인력 성과보상기금 수령액에 대한 소득세 감면 등, ⅵ) 고용을 증대시킨 기업에 대한 세액공제, ⅶ) 통합고용 세액공제, ⅷ) 중소기업 취업자에 대한 소득세 감면, ⅸ) 고용유지중소기업 등에 대한 과세특례, ⅹ) 중소기업 사회보험료 세액공제 등을 규정하고 있다.[8] 기업의 활용도가 높은 주요 고용 지원을 위한 조세특례 제도의 현황은 표 1−1에 정리되어 있다.

표 1-1 주요 고용 관련 조세특례제도 현황

구분	고용증대 세액공제	사회보험료 세액공제	정규직 전환 세액공제	경력단절여성 등 세액공제	근로소득증대 세액공제	고용유지 과세특례
근거 법령	조특법 제29조의7	조특법 제30조의4	조특법 제30조의2	조특법 제29조의3	조특법 제29조의4	조특법 제30조의3
도입	2018년 ('04년, '11년 한시적 시행)	2012년	2008년*	2015년	2015년	2009년 ('19년 기업 세액공제 전환)
목적	일자리 창출 지원	일자리 창출 지원	비정규직의 정규직 전환	경단녀 재취업 지원 등	임금인상 지원	고용유지 지원
수혜자	내국인	중소기업	중소, 중견기업	중소, 중견기업	내국인	중소기업 및 위기지역 내 중견기업
수혜 요건	상시근로자 증가	상시근로자 증가	상시근로자 유지	(경단녀) 1년 이상 근로계약 체결 (육아휴직) 상시근로자수 미감소	상시근로자 미감소, 평균임금 증가율 상승	시간당 임금 미감소, 상시근로자 미감소, 임금총액 감소

---

8 고용 관련 조세특례 제도의 현황과 고용 효과에 대해서는 '조세제도의 고용 효과 연구'(김유빈 외, 2016)와 '고용지원을 위한 조세특례'(기획재정부·KDI공공투자관리센터, 2023)를 참고하기 바란다.

조세 특례 산정 방식	증가인원 × 공제금액	사회보험료 × 공제율	전환인원 × 공제금액	인건비 × 공제율	(기본) 임금증가분 × 공제율 (정규직전환) 정규직 전환 근로자 임금 증가분 × 공제율	1인당 임금 감소분 × 공제율 + 시간당 임금 증가율 × 공제율
지원 기간	3년 (대기업 2년)	2년	1년	(경단녀) 2년 (육아휴직) 1년	1년	1년
사후 관리	상시근로자 감소시 추징	상시근로자 감소시 추징	2년내 근로관계 종료시 추징	(경단녀) 없음 (육아휴직) 복직후 1년 내 근로관계 종료시	(기본) 없음 (정규직 전환) 전환후 1년 이내 근로관계 종료시 추징	없음
농특세	과세	-	-	과세	과세	-

* '정규직 전환 세액공제'는 2022.12.31. 폐지됨.
* 출처: '고용지원을 위한 조세특례', 기획재정부 · KDI공공투자관리센터, 2023.

    또한, 2008년 도입된 **근로장려세제**(Earning Income Tax Credit: EITC)는 저소득 층의 노동시장 참여와 저임금근로자의 계속근로를 유인하는 효과가 있으며, 취 업자를 대상으로 하는 근로 인센티브로서 중요한 역할을 하고 있다. 이론적으 로 보면, 근로장려세제는 일종의 고용보조금의 성격을 지니고 있다.

    고용정책 관점에서 보면, 조세정책은 기업들의 일자리 창출과 국민의 경제활동 참여에 긍정적인 역할을 할 수 있으므로 적극적인 관심이 필요하다. 무엇보다 조세 정책이 원하는 고용 효과를 내기 위해서는 고용정책을 통해 시행하고 있는 고 용장려금을 비롯한 여러 가지 고용 인센티브 제도와 유기적으로 결합할 필요가 있지만, 지금까지는 이 부분에 있어서 개선의 여지가 있어 보인다.

    예를 들면, 근로장려세제가 근로 인센티브로 작동하기 위해서는 누구를 주된 대상으로 할 것인지가 매우 중요한 정책적 판단이다. 현재는 청년층과 노년층 을 중심으로 한 1인 가구가 가장 큰 수혜 대상이 되고 있지만, 40~50대 최저 임금 수준의 맞벌이 가구에 대한 근로 인센티브로서는 취약한 측면이 있다. 이 러한 제도 설계가 노동시장과 기존 고용정책에 대한 충분한 분석에 기반한 결 과라면 다행이지만, 그렇지 못하다면 별도의 회의체 구성 등 부처 간 긴밀한 협의를 위한 노력이 필요하다(김상봉, 2018).

2. 고용정책의 유형

고용정책은 다양한 기준에 따라 분류해 볼 수 있다. 정책을 분류하는 목적은 여러 가지가 있지만, 각각의 분류 기준이 지니는 의미를 해석하는 과정을 통해 정책에 대한 이해도를 높일 수 있다는 측면도 중요한 목적 중 하나이다. 분류 기준은 여러 관점에 따라 다양하게 제시할 수 있으나 아래의 글에서는 정책 이해와 정책 수립에 도움이 되는 분류 방식을 다섯 가지로 제시하고자 한다.[9]

가장 전통적인 분류 형태인 '**기능별 분류**'는 정책 수단을 통해 궁극적으로 달성하고자 하는 목표를 가장 잘 보여주는 분류체계로 볼 수 있으며, OECD의 노동시장 정책 분류도 기능별 분류 틀을 활용하고 있다.

다른 한편으로 고용정책의 핵심 대상을 중심으로 분류해 보는 '**대상별 분류**'가 있다. 고용정책 수요자인 국민의 입장에서는 내가 직접 선택할 수 있는 정책을 일목요연하게 제시해 주길 기대한다. 대상별 분류는 이러한 요구에 충실할 수 있는 분류체계이며, 아울러 특정 취약계층의 고용 성과를 직접적으로 확인하고 그 특성에 맞게 대응할 수 있다는 점에서 맞춤형 대책으로 기능할 수 있다는 장점도 있다.

고용정책의 재원을 기준으로 정책을 바라보는 '**재원별 분류**'도 관심을 가질 필요가 있다. 가장 큰 비중을 차지하고 있는 고용보험기금으로 운영하는 사업과 일반회계로 운영하는 사업은 정책 추진 과정에서 다른 제약요인을 갖게 된다. 고용보험기금 사업은 원칙적으로 고용보험 피보험자를 대상으로 사업을 해야 하고 사업은 기금 재정 상황과 직결되는 측면이 있다. 일반회계 사업은 재정 당국이 예산 확대에 보수적으로 접근하는 경우가 많아 사업확장에 어려움을 겪기도 한다.

정책 수립 주체의 관점에서 고용정책을 분류해보는 '**정책 기획 주체별 분류**'도

---

9 정책학에서 정책의 유형에 대한 다양한 이론이 있다. 대표적으로 Almond & Powell은 규제정책, 분배정책, 추출정책, 상징정책으로 구분하였으며, Lowi는 규제정책, 분배정책, 재분배정책, 구성 정책으로 구분하였다. 구체적인 내용은 정정길 외(2020), 유훈(2016)을 참고하기 바란다.

가능하다. 대표적으로 중앙정부와 지방자치단체가 정책 수립의 주체가 될 것이다. 중앙정부 내에는 주무 부처인 고용노동부와 여러 관련 부처가 포함되고, 지방자치단체는 다시 광역자치단체와 기초자치단체로 구분할 수 있다. 또한, 고용정책을 위임받은 고용 관련 공공기관의 역할도 갈수록 커지고 있다.

연관해서 정책 집행 주체를 기준으로 하는 '집행 주체별 분류'도 살펴볼 필요가 있다. 집행기관으로는 대표적으로 고용노동부의 지방조직인 고용복지플러스센터가 핵심 조직으로 자리하고 있으며, 지방자치단체는 각자 다양한 명칭의 일자리센터를 운영하고 있다. 또한, 고용노동부 산하기관인 한국산업인력공단, 한국장애인고용공단 등과 같은 공공기관도 집행기관으로 참여하고 있으며, 마지막으로 다양한 민간 고용서비스 기관도 민간 위탁방식을 통해 실제 정책 집행에 참여하고 있다.

기능별 분류

고용정책은 그 기능을 기준으로 보면 큰 틀에서 '적극적 노동시장 정책(Active Labor Market Policy: ALMP)'과 '소극적 노동시장 정책(Passive Labor Market Policy: PLMP)'으로 나눌 수 있다.

ALMP는 노동시장의 원활한 작동이 가능하도록 필요한 인력을 양성하고, 고용서비스를 통해 노동력이 적재적소에 배분될 수 있도록 지원하며, 더 나아가 완전고용을 달성할 수 있도록 고용보조금 지급, 창업 지원 등 다양한 정책 수단을 활용하여 일자리 창출을 지원하는 기능을 포괄하고 있다. 한편, PLMP는 전통적으로 실업수당이라는 용어로 대표되는 것처럼 취업자가 직업을 잃게 되는 경우 생계를 보호해 주는 정책 수단을 통칭한다. 대표적으로 실업급여, 실업부조, 실업자 생계 대부 등이 포함된다.

OECD의 노동시장 정책 유형 분류는 기능별 분류 체계로 구성되어 있다. ALMP 유형에 공공 고용서비스, 직업훈련, 고용보조금, 직접일자리, 창업, 통합 및 장애인 지원 등이 포함되어 있으며, PLMP에는 실업급여와 조기퇴직이 포함된다. 세부적인 OECD 노동시장 정책 분류 체계는 표 1-2에 잘 나와 있다. 우리나라의 재정지원 일자리사업의 유형도 기본적으로 기능별 분류체계를 활용하고 있다.

기능별 분류는 정부가 택할 수 있는 정책 수단의 유형을 가장 잘 보여주고 있으며 OECD에서 이 분류에 따라 국가별 노동시장 정책 예산과 수혜 인원 등을 비교하고 있으므로 국가별 비교에도 유용하게 활용될 수 있다. 다만, 최근 들어서는 정책 수단이 패키지화되고 있는 경향이 있어서 기능별 분류를 적용하기 어려운 사례가 늘어가고 있다는 점은 참고할 필요가 있다.

예를 들어, 우리나라에서 한국형 실업부조로 2021년부터 시행한 국민취업지원제도의 경우 구직급여와 유사한 구직촉진수당을 6개월 동안 지원하면서 개인별 취업활동계획에 따라 직업훈련, 일경험, 집단상담, 취업 알선 등 다양한 고용서비스를 제공하게 된다. 이러한 제도는 기능별 분류에 따라 특정유형으로 분류하기가 어려워지는 한계가 있으므로 OECD 국가 간 자료를 비교할 때에는 이런 측면도 감안하여 해석할 필요가 있다. 기능별 분류에 따른 고용정책 유형에 대한 세부 내용은 뒤에 나오는 정책 수단을 다루는 장에서 상세히 기술하고자 한다.

 표 1-2   OECD와 한국의 노동시장 정책 분류 비교

OECD 분류	한국 분류	비고
PES and administration	고용서비스	
Training	직업훈련	
Employment incentives	고용장려금	
Integration of the disabled	지원고용 및 재활	2023년 신설
Direct job creation	직접일자리	
Start-up incentives	창업지원	
Out-of-work income maintenance and support	실업소득 유지 및 지원	
Early retirement	-	한국 미적용

* 출처: OECD Statistics(stats.oecd.org Labour Market Programmes)

대상별 분류

고용정책은 노동력을 공급하는 '**구직자**'와 노동력을 필요로 하는 '**사업주**'를 기본 대상으로 한다. 여기에 더하여 잠재적 구직자로 포함될 수 있는 '**비경제활동인구**'도 노동시장 참여를 유도하기 위한 정책 대상이 된다. 대표적으로 경력단절 여성이나 취업을 앞둔 대학생 등이 포함된다. 주목할 만한 점은, 그간 '**취업취약계층**'에 대해서는 대상별 특성에 따라 맞춤형 지원을 위해 특별히 취약한 그룹별로 고용정책을 특화해서 만들어 왔다는 사실이다.[10]

취업 취약계층의 영역은 국가별로 처한 상황이 달라서 조금씩 다를 수 있지만, 그간 정부가 역점을 두고 고용정책을 수립해 온 대표적인 정책 대상을 살펴보면 다음과 같다.

먼저, 우리나라의 경우 외환위기 이후 '**청년**'의 고학력화와 함께 취업난이 일상화되면서 청년층을 대상으로 하는 특화된 고용정책을 지속해서 추진해왔다. 특히, 청년층의 대학진학률이 70%를 넘나드는 상황이 시속되다 보니 대졸자 눈높이에 맞는 양질의 일자리를 지속해서 제공하기 어려운 문제가 지속되어 왔다.

따라서, 대학 재학 단계부터 체계적인 생애 경력설계를 할 수 있도록 지원하는 한편, 중소기업 청년인턴제, 취업성공패키지 등의 사업을 통해 조속한 취업을 지원했으며, 특히 문재인 정부에서는 청년층의 자산 형성을 돕는 청년내일채움공제, 청년 구직활동지원금, 청년고용장려금 등을 대폭 확대하여 청년층의 고용률을 높이는 성과를 보이기도 했다.

둘째, 우리나라에서 특별히 문제 되는 취약계층으로 '**경력단절여성**'이 포함되어 있다. 여성의 고용률이 20대까지는 남녀 간 특별한 차이가 없다가 출산과 육아가 시작되는 30대부터 40대 중반까지는 낮아지는 현상(M-Curve 현상)이 잘 보여주듯이, 여성은 출산·육아에 따른 경력단절의 위험에 노출되는 비중이 높아서 이를 예방하기 위한 육아휴직 제도, 직장어린이집 확산과 같은 정책적 노력과 함께, 경력단절 여성의 노동시장 재진입을 촉진하기 위한 새일센터 중심의 취업지원 정책을 강화해 왔다.

---

10 고용정책 주요 대상의 규모와 구성 등 상세한 내용은 뒤에 기술하는 '고용정책의 대상'을 참고하기 바란다.

셋째, 고령화 추세가 심해짐에 따라 '고령자'에 대한 취업기회 확대를 위해 고령자(또는 준고령자)의 법정 정년퇴직 연령을 높이거나 재취업 기회를 확대하려는 정책적 노력도 강화되고 있다. 특히, 현 고령층의 경우 사회복지 시스템으로부터 제대로 보호받지 못하는 세대이다 보니 노인빈곤율이 OECD 기준 최고 수준에 이를 정도로 어려운 처지에 놓여 있다. 정부가 노인 일자리사업과 같은 재정지원 직접일자리를 많이 만들 수밖에 없는 이유이기도 하다. 고령자의 규모는 베이비붐 세대의 은퇴에 따라 급증하고 있으므로 노동력 부족 해소와 고령자 소득 안정이라는 측면에서 고령자의 계속고용을 위한 고용정책 차원에서 적극적인 정책 개발이 필요하다.

넷째, '장애인'은 가장 대표적인 고용 취약계층이다. 따라서 세계 대부분 국가에서 장애인의 고용 촉진을 위해 특별한 지원을 하고 있으며, 우리나라도 「장애인고용촉진 및 직업재활법」을 통해 기업에 장애인 고용 의무를 부여하면서 위반 시 고용부담금을 부과하는 방식으로 장애인고용을 확대하고 있다.

아울러 한국장애인고용공단을 중심으로 장애인 특성에 맞는 직업훈련과 보호 고용을 위한 다양한 정책을 개발하여 시행하고 있다. 여전히 선진국들과 비교할 때 장애인의 취업 여건과 고용환경이 개선될 여지가 많이 있으므로 장애인 유형별 특성을 세심하게 고려하여 맞춤형 대책으로 확대해 나갈 필요가 있는 영역이다.

이외에도 여러 중앙부처에서 정책적으로 특별한 지원이 필요한 대상을 특정해서 고용 촉진을 위한 대책을 마련하고 있다. 대표적으로 제대군인(국방부), 재소자·출소자(법무부), 북한이탈주민(통일부), 국가유공자(국가보훈처) 등이 포함된다.

향후 대상별 고용정책을 추진할 때 고민해야 할 점은 여전히 고용정책이 '근로계약 관계' 중심으로 형성되어 있다는 사실이다. 특히 우리나라의 경우 2022년 기준으로 자영업자가 약 550만 명, 취업자 중 약 20%의 비중을 차지할 정도로 높고 이들의 고용안정성도 낮은 실정이므로 자영업자에 특화된 취업지원과 경력설계, 직업훈련 등이 절실한 상황이다. 또한, 최근 특수형태근로종사자와 프리랜서 등 다양한 고용 형태가 늘어나고 있으므로 대상별 고용정책 차원에서 특화된 접근이 강화될 필요가 있다.

재원별 분류

고용정책을 재원에 따라 분류하면 크게 '일반회계 고용정책', '기금 고용정책', '특별회계 고용정책'으로 나눠볼 수 있다. 이 중 고용정책을 추진할 수 있는 재원으로서 가장 비중이 큰 것은 '고용보험기금'이며, 그 뒤를 이어 '일반회계'와 '장애인고용기금'의 비중이 크다. 이외에 '국가균형발전특별회계', '근로복지진흥기금', '복권기금' 등도 재원으로 활용되지만, 그 규모는 작은 편이다.[11]

2022년 재정지원 일자리사업 예산으로 총 31조 5,809억 원이 편성되었을 때, 고용보험기금 지출예산은 18조 8,405억 원이 편성되었으며, 장애인고용기금을 활용한 장애인고용촉진사업을 제외하면 나머지 예산 대부분은 일반회계로 편성되었다.

전체 예산 중 가장 규모가 큰 실업급여 예산을 비롯하여 고용장려금 등 고용안정사업과 직업능력개발사업 등은 고용보험기금에 대한 의존도가 매우 높으며, 일반회계는 직접일자리 사업과 창업 지원 사업, 청년 고용장려금 중심으로 비중이 높다.

새로운 정책을 만들거나 기존 정책을 확대하기 위해서는 이를 뒷받침할 수 있는 재원 확보가 매우 중요하다. 아무리 좋은 정책 아이디어도 재원이 없으면 쉽게 추진할 수 없다는 점은 현실 정책 세계에서 무시할 수 없는 사실이다. 고용정책의 경우 1995년 고용보험이 도입되면서 재원에 있어서 많은 변화가 생겼다. 기존에는 일반회계에 의존할 수밖에 없었으나, 사회보험의 하나로 고용보험이 도입됨에 따라 고용정책에 활용할 수 있는 별도의 '돈 주머니(기금)'를 확보할 수 있게 된 것이다. 물론 기금도 국회와 재정 당국의 예·결산 심의 대상이기는 하지만, 일반회계에 비하면 상대적으로 예산 운영이 용이한 것이 그간의 현실이었다.

고용정책 추진 시 재원과 관련해서 가장 고민해야 하는 과제는 '고용보험기금 사업과 일반회계 사업 간 영역 구분'의 문제이다. 고용보험기금은 근로자와 사용자가 법에서 정한 요율에 따라 고용보험료를 납부하고 이를 재원으로 보험사업을 하는 것이므로 사업목적이 피보험자와 직접적인 연관성이 있는 고용정책사

---

11 각 재원별 주요 사업은 뒤에 기술하는 '고용정책의 재원'을 참고하기 바란다.

업으로 한정될 수밖에 없다.

예를 들어 대학을 졸업하고 신규로 노동시장에 진입하는 청년들을 대상으로 하는 사업은 이들이 고용보험기금에 기여한 바가 없으므로 고용보험기금으로 시행하는 것이 적절한가에 대한 논란이 생길 수가 있다. 다른 한편으로, 이들 청년을 고용하는 사업주에게 고용장려금을 주는 방식이라면 피보험자인 사업주가 혜택을 받는다는 측면에서 보면 고용보험기금으로 지원할 수 있는 측면도 있다.

유사하게, 육아휴직 등 모성보호 관련 예산을 어떤 재원으로 편성할 것인가와 관련된 논쟁도 있다. 현재는 고용보험기금으로 편성하면서 일반회계로 일부 지원하는 형태를 취하고 있으나 예산 편성 때마다 재정 부담의 적절성과 관련 논란이 이어지고 있다.

이러한 논란을 근본적으로 해소하려 한다면 정부가 매년 일정액을 고용보험에 편입하는 것을 전제로, 고용서비스, 직업능력개발, 실업급여 등 주요 일자리사업을 고용보험기금으로 수행하도록 하는 방법도 고민해 볼 여지는 있으나, 재정 당국은 기금에 의무적으로 출연하는 방식에 대해서는 거부감을 보인다. 그 이면에는 만약 고용보험기금이 부실화되는 경우 재정으로 모두 감당해야 한다는 부담이 자리잡고 있다. 아무튼 고용정책 재원의 이러한 특성은 실제 정책을 수립할 때 어떤 재원을 활용할 것인가에 대한 고민도 필요하다는 점을 보여주고 있다.

정책 기획 주체별 분류

고용정책은 정책을 기획하는 정책 주체를 기준으로 크게 '중앙정부 고용정책', '지방정부 고용정책' 그리고 '공공기관 고용정책'으로 나눌 수 있다. 중앙정부의 고용정책 중 가장 큰 비중을 차지하는 것은 고용업무의 주무 부처인 고용노동부에서 기획하고 운영하는 사업이고, 이외에 창업과 관련해서는 중소벤처기업부, 여성 고용 관련 여성가족부, 노인 일자리사업 관련 보건복지부, IT 인력 양성 관련 과학기술정보통신부와 교육부 등의 중앙부처가 참여하고 있으며, 이외에도 각 부처의 정책 대상 중 취약계층에 대한 고용정책 수립과 재정지원 직접일자리 사업 등에 참여하는 부처가 다수 있다.

한편, 지방정부는 크게 광역지방자치단체와 기초지방자치단체로 구분할 수 있으며, 각기 별도의 고용정책을 수립하고 있다. 지방자치단체별 일자리정책 시행계획은 고용노동부가 '지역 일자리 목표 공시제'를 통하여 종합적으로 관리하고 있으며, 고용노동부 지역 고용정보 네트워크(www.reis.or.kr)에서 확인할 수 있다. 지방정부의 고용정책은 중앙정부 사업에 참여하는 방식으로 운영하는 사업(예. 지역산업맞춤형 일자리 창출 지원사업)도 있고, 자치단체의 고유예산을 활용하여 별도로 기획하여 시행하는 사업도 있다.

지방자치단체의 고용정책은 그 수준이 천차만별이다. 서울특별시나 경기도와 같이 지역 특성에 맞는 고용정책 기획 능력을 지닌 지방자치단체도 있지만, 상당수의 기초지방자치단체는 고용정책에 대한 전문성이 취약한 실정이어서 별도의 의미 있는 고용정책 수립에 한계가 있다. 근본적으로는 지역노동시장 권역과 기초지방자치단체의 관할구역 간에 괴리가 큰 상황이어서 기초지방자치단체별 고용정책 수립에 큰 의미를 부여하기 어려운 측면도 있다.

궁극적으로 고용정책이 지역 차원에서 더 효과적으로 작동되기 위해서는 중앙정부와 지방정부 간 협업이 매우 중요하므로 상호 네트워크를 강화하고 협업 사례를 발굴하여 확대해 나가는 전략을 취할 필요가 있다. 특히 중앙정부의 획일적인 고용정책은 지역 차원에서 정책 효율성을 떨어뜨릴 수 있으므로 지방자치단체가 일정한 재량권을 행사할 수 있는 여지를 만들어 두고 상호 협력하에 재량권을 효과적으로 활용할 수 있는 방안을 찾는 노력도 의미 있는 작업이 될 것이다.

아울러, '고용 유관 공공기관'도 법령의 근거에 따라 설립되어 고용정책을 수립·운영하는 주체로 역할을 담당하고 있다.[12] 주로 고용노동부 산하기관으로 구성되어 있지만, 중소벤처기업부, 통일부 등도 산하기관과 함께 창업, 북한이탈주민 취업 등과 관련된 고용정책을 운영하고 있다. 공공기관은 주무 부처의 관리·감독을 받는 등의 제약은 있지만, 고용정책에 대한 전문성을 바탕으로 고용정책 과정에서 중요한 역할을 하고 있다.

---

12 고용 유관 공공기관의 종류와 담당하는 고용정책에 대한 상세한 내용은 뒤에서 기술하는 '고용정책 수행조직'을 참고하기 바란다.

정책 집행 주체별 분류

고용정책은 다양한 집행기관에 의해 시행되고 있다. 동일한 정책도 집행기관이 달라지면 실제 정책 효과도 크게 달라질 수가 있다는 측면에서 집행 주체에 대한 인식을 새롭게 할 필요가 있다. 특히, 국민 입장에서는 집행기관을 통해 고용정책에 따른 사업을 접하게 되므로 집행기관의 능력과 태도를 통해 고용정책을 평가하기 쉽다는 측면도 간과할 수 없을 것이다.

집행 주체를 기준으로 고용정책을 바라보면 크게 세 그룹의 집행기관에 의한 고용정책으로 나눠 볼 수 있다. 첫 번째 그룹은 '공무원조직 집행 고용정책'이다. 대표적으로 고용노동부의 고용복지플러스센터가 공무원 조직에 해당하며, 지방자치단체도 공무원 조직으로 일자리센터를 운영하는 사례가 있다.

이들 조직의 기관 구성원을 살펴보면 공무원과 비공무원(공무직 등)이 혼재하고 있는 경우가 많지만, 기본적으로 공무원 조직을 규율하는 법적 규범 테두리 속에서 운영되는 특징을 지니고 있다.

공무원 조직은 국민의 신뢰가 높고 안정적인 집행 시스템을 보유하고 있으나, 공무원 순환보직에 따른 전문성 약화, 적시 인력 확보 어려움 등과 같은 우리나라 공무원 조직이 지닌 문제점에 고스란히 노출되는 경향이 있다.

두 번째 그룹은 '공공기관 집행 고용정책'이다. 고용정책 분야에 특화된 공공기관은 주로 고용노동부 산하기관에 많이 포진해 있다. 근로복지공단, 한국산업인력공단, 한국폴리텍대학, 한국고용정보원, 한국장애인고용공단, 한국사회적기업진흥원, 한국잡월드 등이 여기에 속한다. 창업 지원과 관련해서는 중소벤처기업부 산하의 한국창업진흥원, 중소벤처기업진흥공단 등이 포함된다.

공공기관의 경우 정부 예산에 직접적으로 의존하는 경우가 많고 인력 운용에도 제약이 많이 있으나, 대체적으로 공무원 조직보다는 전문성을 높이기 쉽고 유연성을 발휘하기 쉬운 위치에 있다.

세 번째 그룹은 '민간 위탁기관 집행 고용정책'이다. 주로 민간 고용서비스기관과 직업훈련기관 등이 참여하고 있으며, 수익 추구를 목적으로 하고 있다는 점에서 공무원 조직이나 공공기관과 차별화된다. 민간 위탁은 민간의 창의성과 자율성을 활용한다는 장점이 있지만, 기본적으로 '대리인이론(principal-agent theory)'이 보여주는 바와 같이, 주인의 대리인에 대한 제한된 정보와 전문성 등으로 인해 대리인이 자신의 선호와 관심에 따라 업무를 처리하게 됨에 따라 사업 결과가 왜곡될 수 있다.

대표적으로 크리밍(creaming)이나 파킹(parking)[13] 현상과 같은 부작용이 이에 해당한다. 또한, 우리나라 고용 분야의 민간 위탁기관은 영세한 업체들이 많아서 지속가능한 고용서비스 제공이라는 측면에서 취약한 측면이 있다는 점도 고려해야 하겠다.

고용정책을 개선하기 위해서는 어떤 집행기관이 어떤 사업을 집행하고 하고 있는지에 대한 이해와 함께 각 사업의 특성에 비춰 가장 적합한 집행기관을 찾으려는 노력이 필요하다. 집행기관별로 특성과 제약요인이 다르므로, 고용정책의 목적과 성격에 따라 차별화된 집행기관 선정 전략이 필요하기 때문이다.

아쉬운 점은, 아직 고용정책 운영 과정에서 전략적으로 집행기관별 역할을 선정하는 기준 등에 대한 고민이 많지 않아서 사업별 여건에 따라 즉흥적으로 집행기관이 결정되는 측면이 있다는 점이다. 예를 들면, 특정 사업 설계 시 공무원 조직이 수행하는 것을 전제로 사업계획을 수립하였더라도, 현실적으로 인력 확보 등이 어려우면 집행의 효율성을 희생하더라도 차선책으로 민간 위탁방식을 택하는 경우가 많다. 고용정책의 집행 관련 이슈는 매우 중요하므로 제13장에서 자세히 다루고자 한다.

3. 고용정책의 대상

고용정책의 대상은 주로 '고용정책을 통해 보호하거나 지원하려는 또는 규제하려는 집단'을 의미한다.[14] 이는 정책 대상자와 정책 대상이 아닌 자를 구분하는 결정이기도 하므로 정책 출발선에서 매우 중요하고 가치 있는 판단이다.

---

13 크리밍(creaming)은 서비스 대상 중 성과를 내기 쉬운 대상에 집중하여 서비스를 제공하는 현상을 말하며, 파킹(parking)은 서비스 대상 중 취업 성과를 내기 어려울 것으로 여겨지는 취약 집단을 실질적으로 서비스 대상에서 제외하는 현상을 말한다.

14 고용정책 분야에서 규제정책의 방식은 예외적으로 활용되는 경향이 있다. 대표적으로 장애인고용의무제도, 적극적 고용개선조치(Affirmative Action) 제도, 고용형태공시제도 등이 있으며, 미 이행시 고용부담금, 명단 공표 등의 제재를 통해 이행력을 확보하고 있다.

고용정책은 사실상 전 국민을 대상으로 보편적인 고용서비스를 제공한다는 측면에서 보면 정책 대상이 매우 넓다. 즉, 구인구직, 진로 설계, 생애 경력개발을 원하는 국민은 누구라도 고용복지플러스센터 등 다양한 공공 고용서비스 기관과 지정된 고용서비스 민간 위탁기관에서 원하는 고용서비스를 제공받을 수 있는 것이다. 동시에, 많은 고용정책은 취업 또는 인력수급에 어려움을 겪고 있는 보다 구체화된 사업 대상을 특정하여 특화된 프로그램을 시행하고 특별히 지원하는 선별주의에 입각한 사업방식을 택하고 있다.

논리적으로는 고용 문제에 취약한 정도에 맞게 비례적으로 정책 대상을 선별하고 지원 수준을 설정하면 되겠지만, 현실에서는 여러 가지 이유로 이러한 원칙을 구현하기 어려운 상황이 발생한다. 특히, 우리는 흔히 개별 사업의 효과에 대해서는 다각도로 분석하고 계량화하는 작업을 통해서 엄밀하게 판단하려고 하지만, 상대적으로 '누구를 대상으로' 사업을 할 것이며, 그 대상별로 '얼마만큼의 재원을' 투입하는 것이 적절한가에 대한 판단은 소홀히 하는 측면이 있다. 그 결과 일부 정책 대상에 대해서는 과도하게 예산이 투입되기도 하고, 일부 정책 대상은 적절한 예산 투입에서 소외되기도 한다.

고용정책 측면에서 과소 지원되는 대표적인 사례로 영세 자영업자와 특수형태근로종사자, 프리랜서 등을 예로 들 수 있겠다. 이들을 위한 고용정책의 필요성과 시급성에 대해서는 대부분 동의하지만, 실제 고용정책을 분석해 보면 이들에게 배분되는 예산은 보호 필요성과 시급성에 비춰 규모가 매우 작다. 그 이유를 살펴보면 몇 가지 구조적인 측면이 있다.

첫째, 일단 고용정책의 주된 재원이 고용보험기금인데, 이들은 고용보험 임의가입 대상자이거나 가입 대상이 아닌 경우가 많다 보니 실제 고용보험 피보험자가 아닌 경우가 많다. 따라서, 그간 고용보험기금을 통해 이들에 대한 정책을 만들기가 근원적으로 쉽지 않은 측면이 있었고, 일반회계를 활용한 사업 신설이나 확장은 매우 제한적인 현실적인 어려움이 있었다.

둘째, 고용정책의 많은 사업이 근로계약 관계를 암묵적으로 전제하고 설계되다 보니, 이들은 형식상으로는 사업 대상에서 배제되지 않았지만, 실질적으로는 사업 혜택을 받을 수 없는 경우가 많이 있다. 예를 들어, 고용안정사업이나 사업장 내 직업능력개발사업에 대한 지원은 사업주가 근로자에 대해 시행하는 것을 전제로 사업이 구성되어 있다 보니 이러한 요건을 갖출 수 없는 자영업자, 특수형태근로종사자, 프리랜서 등은 소외될 수밖에 없는 것이다. 마치 이솝우화에 나오는 '여우와 두루미' 식사 장면을 떠올리게 하는 것이다.

셋째, 조직 측면에서도 왜곡이 발생할 여지가 생긴다. 고용정책 주무 부처인 고용노동부의 고용 관련 조직을 보더라도 영세 자영업자, 특수형태근로종사자, 프리랜서 등에 대한 고용정책을 전담하는 조직이 없다. 조직이 없다는 이야기는 그 업무에 전념하는 인력이 없다는 의미이고, 당연하게도 이들을 대상으로 하는 정책도 만들어지기 어려운 구조에 놓여 있다는 의미이기도 하다. 정책 현실에 있어서는 예산과 조직 등에 기초한 정책 추진 가능성이 정책 추진 필요성을 압도하는 경우가 많이 발생한다.

이처럼 고용정책의 시급성과 필요성을 토대로 '누구에게', '얼마만큼의' 정책을 제공할 것인가에 대한 질문은 고용정책 추진 시 가장 근본적인 질문이 되어야 할 것이며, 고용정책 평가 시에도 놓치지 말아야 할 중요한 요소라고 할 수 있겠다. 이러한 인식을 바탕으로 아래에서는 고용정책의 핵심 대상에 대한 세부적인 접근을 하고자 한다.

우리나라의 고용정책 대상은 그림 1-1이 보여주는 바와 같이, 2022년 기준으로

 그림 1-1　　　　　　　　**고용 관점에서 본 우리나라의 인구 구성도(2022년 기준)**

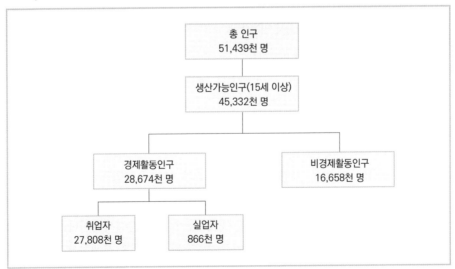

약 4,500만 명의 생산가능인구 아래, 2,781만 명의 취업자, 87만 명의 실업자, 1,666만 명의 비경제활동인구로 구성되어 있다. 아래에서 각 대상의 실태와 쟁점에 대해 구체적으로 살펴보고자 한다.

실업자

고용정책 대상으로 가장 먼저 떠올리게 되는 대상이 바로 실업자이다. 고용정책에서 실업자는 일상생활에서 사용하는 용어와 달리 좀 더 엄밀하게 정의하고 있다. 즉, 실업자는 '일할 능력과 의사를 지니고 구직활동을 했으나 일자리를 구하지 못하고 있는 사람'을 의미한다.

통계청 경제활동인구조사에서 활용하고 있는 실업자에 대한 조작적 정의를 보면 '15세 이상 인구 중 ① 조사 대상기간에 수입이 있는 일을 하지 않았고, ② 지난 4주간 적극적으로 구직활동을 하였으며, ③ 조사대상기간에 일이 주어지면 즉시 취업이 가능한 사람'으로 규정하고 있다. 따라서 최근에 실직을 하였더라도 구직활동을 하지 않았거나 일할 능력이나 의사가 없는 사람은 실업자에 포함되지 않는 것이다.

표 1-3이 보여주고 있는 바와 같이, 우리나라 실업률은 전반적으로 안정적인 모습을 나타내고 있다. 외환위기 직후인 1998년에는 실업률이 7.0%까지 올라가기도 했지만, 글로벌 금융위기나 코로나19 팬데믹을 거치면서 실업률은 크게 상승하지 않고 3%대 후반 수준을 보이다가 2022년에는 2.9%까지 하락하였다. 청년실업률도 2014년 9%대에 진입한 이래 2020년까지는 거의 9% 수준을 유지하였으며 2022년에는 6.4%로 대폭 하락하기도 했다.

이러한 실업 통계에 대해서는 현실과 괴리되어 있다는 지적이 있다. 이에 따라 고용보조지표 1, 2, 3이 개발되었고, 고용보조지표 3에 해당하는 '확장실업률' 개념이 활용되고 있다. 확장실업률은 실업자에 더해서 시간관련 추가취업 가능자(아르바이트 등 단시간일자리에 취업하고 있으나 취업을 희망하는 사람)와 잠재구직자(일자리를 원하지만 구직활동을 하지 않은 사람), 잠재취업가능자(구직활동을 했으나 일시적인 건강사정 등으로 당장 취업하지 못하는 사람)까지 포괄하여 광의의 실업자로 포함시키고 있다.

표 1-3

연도별 실업 추이

(단위: 만 명, %)

구 분	2000	2005	2010	2015	2019	2020	2022
실업자	97.8	88.7	92.4	97.6	106.3	110.8	83.3
실업률	4.4	3.7	3.7	3.6	3.8	4.0	2.9
청년실업자	43.0	38.9	33.9	38.9	38.6	37.0	27.2
청년실업률	8.1	8.0	7.9	9.1	8.9	9.0	6.4

* 청년 연령 기준: 15~29세
* 출처: '경제활동인구조사', 통계청 국가통계포털(kosis.kr).

국제 비교를 위해서는 공식 실업률을 활용하는 것이 의미가 있겠지만, 고용 정책 대상을 설정함에 있어서는 확장실업률이 정책 대상으로서의 실업자 범위를 더 잘 보여주는 것으로 평가할 수 있다. 특히, 우리나라는 취업자가 실직 후 실업 상태로 가지 않고 비경제활동인구로 이동하는 경향이 높은 것으로 분석되고 있는 점을 참고할 필요가 있다. 즉, 실업 관련 사회안전망이 강한 나라에서는 실업 상태로 남아있어야 실업급여나 실업 부조 대상이 될 수 있으므로 실업자 비중이 높지만, 우리나라와 같이 취업자 중 고용보험 가입자 수가 50%를 약간 상회하는 수준에 머무르고 있는 상황에서는 굳이 실업자의 요건을 충족할 유인이 낮아지는 측면이 있다.

아울러, 실업 통계를 분석할 때 총량으로서의 실업자 수나 실업률도 중요하지만, 통계의 세부 내용을 잘 분석하여야 한다. 기본적으로 업종별, 직종별 분석과 함께 연령, 성별, 고용형태 등의 변수를 기준으로 실업 통계에 의미 있는 변화가 있는지 살펴보고 대응하는 노력이 필요하다.

정책 대상으로 실업자를 분석할 때 특별히 고민해야 할 대상으로 다음의 두 가지 그룹에 관심을 쏟을 필요가 있다. 첫째는 '자발적 이직자'다. 말 그대로 스스로 원해서 기존 일자리를 그만두는 사람을 의미하는데, 이러한 자발적 이직자를 구직급여 등의 정책 대상으로 포함할 것인지 고민이 될 수 있다. 고용보험의 구직급여는 그간 비자발적 이직자를 대상으로 급여를 지급하고 있는데,

이를 자발적 이직자까지 확대해야 한다는 논의가 있다.

현실에 있어서는 여러 가지 사정상 실제로는 비자발적 이직이지만 자발적으로 이직하는 형식으로 실직 처리가 되는 경우가 많다는 점과 이직 시에는 자발적으로 이직했지만 기대와 달리 재취업이 무산되는 등 장기 실직으로 이어지면 최초 이직의 자발성 여부를 따지는 게 큰 의미가 없으므로 지원 대상에 포함해야 한다는 주장이 있다. 고용보험 보장성 강화라는 차원에서 향후 자발적 이직자도 장기실업 등 일정한 요건을 충족하면 구직급여를 받을 수 있도록 대상을 확대하는 방안을 적극적으로 검토할 필요가 있다.

둘째는 '반복적 이직자'다. 취업과 실업을 빈번하게 반복하는 사례의 상당수는 일용직, 계약직과 같은 고용안정성이 떨어지는 고용 형태에서 발생한다. 기본적으로는 이들은 더 안정적인 일자리를 찾을 수 있도록 집중적인 고용서비스를 제공할 필요가 있는 대상이다.

다른 한편으로 이들 중 일부는 실업급여를 반복적으로 받으려는 의도로 악용하는 사례가 있다. 구직급여를 받기 위해서는 이직일 이전 18개월 동안 180일 이상 고용보험 피보험자격을 유지하면 가능하고, 구직급여 최저수급액이 2019년부터 하루에 60,120원, 월로 환산하면 약 180만 원에 이르고 있으므로 최저임금 수준의 계약직 일자리에 취업하기보다는 구직급여를 다 받은 후에 취업하려는 움직임도 일부 존재한다. 이에 대응하여 반복적 이직자의 구직급여 제도 악용 소지를 줄이는 내용의 고용보험법 개정안이 2021년 국회에 제출되어 논의되고 있다.

비경제활동인구

비경제활동인구는 15세 이상 인구 중에서 취업자도 실업자도 아닌 경제활동에 참여하지 않고 있는 인구를 의미하는데, 잔여적 개념이다 보니 그 구성이 다양하다. 즉, 비경제활동인구에는 근로 능력이 없어서 노동시장에 진입할 수 없는 사람도 포함되어 있지만, 정규 교육기관에 재학 중인 학생도 포함되어 있고 육아 · 가사 등의 이유로 집에 머물러 있는 사람들도 포함되어 있다.

📋 **표 1-4**

연도별 비경제활동인구 추이

(단위: 천 명, %)

구 분	2000	2005	2010	2015	2019	2020	2022
계	14,041	14,401	15,868	16,086	16,318	16,773	16,339
육아	1,771	1,510	1,486	1,442	1,175	1,188	996
가사	4,992	5,155	5,771	5,815	5,812	5,966	5,964
통학	4,335	3,828	4,314	4,082	3,708	3,616	3,317
연로	1,328	1,450	1,664	2,013	2,221	2,257	2,509
심신장애	331	471	445	437	427	442	445
그 외 (쉬었음)	1,285 (-)	1,988 (1,228)	2,188 (1,419)	2,297 (1,594)	2,976 (2,092)	3,304 (2,374)	3,108 (2,277)

* 출처: '경제활동인구조사', 통계청 국가통계포털(kosis.kr).

표 1-4에서 볼 수 있는 것처럼, 비경제활동인구는 그 스펙트럼이 다양하므로 비경제활동인구 전체가 고용정책의 대상이 될 필요는 없으며, 이 중 노동시장 진입이 필요한 대상을 선별하여 정책 대상으로 삼을 필요가 있다. 비경제활동인구 중 관심이 필요한 대상으로 크게 세 집단을 들 수 있겠다.

먼저, '육아·가사로 인한 비경제활동인구'이다. 여성들의 비중이 압도적으로 높은 영역이기도 하다. 이 중 상당수는 경력단절 여성에 해당하므로 일차적으로는 경력단절이 발생하지 않도록 예방하는 정책이 필요하겠고, 이차적으로는 경력단절이 생기더라도 조속히 노동시장에 복귀할 수 있도록 재취업을 촉진하는 정책이 필요하다. 다행히 육아로 인한 비경제활동인구는 감소 추세이지만, 전체적으로 여성의 경제활동 참가를 높일 수 있는 방향으로 지속적인 관심과 대책이 요구된다.

둘째, 2020년과 2021년에 40만 명을 넘어서고 있는 '쉬었음'에 해당하는 청년에 대한 관심이 필요하다. 일본에서도 이미 1990년대부터 '히키코모리'라는 이름으로 은둔형 외톨이가 사회 문제로 대두되었다시피, 우리나라에서도 청년 NEET(Not in Education, Employment or Training) 인구가 계속 늘어나는 문제가 있다. 진학이나 취업 실패, 약물 중독, 게임 중독 등 다양한 원인으로 비경제활동인구에 머물러 있는 청년층에 대해서는 고용정책과 함께 사회복지정책과 지역사회의 다양한 자원을 결합하여 사례 관리식 접근을 통해 노동시장으로 이끌어 내는 노력이 필요하다.

셋째, '쉬었음'에 해당하는 고령층도 관심이 필요하다. '쉬었음' 유형을 살펴보면 연령대별로 규모가 가장 큰 세대가 60세 이상 고령층에 집중되어 있다. 표 1-5에서 볼 수 있는 바와 같이, 60세 이상 고령층의 '쉬었음' 인구는 2003년 228천 명 수준에서 2022년에는 978천 명까지 늘어났고 앞으로도 급격한 증가가 예고되어 있다. 고령층 비경제활동인구 중 상당수는 아직 근로 능력을 지니고 있고 노동시장에 참여 의사를 지닌 경우도 많으므로 적극적인 취업 지원 노력을 통해 노동시장에 참여할 기회를 확대해야 한다.

 표 1-5

비경제활동인구 중 '쉬었음' 연령대별 추이

(단위: 천 명, %)

구 분	2003	2005	2010	2015	2019	2020	2022
계	909	1,228	1,419	1,594	2,092	2,374	2,277
60세 이상	228	375	448	564	870	944	978
15-29세	227	284	274	307	360	448	390

* 출처: '경제활동인구조사', 통계청 국가통계포털(kosis.kr).

취업자

우리나라 취업자는 그간 계속해서 늘어나고 있다. 그림 1-2가 보여주는 바와 같이, 취업자는 1990년에 1,800만 명 수준이었으나, 2022년에는 약 1천만 명이 증가하여 약 2,800만 명에 이르고 있다. 그간 취업자 중 비임금근로자는 꾸준히 감소해 왔지만, 2022년 기준으로 자영업자가 563만 명에 이를 정도로 그 규모는 작지 않은 실정이다.

임금근로자 중에서는 상용근로자의 증가 속도가 가장 빠르며, 일용근로자는 감소 추세를 보여 왔다. 다만, 뒤에서 자세히 분석하겠지만, 2022년 기준으로 비정규직 비율이 37.5%를 기록할 정도로 고용의 불안정성에 대한 우려는 지속되고 있다.

취업자 종사상 지위별 추이

(단위: 천 명)

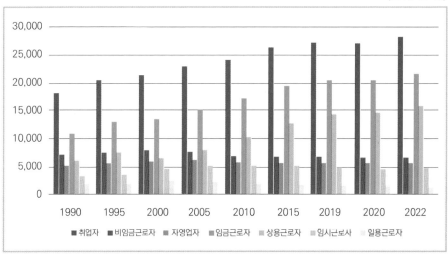

* 출처: '경제활동인구조사', 통계청 국가통계포털(kosis.kr).

실업자 못지않게 취업자도 고용정책의 중요한 대상이다. 한 번 취업한다고 해서 계속 취업 상태에 머무를 수 있는 것이 아니기 때문에 다양한 유형의 고용정책이 필요하다. 적어도 다음 네 가지 유형의 취업자 대상 고용정책은 지속해서 발전시켜 나갈 필요가 있다.

첫째, '실업 예방'을 위한 고용대책이다. 취업자는 다양한 이유로 인해 실업의 위험에 처하게 된다. 대표적으로 1) 경영 악화 등 기업 내부적 요인에 의한 구조조정, 2) 출산, 육아, 가사, 학업 등 취업자 개인의 특수한 사정, 3) 감염병 발생, 탄소 중립 등과 같은 사회적 요인 등이 취업자를 실업 상태로 내몰 수 있다. 이러한 위험 요인을 최소화하기 위해 제도적으로 대응할 필요가 있다. 이에 따라 고용유지지원금제도, 육아휴직 지원 제도, 공정한 노동 전환 지원사업 등 여러 가지 정책 대응 노력을 진행해 왔으며, 앞으로도 더 많은 창의적인 아이디어가 필요한 영역이다.

둘째, '생애 경력개발'을 위한 투자가 필요하다. 기술 변화 속도가 계속 빨라지고 있는 트렌드에 대응하기 위해서는 재직 단계에서도 지속적인 직업능력개발이 중요하다. 사업주 주도의 직장 내 직업훈련에 대한 지원과 함께, 취업자가 개인의 필요에 따라 주도적으로 능력개발을 해 갈 수 있도록 지원 시스템을 강화할 필요가 있다.

이러한 목적으로 재직자 내일배움카드가 도입되어 중소기업과 임시·일용직 등의 직업 능력개발을 지원하고 있다. 다만, 활용도를 높이기 위해서는 훈련 비용에 대한 지원과 함께, 훈련 시간 확보가 가능하도록 사업주 등에게 인센티브를 확대하는 방안을 같이 고민할 필요가 있다.

또한, 재직자 직업훈련이 단기 훈련에 집중되는 경향을 극복하기 위해서 사업주의 장기 유급 훈련에 대해서는 육아휴직 지원 제도 이상의 파격적인 훈련 인센티브를 지급하는 등 근본적인 발상의 전환이 필요하다. 아울러, 학생, 경력단절여성, 이직자 등을 대상으로 생애에 걸친 경력개발이 가능하도록 개인별 적성과 희망을 반영한 생애 경력설계를 강화하는 노력도 병행할 필요가 있다.

셋째, '비임금근로자'인 취업자를 대상으로 하는 고용정책을 강화하여야 한다. 그간 비정규직 근로자에 대해서는 여러 가지 정책적 대응을 해왔지만, 임금근로자가 아닌 특수형태근로종사자, 프리랜서, 영세 자영업자 등은 고용정책의 주된 관심 대상이 아니었다.

최근 들어 고용보험의 보호 영역을 예술인, 특수형태근로종사자 등으로 확대하는 노력과 함께, 자영업자를 포함하는 전 국민 고용보험 적용을 목표로 삼고 있으므로 향후 지속해서 개선될 것으로 보이지만, 여전히 이들에게 고용서비스 제공을 위한 제도적 기반과 구체적 사업 준비가 미비한 상태이다. 일부 시범사업 수준의 사업이 시행되고는 있으나, 적극적으로 이들의 특성을 반영하여 효과를 낼 수 있는 프로그램을 준비하는 등 맞춤형 대책이 필요한 실정이다.

넷째, '고령층 근로자'에 대한 특별한 관심이 필요하다. 베이비부머가 본격적으로 일자리에서 은퇴하고 있고, 그 뒤를 이어 2차 베이비부머(1968~1974년생)도 법정 정년인 60세에 다가서고 있다. 이들은 한 해에 1백만 명이 출생했을 정도로 그 규모가 클 뿐만 아니라, 산업화와 고학력화의 영향이 본격화된 세대이다. 또한, 100세 시대에 걸맞게 건강수명도 늘어나고 있는 세대이기도 하다. 이들을 60세라는 제도적 나이로 묶어서 노동시장에서 은퇴하도록 두는 것은 사회적 재앙에 가까운 일이 될 것이다.

지속가능한 사회복지 시스템이 구현될 수 있도록 연금 개혁 등의 노력과 함께 고령층의 실질적인 취업 연령을 적어도 70세까지 보장할 수 있도록 고용정책 차원의 특별한 노력이 필요하다. 정년제도의 개선과 계속고용에 대한 다양한 인센티브 제공, 고령층을 위한 근로환경 개선 등 여러 가지 정책이 수반될 필요가 있다.

사업주

사업주는 일자리의 원천인 사업체를 운영한다는 측면에서 고용정책에서 차지하는 비중이 매우 크다. 또한, 고용정책의 많은 사업은 사업주의 신청을 통해 작동하는 특성이 있으므로 사업주의 관심과 이해에 기반하지 않은 고용정책은 실행력이 많이 약해질 수밖에 없다. 아울러, 사업주는 노동시장의 수요자로서 역할을 하고 있으므로 산업현장에서 필요한 인력의 규모와 질적 수준에 대해 끊임없이 요구하는 입장에 있기도 하다. 인력수급의 균형을 달성하기 위해서는 이러한 사업주의 수요를 지속해서 모니터링하고 대응하는 시스템을 갖출 필요가 있다.

고용보험 가입 사업장 통계를 보면, 2022년 12월 기준으로 262만 개의 사업장이 있으며, 이 중 5인 미만 사업장이 200만 개소, 5~9인 사업장이 32만 개소로 전체 사업장의 88%가 10인 미만 사업장에 해당한다. 업종별로는 건설업과 도·소매업이 각각 54만 개소, 52만 개소로 비중이 높고, 제조업은 36만 개소, 숙박 및 음식업은 34만 개소로 그 뒤를 잇고 있다.

고용정책에서 사업주는 크게 두 그룹으로 나눠진다. 하나는 고용정책의 직접적인 개입과 지원 필요성이 큰 '중소기업(우선지원대상기업)'[15]이고, 더 높은 자율성과 보호 필요성이 낮은 '대규모 기업'이 다른 하나이다. 당연히 고용정책의 많은 사업은 중소기업을 염두에 두고 만들어지며, 실제 지원 수준이나 지원 기간 모두 중소기업에 우대 지원하는 방식으로 운영하고 있다.

표 1-6에서 볼 수 있는 바와 같이, 산업구조의 변화에 따라 업종별 취업자

---

[15] 고용보험법 제19조 제2항은 고용안정·직업능력개발 사업 시행 시 '우선지원 대상기업'을 우선적으로 고려하도록 규정하고 있으며, 동법 시행령 제12조에서 우선지원 대상기업의 구체적인 범위를 정하고 있다.

수 비중을 살펴보면 제조업은 2022년 기준으로 16% 수준까지 감소한 반면, 도·소매업, 운수·창고업, 숙박 및 음식점업, 보건업 및 사회복지서비스업 등을 포함하는 서비스업의 비중은 급속도로 증가하고 있다. 다만, 서비스업은 아직 규모가 영세하고 생산성이 낮은 업체가 많다 보니 양질의 일자리 비중이 낮은 편이다.

 표 1-6

산업별 취업자수 추이

(단위: 천 명)

산 업 별	2013	2015	2017	2019	2022
계	25,299	26,178	26,725	27,123	28,089
A 농업, 임업 및 어업(01~03)	1,513	1,337	1,279	1,395	1,526
B 광업(05~08)	16	14	23	15	9
C 제조업(10~34)	4,307	4,604	4,566	4,429	4,503
D 전기, 가스, 증기 및 공기조절 공급업(35)	74	79	72	68	80
E 수도, 하수 및 폐기물 처리, 원료 재생업(36~39)	93	106	115	135	154
F 건설업(41~42)	1,780	1,854	1,988	2,020	2,123
G 도매 및 소매업(45~47)	3,694	3,816	3,795	3,663	3,313
H 운수 및 창고업(49~52)	1,428	1,429	1,405	1,431	1,655
I 숙박 및 음식점업(55~56)	1,985	2,195	2,288	2,303	2,182
J 정보통신업(58~63)	697	774	783	861	981
K 금융 및 보험업(64~66)	878	799	794	800	774
L 부동산업(68)	437	462	540	556	552
M 전문, 과학 및 기술 서비스업(70~73)	1,029	1,055	1,092	1,157	1,288
N 사업시설 관리, 사업 지원 및 임대 서비스업(74~76)	1,228	1,331	1,374	1,312	1,423
O 공공행정, 국방 및 사회보장 행정(84)	976	948	1,058	1,076	1,213
P 교육 서비스업(85)	1,766	1,835	1,907	1,883	1,902
Q 보건업 및 사회복지 서비스업(86~87)	1,566	1,781	1,921	2,206	2,714
R 예술, 스포츠 및 여가관련 서비스업(90~91)	394	428	428	495	482

S 협회 및 단체, 수리 및 기타 개인 서비스 업(94~96)	1,261	1,232	1,222	1,233	1,119
T 가구 내 고용활동 및 달리 분류되지 않은 자가소비 생산활동(97~98)	173	82	64	75	80
U 국제 및 외국기관(99)	8	19	12	12	16

* 출처: '경제활동인구조사', 통계청 국가통계포털(kosis.kr).

우리나라의 노동법이나 고용정책이 산업화 과정에서 집중적인 육성이 필요했던 제조업을 기반으로 제도가 설계되어 있다 보니 산업의 서비스화 경향에 적절하게 대응하지 못하는 측면이 있다. 제조업보다 훨씬 이질적이고 다양한 형태의 근로환경과 근로조건을 보유하고 있는 서비스업이 일자리의 양적 확대와 함께 질적 개선에도 기여할 수 있도록 업종 단위 특화된 고용정책적 접근이 매우 필요하다. 업종별 협회 등과 함께 해당 업종의 특성을 감안한 대책 마련이 시급하다.

취업 취약계층

정부의 정책은 항상 한정된 재원이라는 제약요건 속에서 출발하기 때문에, 정부의 정책에 의한 도움이 필요한 대상을 선별하는 과정은 매우 중요한 일이다. 이러한 관점에서 앞에서 살펴본 실업자, 비경제활동인구, 취업자, 사업주와 같은 고용정책 대상에 대한 유형별 접근과 병행하여, 정책 대상의 우선순위를 고려할 때 또 다른 중요한 판단 요소로 '정책적 보호 필요성'과 '시급성' 등을 기준으로 대상을 선별하는 노력이 필요하다.

예를 들어, 실업자라고 해서 모두를 대상으로 정부가 정책적으로 개입할 필요는 없으므로 우선순위를 정할 필요가 있는 것이다. 즉, 실직했지만 스스로 일자리를 구할 능력이 있어서 정부의 도움이 필요 없는 실업자도 있을 것이고, 고소득 전문직 종사자처럼 정부가 재정을 투입해서 우선적으로 보호할 필요성이 떨어지는 대상도 있을 것이다.

취업 취약계층은 고용정책 대상으로서 우선적 보호가 필요한 대상을 포괄적으로 포함하는 개념으로 고용정책기본법에서 개념을 정의하고 있지만,[16] 경제사회 여건에 따라 이 범위는 넓혀지거나 좁혀질 수 있다. 최근 코로나19 팬데믹이나 과거 우리나라가 겪었던 외환위기와 같은 급격한 경제 위기 상황에서는 고용 취약계층의 범위를 더 넓혀서 확장적인 고용정책을 추진할 필요가 있고, 반면에 경제 호황기에는 좀 더 엄격한 기준에 따라 고용정책 대상을 좁힐 수도 있는 것이다.

또한, 인구 구조적인 측면에 따라 취업 취약계층 범위가 영향을 받기도 한다. 대표적으로 문재인 정부의 청년 고용정책은 매우 확장적으로 추진되었는데, 그 배경에는 베이비붐 세대의 자녀 세대인 에코 세대(echo generation)의 노동시장 진입에 따른 청년 취업난 증가가 예상되었기 때문에, 한시적으로 청년 고용정책 대상과 지원 수준을 확대한 측면이 있었다.

이처럼 취업 취약계층의 개념은 불확정적이고 유연하게 적용될 수 있는 개념이긴 하지만, 그간 지속해서 고용 취약계층의 범주에 포함되어 온 고정적인 정책 대상도 있다. 대표적으로 1) 장애인, 2) 경력단절여성, 3) 청년, 4) 중장년 퇴직자, 5) 저소득 구직자, 6) 비정규직, 7) 특수 취약계층(예. 제대군인, 국가보훈대상자, 한부모가족, 결혼이민자, 북한 이탈주민, 노숙자, 출소자 등) 등이 포함된다.

그간 이들이 고용 취약계층에 포함된다는 점에 대해서는 어느 정도 사회적 합의가 이뤄졌다고 볼 수 있겠다. 다만, 이러한 범위가 모든 고용 취약계층을 포괄하는 것은 아니므로 끊임없이 사각지대에 놓인 고용 취약계층을 발굴하고 정책 대상으로 추가하는 노력은 필요하다.

취업 취약계층을 대상으로 사업을 추진할 때 유의해야 할 점이 몇 가지 있다. 첫째, 정책 대상이 어느 정도 균질적이지 못하면 '크리밍 현상'이 나타나기 쉽다. 예를 들어 청년을 취약계층으로 규정하고 사업을 하게 되는 경우를 생각해 보자. 사업성과를 높이기 위해서는 취업 가능성이 높은 청년을 선별해서 지원하려는 욕심이 생길 수밖에 없고 그 결과 실질적으로 더 큰 도움이 필요한 취약청년은 오히려 정책 시행과정에서 배제되는 부작용이 발생할 가능성이 커진다. 취업 능력과 의지 측면에서 스펙트럼이 매우 넓은 청년을 단일한 정책 대상으

---

16 고용정책기본법 제6조는 취업 취약계층을 '학력·경력의 부족, 고령화, 육체적·정신적 장애, 실업의 장기화, 국외로부터의 이주 등으로 인하여 노동시장의 통상적인 조건에서 취업이 특히 곤란한 사람과 「국민기초생활 보장법」에 따른 수급권자 등'으로 정의하고 있다.

로 정했기 때문에 발생하는 문제이다.

사업을 시행하다 보면 부진사업에 대한 추가적인 대책을 마련하는 과정에서 가장 쉽게 택하는 대안 중 하나가 바로 참여 대상 범위를 확대하는 것인데, 사업이 필요치 않은 대상에게까지 지원해 가면서 사업성과를 높이는 것은 올바른 길이 아닐 것이다.

둘째, 취업 취약계층 대상 사업에 대한 평가는 '비교 대상'을 잘 설정해야 한다. 일반적으로 취업 취약계층을 대상으로 하는 사업은 취업률, 고용유지율과 같은 사업 성과지표가 일반 구직자에 비해 낮게 나타날 수밖에 없다. 또한, 동일한 취업 취약계층 내에서도 취업 난이도는 대상별로 달리 나타날 수밖에 없다. 즉, 동일한 청년 중에서도 대졸 미취업자, 고졸 미취업자, NEET 청년은 취업 난이도가 동일할 수 없다. 이러한 현실을 무시하고 평가 지표를 만들게 되면 진정으로 도움이 필요한 취업 취약계층에 대한 사업은 설 자리가 없게 된다.

셋째, 취업 취약계층에 대한 사업이 '구색 맞추기'식으로 운영되지 않도록 관리할 필요가 있다. 예를 들어 한부모가정의 가장을 위한 특별한 고용서비스가 필요하다고 인정하여 사업을 만들었지만, 사업 규모가 너무 작다든지 실제 사업을 수행하는 지역이 소수에 불과하다든지 하는 식으로 정책 메뉴판에 사업명을 추가했다는 사실에 의미를 두는 사업도 없지 않다. 취업 취약계층에 대해서는 그 특성에 맞는 고용과 복지를 아우르는 종합서비스가 가능하도록 부처 간 그리고 중앙정부와 지방자치단체 간 유기적인 정책 협력이 필요한 경우가 많다는 점을 유의할 필요가 있다.

제 2 장

고용정책의 인프라

1. 고용정책의 근거 법령

개관

고용정책의 법적 근거는 헌법에서 출발하여 고용정책기본법과 고용보험법을 비롯한 다양한 법령에서 찾을 수 있다. 특히, 고용정책은 사업 중심으로 운영되는 성격이 강하다 보니, 법률에서 세부적인 사업 내용을 규정하기보다는 사업의 기본 골격과 사업 수행 근거를 법률에서 규정하고 세부적인 사업 내용은 하위법령이나 고시, 지침 등으로 위임하는 경우가 많다. 아울러 노동법[1]도 노동시장의 구조와 일자리의 질적 수준을 결정하는 여러 규정을 두고 있으므로 고용정책 차원에서도 적극적인 관심과 분석이 필요하다.

 참고   고용정책 관련 헌법 규정

> 제32조 ① 모든 국민은 근로의 권리를 가진다. 국가는 사회적·경제적 방법으로 근로자의 고용의 증진과 적정임금의 보장에 노력하여야 하며, 법률이 정하는 바에 의하여 최저임금제를 시행하여야 한다.
> ② 모든 국민은 근로의 의무를 진다. 국가는 근로의 의무의 내용과 조건을 민주주의원칙에 따라 법률로 정한다.
> ③ 근로조건의 기준은 인간의 존엄성을 보장하도록 법률로 정한다.
> ④ 여자의 근로는 특별한 보호를 받으며, 고용·임금 및 근로조건에 있어서 부당한 차별을 받지 아니한다.
> ⑤ 연소자의 근로는 특별한 보호를 받는다.
> ⑥ 국가유공자·상이군경 및 전몰군경의 유가족은 법률이 정하는 바에 의하여 우선적으로 근로의 기회를 부여받는다.

---

1 노동법 분야는 크게 개별적 노동관계법과 집단적 노동관계법이라는 두 가지 영역으로 나눌 수 있다. 고용정책의 관점에서 보면, 근로계약 관계와 근로조건 등에 대해 규정하고 있는 「근로기준법」을 비롯한 개별적 노동관계법은 일자리의 질적 측면에 영향을 주는 법 제도로 볼 수 있으며, 「노동조합 및 노동관계조정법」을 비롯한 집단적 노동관계법은 개별 기업과 산업의 근로조건 형성과 변화에 영향을 주는 법 제도라는 의미가 있다. 그러나, 전통적인 노동법 체계는 개별적 근로계약과 노동삼권에 기초한 단체협약을 기반으로 한 권리와 의무 중심으로 규정하고 있기 때문에 고용정책과의 관련성은 상대적으로 긴밀하지 못한 측면이 있다.

먼저, 고용정책 관련 대한민국 헌법이 정하고 있는 바를 살펴보면, 제32조 제1항에서 모든 국민에게 근로의 권리가 있음을 명시하고 있으며, 국가는 근로자의 고용 증진을 위해 노력해야 한다고 규정하고 있다. 즉, 고용정책을 통해 모든 국민이 근로의 권리를 행사할 수 있도록 노력할 의무가 국가에 있는 것이다. 또한, 여성이 고용에서 차별받지 않도록 명시적으로 규정하고 있고, 국가유공자·상이군경·전몰군경의 유가족 등에게는 우선적으로 근로 기회를 부여토록 규정하고 있다.

고용정책 관련 법령을 유형화해 보면 1) 고용정책을 총괄적으로 규정하고 있는 「고용정책기본법」, 2) 고용안전망 관련 법률인 「고용보험법」, 「구직자 취업촉진 및 생활안정지원에 관한 법률」, 「고용보험 및 산업재해보상보험의 보험료징수 등에 관한 법률」, 3) 고용서비스와 관련된 「직업안정법」, 「채용절차의 공정화에 관한 법률」, 4) 직업훈련 및 자격과 관련된 「국민 평생 직업능력 개발법」, 「직업교육훈련 촉진법」, 「산업현장 일학습병행 지원에 관한 법률」, 「자격기본법」, 「국가기술자격법」, 5) 대상별 특화된 고용정책 관련 「청년고용촉진특별법」, 「남녀고용평등과 일·가정 양립 지원에 관한 법률」, 「여성의 경제활동 촉진과 경력단절예방법」, 「고용상 연령차별금지 및 고령자고용촉진에 관한 법률」, 「장애인고용촉진 및 직업재활법」, 「건설근로자의 고용개선 등에 관한 법률」, 「외국인근로자의 고용 등에 관한 법률」, 「가사근로자의 고용개선 등에 관한 법률」, 「사회적기업 육성법」, 「중소기업창업 지원법」 등이 있다. 각 법률의 제정년도, 주요 내용 등은 표 2-1에 정리되어 있다.

표 2-1　　　　　　　　　　　　　　　　　　　　　　　고용정책 관련 주요 법률 현황

법률명	제정년도	주요 내용	비고
고용정책기본법	1993년	고용정책 수립 근거, 기본원칙, 추진체계, 주요 사업 등 기본 사항 규정	
고용보험법	1994년	고용보험제도 시행에 필요한 보험료, 보험관계, 고용보험사업 등 규정	
구직자 취업촉진 및 생활 안정지원에 관한 법률	2020년	한국형 실업부조의 근거법으로 저소득구직자 등의 생활안정과 취업지원	

고용보험 및 산업재해 보상보험의 보험료 징수 등에 관한 법률	2003년	고용보험 및 산재보험 관련 보험관계 및 보험료 납부·징수에 관한 사항	
직업안정법	1961년	노동력의 원활한 수급을 위하여 직업소개사업 및 직업정보제공사업 등 규율	
채용절차의 공정화에 관한 법률	2014년	채용서류 반환, 거짓 채용광고 금지 등 채용의 공정성 관련 규율	
국민 평생 직업능력 개발법	1997년	직업능력개발사업, 직업능력개발시설 등 직업능력개발에 대한 기본 사항 규정	2022년 법률명 변경
직업교육훈련 촉진법	1997년	산업체 현장실습 등 직업교육훈련 활성화를 위한 사항 규정	교육부, 고용 노동부 공동
산업현장 일학습병행 지원에 관한 법률	2019년	선취업 후진학이 가능하도록 학습근로자 근로조건 보호 및 일학습 병행 지원	
자격기본법	1997년	자격제도의 체계적인 관리를 위해 자격신설 등 자격제도의 기본사항 규율	교육부, 고용 노동부 공동
국가기술자격법	1973년	기술자격의 기준과 명칭을 통일하는 등 국가기술자격제도 규율	
청년고용촉진 특별법	2004년	청년 미취업자의 고용 촉진을 위해 공공기관 청년고용의무 등 규정	
남녀고용평등과 일·가정 양립 지원에 관한 법률	1987년	직장내 성희롱 금지, 모성보호, 적극적 고용개선조치 등 남녀의 고용상 평등을 위한 세부사항 규정	
여성의 경제활동 촉진과 경력단절예방법	2008년	여성의 경력단절예방을 위한 훈련, 일경험 지원, 지원센터 등 규정	여성가족부, 고용노동부 공동
고용상 연령차별금지 및 고령자고용촉진에 관한 법률	1991년	법정 정년 연령, 우선고용직종 등 고령자 고용촉진을 위한 사항 규율	
장애인고용촉진 및 직업재활법	1990년	장애인 고용 촉진을 위해 고용의무 및 부담금 제도, 표준사업장 지원 등 규정	
건설근로자의 고용 개선 등에 관한 법률	1996년	건설근로자 퇴직공제금 지급과 고용개선을 위한 세부사항 규율	

외국인근로자의 고용 등에 관한 법률	2004년	외국인 고용허가제 도입 등 외국인력 도입 및 활용에 관한 사항 규율	
가사근로자의 고용 개선 등에 관한 법률	2021년	가사근로자의 근로조건과 가사서비스제공기관 인증 등 규정	
사회적기업 육성법	2007년	사회적기업 설립, 운영 및 지원에 대한 기본 사항 규정	
중소기업창업 지원법	1986년	창업 저변 확대 및 창업기업 지원 등에 대한 기본 사항 규율	중소벤처기업부 소관

대부분의 법률은 고용노동부 소관 법률인데, 「직업교육훈련 촉진법」과 「자격기본법」은 교육부와 고용노동부 공동 소관, 「여성의 경제활동 촉진과 경력단절예방법」은 여성가족부와 고용노동부 공동 소관이며, 「중소기업창업 지원법」은 중소벤처기업부 소관이라는 특징이 있다.

연혁적으로 보면 「직업안정법」이 1961년도에 제정되어 가장 오래된 역사를 지니고 있으며, 「구직자 취업촉진 및 생활안정지원에 관한 법률」과 「기시근로자의 고용개선 등에 관한 법률」은 각각 2019년과 2021년에 제정되어 시행되고 있다.

이외에도 여러 개별법에서 특정 대상에 대한 취업기회 부여 등을 규정하고 있는 사례가 많이 있다. 대표적으로 「제대군인지원에 관한 법률」은 제대군인에 대한 직업교육훈련, 취업지원, 특수직종 우선고용 등을 포함하고 있으며, 「북한이탈주민의 보호 및 정착지원에 관한 법률」은 북한이탈주민에 대한 직업훈련, 취업보호, 창업지원 등을 규정하고 있다.

유사하게, 「국가유공자 등 예우 및 지원에 관한 법률」은 국가유공자를 대상으로 한 취업 지원을 규정하고 있으며, 「한부모가족지원법」은 한부모가족의 고용 촉진 및 고용지원 연계 등을 명시하고 있다. 또한, 「국민기초생활보장법」은 수급자와 차상위자에 대한 고용 촉진과 고용지원 서비스 연계를 규정하고 있다.

아래에서는 고용정책 관련 여러 법령 중에서 가장 근간이 되는 「고용정책기본법」과 「고용보험법」의 주요 내용에 대해 좀 더 자세히 살펴보고자 한다.

고용정책기본법의 주요 내용

고용정책기본법은 2023년 기준으로 총 7개 장, 42개 조문으로 구성되어 있으며, 1993년 12월에 제정되어서 1994년 7월부터 본격적으로 시행되었다. 이 법은 국가가 고용정책을 시행하는 목적을 명확히 밝히고 있다. 즉, 국민의 평생 직업능력개발 지원, 취업 기회 확대, 고용안정을 추구하는 한편, 기업의 일자리 창출과 인력 확보를 지원하고, 노동시장의 인력수급 균형을 도모하는 것이 일차적인 목적이다. 그리고 궁극적으로는 국민의 삶의 질 향상과 지속가능한 경제성장 및 고용을 통한 사회통합에 이바지하는 것을 목적으로 하고 있다.

제1장 '총칙'에서는 법의 목적, 기본원칙, 각 주체의 책임과 의무, 국가와 지방자치단체의 시책, 취업 기회의 균등한 보장 등을 규정하고 있다. 특기할 만한 내용은 근로자의 범주에 '사업주에게 고용된 사람'과 함께 '취업할 의사를 가진 자'를 포함하고 있다는 점과 국가가 시행해야 할 고용정책을 구체적으로 나열하고 있다는 점이다.

제2장은 '고용정책의 수립 및 추진체계'를 규정하고 있으며, 고용정책기본계획 및 지역고용정책기본계획의 수립·시행, 고용정책심의회 구성·운영, 직업안정기관의 설치, 민간 고용서비스 지원 및 협업, 고용영향평가제도 운영, 재정지원 일자리 사업 평가 및 효율화 등과 같이 고용정책의 기본 틀에 대한 근거와 함께 고용정책을 종합적으로 조정하고 효율화할 수 있도록 명시하고 있다.

제3장은 '고용정보 등의 수집·제공'에 대한 내용으로, 구인·구직 정보 및 직업정보의 수집·관리, 고용정보시스템 및 재정지원일자리사업통합정보망 구축·운영, 인력수급 동향 및 고용통계 작성·보급, 한국고용정보원 및 한국잡월드 설립 근거 등을 포함하고 있다.

제4장은 '직업능력개발' 관련 사항을 규정하고 있다. 국가로 하여금 직업능력개발 시책을 수립하도록 명시하고 있으며, 국가 및 사업주의 직업능력개발에 대한 지원, 기술·기능 인력양성, 직업능력평가제도의 근거 등을 포함하고 있다.

제5장은 '근로자의 고용 촉진 및 사업주의 인력 확보 지원'을 규정하고 있다. 구인·구직자, 학생, 청년·여성·고령자, 취업취약계층, 일용근로자 등 대상별 특성에 맞는 고용 촉진과 고용안정을 지원토록 하고 있으며, 사회적기업 육성, 기

업의 고용 창출, 중소기업의 인력 확보 등을 지원토록 규정하고 있고, 아울러 외국인 근로자 도입 근거도 명시하고 있다.

제6장은 '고용조정지원 및 고용안정 대책'에 대한 내용으로, 고용위기지역, 특별 고용지원업종 지정 등 업종별·지역별 고용지원을 규정하고 있으며, 사업주의 대량 고용변동 신고 의무와 정부의 실업대책사업 추진 근거를 포함하고 있다.

제7장은 '보칙'으로 보고 및 검사, 위임·위탁, 과태료 및 벌칙 등을 규정하고 있다.

고용보험법의 주요 내용

우리나라 1차적 고용안전망인 고용보험제도의 근거가 되고 있는 「고용보험법」은 1993년 12월 제정된 후 1995년 7월부터 시행되었다. 고용보험법은 '실업의 예방, 고용의 촉진 및 근로자 등의 직업능력의 개발과 향상을 꾀하고, 국가의 직업지도와 직업소개 기능을 강화하며, 근로자 등이 실업한 경우에 생활에 필요한 급여를 실시'(고용보험법 제1조)하여 궁극적으로 근로자 생활 안정과 구직활동을 촉진하여 경제·사회발전에 기여할 목적으로 제정되었다.

2023년 현재 총 9개 장에 걸쳐 118개 조문으로 구성되어 있다. 각 장에 포함된 주요 내용을 살펴보면 다음과 같다.

제1장은 '총칙'으로 목적, 정의, 적용 범위, 국고의 부담, 고용보험위원회 등의 규정을 포함하고 있다. 총칙에서 주목할만한 내용을 살펴보면, 먼저 제2조 '정의' 조항 중에 피보험자의 범위가 고용보험 적용 확대에 따라 근로자에서 임의 가입한 자영업자, 예술인, 노무 제공자로 점차 확대되고 있다는 점이다.

또한, 제10조 '적용 제외' 조항에서는 고용보험법이 적용되지 않는 대상으로 대통령령으로 정하는 단시간근로자[2], 공무원, 사립학교 교직원 등을 포함하고 있으며, 65세 이후 신규 고용된 경우에는 실업급여를 적용하지 않도록 하고 있다. 향후 전 국민 고용보험 적용의 방향으로 제도를 개선하는 과정에서 적용 제외 대

---

2 고용보험법 시행령 제3조에서는 원칙적으로 '1개월간 소정근로시간이 60시간 미만인 사람(1주 간의 소정근로시간이 15시간 미만인 사람을 포함한다)'에 대해 고용보험 적용을 제외하도록 규정하고 있다.

상을 최소화하는 노력을 해야 할 것이며, 특히 고령화 문제에 대응하기 위해서는 65세 이후에 신규 고용된 경우에도 실업급여를 적용하는 방향으로 개선하는 것이 적절할 것으로 보인다.

제2장은 '피보험자의 관리'를 규정하고 있다. 피보험자격의 취득일 및 상실일, 피보험자격 신고 및 확인, 피보험자격 이중취득의 제한 등을 포함한다. 고용보험과 산재보험의 경우 보험관계의 성립·소멸, 보험료의 납부·징수 등에 필요한 사항은 「고용보험 및 산업재해보상보험의 보험료징수 등에 관한 법률」에서 별도로 상세하게 규정하고 있다.

주목할 만한 사항은 '피보험자격 이중취득의 제한' 관련 규정이다. 고용보험법은 사업장 단위로 보험관계를 성립토록 운영함에 따라 여러 사업장에서 동시에 일하는 경우에는 주된 사업장에서만 고용보험이 적용된다. 따라서, 극단적으로는 주 15시간 미만 단시간근로 일자리를 동시에 여러 개 갖고 있더라도 고용보험 보호의 영역에서 제외되는 상황이 발생할 수 있다. 소위 'n잡러'가 늘어나는 최근의 노동시장 상황에서는 고용보험 사각지대가 늘어날 우려가 있는 것이므로 정책적 고민이 필요하다. 향후 소득 기반 고용보험 적용시스템으로 전환한다면 해결될 수 있을 것으로 보인다.

제3장에서는 '고용안정·직업능력개발 사업'을 다루고 있다. 사업주의 고용 창출, 고용조정, 지역 고용 촉진, 고령자 고용 촉진, 건설근로자 등의 고용안정을 지원할 수 있는 근거를 두고 있으며, 피보험자의 고용안정 및 취업 촉진에 대한 지원, 고용촉진시설 설치·운영자에 대한 지원 등을 규정하고 있다. 또한, 사업주의 직업능력개발 훈련 지원, 피보험자의 직업능력개발 지원, 직업능력개발 훈련 시설 지원, 직업능력개발 촉진 사업자 지원 등 직업능력개발 관련 다양한 지원 근거를 명시하고 있다.

주목할 만한 내용은 제19조에서 고용안정·직업능력개발 사업의 대상으로 '피보험자 및 피보험자였던 사람, 그 밖에 취업할 의사를 가진 사람'으로 규정하고 있다는 점이다. 일반적으로 보험사업의 경우 '피보험자'를 중심으로 보험료 기여자를 대상으로 사업을 하게 되는데, 동 조는 고용보험료를 기여하지 않는 일반 구직자도 고용보험사업의 대상으로 삼고 있다는 점이다. 정부가 일반회계를 통해 해야 할 사업을 고용보험 재정을 활용하고 있다는 비판이 나올 수 있는 부분이

므로, 고용정책에서 고용보험사업의 역할과 일반회계의 역할에 대해 좀 더 명확한 정리가 필요하다.[3]

제4장은 제37조부터 제69조의9에 이르기까지 '실업급여'에 대해 상세하게 규정하고 있다. 구직급여, 취업촉진수당, 자영업자인 피보험자에 대한 실업급여 특례를 각각 절을 나눠서 별도로 다루고 있다.

구직급여에서는 수급 요건, 실업의 신고, 수급자격의 인정, 실업의 인정, 구직급여일액, 수급기간 및 수급일수, 대기기간, 훈련연장급여, 개별연장급여, 특별연장급여, 지급일 및 지급방법, 지급 제한 등 구직급여 전반에 걸쳐 구체적으로 규정하고 있다.

취업촉진수당에서는 조기재취업수당, 직업능력개발수당, 광역구직활동비, 이주비 등 취업촉진수당의 유형별로 근거를 두고 있으며, 상세한 내용은 대통령령으로 위임하고 있다.

자영업자인 피보험자에 대한 실업급여 특례는 2011년 신설된 내용으로 자영업자의 고용보험 임의가입 제도가 도입됨에 따라 이들에 대한 실업급여 규정을 명시하고 있다. 실업급여와 관련된 여러 가지 쟁점은 뒤에서 자세히 다룰 예정이다.

제5장은 '육아휴직 급여 등'을 규정하고 있으며, 소위 '모성보호 급여'로 알려져 있다.[4] 일·가정 양립을 지원하기 위하여 육아휴직이나 육아기 근로시간 단축 제도를 활용하는 경우 고용보험에서 임금의 일부를 지원토록 규정하고 있으며, 출산 전후 휴가 활용 시에도 지원 규정을 명시하고 있다. 지급 대상 및 요건은 법률에서 명시하고 있으며, 지급금액 등 세부적인 사항은 하위법령에 위임하고 있다.

육아휴직 급여 도입 과정에서 고용보험을 재원으로 하는 것이 적절한지에 대해서는 논란이 있었으며, 일반 재정의 보조를 전제로 고용보험의 급여로 두기로 결정된 바 있다. 육아휴직 급여 등이 연 2조 원에 육박할 정도로 규모가 커진

---

3 고용보험법 제정 당시에는, 고용안정사업은 사업주 대상 지원금이라는 측면에서 지원 대상에 일반 구직자를 포함하였으나, 직업능력개발사업은 고용보험료를 기여하지 않은 사람은 일반회계로 지원받을 수 있도록 구분했던 점을 참고할 필요가 있다.

4 '모성보호 급여'라는 명칭은 시대 변화에 따라 폐기되어야 할 명칭이다. 역사적으로 여성들이 출산과 육아로 인해 경력단절이 발생했고 이러한 문제 해결을 위해 육아휴직급여가 도입되기는 했지만, 남성도 동일하게 육아휴직 급여나 육아기 근로시간단축 급여의 수혜자가 되고 있으며, 남성들의 활용 확대를 강조하고 있으므로 여성에 국한된 '모성보호 급여'라는 표현은 적절치 않다.

상태이므로 재원 분담방안에 대해서는 다시 한번 명확한 정리가 필요하다.

제5장의2와 제5장의3은 각각 '예술인인 피보험자에 대한 고용보험 특례'와 '노무 제공자인 피보험자에 대한 고용보험 특례'를 규정하고 있다. 고용보험 적용 확대에 따라 2020년 예술인, 2021년 노무 제공자에 대해서도 고용보험이 적용되었고, 이에 따라 이들에 대한 고용보험 적용과 구직급여 등 보험급여 지급방안에 대한 특례를 명시하고 있다.

예술인과 노무 제공자는 근로의 내용이 불규칙하고 근로기간도 분절되는 등 근로자와 다른 여러 가지 특성이 있으므로 이들의 특성에 맞는 고용보험 적용과 급여 지급방안 마련이 매우 어렵다. 아직 제도 도입 초기이므로 당분간은 시행착오를 거치면서 다듬어가는 과정이 불가피해 보인다. 또한, 현행 규정은 법 체계상 다소 난삽해 보이는 측면이 있으므로 향후 고용보험법 전면 개정을 통해 법체계를 다시 정비할 필요가 있다.

제6장은 '고용보험기금'에 대한 규정이다. 고용보험기금의 설치 근거를 포함하여 기금의 관리·운용, 기금의 용도, 기금운용계획, 기금의 적립 규모, 차입금 등에 대해 명시하고 있다. 고용보험기금은 2022년 지출예산이 18.8조 원에 이를 정도로 규모가 커졌다. 코로나19 팬데믹으로 인한 고용 위기로 인해 고용보험재정이 어려워져서 공공자금관리기금으로부터 차입하는 등 어려움을 겪고 있지만, 향후 경기 회복에 따라 재정 건전성은 개선될 것으로 보인다. 관련 쟁점은 뒤에서 자세히 다룬다.

제7장은 '심사 및 재심사 청구'에 대한 규정이다. 고용보험 피보험자격 취득 및 상실, 보험급여 지급 등과 같은 원처분에 이의가 있을 경우 고용보험 심사관에게 심사를 청구할 수 있고, 심사관의 결정에 이의가 있으면 고용보험심사위원회에 재심사를 청구할 수 있도록 명시하고 있다. 고용보험 심사관 및 고용보험 심사위원회에 대한 세부적인 규정과 심사 및 재심사 절차에 대한 규정을 담고 있다.

제8장은 '보칙'으로 시효, 보고, 조사, 자료제공 요청, 시범사업 등의 내용을 담고 있다.

제9장은 '벌칙'으로 부정수급에 따른 형사벌과 과태료 규정을 포함하고 있다.

2. 고용정책의 예산 및 재원

고용정책 예산의 규모

고용정책과 같이 본질적으로 서비스 행정의 성격을 지니는 경우에 제도 및 사업 운영에 많은 예산이 투입되는 특성이 있다. 국가의 재정은 무한한 자원이 아니므로 특정 정책의 예산 규모가 지속해서 커진다는 의미는 해당 정책의 필요성과 중요성에 대한 사회적 공감대도 커지고 있는 것으로 해석할 수 있겠다.

고용노동부는 재정지원 일자리사업을 총괄 관리하면서 일자리사업에 투입되는 예산을 2012년부터 발표하고 있다. 그간의 예산 추이를 살펴보면 표 2-2에서 볼 수 있는 바와 같이, 전체 재정지원 일자리사업 예산은 2012년 8조 8,242억 원에서 2022년 31조 5,809억 원으로 258%가 증가하였다.[5]

특히, 문재인 정부 들어서서 급격히 증가하였는데, 2018년 18조 원 규모에서 2021년에는 30조 원을 넘어섰다. 이와 같은 예산 급증의 배경에는 코로나19 팬데믹 발생에 따른 급격한 노동시장 충격이 자리 잡고 있다. 아울러 문재인 정부의 사회안전망 강화 노력에 따라 실업급여의 보장성 강화, 청년고용대책에 대한 예산 투입 확대 등도 예산 증가의 요인이 되었다.

 표 2-2

재정지원 일자리사업 예산 추이

(단위: 억 원, %)

분야	12년		16년		17년		22년	
	총계	비중	총계	비중	총계	비중	총계	비중
총계	88,282	100	147,632	100	159,452	100	315,809	100
① 직접 일자리	18,487	20.9	16,049	10.9	16,189	10.2	33,932	10.7
② 직업훈련	12,286	13.9	19,913	13.5	21,984	13.8	25,491	8.1
③ 고용 서비스	4,340	4.9	6,828	4.6	7,999	5.0	20,207	6.4

---

5 재정지원 일자리사업 예산은 중앙부처 예산을 기준으로 작성된 것이므로 지방자치단체가 고유 예산으로 시행하고 있는 일자리사업의 예산은 포함되지 않았다.

④ 고용 장려금	10,925	12.4	28,208	19.1	31,825	20.0	80,496	25.5
⑤ 창업지원	3,633	4.1	19,042	12.9	22,002	13.8	28,433	9.0
⑥ 실업소득 유지	38,612	43.7	57,592	39	59,453	37.3	127,249	40.3

* 출처: '22년 정부 일자리사업 예산 주요 내용', 고용노동부 보도자료, 2021.12.15.

한편, 재정지원 일자리사업의 예산 규모와 관련하여 GDP 대비 일자리사업 지출 비율을 OECD 평균과 비교해 보면 2019년 기준으로 우리나라 재정지원 일자리사업 예산 규모는 GDP 대비 0.86% 수준으로 OECD 평균 1.29%에 비하면 2/3 수준에 그치고 있음을 알 수 있다. 우리나라는 상대적으로 고용보험과 같은 사회안전망 구축이 OECD 국가들보다 늦은 측면이 있고, 고용 이슈가 본격적인 사회 문제로 부각된 시기도 비교적 늦었던 점도 영향을 미친 것으로 판단된다. 자세한 내용은 표 2-3에 잘 나타나 있다.

 표 2-3   **GDP 대비 재정지원 일자리사업 예산 추이 비교**

(단위: %)

구 분	2015	2016	2017	2018	2019
한국	0.63	0.66	0.60	0.75	0.86
OECD 평균	1.30	1.27	1.20	1.12	1.29

* 출처: '22년 정부 일자리사업 예산 주요 내용', 고용노동부 보도자료, 2021.12.15.

특히 표 2-4가 보여주는 것처럼 사업유형별로 살펴보면 우리나라는 직접일자리 사업과 창업지원 사업은 OECD 평균보다 높게 나타나고 있으나, 고용서비스, 직업훈련, 고용장려금, 보호 지원 등의 영역에서는 큰 격차를 나타내고 있다. 실업 소득 지원도 최근 격차를 많이 줄이긴 했으나 여전히 OECD 평균보다 낮은 수준이다.

표 2-4

GDP 대비 재정지원 일자리사업 예산 사업유형별 비교

(단위: %)

구 분	전체	적극적 노동시장정책								실업소득지원
		소계	직접일자리	직업훈련	고용서비스	고용장려금	창업지원	보호지원	
OECD	1.29	0.63	0.05	0.10	0.12	0.24	0.01	0.09	0.62
한 국	0.86	0.39	0.10	0.07	0.05	0.10	0.04	0.03	0.47

* 2019년 기준 자료
* 출처: 고용노동부 내부자료.

고용정책 예산과 관련하여 다음 두 가지 사항은 관심을 기울일 필요가 있다. 첫째, 고용정책 전체 예산 규모의 변화 추이다. 기본적으로 고용정책 예산의 규모는 경기 순환에 따라 경기가 어려울 때 지출이 많아지고, 경기가 좋아질 때는 지출이 줄어드는 구조적인 특성이 있다. 경기가 어려워지면 실업자가 늘어나고 실업급여 등 예산 소요가 증가한다는 측면을 떠올리면 이해하기 쉽다.

다른 한편으로 고용보험 급여와 지원금은 그 속성상 계속 증가하는 경향이 있다. 일반적으로 물가는 지속해서 상승하게 되므로 명목화폐의 가치는 떨어질 수밖에 없으므로 자연스러운 현상이기도 하다.

국가마다 사회경제적 여건이 다르고 노동시장 상황이 다르므로 적정한 고용정책 예산 규모에 대한 판단은 쉽지 않은 측면이 있지만, OECD 분류체계에 따른 고용정책 예산에 대한 국가간 비교 자료는 어느 정도 판단에 도움을 줄 수 있다. 이러한 고용정책 예산의 특성을 감안하여 고용정책 전체 예산의 변화가 지니는 의미를 판단해야 왜곡이 없을 것이다.

둘째, 고용정책 유형별 예산 변화에 주목할 필요가 있다. 기본적으로 OECD의 노동시장정책 분류체계를 기초로 정부 재정지원 일자리사업을 관리하고 있다. 표 2-2에서 볼 수 있는 것처럼 재정지원 일자리사업 중 가장 큰 비중을 차지하고 있는 사업 유형은 실업급여를 포함하고 있는 '실업소득 유지 및 지원'으로, 2022년 기준으로 12조 7,249억 원이 반영되었으며 이는 전체 일자리사업 예산의 약 40%를 차지하고 있다.

그 뒤를 이어 고용장려금이 8조 496억 원으로 약 26% 비중을 차지하고 있으며, 직업훈련, 고용서비스, 직접일자리, 창업지원 등은 모두 2~3조 원 규모를 유지하고 있다. 고용장려금 비중이 높아진 배경에는 문재인 정부에서 청년고용 장려금 규모를 대폭 늘린 점과 코로나19 고용 위기에 대응하는 과정에서 고용 유지지원금 수요가 큰 폭으로 늘어난 점 등이 작용하고 있다.

OECD 국가들과 비교하면 우리나라의 직접일자리 사업 유형의 예산이 매우 높게 나타난다. 직접일자리 사업에는 저소득 고령층의 사회활동 지원을 목적으로 하는 노인일자리 사업과 민간 노동시장으로 가기 위한 경과적 일자리 사업이 포함되어 있는데, 노인일자리 사업의 비중이 약 80%에 이를 정도로 크다. 우리나라의 노인빈곤율이 OECD 국가 중 최고 수준에 이르고 있고 노인층 사회복지 수준이 상대적으로 낮다는 점을 감안할 필요가 있다. 또한, 베이비부머의 은퇴 등으로 노인인구가 급증함에 따라 노인일자리 확대를 통해 소득을 지원하는 사업을 늘릴 수밖에 없는 요인이 있다.

한편, OECD가 정의하는 직접일자리 사업은 민간 노동시장으로 진입하기 위한 임시일자리 성격을 지닌 사업으로 한정하고 있는 점에서 우리나라 직접일자리 사업의 대부분을 차지하고 있는 노인일자리 사업은 OECD의 기준을 엄격하게 적용하면 부합하지 않는 측면이 있다는 점도 참고할 필요가 있다.

고용정책의 재원

고용정책의 재원은 크게 **기금, 일반회계, 특별회계** 등 세 가지 유형으로 구분할 수 있다. 기금예산에는 고용보험기금과 장애인고용기금 등이 포함되어 있으며, 특별회계로는 국가균형발전특별회계가 포함되어 있다. 이 중 가장 비중이 큰 재원은 고용보험기금이며, 다음으로 일반회계, 장애인고용기금, 국가균형발전특별회계 순이다.

① 고용보험기금

고용보험기금은 「고용보험법」에 따라 1995년부터 고용보험 가입자가 부담하는 보험료를 기반으로 조성·운영되고 있으며, 법에서 **고용보험사업으로 정하고 있는 고용안정·직업능력개발 사업, 실업급여, 육아휴직급여 및 출산전후휴가 급여 등에**

사용된다.

근로자와 자영업자의 계정은 구분 계리되고 있으며, 각각 실업급여 계정과 고용안정·직업능력개발 계정을 지니고 있다. 따라서 총 네 가지 계정이 운영되고 있다. 실업급여 계정은 노사가 각각 절반씩(월평균 보수의 0.9%) 부담하는 보험료로 조성되며, 고용안정·직업능력개발 계정은 사업주가 전액 부담하되 사업장 규모에 따라 보험료율은 차등(월평균보수의 0.25~0.85%) 적용된다.

고용보험기금의 재정수지는 경제 상황에 대응하여 순환 주기를 보여주고 있다. 그림 2-1이 보여주는 바와 같이, 글로벌 금융위기와 코로나19 팬데믹으로 인한 경제 위기 국면에는 재정 소요가 크게 증가하여 재정수지는 적자를 기록하였으며, 따라서 적립금은 감소하였다. 반면에, 경기가 호황 국면으로 진행되면 재정수지 개선으로 적립금도 증가하는 양상을 보여주고 있다.

그간의 재정 운영상황을 살펴보면, 2017년에는 연말 적립금이 10조 원 수준에 이르렀으니, 문재인 정부의 고용보험 보장성 강화, 적극적 노동시장정책 확대와 함께 코로나19 팬데믹으로 인한 실업급여와 고용유지지원금 등의 소요 증가로 고용보험기금의 적립금은 2018년 이후 감소 추세를 보였다.

그림 2-1   **고용보험기금 재정수지 및 적립금 추이**

(단위: 억 원)

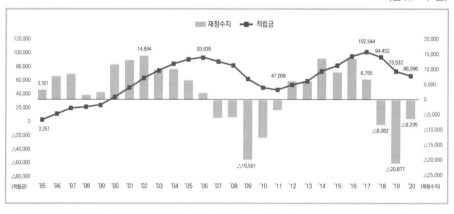

* 출처: '고용보험기금 재정건전화방안', 고용노동부 보도자료, 2021.9.1.

고용보험기금의 지출 내역을 살펴보면 '실업급여'가 가장 큰 비중을 차지하고 있다.

표 2-5에 나타난 바와 같이, 실업급여는 2017년 5조 2,425억 원이 지출되었으나, 2021년에는 12조 5,152억 원이 지출되어 약 2.4배 수준으로 대폭 늘어 났다.6

최근 실업급여가 급격히 늘어난 이유로는 1) 고용보험 가입자의 지속적인 증가, 2) 실업급여 보장성 강화로 인한 지급기간 및 지급액 증가, 3) '20년 이후 증가분에는 코로나19 위기로 인한 노동시장 충격 반영 등을 들 수 있겠다. 코로나19 위기에 대응하는 과정에서 매월 약 1조 원 수준의 구직급여가 지급되었으며, 이는 경제 위기 상황에서 고용보험이 사회안전망으로서 충실히 작동하고 있음을 보여주는 통계이기도 하다.

 표 2-5   **연도별 실업급여 지급 추이**

(단위: 천 명, 억 원)

구분	2017년		2018년		2019년		2020년		2021년	
	인원	금액	인원	금액	인원	금액	인원	금액	인원	금액
총계	1,273	52,425	1,392	66,884	1,527	83,859	1,785	121,842	1,868	125,152

* 출처: '실업급여 지급현황(년)', 고용행정통계(eis.work.go.kr).

고용안정·직업능력개발 계정에는 고용장려금과 직업능력개발 사업이 포함되어 있는데, 표 2-6에서 볼 수 있는 바와 같이, 2011년 1조 7,463억 원에서 2020년 6조 5,706억 원 수준으로 지출이 급증한 것을 알 수 있다.

최근 고용보험기금의 재정 상황은 공공자금관리기금에서 10.7조 원을 차입해서 운영해야 할 만큼 어렵다. 문재인 정부의 청년고용정책 강화에 따라 청년고용장려금 등 고용장려금이 급증하였고, 무엇보다 코로나19가 촉발한 고용 위기에 대처하는 과정에서 고용유지지원금과 구직급여를 중심으로 불가피하게 재정 소요가 늘어난 측면이 있다.7

---

6 '실업급여 계정'에는 실업급여뿐만 아니라 육아휴직급여, 출산전후휴가급여 등과 같은 모성보호 사업 예산도 포함되어 있다는 점은 유의할 필요가 있다.

7 코로나19와 같은 감염병으로 인한 고용 위기 대응 과정에서 발생한 고용보험의 재정 악화에 대해서는 일반회계에서 분담하는 원칙을 만들 필요가 있다. 고용보험 미가입자는 일반 국민의 조세로 조성되는 일반회계로 지원하는 반면에, 고용보험 가입자는 스스로 납부하는 보험료로 조성

아울러, 육아휴직 급여 등 모성보호 관련 예산이 매년 급증하여 곧 연간 2조 원 수준에 육박하는 등 지속적인 고용보험기금 지출 증가 요인도 있으므로 일반회계와의 비용 분담방안을 포함한 근본적인 재정 건전화 방안도 추진할 필요가 있다.

또한, 예술인, 특수형태근로종사자, 프리랜서 등의 고용보험 적용과 함께, 향후 본격적으로 이들에 대한 실업급여 등 보험급여 지출이 증가할 전망이므로 재정수지에 대한 모니터링을 강화하여 당초 예상했던 수준의 지출이 발생하고 있는지 점검하고 필요시 지급 요건 및 지급 수준 등에 대한 재검토도 준비해야 한다.

표 2-6 연도별 고용보험기금 재정 현황

(단위: 억 원)

구 분			'11	'13	'15	'17	'19	'20	'21
총계		수입	56,071	71,141	90,364	101,362	118,638	198,358	200,074
		지출	59,339	64,812	81,245	94,607	139,515	204,653	210,577
		수지	△3,268	6,329	9,119	6,755	△20,877	△6,295	△10,503
		연말적립금	47,009	59,679	82,106	102,544	73,532	66,996	56,487
근로자	고안·직능	수입	20,333	21,808	26,867	29,795	33,752	61,884	51,691
		지출	17,463	18,727	26,220	31,700	40,894	65,706	66,325
		수지	2,870	3,081	647	△1,904	△7,142	△3,822	△14,634
		연말적립금	29,635	39,161	44,281	44,264	31,726	27,800	13,163
		적립배율	1.7	2.1	1.7	1.4	0.8	0.4	0.2
	실업급여	수입	35,738	49,220	63,415	71,476	84,756	136,287	148,140
		지출	41,876	46,057	54,978	62,858	98,558	138,860	144,138
		수지	△6,138	3,163	8,436	8,618	△13,802	△2,573	4,003
		연말적립금	17,374	20,385	37,600	57,958	41,374	38,666	42,665
		적립배율	0.4	0.4	0.7	0.9	0.4	0.3	0.3

되는 고용보험기금으로 지원받도록 하는 것은 형평성 차원에서도 문제가 있다. 독일, 일본 등 일반회계로 적자를 보전하는 사례를 참고할 필요가 있다.

			31	9.4	11	16	22	28
자영업자	고안·직능	수입	31	9.4	11	16	22	28
		지출	5	8.9	12	20	10	10
		수지	26	0.5	△1	△4	12	18
		연말적립금	46	70	73	69	81	99
		적립배율	9.3	7.9	6.1	3.5	8.1	9.6
	실업급여	수입	82	73	79	115	165	215
		지출	23	38	37	44	77	104
		수지	59	35	42	71	87	110
		연말적립금	87	155	249	363	449	559
		적립배율	3.7	4.1	6.7	8.3	5.8	5.4

* 출처: '고용보험기금 결산보고서', 고용노동부, 각년도.

② 일반회계

일반회계는 국민이 납부하는 조세를 기본으로 조성되는 재원이다. 정부의 각종 정책 집행과 공무원 조직 운영에 필요한 비용 등은 기본적으로 일반회계에서 집행되고 있다. 고용정책 예산의 경우에는 앞에서 살펴본 고용보험기금이 차지하는 비중이 약 2/3에 이를 정도로 큰 상황이며, 일반회계는 공공 고용서비스 인프라, 고용보험 미가입자 등을 대상으로 하는 사업의 재원 역할을 주로 담당하고 있다.

즉, 고용정책 관련 재원으로서 일반회계는 고용보험기금으로 편성하기에 적절하지 않은 고용서비스 상담 인력에 대한 인건비 등을 포함한 고용서비스 인프라 관련 예산, 노동시장 신규 진입 대상인 청년층에 대한 일자리 사업, 고용보험 대상이 아닌 저소득 구직자 등을 대상으로 하는 국민취업지원제도, 출산전후휴가급여 등 모성보호 예산 분담 등의 영역에 편성되어 왔다.

사실 국민 입장에서는 정책의 재원이 크게 중요한 의미를 지니지는 않는다. 고용보험료나 일반 세금이나 모두 법에 따라 납부 의무가 발생하는 것이므로 실질에 있어서는 별 차이를 느끼기 어렵기 때문이다. 그러나, 고용보험기금 재정이 지속해서 어려워지면 고용보험료 인상과 같은 수단을 동원할 수밖에 없으므로 고용보험 가입자에게 직접적인 부담이 늘어난다는 측면을 무시할 수 없다.

이러한 관점에서 보면 고용정책에서도 일반회계의 부담이 좀 더 늘어날 필요가 있다. 특히, 코로나19 고용 위기 상황과 같이 외적인 충격으로 노동시장이 타격을 받게 되고 그로 인해 고용정책 예산 소요가 급증하는 경우에 그 부담을 고용보험기금에 전가하는 것이 적절한지는 논란의 소지가 있다.

예를 들어, 고용보험에 거의 가입되어 있지 않은 자영업자의 코로나19로 인한 피해에 대해서는 일반회계에서 부담하면서 고용보험에 가입된 노사의 피해는 일반회계가 아닌 고용보험기금에서 전담토록 하는 것이 형평성에 맞는지는 논의가 필요해 보인다. 향후 이와 같은 상황에 대비해서라도 고용보험기금과 일반회계의 고용정책 재원 분담에 대한 원칙을 좀 더 명확하게 정리할 필요가 있다.

③ 장애인고용촉진 및 직업재활기금

장애인의 경우 취업에 특별한 어려움을 겪게 되므로 장애인의 취업을 지원하기 위하여 1990년에 「장애인 고용촉진 및 직업재활법」을 제정하고 이 법에 근거하여 1991년부터 「장애인 고용촉진 및 직업재활 기금」(장애인고용기금)을 설치·운영하고 있다.

장애인고용기금의 가장 큰 수입은 장애인고용의무를 이행하지 못하는 사업장에 부과하는 장애인고용부담금이다. 2022년 기준으로 공공부문 사업장은 3.6%, 민간 사업장은 3.1%의 장애인 의무고용률을 준수하여야 하며, 이에 미달하는 상시 100인 이상 근로자를 고용하는 사업주의 경우 장애인고용부담금을 납부하여야 한다.

장애인고용기금은 장애인의 일자리 확대, 고용유지, 고용서비스, 직업훈련 등을 중심으로 예산을 편성하여 운영하고 있다. 그림 2-2에서 볼 수 있다시피, 장애인고용기금의 지출 규모는 2017년 2,993억 원에서 2022년 7,663억 원으로 크게 증가하였다.

장애인고용기금은 2020년 1조 원을 넘어섰고, 2021년에는 기금 규모가 1조 2,519억 원에 이르고 있다. 지금까지는 기금 수입에 비해 지출 규모가 작은 편이므로 적극적인 사업 개발을 통해 장애인고용을 개선할 필요가 있다.

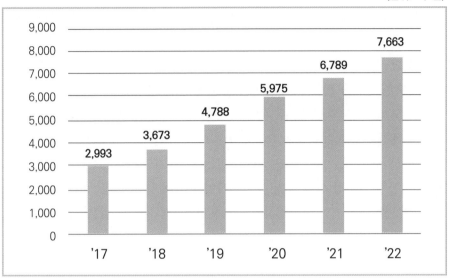

연도별 장애인고용기금 지출 규모

(단위: 억 원)

* 출처: '2022년 장애인 고용 예산 관련 주요 내용', 고용노동부 보도자료, 2021.12.17.

 장애인고용기금의 주요 사업을 살펴보면, 먼저 장애인의 일자리 확대를 위해 장애인 고용장려금, 장애인 표준사업장 설립, 장애인고용 컨설팅 등의 사업을 추진하고 있으며, 장애인 고용 유지를 위해서는 근로지원인 지원, 보조공학기기 지원, 중증장애인 근로자의 출퇴근 비용 지원 등의 사업을 시행하고 있다. 중증장애인을 중심으로 특화된 고용서비스 제공을 위해 중증장애인 지원고용사업, 장애인 인턴제, 장애인 취업성공패키지 등의 사업을 확대하고 있으며, 장애인의 직업능력개발을 위해 IT 특화 맞춤훈련센터, 장애인 기능경기대회 등을 운영하고 있다.

 전체적으로 장애인고용 촉진을 위해 다양한 사업을 운영하고는 있지만, 소규모 사업이 많아서 장애인고용 개선을 위한 실질적인 효과를 기대하기 어려운 측면도 있다. IT 기술, 로봇 기술 등의 발전과 재택 근무 등 유연 근무의 확산은 장애인고용에 유리한 환경을 조성하고 있으므로 첨단 기술을 적극적으로 활용하여 장애인 특성에 맞는 취업이 가능하도록 적극적인 정책 개발과 민간 사업체의 인식 개선에 노력할 필요가 있다.

④ 기타 재원

위에서 설명한 고용보험기금, 일반회계, 장애인고용기금 등의 재원이 고용정책 재원의 대부분을 차지하지만 이외에 고용정책 재원으로 일부 활용하고 있거나 활용할 수 있는 재원을 살펴보면 1) 국가균형발전특별회계, 2) 근로복지진흥기금, 3) 복권기금, 4) 기후위기대응기금, 5) 지방자치단체 예산 등이 있다.

먼저 국가균형발전특별회계는 지역간 격차 해소와 균형발전을 위해 별도로 편성하는 예산으로 2022년에는 10,853억 원이 본예산으로 편성되었다. 고용정책 사업 예산 중에서는 지역 고용정책 관련 예산이 포함되어 있는데, 고용노동부의 '지역산업 맞춤형 일자리 창출 지원사업'이 이에 해당한다. 고용정책에는 고용이 취약한 특정 지역을 지원하려는 고용위기지역 지정과 같은 제도가 있으므로 이를 잘 활용하면 국가균형발전특별회계를 통한 추가적인 예산확보도 가능할 것으로 보인다.

둘째, 근로복지진흥기금의 경우 근로복지공단이 고용정책기본법 제34조에서 규정하고 있는 실업대책사업 수행을 위한 재원으로 활용할 수 있도록 동법 제35조에서 규정하고 있다. 외환위기와 코로나19 팬데믹 상황에서 실업문제에 대응하기 위해 활용된 바가 있으며, 기부금과 국내외 차입금 등을 재원으로 충당할 수 있도록 규정하고 있으므로 앞으로도 경제 위기 시에는 동 조항을 적극적으로 활용하여 추가적인 고용정책 재원으로 활용할 수 있을 것이다.

셋째, 복권기금은 복권 판매 수입 등을 재원으로 조성된 기금인데, 기금의 35%는 10개 법정 기금에 배분하고 나머지 65%는 복권위원회가 선정하는 공익사업에 사용하고 있다. 2021년 결산 기준으로 보면 약 2조 6천억 원이 법정기금 배분과 공익사업의 재원으로 활용되었다.

고용정책과 관련해서는 배분 대상인 10개 법정 기금 중 근로복지진흥기금과 중소기업창업 및 진흥 기금이 포함되어 있으나 공익사업 항목에는 반영되어 있지 않다. 고용정책 사업 대상이 주로 실업자와 저소득 구직자 등 사회 취약계층에 집중되어 있으므로 복권기금을 적극 활용하는 방안도 검토할 필요가 있다.

넷째, 기후위기대응기금은 기후 위기에 대응하기 위하여 2021년 제정된 「탄소중립기본법」에 근거하여 2022년 신설된 기금으로 '공정한 전환'이 기금 사용 목적에 포함되어 있다. 탄소 중립 추진 과정에서 기존 석탄발전, 내연기관 차량 제조 등과 관련된 업종에서는 불가피하게 구조조정이 발생할 것으로 보이므로 피해 업종 종사자에 대한 전직 지원 서비스, 직무 전환 훈련, 생계 지원 등을 위해 기후위기대응기금을 활용하는 방안을 적극적으로 검토할 필요가 있다.

다섯째, 지방자치단체도 지방자치단체의 고유예산을 활용하여 자체적으로 고용정책을 수립하고 사업을 추진하고 있다. 고용노동부는 2010년부터 '지역 일자리 목표 공시제'를 도입하여 지자체별로 자율적으로 일자리정책 계획과 실적을 공시토록 유도하고 있다.[8]

전반적으로 지자체에서도 고용 문제의 중요성에 대해서는 공감하고 있고 적극적으로 고용정책을 추진하려는 의지를 지니고 있으므로 지자체의 고용정책에 대한 예산 투입도 지속해서 늘어날 것으로 보인다. 다만, 기초자치단체의 경우 지역노동시장 권역과 불일치하는 경우도 많으므로 정책의 효과성을 저해할 우려도 있으므로 고용노동부 등 중앙부처와 협업을 통해 지역일자리 문제에 대응할 수 있도록 노력할 필요가 있다.

아울러 아직까지 지자체 기준으로 재정지원 일자리사업 범위를 명확히 정하지 못함에 따라 지자체의 고용정책 예산 규모를 정확히 파악하기 어려운 한계가 있으므로 이를 해결하기 위한 노력도 필요한 실정이다.

3. 고용정책의 수행조직

중앙부처

중앙부처 중 고용정책을 총괄·조정하고 가장 핵심적인 역할을 하는 주무 부처는 고용노동부이다. 정부조직법 제40조[9]에서는 고용노동부의 기능을 규정하고 있는데, 동 조항에서 고용노동부 장관은 고용정책을 총괄하고 고용보험, 직업능력개발훈

---

8 지방자치단체별 일자리정책 계획과 실적에 대한 공시자료는 '지역고용정보 네트워크(reis.or.kr)' 에서 확인할 수 있다.

9 정부조직법 제40조 (고용노동부) 고용노동부장관은 고용정책의 총괄, 고용보험, 직업능력개발훈련, 근로조건의 기준, 근로자의 복지후생, 노사관계의 조정, 산업안전보건, 산업재해보상보험과 그 밖에 고용과 노동에 관한 사무를 관장한다.

련 등의 고용정책을 관장하도록 명시하고 있다.

이에 따라 고용노동부에는 그림 2-3에 보이는 바와 같이, 고용정책실과 그 아래에 노동시장정책관, 고용서비스정책관, 고용지원정책관 등 3개의 국이 있고, 이와 별개로 통합고용정책국과 청년고용정책관, 직업능력정책국 등 3개 국이 있어서 총 1개 실, 6개 국, 23개 과에서 고용정책을 담당하고 있다.

 그림 2-3   고용노동부 본부 조직도(2023년 기준)

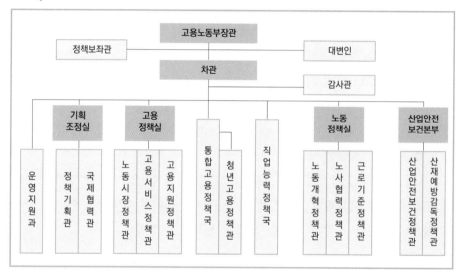

한편, 정부조직법 제44조에서는 '창업·벤처기업의 지원'에 관한 사항은 중소벤처기업부 장관이 관장토록 하고 있다. 이외에도 정부조직법에서 명시적으로 규정하고 있지는 않지만, 부분적으로 고용정책 기능을 수행하는 중앙부처들이 있다. 보건복지부는 국민기초생활보장법상 조건부수급자와 노인인력에 대한 취업지원 정책을 담당하고 있고, 여성가족부는 경력단절 여성을 중심으로 한 여성고용 관련 정책을 수행한다. 인력양성과 관련, 교육부는 정규 학교를 중심으로 인적자원개발정책을 담당하고 있으며, 과학기술정보통신부는 과학기술인력 양성 업무를 관장하고 있다.

또한, 각 중앙부처의 정책 대상에 취업 취약계층이 포함된 경우에는 해당 부처에서 그들에 대한 고용정책을 수행하고 있는데, 통일부는 북한이탈주민, 국방부는 전역예정 장병, 해양수산부는 선원 및 예비선원, 법무부는 재소자와 출소자, 국가보훈처는 제대군인과 국가보훈대상자 등에 대한 고용정책을 담당하고 있다.

이외에도 정부 기능상 기획재정부는 경제정책을 수립·총괄·조정하는 기능을 수행하고 있으므로 경제정책의 한 분야로 고용정책에 대한 조정 역할도 담당하고 있고, 국무조정실은 정부 전반의 정책조정업무를 수행하고 있으므로 고용정책에 대해서도 부처 간 조율이 필요한 경우에는 조정 역할을 담당하고 있다.

이처럼 여러 중앙부처가 고용정책에 관여하고 있으므로 중앙부처 간 정보 공유와 의견 조율 및 합동 정책 수립 등을 위해서는 회의체가 필요하다. 이를 위해 고용정책기본법 제10조는 고용노동부 장관을 위원장으로 하고 관계 부처 차관, 민간 전문가 등이 위원으로 참여하는 '고용정책심의회'를 두도록 규정하고 있다. 고용정책심의회 산하에는 지역고용전문위원회, 고용서비스전문위원회 등 분야별 전문위원회를 구성·운영하고 있다.

또한, 고용보험제도 운영을 위하여 고용노동부 차관을 위원장으로 하고 노사 및 민간 전문가와 관계부처에서 참여하는 '고용보험위원회'를 운영하고 있으며, 국가기술자격제도 관련 주요 사항을 심의하기 위하여 고용노동부장관을 위원장으로 하는 '국가기술자격정책심의위원회'가 운영되고 있다. 한편, 상설기구로 '고용보험심사위원회'가 구성되어 고용보험 관련 행정처분에 대한 특별행정심판위원회로서 역할을 수행하고 있다. 고용정책 관련 주요 회의체의 구성과 기능은 뒤에서 자세히 다룬다.

특별지방행정기관

중앙부처의 고용정책을 집행하기 위하여 각 지역에는 중앙부처 소속 특별지방행정기관을 둘 수 있다. 특별지방행정기관은 전국에 걸쳐 통일적인 정책 수행을 용이하게 한다는 장점이 있으며, 중앙부처와의 긴밀한 의사소통을 통해 효율적인 정책 집행에 유리하다.

고용노동부는 6개 지방청, 40개 지청, 2개 출장소를 운영하고 있으며, 지방고용노동청(지청/출장소)에 총 174개의 고용복지플러스센터(고용복지센터 및 출장센터 포함)를 두고 고용보험사업 등을 운영하고 있다. 중소벤처기업부는 지방중소벤처기업청을 통해 창업 관련 지원사업을 수행하고 있으며, 국가보훈처는 지방보훈청을 두고서 국가보훈대상자와 제대군인에 대한 취업지원 업무를 수행하고 있다.

고용정책 집행기관으로서 가장 큰 비중을 차지하고 있는 있는 기관은 '고용노동부의 고용복지플러스센터'이다. 2022년 기준으로 전국에 174개 소가 설치되어 있는데, 이 중 30개는 고용복지센터, 42개는 출장센터로 구성되어 고용복지플러스센터의 기능 중 일부만 수행하고 있다.

고용복지플러스센터에 근무하는 인력은 2021년 말 기준으로 약 6,200명이며, 이 중 약 1천 명은 지방자치단체 등 외부기관에서 파견된 인력이다. 현 고용복지플러스센터의 전신인 고용안정센터는 1998년에 처음으로 설립되었으며, 2010년부터 고용센터로 명칭을 변경하였다가 2015년부터는 고용과 복지, 서민금융 서비스를 원스톱(one-stop)으로 제공할 수 있는 고용복지플러스센터로 전환되었다.

고용복지플러스센터는 실업급여, 고용장려금, 모성보호급여, 직업훈련 등을 포함하는 고용보험 사업 운영 전담기관이다. 아울러, 2022년부터 새롭게 도입된 국민취업지원제도를 운영하고 있으며, 취약계층 취업알선 등의 취업지원 서비스를 중심으로 사회복지서비스 상담과 신용회복 서비스 등 구직자의 취업 애로 요인을 종합적으로 대응할 수 있는 시스템을 갖추었다.[10] 고용복지플러스센터에 참여하고 있는 기관 및 기관별 주요 서비스는 표 2-7에 정리되어 있다.

표 2-7 고용복지플러스센터 참여기관 및 주요 서비스 현황

구 분		참여기관	주요 서비스
고용서비스	종합 서비스	고용센터	실직자 구직급여 및 재취업 지원, 구인·구직자 맞춤형 취업지원, 국민취업지원제도, 고용안정 사업 등 종합 고용 서비스 제공
	지역맞춤형 서비스	시·군·구 일자리센터	지역별 구직자 취업지원 및 일자리 발굴, 채용행사 등 취업지원 서비스 제공

10 고용복지플러스센터의 구성과 기능, 사례 등에 대한 세부적인 내용은 workplus.go.kr에서 확인할 수 있다.

대상별 특화 서비스	새일센터	경력단절 여성을 대상으로 취업상담과 직업교육 훈련, 인턴십 연계 등 맞춤형 고용서비스 제공
	중장년 일자리 희망센터	40대 이상 중장년 퇴직(예정)자에게 재취업 및 창업, 생애설계 지원, 사회참여 기회 제공 등의 종합 전직서비스 제공
	제대군인 지원센터	중·장기 복무(5년 이상) 제대(예정) 군인에게 진로상담, 취·창업 지원 등을 통해 사회 안착 지원
복지서비스	시·군·구 복지공무원	사회 복지 서비스 상담·신청·접수, 공공·민간 복지 자원 연계 및 생애주기별 맞춤형 복지혜택 등 상담·제공
서민금융지원	서민금융 통합지원센터	서민, 영세 상공인, 저신용·저소득자 등을 대상으로 서민층 저리자금, 신용회복 지원, 불법 사금융 피해 상담 등의 서비스 제공

* 출처: 고용노동부 내부자료.

중소벤처기업부는 13개 지방중소벤처기업청을 통해 다양한 창업 지원 정책을 수행하고 있으며, 서울, 부산, 대구·경북, 광주·전남, 경기지역의 지방중소벤처기업청에는 창업벤처과를 설치하여 지원하고 있다. 예비창업패키지, 초기창업패키지와 같이 창업준비자와 창업초기기업에 대한 지원을 통해 성공적인 창업을 지원하고 있다.

국가보훈처는 6개 지방보훈청과 14개 제대군인지원센터(4개는 고용복지플러스센터에 입주)를 통해 국가유공자 등 국가보훈대상자와 5년 이상 중·장기 복무 제대군인을 대상으로 취업 알선, 창업 지원, 해외 취업, 직업능력개발 지원 등의 사업을 추진하고 있다.

특별지방행정기관의 직업상담 인력이 우리나라 고용정책 집행을 위한 핵심 인력이지만, 여전히 주요 선진국과 비교해서는 그 숫자가 매우 적은 편이다. 공공 고용서비스 기관 숫자는 우리나라가 주요 선진국의 약 1/4 수준이며, 공공 고용서비스 인력도 프랑스, 독일 등의 1/10에도 미치지 못하는 상황이다. 궁극적으로 심층 상담, 개인별 사례 관리 등 고용서비스 고도화를 위해서는 전문 상담인력 확충이 가장 기본적인 출발점이므로 이에 대한 사회적 관심과 지원이 절실하다.

지방자치단체

우리나라 지방자치단체는 17개 광역자치단체와 226개 기초자치단체로 구성되어 있다. 지방자치법에는 명시적으로 지방자치단체의 사무로 고용정책을 규정하고 있지 않으나, 고용정책기본법 제6조 제3항[11]은 지방자치단체가 지역주민의 고용 촉진과 직업소개, 직업훈련 등의 시책을 수립·시행하도록 노력할 의무를 규정하고 있다. 따라서 법령에 따라 지방자치단체는 기본적으로 소속 주민들을 대상으로 고용정책을 기획하고 집행하는 정책 주체의 역할을 담당할 것으로 기대된다.

지역 차원의 고용정책 활성화를 위해서 고용노동부는 2010년부터 '지역일자리 목표 공시제'를 도입하여 지방자치단체장이 자율적으로 관할 지역의 일자리 목표 및 대책을 수립하여 공시토록 하고, '지역산업맞춤형 일자리 창출 지원사업'과 '전국 지방자치단체 일자리 대상' 등을 통해 지원해 오고 있다.

고용 문제가 지속적인 사회 이슈가 되고 일자리 창출이 중요한 국가적 의제가 됨에 따라 지방자치단체의 고용정책에 대한 관심은 점진적으로 커지고 있으며, 고용정책 담당 조직과 인력도 확대되는 추세이다. 다만, 아직 상당수의 지방자치단체는 고용정책에 대한 전문성이 부족하고 지방자치단체의 가용 예산도 충분치 못한 상황이어서 지역별로 특색 있는 지역 고용정책을 만들어 가는 데에는 한계가 있다.

지역 내 다양한 인적, 물적 자원을 연계하여 고용정책과 접목시키는 노력을 강화하기 위해서는 지역 내 고용 관련 유관기관 간 협력이 매우 중요하며, 이를 위해 고용정책기본법에 따라 구성된 '지역고용정책심의회'와 같은 회의체를 활성화하는 노력도 필요하다.

유관 공공기관

표 2-8에서 볼 수 있는 바와 같이, 고용정책을 담당하는 공공기관도 다양하게

---

11 고용정책기본법 제6조 ③ 지방자치단체는 제1항에 따라 수립된 국가 시책과 지역 노동시장의 특성을 고려하여 지역주민의 고용촉진과 지역주민에게 적합한 직업의 소개, 직업훈련의 실시 등에 관한 시책을 수립·시행하도록 노력하여야 한다.

있다. 주로 고용노동부 산하기관에 많이 분포하고 있으며, 타 중앙부처 산하기관에도 일부 포함되어 있다.

고용노동부 산하 주요 공공기관에는 근로복지공단, 한국산업인력공단, 한국고용정보원, 한국폴리텍대학, 한국기술교육대학, 한국장애인고용공단, 건설근로자공제회, 한국사회적기업진흥원, 한국잡월드 등이 있으며, 중소벤처기업부 산하 중소벤처기업진흥공단과 한국창업진흥원, 보건복지부 산하 한국노인인력개발원, 통일부 산하 남북하나재단, 법무부 산하 법무보호복지공단, 국방부 산하 국방전직교육원, 해양수산부 산하 선원복지고용센터 등이 포함된다.

먼저, 고용노동부 산하 공공기관을 고용정책 업무 영역별로 살펴보면 근로복지공단은 고용보험 적용 징수 업무를 수행하고 있고, 한국산업인력공단은 평생능력개발, 국가자격 검정, 국가직무능력표준(NCS), 해외 취업 등의 업무를 담당하고 있으며, 한국폴리텍대학은 산업계에서 필요로 하는 기술·기능인력 양성을 주로 담당하고 있고, 한국기술교육대학은 직업훈련 교사 양성과 직업상담원 교육·훈련 등의 업무를 수행하고 있다. 한국고용정보원은 고용정보와 직업정보를 생산·분석·제공, 국가고용정보망 운영, 고용서비스 고도화 등의 업무를 수행하고 있으며, 한국장애인고용공단은 장애인의 취업지원과 직업능력개발 등을 담당하고 있다. 건설근로자공제회는 건설근로자의 퇴직공제금을 운영하면서 건설근로자 취업지원 및 직업능력개발 업무도 담당하고 있으며, 한국사회적기업진흥원은 사회적기업 육성과 지원 업무를 수행하고 있고, 한국잡월드는 체험 전시장 운영을 통하여 청소년 직업 체험을 지원하고 있다.

고용노동부가 아닌 타 중앙 부처 산하 공공기관의 주요 업무를 살펴보면, 중소벤처기업진흥공단과 한국창업진흥원은 중소기업 창업 지원과 창업인프라 구축 등의 사업을 운영하고 있으며, 한국노인인력개발원은 노인의 일자리 및 사회활동 지원, 재취업 촉진 등을 담당한다. 북한이탈주민지원재단은 북한이탈주민의 취업과 창업, 직업훈련 등을 지원하며, 법무보호복지공단은 출소자 등을 대상으로 직업훈련과 취업 및 창업을 지원한다. 국방전직교육원은 전역예정 장병의 진로교육, 구인처 발굴을 수행하며, 한국선원복지센터는 선원과 예비선원의 구인구직 등록 및 취업 알선을 시행한다.

표 2-8 고용 관련 주요 공공기관 현황

기관명	설립 년도	정원 (명)	주요 업무	주무부처
근로복지공단	1995	10,265	• 고용보험 적용 · 징수 • 실업대책사업	고용 노동부
한국산업인력 공단	1982	1,916	• 근로자 평생학습 지원 • 직업능력개발훈련 실시 • 자격 검정, 숙련기술 장려	고용 노동부
한국폴리텍대학	1968	2,756	• 평생 직업능력개발 • 기술 · 기능인력 양성 • 일학습병행제 및 NCS 확산	고용 노동부
한국기술교육 대학	1991	645	• 직업능력개발 전문가 양성 • 실천공학기술자 양성	고용 노동부
한국고용정보원	1979	514	• 고용정보 및 직업정보 생산 · 분석 • 국가고용정보망 운영 • 고용서비스 선진화 지원	고용 노동부
한국장애인 고용공단	1990	1,493	• 장애인 고용촉진 및 직업재활 • 장애인 취업알선 및 고용환경 개선 • 장애인 직업능력개발	고용 노동부
건설근로자 공제회	1997	223	• 건설근로자퇴직공제제도 운영 • 건설근로자 고용안정 및 취업지원 • 건설근로자 직업능력 개발 · 향상	고용 노동부
한국사회적기업 진흥원	2010	128	• 사회적기업가 양성 • 사회적기업 설립 지원 및 육성	고용 노동부
한국잡월드	2011	66	• 직업체험과 탐색의 기회 제공 • 청소년 직업교육프로그램 운영	고용 노동부
중소벤처기업 진흥공단	1979	1,475	• 중소벤처기업 전문인력 양성 • 성공창업기업 육성 • 중소벤처기업 구인난 해소	중소벤처 기업부
한국창업진흥원	2019	233	• 창업 촉진 • 창업기업 성장 지원 • 창업생태계 고도화	중소벤처 기업부
한국노인인력 개발원	2006	42	• 노인의 일자리 및 사회활동 지원 • 노인의 직업능력 향상	보건 복지부
북한이탈주민 지원재단 (남북하나재단)	2010	177	• 북한이탈주민 취업 · 창업 지원 • 탈북민 특화형 직업교육 • 탈북민 사회통합프로그램 운영	통일부

법무보호 복지공단	1995	391	• 출소자 등 직업훈련 • 출소자 등 취업 및 창업 지원	법무부
국방전직교육원	2015	42	• 전역예정 장병의 진로 교육 • 구인처 발굴 및 취업정보 제공	국방부
한국선원 복지고용센터	2001	65	• 선원의 구직 및 구인 등록 • 선원 취업동향 분석 및 제공	해양 수산부

* 정원은 2022. 3/4분기 기준
* 출처: ALIO(공공기관경영정보공개시스템, alio.go.kr), 한국선원복지고용센터는 기관 홈페이지.

공공기관은 법령에 의해 직접적으로 또는 중앙부처의 사업 위탁 등의 방식으로 고용정책을 수행하며, 설립목적에 따라 사업 영역이 특정되어 있으므로 해당 분야의 고용정책을 기획하고 집행하기 위한 전문성을 축적하기 유리하다. 다만, 공무원 조직과 공공기관 간의 역할 분담 기준이 명확하게 규정되어 있지 않으므로 이에 대한 고민이 필요하다.

민간 고용서비스 위탁기관

고용정책 집행기관으로 민간 고용서비스 기관들이 중앙정부와 지방자치단체 그리고 공공기관의 사업 위탁을 받아 참여하고 있다. 대표적으로, 민간 위탁방식을 채택하고 있는 사업 중 가장 규모가 큰 사업은 고용노동부의 국민취업지원제도이다. 본 사업에 참여하고 있는 민간 위탁기관을 살펴보면, 국민취업지원제도 운영기관으로 541개소가 참여하고 있으며, 일경험 프로그램 운영기관으로는 74개소의 민간 고용서비스 기관이 참여하고 있다.

이외에도 고용서비스 인프라 운영도 민간 위탁 방식을 활용하는 사례가 많이 있다. 보건복지부는 국민기초생활보장법에 따라 지역자활센터(250개소)를 지정하여 운영하고 있으며, 조건부수급자, 차상위계층 등을 대상으로 자활근로사업, 자활기업을 운영한다. 지역자활센터는 민간 위탁방식으로 운영되며, 자치단체가 지도·감독하고 있다.

아울러, 보건복지부가 지원하는 노인인력개발원과 대한노인회 취업지원센터는 노인인력에 대한 직업능력 향상, 재취업 촉진을 위한 사업을 시행하고 있다. 또한, 여성가족부에서 관리하는 새일센터(159개소)도 민간 위탁 방식을 택하고 있고, 지방자치단체의 일자리센터(204개소)도 상당수가 민간 위탁을 통해 시행하고 있다.

이상에서 살펴 본 고용서비스 민간 위탁기관을 다 합치면 1천 개소 이상의 민간 고용서비스 기관이 민간 위탁에 참여하고 있을 것으로 추산된다. 다만, 아직 고용서비스 영역에서 전체 민간 위탁을 종합적으로 관리하지 못하고 있다. 그 주된 이유는 개별 사업별로 필요에 따라 민간 위탁방식 채택 여부를 결정할 수 있고 그 과정에서 민간 위탁 필요성 등에 대한 승인이나 통제 절차가 없기 때문이다. 민간 위탁의 주체가 다양하므로 전국적으로 양질의 고용서비스를 제공하기 위해서는 이를 종합적으로 관리하는 시스템 마련이 시급하다.

아울러, 특별지방행정기관과 민간 고용서비스 위탁기관 간 업무 중복에 대해서도 면밀한 분석을 통해 효율성을 높일 필요가 있다. 예를 들어, 고용노동부의 고용복지플러스센터와 여성가족부의 새일센터, 보건복지부의 지역자활센터는 업무 중복 가능성이 매우 크다.

 표 2-9　　　　　　　　　　　　　　　**민간 위탁 고용서비스 기관 인증평가 결과**

(단위: 개소)

구 분	2018년	2019년	2020년	2021년
신청기관 수	282	283	92	77
인증기관 수	171	234	76	57

* 출처: 민간 고용서비스 통합관리시스템(certi.keis.or.kr).

그간 고용서비스 민간 위탁에 따른 서비스 품질 관리 필요성에 대해서는 많은 논의가 있었으며, 고용노동부는 2018년부터 한국고용정보원과 함께 '민간위탁 고용서비스기관 인증평가' 사업을 도입하였다.

그 결과 표 2-9에서 볼 수 있는 바와 같이, 2021년까지 총 538개소의 민간 위탁 고용서비스 기관이 인증에 통과하였으며, 2022년부터는 '민간위탁 고용서비스기관 기본역량심사'로 발전시켜 운영하고 있다. 동 심사를 통과한 기관에 대해서는 국민취업지원제도, 청년 내일채움공제사업, 구직자 취업역량 강화 프로그램, 심리안정 지원 프로그램 등 4개 사업에 참여할 수 있는 자격을 부여하고 있다.

향후 민간 위탁 고용서비스의 질적 향상을 위하여 중앙 정부와 지방 정부를 망라해서 정부가 시행하는 모든 종류의 민간 고용서비스 위탁사업의 참여 요건으로 기본역량심사를 확대해 나갈 필요가 있겠다.

4. 고용정책의 전달체계

고용정책은 다양한 경로를 통해 국민에게 전달된다. 정책을 기획하는 주체를 기준으로 보면 1) 중앙부처, 2) 공공기관, 3) 지방자치단체 등 크게 세 집단으로 나눌 수 있고, 정책을 집행하는 주체를 기준으로 살펴보면 1) 중앙부처, 2) 공공기관, 3) 민간 기관, 4) 지방자치단체, 5) 특별지방행정기관 등 다섯 가지 유형의 집단으로 분류할 수 있다.

따라서, 전달체계는 기획 주체와 집행 주체를 연결하는 조합으로 보면 15가지 유형이 가능하지만, 주로 작동하고 있는 조합은 그림 2-4에 보이는 바와 같이 9가지 유형으로 나눠볼 수 있다.

전달체계의 유형에 따라 정책 효과가 달라질 수 있고 사업 참여자의 접근 가능성과 사업 만족도 등에 영향을 미칠 수 있으므로 어떤 전달체계를 선택할지 고민이 필요하다. 특히, 아래의 2유형, 3유형, 4유형은 주목할 필요가 있다. 즉, 중앙부처가 정책을 기획하고 특별지방행정기관(2유형)이 집행하거나 공공기관(3유형) 또는 민간 위탁기관(4유형)이 집행하는 경우가 많은데, 어떤 기준으로 특정 정책의 전달체계를 2유형이나 3유형, 또는 4유형으로 할 것인지에 대해서는 심도 있는 분석과 논의가 필요하다.

아래에서는 아홉 가지 고용정책 전달체계 중 비중이 높은 중앙부처가 기획하고 여러 집행기관이 참여하게 되는 1~5유형의 전달체계에 대해 대표적인 사례와 장·단점을 중심으로 살펴보고자 한다.

그림 2-4

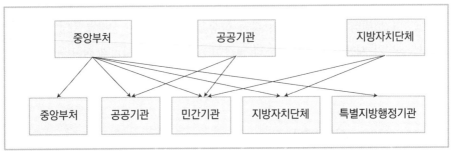

1유형: 중앙부처 기획 – 중앙부처 집행

이 유형은 고용노동부 등 중앙부처에서 직접 고용정책을 기획하고 집행까지 일괄해서 추진하는 유형을 의미한다. 비교적 사업 집행 대상이 많지 않거나 예산 규모가 작고, 지방에 맡기는 경우 정책 의도가 왜곡되는 등 부작용이 우려되는 경우 등에 많이 활용된다.

대표적으로 '고용위기지역' 지정 업무는 고용노동부 본부에서 운영지침을 기획하고 해당 지역 자치단체의 신청을 직접 접수하여 심사·선정하는 작업까지 모두 본부에서 시행한다. '고용정책 홍보 사업'은 본부에서 직접 기획하고 홍보업체와 계약을 맺고 시행하는 사례가 많이 있다. 일·생활 균형을 위한 홍보, 청년 고용 제고를 위한 홍보 등이 이에 포함된다. 또한, 일자리 으뜸기업 포상, 일자리창출 유공 포상, 전국 지방자치단체 일자리 대상 등 다양한 '일자리 관련 포상'은 본부에서 기획하고 심사한 후 시상하는 방식을 택하고 있다.

1유형 전달체계는 중앙부처 본부의 정책 의도를 가장 정확하게 구현할 수 있다는 장점이 있다. 즉 사업 집행과정에서 생기는 정책 왜곡을 사전에 방지할 수 있고, 지역 이기주의 등 폐해를 예방하기에 적절한 방식이다. 또한, 홍보 사업과 같이 사업 예산이 작은 경우 지역 단위로 분배하다 보면 선택 가능한 홍보 수단이 매우 제약되는 한계가 있으므로 본부에서 일괄적으로 사업을 시행함으로써 사업 효율성을 도모하기에 적합하다.

1유형은 정책의 일관성과 공정성 확보에도 유리한 측면이 있다. 간혹 사업 집행

시 지역에 따라 달리 적용하는 사례가 발생하여 문제가 되는 경우가 있는데 본부에서 기획과 집행까지 병행하는 경우 이러한 문제는 최소화할 수 있으며, 지역 내 온정주의나 인맥 등으로 초래될 수 있는 정책의 공정성에 대한 문제가 예방될 수 있다.

다만, 1유형 전달체계는 단점도 존재한다. 본부에서 현장의 다양한 목소리를 충분히 듣고 정책을 진행할 필요가 있는데, 본부 주도로 정책 기획은 물론 집행까지 이뤄지다 보면 현장 의견이 반영되지 못할 우려가 있다. 모든 정책과 사업에는 다양한 이해관계자가 존재하므로 이들이 충분히 의견을 제기할 수 있는 통로를 마련하는 것이 1유형 사업방식에서는 특히 중요하다.

또한, 본부 인력이 제한된 상황에서 본부가 직접 집행까지 담당하는 경우 본부 업무에 과부하가 걸릴 가능성이 많이 있다. 집행 업무는 다양한 민원전화 응대부터 시작해서 소수 인력이 담당하기에는 여러 가지 부담이 커진다. 본부의 주된 역할이 정책 개발과 관리에 있다는 관점에서 보면 본부에서 직접 집행을 담당하는 방식은 예외적으로 운영하는 것이 바람직할 것이다.

2유형: 중앙부처 기획 – 중앙부처 특별지방행정기관 집행

2유형 전달체계는 현재 고용정책 추진에 있어서 가장 전형적인 방식으로 볼 수 있겠다. 고용노동부, 중소벤처기업부, 국가보훈처 등 특별지방행정기관을 두고 있는 중앙부처는 본부에서 정책을 기획하고 지역의 특별지방행정기관을 활용하여 정책을 집행하는 전달체계를 주로 활용하고 있다.

고용노동부는 실업급여, 국민취업지원제도, 취업 알선, 고용안정사업, 직업능력개발사업 등 다양한 사업을 고용복지플러스센터를 통해 집행하고 있으며, 중소벤처기업부는 창업 관련 다양한 사업을 각 지역의 중소벤처기업청이 담당하고 있다. 또한, 국가보훈처는 국가보훈대상자와 제대군인에 대한 취업 지원 관련 정책을 지역의 지방보훈청과 제대군인지원센터에서 시행하고 있다.

특별지방행정기관의 설치 목적이 중앙부처의 특정 업무를 지방에서 통일적으로 수행하기 위한 것임을 감안할 때 원칙적으로 중앙부처의 고용정책은 소속 특별지방행정기관을 활용하는 것이 가장 바람직하다고 할 것이다.

2유형 전달체계는 고용정책 집행의 효율성을 높이기에 가장 적합하다. 특별지방행정기관은 지방자치단체보다 해당 고용정책에 대한 전문성이 더 높고 특화된 인력이 담당하게 되므로 정책 목적을 달성하기에 유리한 측면이 있다. 특히, 특별지방행정기관은 직접적으로 해당 중앙부처의 관리·감독과 평가를 받게 되므로 업무처리의 신속성을 높일 수 있고, 해당 중앙부처와의 원활한 소통을 통해 사업 성과를 높일 수 있는 장점이 있다.

다만 특별지방행정기관 역시 중앙부처 소속이다 보니 인력 확보 및 운영에 있어서 행정안전부 등의 통제에서 자유롭지 못하다. 이에 따라, 업무 증가에 비해 인력 충원이 지연되는 경우가 많아서 특별지방행정기관 소속 직원들의 불만과 업무 효율 저하 요인이 되고 있다.

또한, 공무원 증원을 제한하려다 보니 특별지방행정기관 내 신분이 다양하여 조직 통합에도 걸림돌이 되고 있다. 예를 들어, 고용복지플러스센터의 경우 직업상담직과 일반행정직 공무원이 주축이 되고 있지만, 공무직 직업상담원 비중도 매우 높아서 유사한 업무를 수행하고 있음에도 신분상 차이가 발생하여 조직 운영 과정에서 여러 가지 갈등 요인을 제공하고 있다.

향후 특별지방행정기관 소속 직원의 전문성 제고와 함께 지역 내에서 고용정책 관련 특별지방행정기관들과 지방자치단체, 그리고 민간위탁기관 간 네트워크 구축 및 운영 활성화를 통해 지역 단위에서 통합적인 고용정책이 수행될 수 있도록 지원해 나갈 필요가 있다.

3유형: 중앙부처 기획 – 공공기관 집행

고용정책 추진을 위해 각종 법령에 근거하여 별도로 설립된 공공기관이 있다. 앞에서 살펴본 바와 같이 대표적으로 근로복지공단, 한국산업인력공단, 한국고용정보원, 한국폴리텍대학, 한국기술교육대학, 한국장애인고용공단, 건설근로자공제회, 한국사회적기업진흥원, 한국잡월드, 중소벤처기업진흥공단, 남북하나재단 등이 포함된다.

3유형 전달체계는 2유형에서 특별지방행정기관이 집행을 담당했던 것과 유사하게 공공기관이 중앙부처에서 기획한 정책을 집행하는 구조로 구성되는데, 실무적으로는 별도의 법인격을 지니고 있는 공공기관이 사업을 담당하는 경우 좀 더 광범위한 기획과 집행 상의 재량을 부여하는 경우가 많다는 점에서 2유형 전달체계와 차이가 있다.

공공기관의 경우 소속 직원의 업무 전문성 확보와 향상에 상대적으로 유리한 위치에 있으므로 중앙정부가 설계한 정책 운영에 있어서 효과성 제고에 도움이 된다. 또한, 상대적으로 인력 확보와 운영에 있어서도 공무원 조직보다는 탄력성을 지니는 경우가 많다는 점도 공공기관의 장점이라 할 수 있다. 아울러 순수 민간기관보다는 국민들의 신뢰도가 높기 때문에 정책의 안정적인 수행에도 도움이 된다.

다만, 공공기관은 인건비 등 정책 집행 비용이 공무원 조직이나 민간 위탁기관보다 더 많이 소요되는 경우가 많아서 비용-효과 측면에서는 불리하게 작용할 가능성이 있고, 중앙부처 본부와의 소통이 특별지방행정기관만큼 원활하게 작동되기 어려울 가능성이 많다.

3유형은 아래 6유형(공공기관 기획-공공기관 집행)과 구분하기 어려운 경우가 많이 있다. 우리나라 정책 운영 시스템을 보면 대부분 해당 정책에 대한 근거 법령을 두고 있으며, 법령에서는 소관 주무 부처를 주로 행위 주체로 규정하면서 위임, 위탁, 대행 등 다양한 방식으로 타 기관이 실질적으로 그 권한을 행사할 수 있는 규정을 포함하고 있다.[12]

이러한 근거에 따라 많은 공공기관이 고용정책의 집행기관으로 참여하고 있는데, 공공기관의 업무는 소관 부처로부터 관리·감독을 받으므로 완전히 독립적으로 공공기관이 정책 기획 권한을 행사하기는 쉽지 않은 구조를 지니고 있다.

4유형: 중앙부처 기획 – 민간 위탁 집행

네 번째 유형은 중앙부처에서 정책을 기획하고 민간에 집행을 위탁하는 방식의 전달체계이다. 민간 위탁방식은 신자유주의의 대두와 함께 고용서비스의 효율성 제

---

[12] 행정법상 권한의 위임, 위탁, 대리, 대행 등의 용어가 많이 쓰이고 있는데, 이들 용어 간의 차이점을 명확히 규정하기는 쉽지 않은 측면이 있다. 이에 대한 자세한 내용은 이상철(2000)을 참고하기 바란다.

고를 위한 수단으로 많은 나라에서 활용하고 있는 방식이기도 하다. 특히, 호주의 경우 가장 적극적으로 민간 위탁방식을 활용했던 나라로 알려져 있다.

민간 위탁방식은 관료주의의 폐해를 극복하고 민간의 창의성과 자율성을 적극적으로 고용서비스 집행과정에 반영한다는 측면에서 고용정책의 효율성을 높일 잠재력을 지니고 있다. 그러나 다른 한편으로는 민간 위탁 방식이 성과 중심의 집행을 지나치게 강조하다 보니 크리밍(creaming) 또는 파킹(parking) 현상을 초래해서 실제 고용서비스가 더 절실하게 필요한 대상을 소외시킬 우려가 있다는 지적도 나오고 있다.

민간 위탁 방식이 정상적으로 작동하기 위해서는 전제조건이 있다. 무엇보다 양질의 민간 고용서비스 기관이 지역별로 충분하게 운영되고 있어야 한다는 점이 중요하다. 또한, 고용서비스를 담당할 직업상담 인력이 충분하게 양성되어 민간 고용서비스 기관에서 활용 가능해야 한다. 이러한 요건의 충족 정도는 지역별로도 편차가 클 수 있으므로 실제 민간 위탁이 진행될 지역 단위로 이러한 요건을 얼마나 충족하고 있는지 분석하고 판단할 필요가 있다.

아울러 제도적인 준비도 필요하다. 즉, 민간 위탁기관에 대한 합리적 평가와 보상체계를 구축해야 하며, 위탁자와 수탁자 간의 정보 격차에 따른 왜곡을 막을 수 있도록 훈련 참여자의 특성 등에 대한 정보 시스템 구축이 필요하고, 위탁과정에서 관료제적 부작용과 관리비용을 최소화하면서 위탁기관의 일탈을 막을 수 있는 관리 시스템 구축 등이 병행되어야 한다(유길상, 2014).

고용정책에서 민간 위탁방식은 직업훈련 분야에서 가장 오래전부터 활발하게 진행되었다. 직업훈련 서비스는 공공 직업훈련기관에서도 제공하고 있지만, 오히려 다양한 민간 직업훈련기관이 개설·운영하는 훈련과정이 더 많다. 고용서비스 분야에서도 2000년대 중반부터 민간 고용서비스 기관을 활용한 사업이 많이 등장했는데, 가장 규모가 큰 사업으로는 취업성공패키지 사업을 이어받은 '국민취업지원제도'를 들 수 있다.

4유형 전달체계는 정부가 서비스 전달 주체가 될 때 발생할 수 있는 비효율을 극복할 수 있는 수단이라는 장점이 있다. 즉, 정부의 개입이 오히려 절차와 형식에 치우치게 만드는 관료제적 폐해를 수반하는 경우가 많은데, 민간 위탁방식은 이러한 폐해로부터 벗어날 수 있는 집행 방식이 될 수 있다는 측면이 있고, 민간 위탁 방식은 위탁기관 간 시장 경쟁을 활용하여 정책 수요와 공급의 균형점을 찾아갈 수 있는 장점도 있다.

반면에, 민간 위탁방식은 위에서 언급한 전제 요건이 잘 충족되지 못한 상태에서 출발하거나, 민간에서 수용 가능한 규모 이상의 물량을 부여하는 경우에는 정상적으로 작동할 수 없으며, 특히, 정부가 민간 위탁기관에 대한 성과 체계와 통제·관리 시스템을 합리적으로 구축하지 못하면 오히려 부작용만 속출할 수도 있다. 민간 위탁 방식에서 민간 기관을 관리하는 문제는 매우 중요하면서도 쉽지 않은 과제라는 점을 잊어서는 안될 것이다.

5유형: 중앙부처 기획 – 지방자치단체 집행

중앙부처에서 기획하고 지방자치단체가 집행하는 구조를 지닌 사업은 상대적으로 비중이 크지 않다. 고용정책을 기획하는 고용노동부를 비롯해서 중소벤처기업부, 국가보훈처 등의 중앙부처는 자체 지방조직인 특별지방행정기관을 보유하고 있기 때문이다. 하지만 여전히 지역에서는 가장 핵심적인 행정기관이 지방자치단체이기 때문에 고용정책도 지역 단위의 맞춤형 정책이 가능하기 위해서는 지방자치단체와의 협업이 매우 중요하다.

다른 한편으로는 지방분권을 확대하려는 의도로 중앙부처 사무를 지방으로 이양하려는 움직임도 지속되고 있다. 그 결과 직업소개소 등록 및 관리 등과 같은 일부 기능은 지방자치단체로 이전되기도 하였다.

5유형에 해당하는 대표적인 고용정책으로는 지역고용정책으로 추진하고 있는 사업들이 포함된다. 고용노동부의 '지역산업 맞춤형 일자리창출 지원사업'은 2006년부터 도입되어 운영되고 있는데, 고용노동부 본부에서 사업을 종합적으로 기획·운영하면서 지방자치단체를 대상으로 공모하여 선정된 사업은 지방자치단체가 집행하는 구조를 지니고 있다. 지방자치단체가 사업을 기획하는 기능도 수행한다는 측면에서 일방적으로 집행만 담당한다고 보기는 어렵지만, 큰 틀에서는 중앙부처가 기획하고 지방자치단체가 운영하는 구조를 지녔다고 할 수 있겠다.

직업안정법에 따른 국내 유료 직업소개소 등록 및 관리 업무도 5유형에 해당한다. 직업소개소 관련 규정은 직업안정법 소관 부처인 고용노동부가 담당하고 있으므로 국내 유료 직업소개소에 대한 등록 요건, 취소 요건 등 주된 내용은 고용노동부 본부에서 운영하고 있지만, 실제 집행 업무는 지방자치단체가 수행하고 있다.

5유형 전달체계는 중앙부처와 지방자치단체 간 협업을 가능하게 하므로 고용정책의 실효성을 높이기 위한 차원에서 긍정적인 역할을 할 수 있다. 상당수의 지방자치단체는 재정 여력이 부족하여 독자적인 일자리사업에 많은 예산을 할애하기 어려운 문제도 지니고 있으므로 중앙정부의 예산을 활용하여 지역별로 특화된 고용정책을 만들도록 유도해 나가는 기능은 확대될 필요가 있다.

특히, 고용위기지역과 같이 특별히 어려운 고용상황을 겪는 지역의 경우 중앙정부의 적극적인 지원이 필요하므로 지방자치단체와 협업을 강화하면서 지역 실정에 맞는 고용정책을 만들어 나갈 필요가 있다. 이런 차원에서 국가균형특별회계 재원을 적극적으로 활용하는 방안도 고민해야 하겠다.

다만, 5유형 전달체계는 자칫하면 정책의 실효성을 크게 훼손시킬 수 있는 위험 요인도 있다. 지방자치단체는 업무 영역이 매우 넓고 순환보직의 특성상 고용 분야에 대한 전문성 축적에 어려움이 있으므로 자칫하면 집행 기능이 형식화될 우려도 존재한다.

따라서 지방자치단체와 성공적인 협업을 추진하기 위해서는 지방자치단체에 일방적인 사업 수행을 요구하기보다는, 고용복지플러스센터 등 특별지방행정기관과 지방자치단체 간의 유기적 협력 체계 구축을 포함한 지역 고용 네트워크 형성을 지원하면서 지역의 정책기획 및 집행 역량을 키워 나가는 노력도 병행할 필요가 있다.

기타 유형

앞에서 살펴 본 1~5유형 전달체계 이외에 6유형: 공공기관 기획 - 공공기관 집행, 7유형: 공공기관 기획 - 민간 위탁 집행, 8유형: 지방자치단체 기획 - 지방자치단체 집행, 9유형: 지방자치단체 기획 - 민간 위탁 집행 등의 유형이 있다. 이들 유형은 상대적으로 고용정책에서 차지하는 비중이 낮아서 하나씩 살펴보는 대신에 유의할 점 중심으로 살펴보도록 하겠다.

먼저 **6유형(공공기관 기획-공공기관 집행)**의 경우 고용정책 관련 다양한 공공기관이 직접 기획하고 집행하는 유형인데, 공공기관의 특성상 전문성을 발휘하기에는 유리한 측면이 있지만 관료제와 유사한 폐해가 우려되기도 한다. 특히, 해당 공공기관을 관리하는 주무 부처와의 사이에서 원활한 소통과 합리적인 평가·관리 시스템이 존재하는 지 여부에 따라 정책 성과가 달라진다. 공공기관의 자율성 보장과 책임성 달성이라는 두 가지 방향이 조화를 이룰 수 있도록 균형을 유지할 필요가 있다.

7유형(공공기관 기획-민간위탁) 전달체계도 많이 활용되고 있다. 공공기관에서도 직접 모든 사업을 수행할 수는 없으므로 민간 고용서비스 기관 등을 활용한 사업을 진행하게 되며, 이 경우 앞에서 살펴본 4유형과 유사한 문제를 직면하게 된다. 특히, 공공기관의 경우 해당 업무를 장기간 담당하는 사례가 공무원 조직보다는 많이 발생하므로 자칫하면 민간 기관과 유착관계 형성 등 부정 사례가 발생할 가능성도 상대적으로 커지는 측면이 있다. 이에 대한 관리·감독도 신경쓸 필요가 있다.

8유형(지방자치단체 기획-지방자치단체 집행) 전달체계는 지방자치단체가 직접 기획하고 집행까지 담당하는 사업의 경우인데 광역자치단체에서 좀 더 빈번하게 활용되는 방식이다. 지방자치단체는 관할 지역의 특성을 가장 잘 알 수 있는 위치에 있으므로 해당 지역에서 필요로 하는 정책을 발굴하여 수행하기에 유리하다는 장점이 있다. 이를 잘 활용하여 지역맞춤형 고용정책을 추진하도록 장려할 필요가 있겠다.

다만, 우리나라 기초지방자치단체는 너무 작은 단위로 쪼개져 있는 경향이 있어서 비효율을 발생할 우려도 있다. 보통 도시 지역의 경우 지역노동시장 권역은 여러 개의 기초자치단체를 포괄하는 경우가 많은데, 기초자치단체별로 서로 다른 정책을 추진하다 보면 동일 노동시장권역임에도 불구하고 주민의 소속 지방자치단체에 따라 지원 여부가 좌우되는 등의 문제가 발생한다.

예를 들어 A 지방자치단체는 관할 지역주민을 채용하는 관할 지역 내 사업주에게 고용장려금을 주는 사업을 하는 경우 그 지역의 관점에서는 바람직한 사업이 될 수 있지만, 동일 노동시장 권역에 존재하는 B 지방자치단체의 더 취업이 어려운 주민은 상대적으로 불이익을 받게 되는 문제가 발생한다. 이러한 문제들을 해결하기 위해서는 지역 노동시장 권역별로 지역 고용 네트워크를 구축하여 협업을 강화하는 방법이 가장 좋은 수단이 될 것이다.[13]

9유형(지방자치단체 기획-민간위탁 집행) 전달체계도 많이 활용되고 있다. 지방자치단체도 직접 사업을 수행할 인력과 조직을 확보하기가 쉽지 않으므로 민간 고용서비스 기관 등을 활용하여 위탁방식으로 일자리 사업을 집행하는 경우가 많이 있다.

지방자치단체의 전문성을 보완한다는 측면에서 긍정적인 측면이 있으나 앞에서 살펴본 바와 같이 민간 위탁방식이 지닌 근본적인 한계와 위험성은 9유형 전달체계에서도 동일하게 적용된다. 특히, 지방자치단체의 경우 중앙부처나 공공기관보다 전문성이 떨어지는 경우가 많다 보니 정보의 비대칭성에서 기인하는 대리인이론(principal-agency theory)이 적용될 여지가 더욱 커지므로 주의가 필요하다.

---

13 지역고용정책과 관련된 이슈는 후술하는 제6장 '비수도권의 몰락'에서 구체적으로 다루고 있으니 참고하기 바란다.

제 **3** 장

한국 고용정책의 역사

우리나라의 실질적인 고용정책은 경제개발이 시작된 1960년대 이후에 시작되었다. 큰 흐름을 살펴보면, 경제개발과 산업화가 본격화되던 1960년대부터 1980년대까지는 산업화 과정에서 필요한 산업인력 양성과 공급에 가장 큰 비중을 두고 고용정책이 추진되었고, 1987년 민주화 과정과 경제 구조 고도화 과정이 시작된 1990년대에는 고용안전망 구축과 취약계층 고용기회 확대 등 다양한 고용 이슈에 대응할 수 있는 제도적 기틀을 마련하였다.

우리나라 고용정책의 가장 큰 변화는 1997년 말 발생한 외환위기에서 촉발된 고용 위기로부터 시작되었다. 고용 측면에서 보면, 일찍이 경험하지 못한 대량 실업의 위기를 거치면서 고용안전망 확대, 대규모 재정지원 일자리사업 시행, 고용서비스 인프라 확충 등 현 고용정책의 토대가 될 수 있는 다양한 고용정책이 개발되고 시행되었다. 이후 고용 문제는 중요한 사회 이슈로 자리 잡았으며, 노무현 정부에서 윤석열 정부에 이르기까지 강약의 차이는 있지만, 방향성에 있어서는 일관되게 더 많은 일자리를 창출하고 튼튼한 고용안전망 구축을 목표로 고용정책에 대한 투자를 확대해 왔다.

한국 고용정책의 역사에 대해서는 이미 여러 저자들이 상세한 정보를 제공[1]하고 있으므로, 아래의 글에서는 방대한 한국 고용정책의 역사를 상술하기보다는 현재 시점에서 의미 있는 이정표를 중심으로 우리나라 고용정책의 변화 과정을 살펴보고자 한다.

1. 1987년 이전

대한민국 정부 수립 이후 제1공화국과 제2공화국까지 우리나라는 일제강점기 시대와 한국전쟁의 상흔을 극복하는 과정을 거쳤다. 경제적으로는 절대빈곤 수준을 벗어날 수 없었으며, 노동시장은 만성적인 일자리 부족으로 인한 고실업 상태가 지속되었다. 아직 국가의 여러 시스템이 채 정비되지 못한 상태였기에 초보적 수준의 직업소개소 운영, 빈민구제를 위한 공공사업 실시, 상이군경

---

1 한국 고용정책 역사에 대해 심층적인 이해를 위해서는 '한국의 고용정책', 김성중 외(2006), '고용보험법 제정의 역사', 정병석 외(2022), '한국의 고용정책과 전략', 이재흥(2019) 등을 참고하기 바란다.

과 유가족을 중심으로 한 직업보도사업 등을 통해 대응했다(김성중 외, 2006).

1961년 제3공화국이 등장하면서 체계적인 경제개발을 위해 '경제개발 5개년 계획'을 1962년부터 5년 단위로 시행되었으며, 이를 계기로 1980년대까지 본격적인 산업화시대로 접어들게 된다. 산업화 과정에서 고용정책 차원에서 가장 큰 과제는 새로운 산업 육성에 필요한 산업인력을 양성하고 공급하는 임무라 할 수 있다.

먼저, 국민의 취업 기회를 확대하고 유휴노동력 활용을 위해 「직업안정법」을 1961년 12월 제정하여 1962년부터 시행하였으며, 산업에 필요한 기능 인력양성을 위해 1967년 1월 「직업훈련법」을 제정·시행하였다. 이후 직업훈련 기능 강화를 위해 1976년 12월 「직업훈련기본법」을 제정하였으며, 이는 1997년 12월 「근로자직업훈련촉진법」으로 대체될 때까지 직업훈련의 근간이 되는 법 제도로서 역할을 하였다. 또한, 직업훈련 활성화를 위해 직업훈련 분담금 등을 재원으로 한 '직업훈련촉진기금'을 조성·운영할 수 있도록 1976년 12월 「직업훈련촉진기금법」을 제정하였다.

한편, 이 시기에는 광부, 간호사를 포함하여 우리나라 인력의 해외 진출이 정책적으로 장려되었다. 이에 따라 주요 취업 국가에 해외 노무관을 파견하여 해외 근로자에 대한 지도·관리 업무를 수행하였다.

이처럼 확대된 고용 관련 업무를 담당하기 위해 1963년 8월 보건사회부 노동국을 '노동청'으로 승격하였으며, 노동청에는 직업안정국을 설치하였다. 1963년 기준으로 각 시·도에는 총 44개의 직업안정소가 설치되어 지방자치단체가 직업지도 및 취업알선 업무를 수행하였으나, 이후 1968년 노동청장 소속의 25개 직업안정소로 개편되었으며, 1970년에는 노동청 지방사무소 직업안정과로 재편되었다. 1981년에는 노동청이 '노동부'로 승격되었으며, 1981년 12월에는 「한국직업훈련관리공단법」을 제정하여 1982년 3월 '한국직업훈련관리공단(현 한국산업인력공단)'이 설립되었다.

1960년대 이후 급격히 진행된 산업화 과정에서 고용정책은 산업인력 양성이라는 사회적 과제를 충실히 수행하여 경제 발전에 기여하였다. 또한, 적극적 노동시장 정책의 핵심 기능인 고용서비스의 모태가 되는 직업안정 업무를 확충하면서 전국 단위의 통일된 공공 직업안정 서비스의 기틀을 마련하였으며, 해외 인력 송출국 입장에서 해외에 진출하여 낯선 환경에서 일하게 된 해외 근로자의 안전과 애로 해소를 위한 노력도 충실히 수행하였다.

2. 1987~1997년 외환위기 이전

이 시기는 1987년 민주화운동을 기점으로 정치 민주화가 진전되면서 경제적으로는 1980년대 중반 3저 호황(低 금리, 低 달러, 低 유가) 등에 힘입어 고도 경제성장이 가능했다. 그 결과 1995년에는 1인당 GNP가 1만 달러를 넘어섰으며 1996년에는 OECD에 가입하기도 하였다.

고도 경제성장의 여파로 1980년대 후반부터는 산업계의 인력난이 심각해지면서 구인난 해소가 중요한 고용 이슈로 부각하였으며, 정치 민주화와 함께 취약계층의 고용기회 확대와 고용안정을 위한 노력이 요구되었다. 또한, 중진국 함정에 빠지지 않고 경제 선진화를 달성하기 위하여 사회안전망 강화와 함께 인적 자본의 고도화를 위한 조치들도 강구되었다. 이와 같은 경제·사회적 환경 속에서 고용정책 분야에서도 현재의 고용정책 시스템의 근간을 이루는 중요한 법과 제도의 기틀이 마련되었다.

이 기간에 고용정책 분야에서 가장 중요한 이정표가 될 변화는 바로 '고용보험 제도'의 도입이다. 제7차 경제사회발전 5개년계획(1992~1996) 수립과정에서 1990년대 중반에 고용보험을 도입하기로 논의가 되었다. 1992년 '고용보험연구기획단' 운영을 통해 고용보험제도 도입방안을 마련하였으며, 1993년 12월 「고용보험법」을 제정하고 1995년 7월부터 시행하였다.

이를 통해 우리나라에서 처음으로 법제화된 고용안전망을 구축하게 되었으며, 고용안정사업과 직업능력개발사업의 안정적인 추진할 수 있는 제도적 기반을 구축하였다. 여러 가지 논란 끝에 도입된 고용보험 제도는 1990년대 말 외환위기 발생에 따른 고용 위기 상황 극복에 중요한 역할을 담당했고, 현재까지 우리나라 고용안전망으로서 중추적인 기능을 수행하고 있다.[2]

또한, 갈수록 복잡해져 가는 고용 문제에 체계적으로 대응하기 위해 1993년

---

[2] 고용보험 제도 도입 과정에서 전개되었던 다양한 쟁점과 정책 입안자들의 고민을 이해하기 위해서는 '고용보험법 제정의 역사', 정병석 외(2022)를 참고하기 바란다.

12월 「고용정책기본법」을 제정하였으며, 1994년 1월, 1995년 12월, 1997년 12월 개정된 「직업안정법」을 통해 직업안정기관의 역할을 명확히 구분하고 민간 고용서비스 사업에 대한 규제를 완화하여 활성화하는 한편, 불법 직업소개사업에 대한 규제는 강화하였다.

아울러, 이 시기에는 취약계층의 고용 기회 확대와 차별 해소 등을 위한 입법이 적극적으로 추진되었다. 1987년 12월 「남녀고용평등법」, 1990년 1월 「장애인고용촉진 등에 관한 법률」, 1991년 12월 「고령자고용촉진법」, 1996년 12월 「건설근로자의 고용개선 등에 관한 법률」이 제정됨에 따라 여성, 장애인, 고령자, 건설일용근로자 등 우리 사회의 취업 취약계층에 대한 고용안정 제도가 만들어졌다. 육아휴직 제도, 장애인 의무고용 제도, 고령자 적합 직종 제도, 건설근로자 퇴직공제 제도 등이 이러한 법률 제정을 통해 도입되었다는 점에서 취약계층을 대상으로 하는 다양한 고용정책이 제도적 기반을 구축한 시기라고 할 수 있겠다.

한편, 1980년대 후반부터 산업계의 구인난이 심각해짐에 따라 외국인 활용 문제가 본격적으로 검토되었고, 1991년 11월 '해외투자업체 연수제도', 1993년 11월 '외국인 산업연수제도'를 도입하여 외국인이 단순기능 업무에서 연수생 신분으로 근로할 수 있는 통로를 만들었다. 그러나, 여전히 외국인 근로자에 대한 인권 침해가 지속되고 불법체류자 급증 등 외국인력 관련 문제가 지속됨에 따라 외국인 단순 기능인력을 정식으로 수입하는 '고용(노동)허가제' 도입이 검토되었으나 1997년 12월 「출입국관리법」 개정을 통해 연수 후 소정 절차를 거쳐 취업자격을 부여할 수 있는 '연수취업제' 도입으로 절충되었다.

공공 취업알선 업무의 전산화를 위한 노력도 이 시기의 주요 업적이라 할 수 있다. 1987년 5월 광역 취업알선 전산망을 개통하여 국가 행정전산망 사업으로는 최초로 전국 취업알선을 수작업이 아닌 전산시스템으로 구현한 것이다. 이후 고용보험 전산시스템과 연계하여 종합적 고용정보시스템 구축을 추진하였으며, 1998년 11월 work-net 서비스를 도입하게 되었다.

고용보험 제도를 비롯한 다양한 고용정책 관련 법과 제도가 도입됨에 1995년에는 노동부 내에 '고용정책실'이 설치되었다. 다만, 고용정책 시행을 위한 현장 인프라에 대한 보강은 여전히 미진하였다. 1991년 기준으로 국가가 운영하는 직업안정기관은 51개소, 직원은 343명에 불과하였고, 1997년 말 기준으로도 46

개 지방 노동관서 및 7개 인력은행에 공무원 760명, 직업상담원 100여 명이 종사하는 수준에 머물렀다(김성중 외, 2006).

이처럼 1987년 이후 외환위기가 발생한 1997년 말 이전 시기는 고용정책의 주요 인프라와 제도가 구축된 중요한 시기라 할 수 있다. 현 고용정책 시스템의 중요한 제도적 기반 중 상당수가 이 시기에 도입되었고, 현재까지 지속해서 발전해 오고 있다. 다만, 여러 제도가 본격적으로 시행되고 사업으로 구체화될 여건은 조성되지 않았기 때문에, 국민이 고용정책의 변화를 실질적으로 체감하기에는 아직 이른 시기이기도 했다.

3. 김대중 정부(1998~2003년)

1997년 말 발생한 외환위기는 산업화 이래 우리나라 경제를 포함한 사회 전반에 큰 충격을 안겨주었다. 노동시장 상황도 예외는 아니었다. 노동시장의 대표적인 지표인 실업률과 실업자 수를 보면 충격의 정도를 가늠할 수 있는데, 1997년 실업률 2.6%, 실업자 수 57만 명에서 1998년에는 실업률 7.0%, 실업자 수는 149만 명까지 상승했으며, 1999년에는 소폭 하락하였지만, 여전히 실업률은 6.3%, 실업자 수는 137만 명에 달하였다.

월별로 보면 1999년 2월 실업률이 8.6%, 실업자 수가 178만 명으로 최고치를 기록하였다. 단기간에 실업 지표가 3배 상승한 경우는 기존에도 없었고 향후에도 좀처럼 보기 어려운 상황일 것이다. 범정부적인 실업 대책을 통해 총력 대응한 결과, 다행히 2002년에는 실업률 3.1%, 실업자 수 71만 명으로 노동시장을 안정화시킬 수 있었다.

이처럼 전대미문(前代未聞)의 실업 대란에 직면하여 고용정책 분야에서는 **노동부 주도하에 '범정부 실업 대책'을 수립**하면서 새로운 아이디어를 계속 발굴하여 가능한 모든 정책 수단이 동원되었고 국가의 가용자원이 최대한 활용되었다. 앞선 시기에 만들어진 고용보험 등 다양한 고용 관련 제도들이 급격히 확대 시행되었고, 대규모 실업 극복을 위한 공공부문의 일자리 창출, 채용장려금, 고용서비스 강화, 대규모 실업자 직업훈련 시행, 취약계층 맞춤형 고용대책, 실업자 생활 안정 사업 등 가능한 모든 수단을 활용하였다.

대표적으로, 1998년에는 사상 처음으로 '실업 극복 국민운동'을 전개하여 민관 합동으로 실업 극복을 위한 다양한 일자리 사업을 추진하였으며, 이는 당시의 긴박함과 절실함을 잘 보여주는 사례라고 하겠다.

무엇보다 이 시기에 주목할 만한 제도적 변화는 **고용보험 대상의 급격한 확장**이다. 1997년까지 30인 이상 사업장에 적용하던 실업급여 제도를 1998년 10월부터는 1인 이상 전 사업장까지 전격적으로 확대 적용하였다. 또한, 실업급여 대상 확대를 위해 수급 자격 요건 중 피보험단위기간을 12개월에서 180일로 완화하고 실업급여 지급 기간을 60~210일을 90~240일로 확대하였다.[3] 실업대란의 위기가 아니라면 상상하기 어려운 적용 범위와 적용 수준의 확대 속도라고 할 수 있겠다. 급격한 고용보험 적용 범위 확대는 행정력 부담을 초래하기는 했지만, 이를 계기로 고용보험이 고용안전망으로서 조속히 뿌리를 내리는 데 크게 기여하였다.

실업자의 생활 안정과 단기 일자리 제공을 위해 **대규모 공공근로사업과 인턴 사업을 시행**하여 공공부문과 민간부문에서 일자리를 확대하였으며, 대학·전문대학 등 학교시설까지 활용하여 실업자 직업훈련의 규모를 대폭 확대하여 실업자가 능력개발을 통해 다음 일자리를 준비할 수 있도록 지원하였다. 실업 예방을 위하여 휴업, 재배치, 고용유지훈련 등 다양한 수단을 활용한 고용유지 노력을 지원하는 고용안정사업을 확대하였으며, 실업자의 생계안정을 위한 대부 사업을 도입하였고, 장기실업자, 일용근로자, 청소년, 고령자, 장애인, 여성 등 취업 취약계층의 특성을 감안하여 맞춤형 실업 대책을 확대하였다. 예를 들어, 장기실업자 자영업 창업지원, 청소년 정부 지원 인턴제, 일용근로자 동절기 직업훈련, 고령자 인재은행 지정 확대, 장애인 고용장려금 지원 확대, 여성가장 채용장려금 제도 도입 등이 포함되었다.

실업 대책 시행을 위해서는 **집행기관의 인프라 확충도** 필수적이었다. 고용안정센터는 1998년 99개소 2,050명으로 확대되었고, 이후 2002년에는 166개소, 2,357명까지 늘어났다. 다만, 이 시기에 정부의 고통 분담 차원에서 공무원 증원을 통

---

3 대량실업 위기에 대응하기 위해 구직급여 수급자격 요건의 피보험단위기간을 12개월에서 180일로 단축하였는데, 위기 극복 이후에도 계속해서 동일 요건이 적용되고 있다. 실직자를 두텁게 보호하는 장점은 있지만, 평상시에 180일 피보험자격 유지 만으로 120~270일에 이르는 기간 동안 구직급여를 주는 방식이 적절한지는 실태 분석에 기반한 심도 있는 논의가 필요하다.

제함에 따라 공무원 신분이 아닌 민간인 신분의 직업상담원 중심으로 인력으로 확충된 점은 그 후 조직의 통합 운영 측면에서 여러 가지 문제점을 발생시켰다. 아울러 이 시기에 일용근로자의 취업 알선 등 지원을 위해 전국 16개 지역에 '일일취업센터'를 신설해서 대응하였으나, 이후 점진적으로 축소·폐지되었다.

이 시기 고용정책의 가장 큰 특징은 대규모 실업 확산을 막기 위해 국내외 많은 정책 사례를 벤치마킹하고 창의력을 발휘하여 다양한 실업 대책 사업을 개발하고 시행했다는 점이다. 사업의 종류와 범위 면에 있어서는 가장 다양하고 광범위한 정책 수단을 활용한 시기라고 할 수 있겠다.

'실업과의 전쟁'이라는 표현이 말해 주듯이 시행착오를 두려워하지 않고 일단 가능하다면 '선시행 후보완'의 방식으로 많은 사업을 시행했다. 예를 들어 IBRD와 같은 국제기구로부터 자금을 차입하여 실업 대책을 시행할 정도로 재원 마련 방안을 다각적으로 고민했고, 그 흔적은 여전히 고용정책기본법 제36조4에 남아있기도 하다. 또한, 여성 가장 등의 생계형 창업을 지원하기 위해 정부가 직접 창업희망자가 원하는 창업점포를 임대하여 지원해주는 방식의 창업 지원 사업도 실시하였다.

아직 고용정책의 여러 사업이 개발되지 못한 시점에서 겪게 된 실업 위기는, 다양한 해외사례를 우리 실정에 맞게 벤치마킹하고 창의적인 정책 아이디어를 사업화하는 기회가 되었으며, 이를 통해 고용정책 경험을 축적할 수 있는 시간이 되었다.

4. 노무현 정부(2003~2008년)

외환위기를 거치면서 우리나라 경제 구조와 노동시장은 큰 변화를 겪게 되었다. 빚에 의존한 재벌기업의 문어발식 성장은 더 이상 유효한 기업 성장 방식이 될 수 없다는 사실을 뼈아프게 느끼게 되었으며, 정리해고제와 근로자파견법 도입을 계기로 평생직장의 시대는 지나가고 상시적으로 고용의 불안정성에 대비해야 하는 노동시장 구조 전환이 본격화되었다. 동시에, 대량실업 위기는 고용안

---

4 고용정책기본법 제36조(자금의 차입) 공단은 제34조 제2항에 따라 위탁받은 실업대책사업을 실시하기 위하여 필요하다고 인정하면 고용노동부 장관의 승인을 받아 자금을 차입(국제기구, 외국 정부 또는 외국인으로부터의 차입을 포함한다)할 수 있다.

전망을 포함한 안정적인 사회보장제도와 정부의 적극적인 고용정책의 중요성을 인식하도록 만드는 계기가 되었다. 이처럼 외환위기 이후 고용 문제는 중요한 사회적 이슈로 자리 잡게 되었으며, 이에 대응하여 고용정책을 강화하려는 노력은 지속되었다.

노무현 정부는 급격한 외환위기의 충격에서 벗어난 시점에 출범하였으므로 노동시장의 주요 지표는 어느 정도 회복되었으나, 청년 실업 증가, 비정규직 증가 등과 같은 외환위기의 여파가 지속되는 상황에 직면하였다. 노무현 정부는 이러한 문제의 심각성을 인식하고 국가 차원의 고용전략을 정립하고, 일자리 창출을 위한 정부의 적극적인 역할과 청년을 포함한 취약계층의 고용 안정과 일자리 기회 확대를 위한 노력을 강화하였다. 이 시기 고용 정책 중 주목할 만한 내용을 다섯 가지로 정리해보면 다음과 같다.

첫째, 정부가 주도적으로 일자리 창출에 기여해야 한다는 시각에서 '일자리 만들기'를 위한 정책적 노력을 주된 국정과제로 인식하고 추진하였다. 대표적으로 2004년 2월 노사정위원회 논의를 토대로 '일자리 만들기 사회협약'을 체결하고, 같은 달에 관계부처 합동으로 '일자리 창출 종합대책'을 발표하고 추진하였다.[5] 특히, 사회·복지 분야 일자리 확대를 위한 노력의 일환으로, 사회적 기업을 육성하기 위해 2007년 1월 「사회적기업 육성법」을 제정하는 등 사회서비스 일자리 활성화를 위한 토대를 마련한 점은 의미 있는 정책 성과이다.

둘째, 노무현 정부는 처음으로 국가 고용전략의 필요성에 대해 인식하고, 2005년 '사람입국·일자리위원회'를 대통령 자문기구로 설치하고 2006년 국가 고용전략을 최초로 수립하였다. 경제성장의 결과물로 당연히 충분한 일자리가 창출된다는 과거의 시각에서 벗어나 국가 차원의 종합적인 고용 창출 노력이 필요하다는 인식 전환과 함께, 나아가서는 '고용을 통한 성장'을 지향하였다. 이러한 고용정책에 대한 인식의 전환은 이후 정부에서도 그대로 이어졌다.

셋째, 외환위기 이후 심화된 노동시장 양극화 해소를 위해 '비정규직 보호 입법'을 추진하였다.[6] 기간제근로자, 단시간근로자, 파견근로자 등의 비정규직에

---

5 '일자리 만들기 사회협약'과 '일자리 창출 종합대책'의 상세한 내용은 '한국의 고용정책과 전략', 이재흥(2019)과 '고용노동정책의 역사적 변화와 전망', 금현섭 외(2017)를 참고하기 바란다.
6 2006년 12월 「기간제 및 단시간 근로자 보호 등에 관한 법률」, 「파견근로자 보호 등에 관한 법

대한 차별과 남용을 막기 위한 법 제도적 장치를 공식화했다는 의미를 지니는 것으로 평가된다. 대표적으로 기간제근로자의 고용 기간을 2년 이내에 제한하는 내용이 포함되어 있다.

넷째, 적극적 노동시장정책의 핵심 수단인 '고용서비스 선진화'를 위한 노력을 강화하였다.7 고용서비스 선진화 시범사업을 통해 기업과 취약계층에 대한 고용서비스를 특화하는 등 다양한 고용서비스 개선 노력을 시도하였고, 직업상담 인력의 전문성 제고를 위해 직업상담원을 공무원으로 전환하는 결단을 내렸다. 아울러, 지역의 특성을 감안한 맞춤형 일자리정책의 필요성을 인식하여 지역 파트너십에 기반한 지역고용정책이 처음으로 추진되었다.

다섯째, 우리나라 외국인력 정책의 분수령이 되는 '외국인 고용허가제'를 2003년 8월 도입하였다. 1980년대 후반부터 시작된 기업들의 구인난에 대응하기 위해 '외국인 산업연수생 제도'를 운영하였으나 외국인 인권 보호에 취약하고 실질적인 근로자를 편법적으로 연수생 신분으로 도입하여 남용한다는 비판이 있었다. 외국인 고용허가제는 외국인 단순 기능인력에게 근로자 신분을 부여하면서 국내로 받아들이는 제도로서, 외국인 근로자의 인권과 노동권을 보호하면서 국내 기업의 구인난에도 적극적으로 대처하는 정책적 전환점이다.

5. 이명박 정부(2008~2013년)

2008년 집권한 이명박 정부는 집권 첫해인 2008년 말에 발생한 글로벌 금융위기로 인해 어려워진 경제 환경에 대응하는 노력을 기울였다. 집권 초기에는 경제성장을 통해 고용 문제는 해결할 수 있다는 인식이 강하여 고용정책 추진에 상대적으로 관심이 크지 않았으나, 경제 위기 심화에 따라 고용률 저하 등에 대응하기 위하여 다양한 고용정책을 추진하였다. 이 시기 주요한 고용정책을 네 가지로 정리해서 살펴보고자 한다.

첫째, 범 정부적 고용정책 추진 역량을 강화하고 경제성장과 고용을 종합적으로

률」, 「노동위원회법」이 제정 또는 개정되었다.

7 참여정부의 고용서비스 선진화 노력에 대한 세부적인 내용은 '고용서비스 선진화사업 평가 및 향후과제', 사람입국·일자리위원회(2005)를 참고하기 바란다.

바라보는 접근방식을 추진하였다. 2010년 1월에는 대통령이 주재하는 '국가고용전략회의'를 신설하여 일자리 중심의 국정운영을 강화하였고, 2010년 정부조직법 개정을 통해 노동부를 '고용노동부'로 부처 명칭을 바꾸는 등 고용정책에 대해 역점을 두었다. 또한, 집권 3년차인 2010년 10월에는 '2020 국가 고용전략'을 수립하는 등 종합적인 고용정책을 강화하였다.

둘째, 본격적으로 **청년층 고용정책을 강화**하였다. '열린 고용'을 강조하여 고졸 청년의 일자리 기회를 확대하는 정책을 추진하였으며, 청년들의 해외 취업을 강조하여 청년 해외취업 10만 명을 목표로 '글로벌 청년 리더 양성계획'을 수립하여 해외 공관까지 활용하는 등 적극적인 노력을 펼쳤다. 아울러 글로벌 금융위기로 청년 신규 채용이 감소하자 '중소기업 청년인턴제'를 대규모로 시행하는 등 민간의 청년 채용 기회 확대를 지원하였다. 고졸 청년에 대한 고용정책에 역점을 두고 추진한 점은 의미 있는 정책이었지만, 이후 정권 교체 후 관심도가 낮아진 점은 아쉬운 대목이다.

셋째, **사회적기업 활성화**를 통한 일자리 창출을 위해 지원을 확대했다. 2010년 10월, 2011년 6월 두 차례에 걸쳐 사회적기업 활성화 대책을 발표하면서 지방자치단체, 종교계, 대기업, 시민단체 등의 적극적 참여를 이끌었다. 그 결과, 인증 사회적기업이 2007년 50개소에서 2011년에는 644개소로 증가하였다. 사회적기업에 대한 지원이 보수 정부에서는 줄어들 것이라는 예상을 벗어나, 따뜻한 자본주의를 실현하는 수단으로 사회적기업이 부각되고 대기업까지 적극적으로 참여토록 유도한 점은 이후 사회적기업이 우리 사회에 정착하는 데 큰 도움이 되었다.

넷째, **고용정책의 효율성 제고를 위한 정책 기반**을 강화하였다. 2010년부터 다양해진 재정지원 일자리사업을 종합적으로 관리하고 효율화하는 방안을 추진하였다. 2009년 고용정책기본법에 고용영향평가제도를 도입하는 근거를 마련하였으며, 2010년 시범사업을 거쳐 본격적으로 각 부처 주요 사업의 고용영향을 평가하고 있다. 또한, 노동시장에 대한 중장기 예측이 가능하도록 2010년 5월 고용노동부가 최초로 '중장기 인력수급 전망'을 마련하여 국무회의에 보고하였다. 고용정책의 분석 기능, 평가 및 환류 기능 등과 같은 기초적인 정책 인프라를 확대한 점은 의미있는 성과로 판단된다.

6. 박근혜 정부(2013~2017년)

글로벌 금융위기로 인한 충격으로부터 어느 정도 벗어난 시점인 2013년에 집권한 박근혜 정부는 대선 과정에서 고용률 70% 달성을 공약으로 내세우는 등 고용 문제 해결을 위한 노력을 강조하면서 출범하였다.

큰 틀에서는 직전 이명박정부의 고용정책 틀을 유지하면서 세부 분야별로 창조경제 등 국정과제와 연결되는 정책 의제를 발전시키는 양상을 보였다. 박근혜 정부 고용정책 중 주목할만한 내용을 네 가지로 정리해보고자 한다.

첫째, 2017년까지 고용률 70% 달성을 목표로 한 '**고용률 70% 로드맵**'을 2013년 6월 발표하고 추진하였다. 노무현 정부의 국가 고용전략은 집권 4년 차인 2006년에, 그리고 이명박 정부의 국가 고용전략은 집권 3년 차인 2010년에 발표된 것과 비교해 보면 집권 초기부터 고용정책에 대한 관심과 의지가 높았던 것으로 평가된다.

다만, 2012년 고용률이 64.2%임을 감안하면 임기 내 고용률 70% 달성은 정치적인 의지의 표현이 담긴 매우 도전적인 목표로 보였다. 창조경제, 일·가정 양립, 내수기업·서비스업·중소기업 중심, 노사정 상생협력을 통한 일자리 창출 등이 핵심 수단으로 제시되었다.

둘째, **양질의 단시간 일자리 창출**을 활성화하고자 하였다. 우리나라 고용 구조 분석을 통해 여성의 경제활동참가율을 높이기 위해서는 단시간 일자리 확대 전략이 필요하다는 점을 제시하면서, 다양한 인센티브를 통해 단시간 일자리를 확대하려는 노력을 강화하였다. 네덜란드와 같이 단시간 일자리 확대를 통해 급격히 고용률도 높인 사례가 있기는 하지만, 우리나라 노동계를 중심으로 단시간 일자리는 질 낮은 일자리라는 지적도 있었다.

추세적으로는 단시간 일자리 확대는 고용 형태 다양화라는 수요를 충족시키는 측면이 있어서 정책적으로 필요하지만, 전일제와 단시간 근로 전환을 원활하게 지원하는 정책적 노력이 우선될 필요가 있었다는 아쉬움이 있다.

셋째, 박근혜 정부의 핵심 경제정책인 '창조경제'와 연계하여 **창업 및 창직활동**에 대한 지원을 확대하여 일자리를 창출하고자 하였다. 1인 창조기업 등 새로운 아이디어를 활용한 창업을 적극적으로 지원하고, 기존에는 없던 새로운 분야의 새로운 일자리를 만들 수 있도록 규제 완화 및 지원을 확대하였다.

이러한 정책은 새로운 아이디어를 사업화하고 창의성을 장려하는 사회 분위기 조성에는 기여하였지만, 단기적으로 일자리 창출에 의미 있는 결과를 만들어 내기에는 일정한 한계가 존재하였으며, 정권 교체로 인해 정책 추진 동력을 상실하는 결과를 초래하였다.

넷째, 일을 통한 자립·자활을 지원하기 위하여 **고용서비스와 복지서비스 간의 연계 강화를 추진하였다.** 대표적으로 고용노동부의 고용센터를 고용복지플러스센터로 개편하여 고용서비스 이외에 복지서비스, 서민금융 등의 서비스가 원스톱으로 제공될 수 있도록 하였다.

공공 고용서비스의 주된 대상이 저소득 취약계층임을 감안할 때, 취업에 장애가 되는 건강 문제, 복지 수요, 신용 불량 등의 문제를 고용서비스와 연계하여 풀어보려는 노력은 앞으로도 발전시켜 나갈 필요가 있는 의미 있는 시도로 평가된다.

7. 문재인 정부(2017~2022년)

대통령 탄핵 정국 속에서 탄생한 문재인 정부는 과거 정부와 달리 정권 인수를 위한 준비 기간 없이 곧바로 집권하게 되었다. 2017년 집권 시에는 경제적 여건이 괜찮았으나, 코로나19 팬데믹이 본격화된 2020년부터 2022년 임기 말까지는 코로나19로 인한 고용 위기에 대응하는 비상 경제 시스템을 가동해야 하는 긴박한 상황에 놓였다. 문재인 정부의 고용정책 중 주목할 만한 내용을 다섯 가지로 정리해 보면 다음과 같다.

첫째, 역대 어느 정부보다 고용정책에 대한 정책 의지와 투자가 컸던 정부로 평가된다. 문재인 정부는 '일자리 정부'임을 자처하면서 집무실에 '일자리 상황판'을 설치하는 등 상징적인 조치와 함께, 대통령비서실에 '일자리수석비서관'을 선임수석비서관으로 두었으며, 대통령 직속 자문기구인 '일자리위원회'를 구성·운영하면서 고용정책에 대한 높은 의지를 정책 운영 시스템에도 반영하였다.

또한, 재정지원 일자리사업 규모가 2017년 약 16조 원에서 2022년에는 약 32조 원으로 100% 증가할 정도로 고용정책에 대한 투자를 강화하였다. 물론 코로나19 팬데믹으로 인한 특수한 사정도 있지만, 고용정책에 대한 재정 투자를 큰 폭으로 늘렸다는 평가에는 변화가 없어 보인다.

둘째, 고용안전망을 획기적으로 강화하였다. 주된 고용안전망인 고용보험의 보장성을 강화하여 구직급여 지급 수준과 지급 기간을 늘렸으며, 고용보험 적용 대상을 특수형태근로종사자, 프리랜서, 플랫폼종사자 등에까지 확대하는 등 '전 국민 고용보험 로드맵'을 적극적으로 추진하였다. 아울러 한국형 실업부조인 '국민취업지원제도'를 법제화하여 저소득 구직자를 중심으로 중층적 고용안전망을 완성하였다. 이와 함께, 국민의 평생 능력개발을 촉진하기 위하여 기존 재직자, 실업자로 분리·운영되던 내일배움카드를 '국민내일배움카드'로 확대 개편하여 지원 대상과 지원 수준을 확대했다.

문재인 정부의 고용안전망 확대 정책은 외환위기 직후 김대중 정부 시기 고용보험의 대폭적인 확충 이래 가장 큰 변화로 평가된다. 다만, 구직급여 하한액이 급격하게 인상됨에 따라 구직 의욕 감퇴 등의 우려가 제기되었다.

셋째, 청년고용 확대를 위해 큰 폭으로 투자를 늘렸다. 베이비붐 세대의 자녀 세대인 에코 세대(echo generation)의 노동시장 진입으로 청년고용의 어려움이 커질 것으로 우려됨에 따라, 소위 '청년고용 3종 세트'로 불리는 '청년구직활동지원금', '청년추가고용장려금', '청년내일채움공제'를 도입하여 구직－채용－근속 단계별로 체계적인 지원 시스템을 구축하였으며, 이를 위해 전폭적으로 재정을 투자하였다.

예를 들어, 청년추가고용장려금의 경우 청년 추가채용 1명당 3년간 연 900만 원씩 최대 2,700만 원을 지원하도록 설계되었는데, 그간의 고용장려금 중 지원 대상과 지원 수준 면에서 가장 관대하게 설계된 장려금으로 평가되며, 이로 인한 사중손실의 우려와 방만한 재정 운용에 대한 비판도 제기되었다.

넷째, 코로나19 팬데믹에 따른 고용위기에 적극적으로 대응하여 조기에 고용상황을 회복하였다. 2020년부터 예상치 못한 감염병 확산으로 아무런 준비 없이 고용위기 상황에 직면하여 적극적인 고용정책으로 대응하였다. 기업의 고용 조정을 예방하기 위하여 고용유지지원금 지원 요건을 완화하고 지원 수준을 높이는 등 정책적 노력을 강화하였고, 코로나19 발생으로 고용 충격이 심한 15개 업종을 특별고용지원업종으로 지정하여 지원을 강화하였다. 또한, 고용보험의 사각지대에 있는 특수형태근로종사자, 프리랜서, 영세 자영업자 등의 생계안정을 위한 긴급고용안정지원금을 설계하여 운영하였다.

이와 같은 정책적 노력을 통해 코로나19로 인한 노동시장 충격을 최소화하여 실업자 수 급증과 같은 실업 대란을 피할 수 있었으며, 2021년 말부터 코로나19 발생 이전 수준으로 고용상황을 회복시키고, 2022년에는 68.5%의 고용률로 역대 최고치를 달성하였다. 다만, 위기대응과정에서 고용보험기금 지출이 급격히 증가함에 따라 재정 건전성에 대한 우려가 커졌으며, 일회성 현금지원방식의 적절성에 대해서는 비판이 제기되었다.

다섯째, '비정규직 제로'와 '최저임금 1만 원'으로 상징되는 일자리의 질 개선을 위한 정책 추진에 역점을 두었다. 문재인 정부의 정책 중 가장 논란이 큰 정책 중 하나이다. 공공부문 비정규직을 정규직으로 전환하는 등 비정규직 남용을 막기 위한 강력한 정책과 최저임금 수준을 1만 원으로 인상하기 위하여 2018년 최저임금을 전년 대비 16.4% 인상하는 등 '소득주도성장'에 기반한 임금정책을 추진하였다.

이러한 정책의 성과에 대해서는 여전히 논란이 지속되고 있지만, 노동시장에 예상치 못한 충격을 가져오는 정책 방식에 대해서는 재고의 여지가 있다. 아무리 정책 방향이 옳더라도 정책 추진 속도와 방식도 결코 간과해서는 안 된다는 지적에 귀 기울일 필요가 있다.

제 4 장

고용정책의 수단

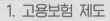

고용정책은 노동시장에서 발생하는 여러 가지 형태의 문제점에 대응하기 위한 정부가 취하는 일련의 조치로 이해할 수 있다. 고용정책에서 활용할 수 있는 수단은 그 기능을 기준으로 살펴보면 크게 적극적 노동시장정책과 소극적 노동시장정책으로 나눌 수 있다.

노동시장정책 중 적극적 노동시장정책은 구직자가 노동시장에서 일자리를 얻을 수 있도록 지원해주는 일련의 정책을 의미한다. 반면에, 이와 대칭적인 개념으로 사용하는 소극적 노동시장정책은 실업자의 실업 기간 생계안정을 위한 소득보조 정책을 의미한다.

한편, 노동시장정책의 여러 수단은 고용보험 제도의 틀 속에서 운영되고 있으므로 우선적으로 고용보험 제도에 대한 설명으로부터 출발하는 것이 적절해 보인다. 따라서 먼저 고용보험 제도에 대해 간략히 살펴본 후, 노동시장정책의 세부적인 수단을 기술하고자 한다. 앞에서 고용정책의 기능별 분류를 소개하면서 세부적인 정책 수단의 윤곽은 소개한 바 있으므로, 본 절에서는 각 정책 수단별 세부적인 내용과 쟁점을 중심으로 살펴보겠다.

1. 고용보험 제도

연혁

고용보험은 실업의 위험으로부터 국민을 보호하기 위한 사회보험의 한 형태이다. 서구에서 발전한 실업보험 제도는 실업자의 생계 보호에 초점을 둔 반면, 우리나라의 고용보험은 실업보험의 소극적 생계안정에서 벗어나 적극적으로 취업에 이르도록 지원하겠다는 의도를 지니고 있다.

이러한 맥락에서 실업보험이라는 명칭을 쓰지 않고 '고용보험'의 명칭을 사용하고 있으며, 실업하면 받을 수 있는 실업수당이라는 인식을 깨뜨리기 위해 '구직급여'라는 개념을 활용해 적극적 구직활동을 전제로 생계 급여를 지급하는 방식을 취하고 있다. 또한, 고용보험의 사업으로 적극적 노동시장정책의 주요 수단인 고용안정사업과 직업능력개발사업을 포함시켜 실업 예방과 재취업 촉진이라는 목적을 달성할 수 있도록 설계되었다.

우리나라에서 고용보험 제도 도입에 대한 논의는 1980년대 초반부터 시작되었으나, 도입이 공식화된 것은 '제7차 경제사회발전 5개년계획(1992~1996)' 수립과정에서 1990년대 중반까지 도입키로 결정함에 따라 시작되었다. 그 후 정부의 주문에 따라 1992년부터 한국노동연구원에 '고용보험연구기획단'이 발족하고 기획단의 연구를 거쳐 '고용보험제도 실시방안' 보고서가 만들어졌다. 이를 토대로 정부 내 논의를 거쳐 1993년 「고용보험법」이 제정됨에 따라 정식으로 도입되었고, 준비 과정을 거쳐 1995년 7월부터 정식으로 시행되었다.[1]

적용 범위 및 대상

고용보험 제도는 1990년대 말 외환위기로 인해 발생한 대량실업 위기 과정을 거치면서 세계적으로 유례를 찾아보기 어려울 정도로 급속도로 적용 범위를 확대하였다. 표 4-1에서 볼 수 있는 것처럼, 1995년 7월 제도 도입 당시 실업급여 사업은 30인 이상 사업장, 고용안정·직업능력개발 사업은 70인 이상 사업장에 적용하던 것을, 1998년 네 차례 적용 대상을 확대하여 1998년 10월부터는 실업급여 사업과 고용안정·직업능력개발 사업 모두 1인 이상 사업장에 적용토록 확대하였다.

 표 4-1   고용보험 적용 대상 사업장 확대 추이

구 분	적용 대상 사업장 규모						
	'95.7~ '96.12	'97.1~ '97.12	'98.1~ '98.2	'98.3~ '98.6	'98.7~ '98.9	'98.10~ '03.12	'04.1~ 현재
실업급여	30인 이상	30인 이상	10인 이상	5인 이상	5인 이상	1인 이상	1인 이상
고용안정· 직업능력개발	70인 이상	70인 이상	50인 이상	50인 이상	5인 이상	1인 이상	1인 이상
(건설업의 총 공사금액)	(40억 원 이상)	(44억 원 이상)	(34억 원 이상)	(34억 원 이상)	(3.4억 원 이상)	(3.4억 원 이상)	(2천만 원 이상)

* 출처: '한국의 고용정책과 전략', 이재흥, 한국고용정보원, 2019.

---

[1] 고용보험 제도 도입 관련 구체적인 내용은 「고용보험법 제정의 역사」, 정병석 외(2022)에 상세히 나와 있으니 참고하기 바란다.

지속적인 고용보험 대상 확대와 가입률 제고를 위한 두루누리사업 지원 등 다양한 노력을 기울인 결과, 2022년 12월 현재 고용보험에 가입된 상용근로자는 1,490만 명, 사업장 수는 262만 개소에 이르고 있으나, 우리나라 전체 취업자 수가 2,800만 명을 넘어서고 있는 점을 감안하면 여전히 고용보험 사각지대가 많은 편이다.

그간 고용보험 적용 대상은 지속해서 확대되어 왔다. 2004년에는 고용보험법 개정을 통해 일용근로자의 고용보험 가입을 의무화하였으며, 2012년부터는 고용보험을 근로자로 한정하던 틀에서 벗어나 자영업자에 대한 임의가입 제도를 도입하였다. 이에 따라 50인 미만 근로자를 고용하는 자영업자는 고용보험 피보험자로 가입할 수 있게 되었으며, 보험료는 기준보수를 7등급(2015년 이전은 5등급)으로 구분하여 선택할 수 있도록 하였다. 다만, 여전히 자영업자의 고용보험 임의가입에 대한 관심은 크지 못한 상황으로 2022년 11월 현재 자영업자 임의가입자 수는 4만 3천 명에 그치고 있다.[2]

2020년 12월 10일부터는 예술인에 대한 고용보험 적용을 시작하였다. 「예술인 복지법」에 따른 문화예술용역 관련 계약을 체결한 예술인을 적용 대상으로 하며, 구직급여와 출산전후휴가급여 지급 대상이 된다. 또한, 2021년 7월부터는 보험설계사, 학습지 교사 등과 같은 노무 제공자에 대한 고용보험 적용이 시작되었으며, 2022년 1월부터는 퀵서비스 기사, 대리운전 기사 등 일부 플랫폼종사자도 포함되었다. 2022년 7월에는 IT 소프트웨어기술자, 어린이 통학버스 기사 등 5개 직종이 추가로 적용되었다.

2020년 12월 고용노동부가 발표한 '전 국민 고용보험 로드맵'에 따라 향후 고용보험 적용 대상은 계속 늘어날 것으로 보이며, 궁극적으로는 소득 기반 고용보험 적용 시스템으로 전환되면 근로소득자나 사업소득자 모두 원칙적으로 고용보험의 틀 안에 들어올 수 있을 것으로 기대된다.

한편, 고용보험법 제10조는 '고용보험 적용 제외자'를 규정하고 있는데, 공무원, 사립학교 교직원, 월 60시간 미만 단시간근로자(주 15시간 미만자 포함) 등을

---

2 자영업자에 대한 고용보험 적용 확대는 고용안전망 확대를 위해 지향해야 할 정책 목표이지만, 구체적인 실행방안 마련을 위해서는 해결해야 할 쟁점이 많다. 자영업의 생성·소멸을 포함한 자영업 고용 실태와 외국의 자영업자 실업보험 적용실태에 대한 자세한 내용은 이병희 외(2022)를 참고하기 바란다.

포함하고 있다. 또한, 65세 이후 신규 고용되거나 자영업을 개시한 자는 실업급여와 모성보호급여 대상에서 제외하도록 규정하고 있다.

이 중 논란이 되는 부분은 단시간근로자에 대한 적용 제외와 65세 이상 신규 고용 시 실업급여 적용 제외 관련 내용이다. 일하는 방식이 다양화되면서 단시간근로 일자리를 여러 개 수행하는 소위 'n잡러'도 늘어나는 추세임을 감안할 때, 현행처럼 단시간근로자를 고용보험에서 적용 제외하게 되면 'n잡러'와 같은 고용형태를 지닌 근로자의 고용안정은 어려워질 수 있다는 점을 감안하여 대안을 마련할 필요가 있어 보인다. 또한, 고령화가 가속화되고 있는 상황에서 65세 이상 신규 취업자를 실업급여 대상에서 제외하는 것도 고령화사회를 대비한다는 차원에서는 적절치 못한 측면이 있어 보이므로 제도 개선이 필요하다.

고용보험료

고용보험은 보험료 수입 등을 기반으로 조성되는 고용보험기금을 통해 운용되고 있으며, 보험료는 근로자, 예술인, 노무 제공자, 자영업자 등의 피보험자와 근로자를 고용하는 사업주가 같이 부담하고 있다. 실업급여 계정은 근로자와 사업주가 동일하게 보험료를 분담하고 있으며, 고용안정·직업능력개발 계정은 사업주의 보험료로 충당하고 있다.

표 4-2에서 볼 수 있는 바와 같이, 실업급여 보험료는 1995년 제도 도입 당시에는 근로자와 사업주가 각각 임금 총액의 0.3%를 부담토록 하였으나, 이후 지속해서 보험료율이 상승하여 2022년 7월부터는 각각 보수(총액)의 0.9%를 보험료로 책정하고 있다. 고용안정·직업능력개발 보험료는 기업의 규모에 따라 차등 적용되고 있으며, 2006년부터 현재까지 150인 미만 기업은 0.25%, 1,000인 이상 기업의 경우 0.85%의 보험료를 사업주가 부담하고 있다.[3]

---

3 고용보험의 보험관계 성립과 소멸, 보험료 징수 등에 대한 세부적인 내용은 「고용보험 및 산업재해보상보험의 보험료징수 등에 관한 법률」에서 구체적으로 규정하고 있다.

표 4-2　　　　　　　　　　　　　　　　　　　　　　고용보험료율 변화 추이

구 분		1995.7~1998.12		1999.1~2002.12		2003.1~2005.12		2006.1~2011.3	
		근로자	사업주	근로자	사업주	근로자	사업주	근로자	사업주
실업급여		0.3%	0.3%	0.5%	0.5%	0.45%	0.45%	0.45%	0.45%
고용안정사업		-	0.2%	-	0.3%	-	0.15%	-	0.25%
직업능력개발사업	150인 미만 기업	-	0.1%	-	0.1%	-	0.1%	-	0.45%
	150인 이상 우선지원 대상기업	-	0.3%	-	0.3%	-	0.3%	-	0.65%
	150인 이상 1,000인 미만 기업	-	0.5%	-	0.5%	-	0.5%	-	0.85%
	1,000인 이상 기업	-	0.7%	-	0.7%	-	0.7%		

구 분		2011.4~2013.6.		2013.7~2019.9		2019.10~2022.6.		2022.7~	
		근로자	사업주	근로자	사업주	근로자	사업주	근로자	사업주
실업급여		0.55%	0.55%	0.65%	0.65%	0.8%	0.8%	0.9%	0.9%
고용안정·직업능력개발사업	150인 미만 기업	-	0.25%	-	0.25%	-	0.25%	-	0.25%
	150인 이상 우선지원 대상기업	-	0.45%	-	0.45%	-	0.45%	-	0.45%
	150인 이상 1,000인 미만 기업	-	0.65%	-	0.65%	-	0.65%	-	0.65%
	1,000인 이상 기업	-	0.85%	-	0.85%	-	0.85%	-	0.85%

　　아직까지 4대 사회보험 중 고용보험의 보험료 부담이 상대적으로 크지는 않지만 향후 건강보험과 국민연금 개혁 과정에서 보험료 인상에 따른 부담이 커질 것으로 예상되므로 고용보험기금과 정부 일반회계 간의 역할 분담을 통한 고용보험기금 재정 건전성 유지에도 관심을 기울일 필요가 있다.

　　대표적으로 모성보호 사업은 조만간 연간 예산이 2조 원에 이를 정도로 규모

가 커지고 있으므로, 모성보호 사업 도입 당시 고용보험기금과 일반회계가 절반씩 분담하기로 했던 원칙이 실현될 수 있도록 일반회계의 예산 분담을 확대해 나가야 할 것이다.

고용보험사업

고용보험 제도를 통해 시행하는 사업을 계정별로 살펴보면, 먼저 실업급여 계정은 실업급여 사업과 모성보호 사업으로 구성되어 있다. 실업급여 사업은 크게 구직급여와 취업촉진수당이 포함되어 있으며, 모성보호 사업에는 육아휴직 급여, 육아기 근로시간 단축 급여, 출산 전후 휴가 급여 등이 포함되어 있다.

고용안정·직업능력개발 계정은 고용안정 사업과 직업능력개발 사업으로 구성되어 있다. 고용안정사업은 고용창출장려금, 고용안정장려금, 고용유지지원금 등이 포함되며, 직업능력개발 사업은 사업주 훈련, 실업자 훈련 등이 포함된다. 고용보험의 사업별 세부적인 내용과 쟁점은 뒤에서 상세히 다루고자 한다.

2. 적극적 노동시장정책

고용서비스

고용정책기본법 제6조 제1항 제10호에서는 고용서비스를 '구직자 또는 구인자에 대한 고용정보의 제공, 직업소개, 직업지도 또는 직업능력개발 등 고용을 지원하는 업무'로 정의하고 있다. 다만, 편의상 이 글에서는 직업능력개발 분야는 별도로 뒤에서 다룰 예정이므로 이를 제외한 영역으로 한정하고자 한다.

고용서비스는 가장 기본적인 적극적 노동시장정책 수단이다. 고용서비스의 출발은 '고용정보 제공'으로부터 시작한다. 구직자와 구인자 간 연결을 위해서는 구직정보와 구인정보를 종합해서 보여주고 검색하는 기능이 필수적이다. 아울러, 직업 정보, 인력수급 정보, 직업능력개발 정보, 자격 정보 등은 모두 원활한 노동시장의 기능을 위해 필수적인 정보이다. 이를 위해 정부는 공공 일자리 정보망인 워크넷(work-net)을 비롯해서, 직업능력개발 정보망(HRD-net), 자격

정보망(Q-net) 등을 운영하고 있다.

고용정보 제공을 위한 가장 종합적인 공공 일자리 정보망은 워크넷이다. 1987년 5월 최초로 광역 취업 알선 전산망을 개통한 이래, 1988년 11월에는 워크넷 서비스를 도입하였으며, 구인·구직 정보와 직업·진로 정보 및 주요 고용정책 정보를 종합적으로 제공하고 있다. 최근에는 워크넷 내에 AI 매칭 시스템을 도입하여 자동으로 구직자가 관심 있어 할 만한 구인 정보를 제공하고, 챗봇(chatbot) 시스템을 활용하여 즉각적인 상담도 진행하고 있다.

주요 지방자치단체도 독자적인 일자리 정보망을 구축·운영하고 있는데, 대표적으로 서울 일자리포털, 부산 일자리정보망, 대구 일자리포털 등이 있다. 또한, 건설 분야 일자리 정보와 훈련 정보를 종합적으로 제공하기 위하여 건설근로자공제회는 '건설 일드림넷'을 특화하여 운영하고 있다.

고용정보와 관련해서 가장 중요한 문제는 '정보의 질'과 관련되어 있다. 구직정보와 구인 정보가 충실하지 못하면 다른 기능을 아무리 고도화해도 일자리 매칭 기능의 효과성을 높일 수 없기 때문이다. 구직정보의 질을 저하하는 가장 큰 문제는 수급자가 구직급여를 받기 위해서는 의무적으로 구직 등록을 해야 하는 점에서 발생한다. 구직급여 수급자의 상당수가 당장 취업할 의사가 없는 경우가 많은데 구직 등록을 의무화하다 보니, 실제 구인 기업은 성공적인 매칭이 어려워지는 상황이 발생하고 있다. 이는 악순환을 초래해서 양질의 구인 정보를 몰아내는 상황으로 이어질 수 있다.

최근에는 단순한 고용정보 제공 기능에서 벗어나 구직자의 생애 경력 설계가 가능하도록 고용정보망이 고도화되고 있다. 즉, 개인별로 평생에 걸친 경력관리를 할 수 있도록 고용과 관련된 다양한 정보, 예를 들어 학력, 직업훈련 이수 정보, 자격 정보, 근무 경력, 고용서비스 이수 이력 등을 일괄해서 관리하면서 생애 경력 설계를 할 수 있도록 전산망을 연계하는 작업도 진행하고 있다. 이를 통해 온라인상에서 개인별 특성에 기반하여 원하는 고용서비스를 제공받고, 대면 고용서비스는 온라인 고용서비스 이용이 어렵거나 심층 상담이 필요한 경우에 예외적으로 받는 방향으로 진화해 나갈 것으로 기대된다.

1. 채용정보
- 고용노동부 고용센터의 인증을 거친 신뢰할 수 있는 일자리정보 제공
- 직종별, 지역별, 테마별(공채기업, 청년친화강소기업, 강소기업, 4차산업, 해외) 채용정보
- 스마트폰 GPS를 활용한 내 주변 일자리 정보, 채용행사, 채용박람회 정보
- 근무지 지도보기, 주변환경 로드뷰, 길찾기
- 이메일입사지원, 관심기업 설정, 스크랩하기, 공유하기
- 재무정보, 기업탐방기 등 기업정보 제공
- 통합검색: 키워드 검색, 채용검색(지역/직종/채용상세/공채/기업형태/대체인력/시간선택제), 고용정책, 직업훈련, 기업검색 기능 제공
2. 직업심리검사: 청소년, 성인, 대학생 직업 심리검사 및 상담기능 제공
3. 취업지원 프로그램: 13가지 취업지원프로그램 신청 및 상담신청 기능 제공
4. 개인서비스
- 이력서/자기소개서 작성, 구직신청
- 입사지원관리: 입사지원, 알선, 입사제의 기업, 이력서 열람기업, 나를 찜한 기업 확인
- 나의 맞춤정보: 빅데이터 기반 The Work 추천 고용정보, 맞춤 채용정보 설정
- 관심정보 관리: 스크랩한 채용, 기업, 정책, 직업, 학과, 채용행사, 채용박람회
- 온라인신청: 취업지원프로그램/우리학교 취업지원실/전직지원 서비스/생애경력 설계 교육/상담 신청현황 조회
5. 취업뉴스: 고용뉴스, JOB매거진, 공모전, 채용행사 등 최신 취업관련 동향 및 뉴스, 취업동영상
6. 직업정보, 학과정보 및 직업흥미탐색을 통해 적합한 진로설계 가이드 제공

'**직업상담**' 기능은 구직자가 취업에 이르도록 직업을 탐색하고 직업을 선택하는 데 도움을 주게 된다. 효과적인 직업상담을 위해서 직업적성검사, 직업심리검사 등을 활용하여 구직자의 특성을 파악하고 있으며, 표 4-3이 보여주는 바와 같이, 개인별 특성을 그룹화하여 다양한 특성별 집단상담프로그램 운영을 통해 취업 능력을 높이고 있다.

특히, 최근에는 여러 사업이 패키지 형태로 제공되는 경우가 많아서 직업상담 과정을 거쳐 개인별 취업활동계획을 수립하고, 직업능력개발, 일경험, 복지 및 금융지원 연계, 심리치료, 취업특강 등 다양한 선택 프로그램 중 필요에 따라 이

수하고 취업 알선을 거쳐 원하는 일자리로 연계하는 방식을 많이 활용하고 있다.

표 4-3   **주요 구직자 취업역량 강화 프로그램**

프로그램명	대 상	내 용
취업 희망 프로그램	취업 희망자	취업 희망으로 인간관계 향상과 취업 및 원만한 사회생활 적응을 돕는 프로그램
성취프로그램	일반 구직자	일자리를 구하는 데 도움이 되는 구체적이고도 실제적인 방법들을 익히고 연습
단기집단상담 프로그램	일반 구직자	구직의욕 고취 및 자기이해, 직장적응 등 취업준비능력을 함양하는 단기(3~4시간) 집단상담 프로그램
취업능력향상 (행복오름) 프로그램	근로능력 있는 기초생활수급자	근로의욕 증진 및 심리적 자립과 효율적 경력설계 노하우 습득을 지원
성장(성공장년) 프로그램	중장년 (50세 이상)	인생 재설계, 취업 자신감 향상, 구직기술 습득, 대인관계 기술을 통한 직장적응능력 향상 및 취업 설계 지원
경력단절여성 취업지원 프로그램	경력단절 여성	직업의식 확립, 재취업분야 구체화, 재취업 분야 진입을 위한 실행방안 모색, 자신감 회복 및 취업 장애요인 극복을 위해 필요한 후속단계(전문직업교육, 인턴십, 취업 등) 지원
Wici(결혼이민여성) 취업 지원프로그램	결혼이민여성	자기이해 및 직업탐색의 결과를 토대로 직업의사결정 및 실천계획을 수립할 수 있도록 지원
청년층직업지도 프로그램 (CAP@)	청년층 (만 15세~만 34세)	청년 취업준비생의 강점탐색과 직업과 직무이해, 채용트렌드에 적합한 취업서류 작성 및 면접 준비 방법 등 구직기술을 강화
청년취업역량 프로그램	청년층 (만 15세~만 34세)	지원하고자 하는 회사의 조직특성과 직무특성을 이해하고 이에 기반하여 집중적으로 구직기술을 강화할 수 있도록 지원
온택트 취업컨설팅 청년취업ON	청년층 (만 20세~만 34세)	직무중심 채용경향에 부응하여 직무군별 역량과 관련된 개인의 경험(강점)을 연계하는 구직기술 강화 컨설팅 중심 취업프로그램
40대 구직자 취업역량강화 프로그램(4U+)	직업경험 있는 만 35~49세의 구직자	직업전환 역량 강화 및 변화적응력을 향상시켜 재취업에 성공적으로 대응할 수 있도록 지원

* 출처: 워크넷(work.go.kr).

취업을 위해 직업상담 과정을 의무적으로 거치게 되는 대상 중 가장 비중이 큰 그룹으로 구직급여 수급자와 국민취업지원제도 참여자가 있다. 2021년 기준으로 구직급여 수급자 수는 1,868천 명이며, 실업급여 지급건수는 8,739천 건에 이르고 있다. 또한, 국민취업지원제도는 2021년에 도입되어 2021년 말 기준으로 참여자가 43만 명에 이르고 있다. 즉, 이 두 제도를 통해서만 매년 약 230만 명이 1인당 짧게는 4개월에서 길게는 1년 이상 관리를 받으면서 직업상담을 포함한 고용서비스에 참여하고 있다.

하지만 이를 담당해야 할 고용복지플러스센터 인력은 외부기관 파견인력까지 포함해도 6천 명 수준으로 내실 있는 고용서비스를 제공하기 쉽지 않은 인력구조를 지니고 있다. 특히, 급여 지급과 상담 기능을 동일한 상담 인력이 수행함에 따라 민원인의 편의성은 높아질 수 있지만 직업상담 기능이 약해지는 문제점이 있다. 상담 기능의 내실화를 위해서는 상담 인력 확충과 함께, 급여 지급과 상담 기능의 재구조화 방안도 고민할 필요가 있다.

직업상담은 결국 사람이 수행하는 것이기 때문에 그 기능이 고도화되고 전문화되기 위해서는 직업상담 인력에 대한 투자가 매우 중요하다. 정부는 직업상담의 전문성을 확보하기 위해 직업상담사 자격증 제도를 운영하고 있으며 직업상담원의 전문성 향상을 위한 교육도 실시하고 있지만, 아직 전문성 확보를 위한 투자가 매우 부족한 실정이다.

독일에서 1973년부터 고용서비스대학(HdBA)를 운영하면서 매년 약 500명의 인력을 연방고용청 등에 공급해온 사례 등을 참고해서 고용서비스 인력의 전문성 강화를 위한 투자를 확대해 나갈 필요가 있다. 다행히 최근 한국기술교육대학교에 고용서비스정책학과가 신설되었으므로 향후 잘 육성한다면 독일 고용서비스대학과 비슷한 기능을 하는 수준까지 발전할 수 있을 것으로 기대된다.

노동시장의 수요처인 기업을 위한 '구인지원 서비스' 기능도 수행하고 있다. 중소기업을 중심으로 상시적인 구인난을 겪고 있는 사업장이 많이 있으므로 이들 기업에 대해서는 워크넷에 구직등록한 인재풀을 기반으로 취업 알선을 수행하고 있으며, 중소기업을 대상으로 인력을 모집하고 전형을 실시하고 선발하는 과정을 망라하는 채용대행서비스도 제공한다. 아울러 기업이 필요로 하는 인재양성을 위해 맞춤형 직업훈련 과정도 운영하고 있다. 일자리 창출과 인력 채용

과정에서 기업이 느끼는 애로 요인을 해소하는 기능도 실질적으로 일자리를 늘릴 수 있는 중요한 정책 수단이므로 향후 기업에 대해 좀 더 밀착된 맞춤형 서비스를 확대해 나갈 필요가 있겠다.

이외에도 고용정책 수단으로 고용서비스를 바라볼 때 고민해야 할 이슈로 '민간 고용서비스 활성화'를 주목할 필요가 있다. 사실 고용서비스도 민간 영역에서 시장 기능에 따라 운영되고 있는 영역이 많이 있다. 대표적으로 오래전부터 자생적으로 발전해 온 건설 일용근로자 채용을 위한 새벽 인력시장 형성과 이곳에서 취업 알선 기능을 담당하는 직업소개소가 있다. 실질적으로 건설일용직에 대한 취업 알선은 대부분 민간 영역에서 이뤄지고 공공 고용서비스의 개입 비중은 매우 낮은 실정이다.

또한, 기업의 외주화(outsourcing)가 확산됨에 따라 파견, 용역 일자리를 중심으로 인력공급회사가 외주화 관련 취업플랫폼으로 역할을 하고 있기도 하다. 이와 함께 기업의 임원급이나 전문·기술직 등을 중심으로 헤드헌팅(head-hunting) 시장이 오래전부터 발전해 왔으며, 서치펌(search firm)으로 불리는 여러 회사가 이 영역에서 활동하고 있다.

민간 고용서비스 중 헤드헌팅 시장과 같이 국가의 직접적인 개입과 지원 필요성이 낮은 영역도 있지만, 건설일용직이나 파견·용역직을 대상으로 하는 민간 고용서비스 시장은 현재보다 더 적극적으로 정부의 역할이 필요한 영역이다. 정부의 고용 관련 각종 지원사업이 이들 민간 고용서비스업체와 연계될 수 있도록 고민할 필요가 있으며, 민간 고용서비스업체의 질적 수준 제고를 위한 정부의 역할도 강화될 필요가 있다.[4]

직업능력개발

직업능력개발은 고용서비스와 함께 적극적 노동시장정책의 핵심적인 정책수단이다. 「국민 평생직업능력 개발법」 제2조 제1호에서 정의하고 있는 바와 같이, 직업능력개발은 직업에 필요한 직무수행능력(지능정보화 및 포괄적 직업·직무기초능

---

4 민간 고용서비스 관련 이슈는 후술하는 제13장의 '민간 고용서비스 활성화'에서 구체적으로 다루고 있으니 참고하기 바란다.

력을 포함한다)을 습득·향상시키기 위하여 실시하는 훈련을 의미한다.

정부는 실업자, 재직자 등의 직업능력을 높이기 위하여 훈련기관, 학교, 기업 등을 활용해서 다양한 직업훈련 과정을 제공하고 있다. 표 4-4에서 볼 수 있는 바와 같이, 직업능력개발훈련은 2021년 기준으로 연간 334만 명이 참여하였고, 연간 1조 7천억 원 수준의 예산을 투입하고 있다. 이는 2000년에 146만 명, 5,084억 원이 투입된 것에 비해 인원으로는 2.3배, 예산으로는 3.4배 증가한 규모이다.

 표 4-4   연도별 직업능력개발사업 현황

(단위: 천 명, 억 원)

구 분		2000	2005	2010	2015	2019	2020	2021
인원	계	1,461	2,657	4,618	3,205	4,263	2,933	3,340
	사업주 및 재직자훈련	1,246	2,527	4,269	2,895	3,974	2,471	2,635
	실업자 및 취약계층훈련	189	93	286	198	197	355	588
	인력부족분야 훈련	26	37	63	112	92	107	117
예산	계	5,084	6,827	11,350	13,045	15,968	13,596	17,147
	사업주 및 재직자훈련	1,807	3,726	6,397	6,609	7,910	5,966	6,416
	실업자 및 취약계층훈련	2,783	1,985	3,376	2,242	2,920	3,061	5,201
	인력부족분야 훈련	494	1,116	1,577	4,194	5,138	4,569	5,530

* 출처: 고용노동부(HRD-Net, EIS 자료).

우리나라는 산업화 과정에서 기업이 필요로 하는 산업인력을 양성하여 공급하는 직업훈련 기능이 가장 중요한 고용정책으로 추진되었으며, 최근에는 디지털 혁신에 따라 IT 기술 인력 등 신기술 인력양성과 함께 평생 능력개발의 중요성에 대한 공감대가 확산하고 있다.

이에 따라 직업능력개발 분야도 전 국민의 생애에 걸친 직업능력 향상을 지원하기 위하여 '국민내일배움카드제도'를 도입하고 대상 범위를 넓혀 나가고 있

다. 이 제도는 공무원, 일부 대기업 근로자 등을 제외한 전 국민을 대상으로 5년 단위로 1인당 훈련비 300~500만 원을 지원하도록 설계되었으며, 일반 참여자의 경우 훈련비용의 45~85%까지 지원받을 수 있다. 아울러 폴리텍대학 등 공공 직업훈련기관도 산업현장이 필요로 하는 기술 인력 양성을 위하여 실업자와 재직자를 망라한 다양한 훈련 프로그램을 운영하고 있으며, 학위 과정 훈련도 병행하고 있다.

 참고   국민내일배움카드제도 개요

▌사업목적: 급격한 기술발전에 적응하고 노동시장 변화에 대응하는 사회안전망 차원에서 생애에 걸친 역량개발 향상 등을 위해 국민 스스로 직업능력개발훈련을 실시할 수 있도록 훈련비 등 지원

▌사업내용
• (지원과정) 고용노동부로부터 적합성을 인정받아 훈련비 지원대상으로 공고된 훈련과정
  * 세부훈련정보는 직업훈련포털(www.hrd.go.kr)에서 직접 검색·확인 가능
• (지원대상) 국민 누구나 신청 가능
  * 다만, 현직 공무원, 사립학교 교직원, 졸업예정학년이 아닌 고등학교 재학생, 졸업까지의 수업연한이 2년을 초과하여 남은 대학 재학생, 연 매출 1억 5천만 원 이상의 자영업자, 월 임금 300만 원 이상인 대규모기업종사자(45세 미만), 월평균소득 300만 원 이상인 특수형태근로종사자 등은 제외
• (지원한도) 1인당 300~500만 원까지, 훈련비의 45~85% 지원
  - 140시간 이상 과정 수강 시 훈련장려금 월 최대 116천 원
• (유효기간) 계좌 발급일부터 5년

* 출처: '2023 한 권으로 통하는 고용노동 정책', 고용노동부, 2023. (2023년 기준 자료임을 유의)

　　직업능력개발 분야는 크게 사업주 및 재직자 직업훈련과 실업자 및 취약계층 직업훈련으로 나눌 수 있으며, 직업능력개발과 밀접하게 연결된 자격제도도 고용정책의 주요 수단으로 활용되고 있다.[5]

---

5 직업능력개발사업에 대한 자세한 자료는 직업훈련 포털(hrd.go.kr)에서 확인할 수 있으며, 자격제도 관련 자세한 자료는 자격 포털(q-net.or.kr)에 잘 나와 있다.

먼저 **실업자 직업훈련**은 실업자가 희망하는 일자리에서 필요로 하는 직업능력을 갖추지 못한 경우에 직업훈련 과정을 통해 직업능력을 개발하여 희망하는 일자리로 취업할 수 있도록 지원할 목적으로 시행된다.

특히, 고용 위기 시 실업자 직업훈련 규모를 크게 확대하여 줄어든 일자리에 대응하여 사회안전망으로 역할을 하였다. 대표적으로, 외환위기 당시 대량실업에 대한 대책으로 실업자 직업훈련을 1998년과 1999년에는 30만 명 규모로 실시한 바 있으며, 코로나19로 인한 고용 위기 시에도 훈련생 자부담률을 완화하고 훈련 소외계층의 훈련 참여 기회를 확대하였다.

실업자 직업훈련은 크게 폴리텍대학을 중심으로 하는 공공직업훈련기관에서 직접 운영하는 훈련과정과 국민내일배움카드 틀 속에서 운영되는 일반직종, 국가기간·전략산업직종, K-Digital 훈련과정으로 나눠볼 수 있다.

국가 중요산업 분야의 인력양성을 위해 시행되는 '**국가기간·전략산업직종훈련**'은 훈련비 전액 지원 등의 인센티브를 통해 훈련 참여를 유도하고 있다. 최근에는 디지털 분야 급성장에 따른 인력양성을 위하여 '**K-Digital 훈련**'을 신설·운영하고 있다. 동 훈련은 기존 집체훈련 방식에서 탈피하여 프로젝트 기반 훈련을 도입하고, 민간의 다양한 혁신 훈련기관과 민간 기업·협회 등 훈련 수요자의 참여를 확대하는 등의 정책 변화를 추진하여 청년들의 호응을 받고 있다.

실업자 직업훈련 과정의 성과를 높이기 위해서는 직업훈련 상담 과정의 내실화가 필요하다. 개인별 적성과 진로 희망, 취업 가능성 등을 종합적으로 고려한 적극적인 훈련 상담이 필요하며, 훈련 이수 후 취업 연계 노력도 강화할 필요가 있다.

또한, 취약계층의 경우 훈련 참여에 따른 생계유지 부담이 수반되는 경우가 많으므로 훈련장려금 수준도 현실화할 필요가 있다. 다행히 2023년에는 훈련장려금이 기존 월 최대 11만 6천 원에서 월 최대 20만 원으로 인상되었다. 향후 적정 훈련장려금 수준에 대해서는 물가인상률 등을 감안하여 표준 계산식을 설정하여 주기적으로 조정할 수 있는 틀을 갖출 필요가 있다.

사업주 및 재직자 직업훈련은 근로자의 직무능력 향상을 위하여 사업주가 소속 근로자에게 훈련을 실시하거나 재직근로자가 자발적으로 훈련과정에 참여하는 경우 비용을 지원하는 훈련을 의미한다. 그간 꾸준히 대상을 확대하여 훈련 참여자가

2018년 492만 명까지 증가하였으나, 2019년부터 법정 의무훈련에 대한 지원을 중단하는 등 효율화 조치의 여파로 2019년에는 397만 명으로 감소하였고, 코로나19 팬데믹 영향으로 2020년과 2021년은 각각 247만 명과 264만 명으로 감소하였다.

사업주 훈련은 고용보험 가입 사업주가 소속 근로자, 채용예정자, 구직자 등에게 직업훈련을 제공하는 경우 훈련비용과 부대비용을 지원하고 있으며, 재직자 훈련은 재직자가 국민내일배움카드를 활용하여 필요한 직업훈련을 선택하고 받을 수 있도록 지원하고 있다.

이외에도 중소기업의 훈련을 촉진하기 위해 기업, 사업주단체, 공공기관, 대학 등이 보유한 훈련시설 등을 활용하여 중소기업 근로자들에게 맞춤형 훈련을 제공 시 지원하는 '국가인적자원개발컨소시움 사업'을 운영하고 있으며, '일학습병행제도'를 도입하여 청년 등을 학습근로자로 채용하고 현장훈련과 이론교육 기회를 제공하는 기업에 대해서도 지원함으로써 현장 맞춤형 실무인재 양성을 촉진하고 있다.

 표 4-5   자격제도 현황

구 분		종목수	관련법	관계부처	자격종류(예)
국가 자격	기술자격	546개	국가기술자격법 (고용부)	부처 · 청 · 위원회	기술사 · 기능장 · 기사 · 산업 기사 · 기능사, 1 · 2 · 3급 등
	전문자격	178개 (직종)	개별법령	부처 · 청 · 위원회	변호사(변호사법), 의사(의료법), 공인노무사, 세무사, 자동차운전면허 등
민간 자격	공인민간 자격	95개 (직종)	자격기본법 (고용부,교육부)	부처 · 청 · 위원회 (직능원 위탁시행)	신용관리사, 실용한자, 인터넷정보관리사, 정보보호전문가 등
	등록민간 자격	37,812개	자격기본법 (교육부)	부처 · 청 · 위원회 (직능원 위탁시행)	병원코디네이트, 탄소배출거래중계사 등
	사업내 자격	184개	고용보험법 (고용부)	고용부	커피마스터, 디지털마스터 등

* 출처: '취업시장에서 주목받고 있는 국가기술자격증', 한국산업인력공단 보도자료, 2021.10.6.
  (2021.3. 기준)

직업능력개발과 관련하여 **자격제도 운영**도 중요한 정책 수단이다. 「자격기본법」 제2조에서 정의하고 있는 바와 같이 자격이란 '직무수행에 필요한 지식·기술·소양 등의 습득 정도가 일정한 기준과 절차에 따라 평가 또는 인정된 것'을 의미한다. 노동시장에서 자격은 구직자의 직무능력을 표준화하여 보여주는 대표적인 징표가 될 수 있으므로 원활한 인력 매칭에 중요한 역할을 담당한다.

표 4-5가 보여주는 바와 같이, 정부는 「자격기본법」을 통해 국가자격과 민간자격을 구분하여 관리하는 시스템을 두고 있으며, 특히 국가기술자격은 「국가기술자격법」을 제정하여 산업 관련 기술, 기능, 서비스에 대한 자격을 국가직무능력표준(National Competency Standards: NCS) 체계하에 운영하고 있다.

 참고
국가직무능력표준(NCS) 개요

▌ 개념: 산업현장에서 직무를 수행하는데 필요한 능력(지식·기술·태도)을 표준화한 것

▌ 사업 개요: '13년부터 고용노동부 총괄, 산업계 주도로 본격적으로 개발, 24대 분야 1,083개 NCS 개발·고시('22.11.28.)
* 매년 현장 수요를 반영하여 10여 개 NCS 신규 개발

▌ 국가직무능력표준(NCS) 구축 추진현황
· NCS 현장성 제고: 산업현장의 변화에 맞춰 적시에 NCS 개발·개선, 현장수요 맞춤형 인력양성 지원
* ('22년) 전기자동차정비, 인공지능학습데이터구축 등 미래유망분야 포함 11개 개발, 블록체인서비스기획, IoT통신망구축 등 산업현장 수요 반영하여 132개 개선
· 현장형 인재육성: 교육, 직업훈련, 국가기술자격을 NCS 기반으로 개편하여 현장·실무역량을 갖춘 인재를 육성
* 교육: ('18) 全 특성화고·마이스터고 1학년부터 전면 개편
훈련: ('15) 全 공공훈련 + ('16) 全 민간훈련(3.62만여 개) 과정 개편
자격: NCS와 자격 간 대상범위가 불일치 하는 경우, NCS를 기반으로 자격의 분할·통합 등 개편 추진
· 과정평가형 자격 운영: 특수용접기능사, 컨벤션기획사 등 179개 자격 종목 대상

* 출처: '2023 한 권으로 통하는 고용노동 정책', 고용노동부, 2023. (2023년 기준 자료임을 유의)

요즘과 같이 기술 변화가 급격히 진행되는 시기에 자격제도가 그 기능을 잘

수행하면, 노동시장에서 새롭게 부각하는 기술의 직무능력을 객관적으로 평가할 수 있고 구직자도 자격제도가 요구하는 수준을 기준으로 역량을 개발할 수 있으므로 구인구직 과정에서 사회적 비용을 줄이는 기능도 담당하게 된다. 그러나 자격제도가 제대로 관리되지 않으면 각종 자격증이 우후죽순 격으로 생겨나고 자격의 신뢰도가 저하되는 문제가 생긴다.

국가기술자격에 관한 관심은 지속해서 증가하여 국가기술자격 응시자는 표 4-6이 보여주고 있는 바와 같이 2021년 기준으로 249만 명에 이르고 있으며, 실제 국가기술자격 취득자는 84만 명에 달하고 있다. 자격 수준별로 보면 기능사 자격 취득자 비중이 연간 국가기술자격 취득자 중 약 50% 수준을 차지하고 있다.

자격제도가 산업현장과 괴리되지 않도록 지속해서 모니터링하고 제도를 개선하는 노력은 매우 중요하다. 자격 신설과 폐지, 그리고 자격검정 요소에 대한 산업계의 의견이 신속하게 반영될 수 있도록 시스템을 정비해 나갈 필요가 있으며, 특히 기술자격은 현장에서 즉각적인 활용 가능성이 중요한 요소이므로 '과정평가형 자격'[6]과 같이 현장 실무훈련과 자격이 연동되도록 하는 노력은 강화될 필요가 있다. 아울러 기술 발전과 더불어 새로운 직업이 등장하고 있으므로 이에 대응하여 새로운 자격 시스템을 구축하는 노력도 가속화할 필요가 있다.

 표 4-6   국가기술자격 연도별 응시 및 취득 현황

(단위: 명)

구 분		2017년	2018년	2019년	2020년	2021년
응시자 (필기 기준)	소계	1,981,746	1,998,062	2,210,475	2,061,474	2,489,336
	기술사	18,534	19,327	21,335	20,583	22,440
	기능장	24,207	21,651	21,482	17,494	22,220
	기사	340,253	345,864	393,029	368,159	465,535
	산업기사	215,830	212,592	236,844	206,172	246,975
	기능사	937,090	918,816	984,982	828,525	1,002,203
	서비스	445,832	479,812	552,803	620,541	729,963

---

6 과정평가형 자격제도는 2015년부터 도입된 제도로 '국가직무능력표준으로 설계되어 지정된 교육·훈련과정을 체계적으로 이수하고 내·외부 평가를 거쳐 일정 합격기준을 충족하는 교육·훈련생에게 국가기술자격을 부여하는 제도'이다. 이에 대한 자세한 정보는 c.p-net.or.kr에서 확인할 수 있다.

취득자	소계	677,761	689,667	773,724	715,901	839,751
	기술사	1,624	1,919	2,227	1,913	1,731
	기능장	6,336	4,862	4,365	5,578	6,193
	기사	83,275	89,400	114,961	101,201	124,386
	산업기사	49,555	52,614	59,258	56,416	64,818
	기능사	401,407	401,057	417,655	369,931	438,385
	서비스	135,564	139,815	175,258	180,862	204,238

* 출처: '산업인력공단, 「2022년 국가기술자격 통계연보」 발간', 한국산업인력공단 보도자료, 2022. 6.27.

고용장려금

고용장려금은 정부가 근로자의 실업 예방, 취약계층의 고용 촉진, 기업의 고용기회 확대 등을 위하여 임금의 일정 부분을 보조하는 등 금전적 인센티브를 통해 지원하는 제도를 말한다. 주로 고용보험기금을 통해 사업이 지원되고 있으며, 청년층에 대한 고용장려금은 일반회계를 통한 사업도 운영되고 있다.

고용보험법 제3장은 '고용안정·직업능력개발사업'을 규정하고 있는데, 고용장려금의 근거가 되는 고용안정사업과 관련해서는 고용창출 지원(제20조), 고용조정 지원(제21조), 지역고용 촉진(제22조), 고령자등 고용촉진(제23조), 건설근로자 등 고용안정(제24조) 등이 포함되어 있다.

고용장려금은 크게 고용창출지원사업, 고용조정지원사업, 고용촉진지원사업, 고용안정지원사업으로 나눌 수 있다. 먼저 **고용창출지원사업**은 '고용환경개선, 근무형태 변경 등으로 고용의 기회를 확대한 사업주'를 지원하는 사업으로 고용보험법 시행령 제17조에서 구체적인 지원 대상을 정하고 있다. 주요 사업으로는 교대제 개편이나 실 근로시간 단축을 통하여 일자리를 창출하는 경우 지원해 주는 '일자리 함께하기 지원금', 국내복귀기업이 근로자를 신규로 고용하는 경우 지원해 주는 '국내복귀기업 지원금' 등이 있다.

고용장려금 중 아직까지 활용도가 가장 낮은 유형의 사업이다. 지원 대상이 되는 고용기회 확대의 방식을 다양화해서 기업의 참여를 높일 필요가 있어 보인다. 예를 들어, 기업이 정원의 일정 규모를 직업능력개발이나 일·가정 양립을 위한 제도 활용을 위한 여유 인력으로 편성하고 이를 대체하는 신규 고용을 창출하는 경우 등에도 지원해 줄 수 있을 것이다. 새로운 아이디어가 많이 필요한 사업 영역이다.

둘째, 고용조정지원사업은 경영상 사정 등으로 고용조정이 불가피하게 된 사업주가 휴업, 휴직 등의 방법으로 근로자의 고용안정을 위한 조치를 하는 경우 지원해주는 사업이다. 고용보험의 고용유지지원금이 대표적인 사업이다. 이 사업은 고용위기 시에 가장 강력한 고용안정 효과를 낼 수 있다.

예를 들어, 코로나19 팬데믹 상황에서 집합 제한, 출입국 제한 등의 조치로 인해 갑작스럽게 경영상 타격을 입게 된 항공업, 여행업, 음식·숙박업 등의 여러 사업체는 해고 등의 고용 조정을 피하고 휴업, 휴직 등을 활용하여 근로자의 해고를 피하고 고용 안정에 크게 기여하였다. 다만, 제도가 지나치게 복잡하게 설계되어서 기업들이 활용하기 어렵다는 지적도 많이 제기되고 있으므로 제도의 취지를 살리면서 쉽게 활용할 수 있도록 제도 개선이 필요하다.

 참고   **고용유지지원금 개요**

▌ 사업목적: 경영악화 등으로 고용조정이 불가피하게 된 사업주가 고용유지조치(휴업, 휴직, 무급휴업·휴직 등)를 실시하는 경우 지원금을 지원하여 근로자의 실업 예방 및 생계안정 유지

▌ 사업내용
- 지원대상: 매출액 감소 등 경영상 이유로 고용조정이 불가피하나 휴업 등 고용유지조치를 통해 근로자의 고용을 유지하는 사업주, 무급휴직 또는 현저히 낮은 법정휴업수당을 지급받은 근로자
- 지원내용
  * 지원한도 1일 상한액 6.6만 원(특별고용지원업종, 고용위기지역 중 우선지원대상기업은 7만원), 휴업·휴직을 합하여 연간 180일(무급휴업·휴직은 총 180일)
  - (휴업) 1월간 총 근로시간의 20/100을 초과하여 휴업을 실시하고 휴업수당을 지급한 사업주에게 휴업수당의 2/3(대규모기업 1/2~2/3) 지원
    * 특별고용지원업종, 고용위기지역은 휴업수당을 지급한 사업주에게 휴업수당의 9/10(대규모기업 2/3~3/4)
  - (휴직) 근로자에게 1월 이상 휴직을 부여하고 휴직수당을 지급한 사업주에게 휴직수당의 2/3(대규모기업 1/2~2/3)를 지원

* 특별고용지원업종, 고용위기지역은 휴직수당을 지급한 사업주에게 휴직수당의
　　　9/10(대규모기업 2/3~3/4)
　　- (무급휴업·휴직) 근로자 평균임금의 50% 기준으로 심사위원회에서 결정하여 지원

* 출처: '2023 한 권으로 통하는 고용노동 정책', 고용노동부, 2023. (2023년 기준 자료임을 유의)

　　셋째, **고용촉진지원사업**은 취업 취약계층의 고용기회를 확대하기 위하여 사업주가 고령자, 취약 청년, 장애인 등을 채용하는 경우 지원해 주는 사업이다. 대표적인 사업으로 정부가 지정한 취약계층 대상 취업지원 프로그램의 이수자를 채용하는 사업주를 지원하는 '고용촉진장려금'이 있다.

　　이외에 대상별로 특화된 고용장려금을 운영하고 있다. 고령자 등의 신규 채용이나 계속고용을 지원하는 '고령자 고용 지원금', '고령자 계속고용 장려금', '신중년 적합직무 채용장려금' 등이 있고, 취업에 어려움을 겪고 있는 청년층을 채용하는 경우 지원해 주는 '청년 채용 특별장려금', '청년 일자리도약 장려금' 등도 있다. 또한, 장애인 의무고용률 이상으로 채용 시 지원해 주는 '장애인 고용장려금'과 장애인을 신규 채용하는 소규모기업을 지원해주는 '장애인 신규고용장려금' 등과 같이 장애인 고용 촉진을 위한 고용장려금도 운영하고 있다.

 참고　　　　　　　　　　　　　　　　　　　　　　　　**고용촉진장려금 개요**

▎사업목적: 노동시장의 통상적인 조건에서 취업이 특히 곤란한 사람을 고용하는 사업주에게 장려금을 지급하여 취업 취약계층의 고용을 촉진

▎사업내용
・지원대상
　- 고용노동부장관이 지정하는 취업지원프로그램을 이수*하고 고용센터(워크넷) 등에 구직등록한 실업자를 고용한 사업주
　　* 국민취업지원제도(I유형의 청년특례유형 및 II유형의 청년유형 제외) 등
　- 구직등록 후 1개월 이상 실업상태에 있는 중증장애인, 가족부양의 책임이 있는 여성, 섬 지역 거주자를 고용한 사업주
・지원요건: 지원대상 근로자를 고용하여 6개월 이상 고용을 유지한 경우 1년간 매 6개월마다 지급(다만, 「고용산재보험료징수법」 제16조의10에 따라 사업주가 신고한

보수를 초과할 수 없음)
- 지원금액
  - 우선지원대상 기업: 720만 원(1년), 360만 원(6개월)
  - 대규모 기업: 360만 원(1년), 180만 원(6개월)
    * 다만, 국민취업지원제도의 취업서비스 수급자격을 인정 받은 사람 중 기초생활
      수급자, 취업지원프로그램 이수면제자 중 중증장애인·가족부양의 책임이 있는
      여성으로서 1개월 이상 실업상태에 있는 사람에 대하여는 최대 2년간 지원
- 지원한도: 지급대상이 되는 피보험자의 수는 해당 사업의 직전 보험연도 말일 기준
  피보험자수를 기준으로,
  ① 전체 피보험자 수가 10명 이상인 경우: 전체 피보험자 수의 100분의 30(소수점
    이하는 버림)에 해당하는 인원. 다만, 100분의 30에 해당하는 인원이 30명을 넘는
    경우에는 30명
  ② 전체 피보험자 수가 10명 미만인 경우: 3명

* 출처: '2023 한 권으로 통하는 고용노동 정책', 고용노동부, 2023. (2023년 기준 자료임을 유의)

취약계층의 고용 촉진을 위한 사업이 전체적으로 균형 있게 추진되기 위해서는
고용장려금 지원 수준을 잘 설정할 필요가 있다. 논리적으로 보면 취업 애로 수준
이 높을수록 고용장려금이 더 높고 더 오랫동안 지원될 필요가 있을 것이다.
그러나, 그간 고용 촉진을 위한 다양한 장려금이 운영된 사례를 보면, 청년층에
게 가장 높은 수준의 장려금을 주는 등 다소 왜곡된 형태로 운영된 측면이 있
다. 이는 실제 더 취약한 정책 대상의 취업을 더욱 어렵게 만드는 '풍선효과'로
이어질 수 있다.

또한, 사업 운영 과정에서 사업 성과가 부진한 경우 사업 대상 요건을 완화하
여 취업 애로 수준이 낮은 대상까지 사업에 포함하는 사례가 있는데, 이 또한
사중손실을 초래하여 사업의 효과를 떨어뜨릴 가능성이 크므로 유의해야 한다.

넷째, 고용안정지원사업은 고용안정성이 낮은 근로자의 고용환경 개선이나 고용형
태 변경 등을 통해 고용안정을 강화하는 사업주를 지원하는 사업이다. 대표적으로
'정규직 전환지원금'은 기간제근로자 등을 정규직으로 전환하는 경우 간접노무
비 등을 지원해 주는 사업이며, '워라밸 일자리 지원금'은 전일제 근로자가 가
족 돌봄 등의 필요에 따라 실 근무시간을 단축하도록 허용하는 사업주를 지원
하는 사업이다.

또한, 유연근무제를 도입하는 사업주에게 간접노무비나 인프라 비용을 지원해 주는 '일가정 양립 환경개선 지원금'도 있으며, 출산·육아기 근로자의 육아휴직, 육아기 근로시간 단축 등을 허용하거나 이들의 대체인력을 고용하는 경우 사업주를 지원하는 '출산·육아기 고용안정 지원금'도 이 유형에 해당한다.

최근 고용안정지원사업은 주로 일·가정 양립과 관련하여 개발되었는데, 향후 양질의 일자리 확대를 위하여 다양한 아이디어를 발전시켜 나갈 여지가 많은 영역이다. 예를 들어, 최근 고용 형태가 다양화되면서 특수형태근로종사자, 프리랜서가 많이 늘고 있는데, 이들의 고용 안정성을 높이기 위한 정책적 준비는 미흡한 실정이다. 이들에 대한 고용보험 적용 확대에 보조를 맞춰서 특수형태근로종사자, 프리랜서, 영세 자영업자의 고용 안정성을 높일 수 있도록 고용장려금을 포함한 다양한 정책적 대안을 강구할 필요가 있다.

 참고   **청년내일채움공제 개요**

> ▮ 사업목적: 노동시장 신규 진입 청년의 초기 경력형성을 지원하고 중소기업 인력 미스매치 해소를 위해 청년·기업·정부 3자가 공제부금 공동 적립
>
> ▮ 사업내용
> • (지원대상) 5인 이상~50인 미만 건설·제조업 중소기업에 신규 취업한 청년* 및 해당 청년을 채용한 기업**
>   * 최종학교 졸업 후 고용보험 가입이력 12개월 이하자, 월 급여총액 300만 원 이하
>   ** 가입대상 청년 채용일 직전 3개월 평균 고용보험 피보험자수 5인 이상 50인 미만인 건설·제조업 중소기업
> • (지원내용) 청년·기업·정부의 3자 적립
>   - 만기금 1,200만 원(청년 400 + 기업 400 + 정부 400)
>   * 청년, 기업: 최초 20개월 월 16만 원, 이후 4개월 월 20만 원 → 총 24개월 납입
>   ** 정부지원금 중 200만 원(고용보험기금)은 기업지원 방식으로 청년에게 지원

* 출처: '2023 한 권으로 통하는 고용노동 정책', 고용노동부, 2023. (2023년 기준 자료임을 유의)

이외에 고용장려금과 연계해서 살펴 볼 필요가 있는 고용정책 수단으로는 근로장려세제(EITC), 두루누리 사업, 청년내일채움공제, 일자리 창출 관련 조세감면제도 등이 있다.

근로장려세제는 근로에 참여하는 저소득층에 대해 지원하는 장려금으로 근로 인센티브의 성격을 지니고 있으며, 두루누리사업은 10인 미만 사업체의 사업주와 근로자에게 저소득 근로자의 고용보험과 국민연금 보험료를 지원하므로 근로 인센티브와 고용 인센티브 성격을 동시에 지니고 있다. 또한, 청년내일채움공제는 중소기업에 취업하여 일정 기간 근속하는 청년에게 자산형성 기회를 제공하는 사업으로 근로 인센티브로서 효과가 있으며, 일자리 창출 관련 조세감면 제도는 고용장려금과 유사한 성격을 지니므로 양 제도 간 시너지가 발생할 수 있도록 조율할 필요가 있다.

이처럼 유사한 성격의 사업들이 각기 별도로 운영됨에 따라 지원 중복 등의 비효율이 발생할 소지가 있으므로 종합적인 검토가 필요한 영역이다.

재정지원 직접일자리 사업

정부가 재정 투입을 통해 한시적으로 직접 일자리를 제공하는 사업을 재정지원 직접일자리 사업이라 한다. 고용정책의 지향점은 궁극적으로 민간부문에서 양질의 일자리를 많이 늘리는 것이므로 정부가 재정을 투입해서 직접 일자리를 창출하는 방식은 예외적인 수단으로 활용되는 것이 바람직하다. 즉, 기본적으로 재정지원 직접일자리는 민간의 노동시장으로 이행하기 위한 과정에서 '한시적'인 성격으로 운영되는 것이 바람직하며, 민간에서 원하는 일자리를 바로 얻기 어려운 취업 취약계층을 대상으로 '선별적'으로 시행될 필요가 있다.

그간의 재정지원 직접일자리 사업 예산 추이를 보면, 표 4-7에서 볼 수 있는 바와 같이, 2012년 1조 8,487억 원으로 20.9% 비중을 차지하다가 2017년에는 1조 6,189억 원, 10.2%의 비중으로 줄어들었으나, 2017년 이후 고령 인구의 급증과 코로나19 팬데믹 영향으로 급증하여 2022년에는 3조 3,932억 원으로 예산이 증가하였다.

표 4-7　　　　　　　　　　　　　　　　　　**재정지원 직접일자리 사업 예산 추이**

(단위: 억 원)

구 분	2012년		2016년		2017년		2022년	
	금액	비중	금액	비중	금액	비중	금액	비중
일자리사업 전체 예산	88,282	100%	147,632	100%	159,452	100%	315,809	100%
직접 일자리 사업 예산	18,487	20.9%	16,049	10.9%	16,189	10.2%	33,932	10.7%

* 출처: '22년 정부 일자리사업 예산 주요 내용', 고용노동부 보도자료, 2021.12.15.

　우리나라 고용정책의 변화 과정을 살펴보면 재정지원 직접일자리 사업은 크게 두 가지 목적으로 활용되는 것으로 분석된다. 첫째, 경제 위기에 따른 실업자 급증에 대응하기 위한 정책 수단으로 활용되었다. 이는 역사적으로 보면 미국이 1930년대 경제 대공황에 따른 실업문제를 극복하기 위하여 뉴딜정책의 일환으로 실시한 대규모 공공일자리 사업의 취지와 유사한 측면이 있다.

　우리나라에서 처음으로 직접일자리 사업이 대규모로 도입된 것은 1990년대 말 외환위기 시점이다. 외환위기로 촉발된 대규모 실업 사태에 직면하여 1998년부터 공공근로를 대폭 늘리는 등 고용 위기 시 노동시장 안정을 위한 정책수단으로 활용해 왔다. 즉, 1998년부터 2000년까지 정부가 제공한 단기 일자리 사업에 약 5조 원의 예산을 투입하는 등 대규모로 예산을 투입하여 급증한 실업자의 고용안정을 추구하였다. 또한, 최근에는 코로나19 팬데믹으로 인해 고용 불안이 커짐에 따라 2020년부터 재정지원 직접일자리 사업의 규모를 확대 시행하기도 했다.

　둘째, 경제 위기가 아니더라도 취업 취약계층의 원활한 민간 노동시장 진입을 돕기 위해 '경과적 일자리'로 정부가 직접일자리를 제공하고 있다. 민간 일자리 경험이 부족하거나 새로운 분야로 전직을 희망하는 경우에는 경과적 일자리가 민간시장 일자리로 가는 징검다리 역할을 해 줄 수 있다.

　직접일자리 사업과 유사한 영역에 있는 고용정책 수단으로 '일경험 프로그램'이 있다. 사업명에서 알 수 있다시피, 새로운 분야의 일자리를 탐색하는 수단으로 직접 희망하는 분야에서 근무 경험을 해 보면서 적응하는 기회를 부여하는 것이 본 사업의 목적이다.

한시적 일자리라는 성격을 지닌다는 측면에서 재정지원 직접일자리 사업과 유사한 측면이 많이 있으므로, 향후 일경험 프로그램과 노인일자리를 제외한 재정지원 직접일자리 사업을 하나의 고용정책 수단으로 묶어서 체계적으로 관리하는 것이 바람직할 것으로 판단된다.

한편, 재정지원 직접일자리 사업에 대한 비판적 시각도 존재한다. 대표적으로 고용지표 개선을 위해 고령층을 대상으로 비생산적인 세금 일자리를 늘리는 데 혈세를 낭비한다는 지적이 있다. 이에 대해서는 우리나라의 특수성을 감안할 필요가 있다.

노인빈곤율이 OECD 국가 중 최상위에 놓인 현실과 베이비붐 세대의 노동시장 퇴장 등 향후 고령 인구가 급격히 증가하는 인구구조를 감안하면 노인일자리 사업의 양적 확대는 당분간 불가피한 측면이 있어 보인다. 또한, 노인일자리 참여자의 평균 연령이 70대 중반에 이를 정도로 고령화되어 있는 점은 노인일자리 사업이 적극적 노동시장정책보다는 사회복지정책에 가까운 정책 수단이라는 점을 잘 보여주고 있다.

이와 같은 노인일자리 사업은 OECD 기준에 의하면 적극적 노동시장정책에 해당하지 않지만, 그간 우리나라 인구구조와 사회복지 시스템의 특수성을 감안하여 일자리사업 범주에 포함하여 관리해 왔다. 궁극적으로는 노인일자리 사업은 적극적 노동시장정책에서 제외하고 복지정책 차원에서 운영하는 것이 고용정책의 원칙에 더 부합할 것으로 보인다.

창업지원

창업은 영리를 목적으로 개인회사 또는 법인회사를 설립하는 것을 의미한다. 경제활동인구 조사 결과를 살펴보면, 2022년 기준으로 우리나라 취업자 중 약 20% 정도인 563만 명 정도가 자영업에 종사하고 있다. 이 중 고용원 없는 자영업자가 약 427만 명을 차지하고 있다. 자영업자 비중은 전반적으로 감소하는 추세이긴 하지만, 여전히 OECD 주요 국가의 자영업자 비중이 10% 전후를 보이는 것에 비해서는 많이 높은 상황이다.

그림 4-1

(단위: 건)

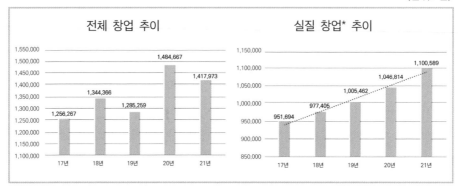

* 실질 창업: 부동산업을 제외한 창업. 점선은 추세선을 나타냄.
* 출처: '실질 창업 증가 속, 기술창업 역대 최대 23만개 달성', 중소벤처기업부 보도자료, 2022.2.23.

전체 취업자 중 임금근로자의 비중이 76% 수준으로 여전히 임금근로자로 일자리를 구하는 비중이 높지만, 창업을 희망하는 구직자도 꾸준한 수치를 보여주고 있다. 창업 현황을 살펴보면 그림 4-1에서 보이는 바와 같이, 부동산업을 제외한 실질 창업이 2021년 110만 건에 이르고 있으며 지속해서 증가세를 보이고 있다.[7]

표 4-8에서 보여주는 바와 같이, 창업지원 사업 중 가장 큰 비중을 차지하고 있는 사업은 사업화 자금 등을 융자해주는 '융자사업'[8]으로 전체 지원예산의 55%를 차지하고 있으며, 다음으로 창업 아이디어를 발전시켜 창업을 성공할 수 있도록 도와주는 '사업화', 창업기업의 기술개발(R&D)과 고급기술 창업을 지원해주는 '기술개발' 등의 순서로 예산을 많이 투입하고 있다.

창업지원 사업은 중소벤처기업부 예산이 93%에 이를 정도로 주로 중소벤처기업부 주관으로 사업을 운영하고 있으며, 각 지역의 중소벤처기업청과 함께

---

7 2020년 소득세법 개정에 따라 연 2천만 원 이하 주택임대소득자 사업자 등록을 의무화함에 따라 사업자 등록이 급증한 부동산업이 착시 효과를 초래할 수 있으므로 부동산업을 제외한 실질 창업 통계가 더 정확한 창업 현황을 보여주는 것으로 보인다.

8 융자사업의 경우 추후 자금 회수를 전제로 지원하는 사업으로 대부 재원을 기준으로 예산을 산정하다 보니 사업 예산이 커 보일 수 있다. 실질적인 정부 지원액은 저금리 대출에 따른 이차손과 회수 불능액 등이 해당되므로 사업 예산 비교 시 유의할 필요가 있다.

중소벤처기업진흥공단, 한국창업진흥원 등이 실질적인 창업지원 사업을 주도하고 있다.[9]

표 4-8   창업지원 사업 유형별 현황

(단위: 억 원, %, 건)

구 분	사업화	기술개발	시설·보육	창업교육	멘토링	행사	융자	합 계
예산	9,132	4,639	1,549	569	272	288	20,220	36,668
비율	24.9	12.6	4.2	1.6	0.7	0.8	55.1	100.0
사업수	172	6	96	30	32	37	5	378
비율	45.5	1.6	25.4	7.9	8.5	9.8	1.3	100.0

* 출처: '2022년 3조 6,668억 원 규모 창업지원사업 통합공고', 중소벤처기업부 보도자료, 2022. 1.3. (2022년 기준)

정부의 창업지원 사업은 지속해서 확대되고 있지만, 취약계층의 생계형 창업에 대한 정책적 고민은 지속되고 있다. 여전히 OECD 주요 국가들에 비해 자영업 비중이 큰 상황에서, 레드 오션(red-ocean)으로 불리는 음식점업, 소매업 등의 생계형 창업을 정책적으로 지원하기는 쉽지 않은 측면이 있으므로 생계형 창업 분야는 융자 등 주요 창업지원 사업 대상에서 제외되고 있다.

이러한 선택의 불가피한 측면이 있지만, 중·장년층을 비롯해서 생계형 창업 이외의 선택지가 많지 않은 대상이 여전히 있으므로, 창업을 희망하는 취약계층을 대상으로 컨설팅과 취업 상담을 강화하는 노력이 필요하다.

한편, 최근 고용 형태의 다양화에 따라 형식상으로는 자영업자의 범주에 속하게 되는 특수형태근로종사자나 프리랜서가 늘어나고 있다. 그러나, 정부의 고용정책은 주로 사업장에서 근로를 전제로 하는 임금근로자 영역과 기술창업과 같은 스타트업 양성에 집중되다 보니, 새로운 고용 형태 영역은 일종의 정책 사각지대에 놓인 측면이 있다.

2011년 「1인 창조기업 육성에 관한 법률」이 제정되어 지원되고 있지만, 지

9 정부가 시행하는 주요 창업지원 사업에 대한 상세한 내용은 'K-Startup 창업지원포털(k-startup.go.kr)'에서 확인할 수 있다.

원 대상을 '창의성과 전문성'을 지닌 1인 기업으로 한정함에 따라 대다수의 특수형태근로종사자, 프리랜서의 일자리 영역은 배제되고 있다. 최근 이들에 대한 고용보험 적용 대상을 확대하고 특화된 고용서비스와 직업훈련과정을 도입하는 등의 노력을 하는 것과 연계하여 창업지원 정책도 대상을 확대할 여지는 없는지 고민이 필요하다.

보호 고용

우리나라 장애 인구는 2021년 12월 기준으로 약 264만 명(전체 인구의 5.1%)에 이르고 있으며, 이 중 중증 장애 인구는 약 98만 명 수준이다. 15세 이상 장애 인구의 고용률은 2022년 5월 기준 36.4%로, 15세 이상 전체 인구의 고용률 63.0%에 비해 크게 낮은 상황이다(고용노동부·한국장애인공단 고용개발원, 2022).

정부는 장애인과 같이 통상적인 근로조건 하에서 취업과 계속 고용이 어려운 대상을 위해 특별한 관심을 기울여 고용정책을 수립해야 한다. 일반 시장의 경쟁 체제하에서는 장애인이 비장애인과 경쟁을 통해서 일자리를 확보할 가능성이 매우 낮으므로 정부가 적극적으로 개입하여 장애인의 고용을 촉진하고 고용이 지속될 수 있도록 지원하는 노력이 필요한 것이다.

우리나라는 1990년에 「장애인고용촉진등에관한법률(현 장애인고용촉진 및 직업재활법)」을 제정하고, 장애인고용 촉진을 위한 별도의 예산(장애인고용기금)과 기구(한국장애인고용공단)를 설치하여 운영하고 있다. 대표적인 장애인고용 촉진을 위한 제도로 '장애인 의무고용제도'를 도입하여 국가·지방자치단체와 50인 이상 근로자를 고용한 공공기관 및 민간 기업에 장애인 의무고용률을 설정하고 미달하는 경우 고용부담금을 부과하고 있다.

장애인고용 촉진을 위한 사업은 크게 장애인에 대한 고용서비스와 직업능력개발, 그리고 장애인을 고용하는 사업주에 대한 지원으로 나눠볼 수 있다. 장애인의 고용 촉진을 위하여 온라인 구인구직 시스템 구축·운영, 장애인 취업성공패키지 사업 등을 통하여 조속한 취업을 지원하고 있으며, 근로지원인 지원, 보조공학기기 지원 등의 사업을 통해 장애인의 근로 과정에서 수반되는 어려움을 해소해 주고 있다.

또한, 장애인의 특성을 고려한 직업능력개발을 위하여 발달장애인 훈련센터, 맞춤훈련센터 등을 운영하고 있다. 사업주 지원사업으로는 장애인고용장려금, 장애인표준사업장 설립 지원, 장애인 시설·장비 무상지원 등의 사업을 시행하고 있다.10

 참고   장애인 표준사업장 설립 지원사업 개요

▌ 사업목적: 취업에 어려움이 있는 장애인, 특히 중증장애인에게 안정된 일자리를 제공하기 위하여 표준사업장 설립 사업주에게 작업시설, 부대시설, 편의시설 등의 설치비용을 지원

▌ 사업내용
· 지원대상: 장애인근로자 수가 10인 이상이며, 장애인 및 중증장애인을 상시 근로자 수의 일정비율 이상 고용하는 사업장을 설립할 경우 지급
    * 「장애인·노인·임산부 등의 편의증진법」에 따른 편의시설을 갖추고, 장애인근로자에게 「최저임금법」에 따른 최저임금액 이상의 임금을 지급
· 지원내용
   - 작업시설, 부대시설, 편의시설, 장애인 출퇴근용 승합차 구입 등 실제 투자한 금액의 75% 무상 지원(10억 원 한도)
   - 중소기업과 지자체 또는 공공기관, 교육청이 공동으로 표준사업장을 설립시 투자한 금액의 75% 무상지원(20억 원 한도)
   - 사회적 경제기업*의 경우 표준사업장 전환을 전제로 초기 창업자금 지원(1회, 최대 5천만 원)
    * 사회적 기업, 협동조합, 마을기업, 자활기업, 농어촌공동체회

* 출처: '2023 한 권으로 통하는 고용노동 정책', 고용노동부, 2023. (2023년 기준 자료임을 유의)

그간 우리나라의 장애인 고용정책은 '의무고용제도'를 중심으로 발전해 왔다. 장애인의무 고용 대상을 확대하고 의무 고용률을 높이는 방향으로 장애인 고용정책이 추진되었으며, 표 4-9에서 볼 수 있는 바와 같이, 그 결과 2023년 기준으로 국가·지방자치단체·공공기관의 장애인 의무 고용률은 3.6%, 민간 기업의

---

10 장애인 고용 촉진을 위한 주요 사업은 한국장애인고용공단 홈페이지(kead.or.kr)에서 확인할 수 있다.

경우 3.1% 수준까지 올라왔다.

표 4-9   장애인 의무 고용률 현황

(단위: %)

기준연도		2019년	2020년	2021년	2022년	2023년
국가 및 지자체	공무원	3.4	3.4	3.4	3.6	3.6
	비공무원	3.4	3.4	3.4	3.6	3.6
공공기관		3.4	3.4	3.4	3.6	3.6
민간 기업		3.1	3.1	3.1	3.1	3.1

* 출처: 한국장애인고용공단 누리집(kead.or.kr).

그러나, 의무 고용과 고용부담금에 의존하는 정책만으로는 실질적인 장애인 고용 확대를 이뤄내기에는 한계가 있으므로, 실질적으로 장애인이 취업할 수 있도록 근로환경을 개선하고 장애인고용으로 인한 비용을 사회화하는 노력을 확대할 필요가 있다.

예를 들어, 교사와 같은 교육공무원이 근무하는 각급학교의 경우 의무 고용률 충족에 어려움을 겪고 있는데, 근본적 원인은 장애인이 교육대학교나 사범대학교에 충분히 진학할 수 있는 기반이 구축되지 못한 현실에서 찾을 수 있다. 이러한 근본 문제를 개선하지 않고 의무 고용률만 높이다 보면 장애인 교사 의무 고용률 충족은 요원할 것이다.

최근 IT 기술의 급격한 발전으로 재택근무와 같은 유연 근무가 활성화됨에 따라 장애인의 통근 부담을 덜 수 있는 여건이 조성되고 있고, AI와 로봇 기술의 발전은 장애인의 근무 과정에서 발생할 수 있는 애로 요인을 해소할 가능성을 높이고 있다. 이러한 환경 변화를 잘 활용하여 장애인 고용정책과 연결한다면 장애인 고용 확대에 크게 기여할 것이다.

아울러 인구의 고령화가 심화하는 상황에서 장애인고용과 고령자 고용을 연계해서 정책을 고민할 필요가 있다. 고령자의 경우 일반적으로 신체적 능력이 저하될 뿐만 아니라, 각종 만성질환에 걸린 경우도 많으므로 장애인과 유사하게 취업 애로를 겪게 된다. 우리나라는 여전히 고령자의 노동시장 참여 욕구가

큰 상황이므로 고령자와 장애인을 동시에 고려하면서 고용 인프라 확충과 함께 기업의 근무환경 개선 등을 지원하는 정책도 검토해 볼 가치가 있다.

참고로 일본에서는 고령·장애인 고용지원기구(Japan Organization for Employment of the Elderly and Person with Disabilities: JEED)가 고령자와 장애인고용을 위해 사업을 시행하고 있으며, 장애 판정을 받지 않았더라도 난치성 질환자 등은 장애인 범주에 포함하여 고용지원을 하고 있다.

3. 소극적 노동시장정책

실업급여

일차적 고용안전망이라 할 수 있는 고용보험의 여러 사업 중 가장 기본이 되는 사업은 실업급여이다. 국민이 살아가면서 직면할 수 있는 여러 가지 사회적 위험으로부터 보호하는 것이 사회보험의 기본적인 존재 이유라고 할 때, 전통적인 의미의 실업급여는 직접적으로 취업자가 일자리를 잃게 되는 경우에 일정 수준의 급여를 지급하여 생계를 안정시키는 기능을 하게 된다.

그림 4-2에 보이는 바와 같이, 고용보험법 제37조에서는 실업급여를 크게 '구직급여'와 '취업촉진수당'으로 구분하고 있으며, 구직급여와 연계하여 연장급여 제도와 상병급여 제도를 추가로 두고 있다.

먼저, 구직급여는 고용보험 가입자가 비자발적으로 이직하여 재취업활동을 하는 경우 일정 기간 급여를 지급하여 생계 불안을 해소하면서 재취업을 할 수 있도록 지원하는 제도이다.

연장급여에는 훈련연장급여·개별연장급여·특별연장급여 등 세 가지 종류가 있으며, 훈련연장급여는 재취업을 위해 직업훈련 수강이 필요한 경우에 구직급여를 연장 지급하도록 인센티브를 주는 제도이며, 개별연장급여는 취직이 특히 곤란하고 생활이 어려운 수급자에게 구직급여 기간을 연장해 주는 제도이고, 특별연장급여는 실업 급증 등으로 재취업이 특히 어렵다고 판단되면 일정 기간 동안 구직급여 수급이 종료된 자에게 구직급여 지급을 연장해 주는 제도이다.

한편, 상병급여 제도는 실업 신고 이후 질병·부상·출산 등으로 실업인정을 받지 못한 경우에 지급하는 급여이다.

 그림 4-2   **실업급여 구성도**

* 출처: '실업급여의 역사와 과제', 성재민, 한국노동연구원, 2016.

취업촉진수당은 구직급여 수급자가 조속히 취업할 수 있도록 유도하는 제도이며, 조기재취업수당·직업능력개발수당·광역구직활동비·이주비 등으로 구성되어 있다.

먼저 조기재취업수당은 구직급여 수급자의 조속한 재취업을 유도하기 위해 수급자가 소정급여일수를 1/2 이상 남겨두고 조기 재취업하는 경우 인센티브를 주고 있다. 또한, 직업안정기관이 장이 지시하는 직업훈련에 참여하면 직업능력개발수당을 지급하며, 직업안정기관의 소개로 거주지에서 편도 25km 이상 떨어진 회사에 구직활동을 하면 광역구직활동비를 지원하고 있다. 아울러, 취업이나 직업안정기관의 장이 지시하는 직업훈련 수강을 위해 거주지를 이전하면 이주비도 지원하고 있다.

실업급여는 고용보험 제도가 확장됨에 따라 꾸준히 지급액과 수혜자 수가 증가하고 있다. 표 4-10에서 볼 수 있는 바와 같이, 실업급여 지급액은 글로벌 금융위기 여파 등으로 2009년 4조 원을 돌파하였으나, 이후 안정세를 보여 2017년까지는 소폭 증가세를 보이다가 2018년 이후 실업급여 보장성 강화와 코로나19 팬데믹으로 인한 고용 위기, 고용보험 대상자 확대 등의 영향으로 2021년에는 12조 5,152억 원으로 증가하여 월 평균 지급액이 1조 원을 넘어설 정도로 규모가 커져 있는 상황이다.

실업급여 지급자 수도 비슷한 추이를 보여 2017년까지는 연간 120만 명대를 유지하다가 2018년 이후 급격히 증가하여 2021년에는 약 187만 명에 이르고 있다.

 표 4-10

실업급여 지급액 및 지급자 수 연도별 추이
(단위: 억 원, 천 명)

구 분	2009	2011	2013	2015	2017	2019	2021
지급액	41,164	35,614	38,835	45,473	52,425	83,859	125,152
지급자 수	1,299	1,201	1,210	1,272	1,273	1,527	1,868

* 출처: '실업급여 지급현황(년)', 고용행정통계(eis.work.go.kr).

실업급여 제도 중 가장 근간이 되는 **구직급여**에 대해서는 좀 더 자세히 살펴볼 필요가 있다. 먼저 구직급여를 받기 위해서는 고용보험법 제40조에서 규정하고 있는 수급 요건을 충족하여야 한다. 즉, 이직 전 18개월 동안 피보험단위기간이 180일 이상에 해당하여야 하며, 이직 사유가 비자발적이어야 한다. 또한, 근로의 의사와 능력이 있음에도 불구하고 취업하지 못한 상태이어야 하며, 적극적으로 구직활동을 해야 한다.

구직급여 지급액과 지급기간을 살펴보면, 수급자는 이직 전 평균임금의 60%를 소정급여일수 동안 받게 되며, 2023년 기준으로 1일 소정근로시간 8시간 근로자의 경우 구직급여 하한액은 일 61,568원(2023년 1월 이후), 상한액은 일 66,000원이다. 급여 지급 기간은 연령과 고용보험 가입 기간에 따라 최소 120일에서 최대 270일까지 달리 정하고 있다. 보험 가입 기간이 1년 미만이면 연령에 관계없이 120일 동안 구직급여를 지급받을 수 있으며, 50세 이상이거나 장애인이면서 고용보험 가입 기간이 10년 이상인 경우에는 270일을 받을 수 있다.

 참고   구직급여 및 연장급여 개요

▎ 사업 목적: 이직한 피보험자가 근로의 의사와 능력이 있음에도 취업하지 못한 상태에서 재취업활동을 하는 기간에 생활안정 및 재취업 지원

▎ 사업 내용
• 지원 대상: 이직일 이전 18개월간 피보험단위기간 180일 이상 근무한 비자발적 이직자 중 상시 취업이 가능한 상태에서 적극적으로 재취업활동을 하는 사람
  * 예술인은 이직일 이전 24개월간 피보험단위기간 9개월 이상, 노무제공자는 이직일 이전 24개월간 피보험단위기간 12개월 이상 근무한 비자발적 이직자
• 지원 내용
  - 구직급여: 이직일 당시 연령과 고용보험가입기간(피보험기간)에 따라 120~270일간 이지 전 3개월간 평균임금이 60%를 지급(예술인·노무제공자는 이직 전 1년간 평균보수의 60% 지급)
    * 1일 상한액은 66,000원
    * 1일 하한액은 근로자는 최저임금의 80%(소정근로시간 8시간 기준 61,568원), 예술인·노무제공자는 기준보수의 60%(예술인 16,000원, 노무제공자는 26,600원)
  - 연장급여: 개별연장, 훈련연장, 특별연장
    ▸ 개별연장: 취업이 특히 곤란하고 생활이 어려운 수급자에게 구직급여의 70%를 최대 60일간 연장하여 지급
    ▸ 훈련연장: 직업능력개발이 필요하다고 판단되어 직업안정기관의 장이 훈련을 받도록 지시한 자가 훈련에 참여하는 기간에 실업인정을 받으면 구직급여의 100%를 최대 2년간 지원
    ▸ 특별연장: 대량 실업사태 발생 등으로 대통령령이 정한 사유 발생 시 구직급여의 70%를 최대 60일간 연장하여 지급

* 출처: '2023 한 권으로 통하는 고용노동 정책', 고용노동부, 2023. (2023년 기준 자료임을 유의)

우리나라 구직급여는 몇 가지 특징이 있다. 첫째, **구직급여 하한액이 상대적으로 높은 편이다**. 2023년 기준으로 소정근로시간 8시간 근로자 기준으로 1일 61,568원을 받게 되므로 월 30일 기준으로는 180만 원이 넘게 된다. 2023년 최

저임금이 월 환산 시 약 201만 원임을 감안하면 적지 않은 금액이다. 세금과 사회보험료 등을 감안한 실수령액 기준으로 거의 차이가 나지 않는다.

이처럼 구직급여 하한액이 높게 된 배경에는 구직급여 하한액 설정 기준이 최저임금과 연동되어 있다는 점을 들 수 있다. 즉, 구직급여 하한액은 고용보험법 제45조와 제46조에 의하면 '퇴직 당시 시간급 최저임금의 80%에 소정 근로시간을 곱한 금액'이 되도록 설계되어 있다. 구직급여 하한액을 최저임금과 연동시키는 논리가 이해되기는 하지만, 문재인 정부 초기 최저임금이 급증함에 따라 구직급여 하한액도 급격히 올라가는 상황은 의도한 효과로 보기는 어려울 것 같다.

둘째, 구직급여 상한액과 하한액 간의 격차가 매우 작다. 앞에서 살펴본 바와 같이 2023년 기준으로 구직급여 상한액 66,000원과 하한액 61,568원 간의 차액은 4,432원에 불과해서 하한액이 상한액의 93.3%에 이르고 있다. 반면에, 국민연금, 국민건강보험과 달리[11] 고용보험의 보험료는 상한이 없다. 즉, 소득이 늘어나면 보험료도 비례해서 늘어나도록 설계되어 있다. 사회보험이라는 특성을 감안하더라도 고소득자에 대한 보험료 부담과 보험급여 혜택 간에 불균형이 심하다고 평가할 수 있겠다.

이를 해결하기 위해서는 구직급여 상한액을 하한액과 연동하여 하한액의 일정 배율(예. 하한액의 1.5~2배)로 규정하는 내용을 고용보험법에 반영할 수 있으며, 이를 반영하여 고용보험법 시행령 제68조에서 정하고 있는 급여기초임금일액의 상한액을 정하면 될 것이다. 아울러 고용보험료 상한액도 타 사회보험의 상한액을 감안하여 규정할 필요가 있다.

셋째, 자발적 이직자는 원천적으로 구직급여 지급 대상에서 제외된다. 즉, 고용보험법 58조에 따르면 중대한 귀책 사유로 해고되거나, 정당한 사유 없이 전직 또는 자영업을 하기 위하여 이직한 자는 구직급여 수급 자격이 없는 것으로 규정하고 있다. 보험의 원리상 '도덕적 해이'를 초래할 수 있으므로 보험사고를 자초하면 보상을 해줄 수 없도록 제한할 필요는 있다. 다만, 자발적 이직이라 하더라도 장기실업 상태에 놓인 경우에도 계속해서 구직급여 대상에서 제외할 것인지는 고민해 볼 여지가 있다.

---

11 2022년 기준으로 국민건강보험 보험료 상한액 보수 월액은 104,536,620원이며, 국민연금의 기준소득 월액 상한액은 553만 원이다.

2021년 국민취업지원제도 시행으로 고용보험 혜택을 받지 못하는 저소득 구직자 등은 6개월 동안 구직촉진수당을 받으면서 구직활동을 할 수 있도록 한국형 실업부조가 도입되었지만, 이 범위에 들어오지 못하는 자발적 이직에 따른 장기구직자는 여전히 고용안전망 사각지대에 놓여 있다. 많은 OECD 국가들이 자발적 이직자에 대해서는 소정의 유예기간을 두고 그 기간 이후에도 실업 상태가 지속되면 자발적 이직자라 하더라도 실업급여 혜택을 받을 수 있도록 운영하는 점을 참고하여, 우리나라 실정에 맞게 자발적 이직자에 대한 구직급여 지급방안을 모색해 볼 필요가 있다.

넷째, 구직급여 수급자의 **실업 인정 비율이 매우 높다.** 고용보험법 제44조에서 규정하고 있는 바와 같이, 구직급여 수급자는 실업 기간 동안 '재취업을 위한 노력'을 해야 하며, 직업안정기관의 장으로부터 적절한 재취업 활동을 했다는 의미의 실업 인정을 받아야 구직급여를 받을 수 있다.

구직급여라는 명칭이 의미하는 것처럼 '적극적 구직활동을 위한 생계 지원'이라는 정책 의도가 담겨져 있기 때문이다. 다만, 실업 인정 현실을 살펴보면 구직급여 신청자가 실업 인정을 받는 비율이 99%를 넘어서고 있으므로 행정비용을 감안할 때 현행과 같은 실업 인정 제도가 적절한지에 대한 논란이 있다.

형식적 구직활동을 방지하기 위해서는 구직활동 인정 기준을 강화하면서 엄격하게 관리하는 방법도 있겠고, 반대로 최초수급자 등은 일정 기간 동안 구직활동 모니터링을 권고 수준으로 완화해서 운영하고 반복 수급자나 장기수급자 중심으로 구직활동 의무와 모니터링을 강화하는 방안도 생각해 볼 수 있다.

다섯째, 구직급여 **반복 수급자가 증가하고 있다.** 표 4−11에서 볼 수 있는 바와 같이, 과거 5년간 구직급여 2회 이상 반복 수급자가 2018년에는 345천 명에서 2021년에는 446천 명으로 약 30% 증가하였으며, 전체 구직급여 수급자의 약 1/4은 반복 수급자인 상황이다.

반복 수급자가 늘어나는 배경에는 기간제근로자와 같은 한시 근로자가 전체 임금근로자의 약 25% 수준에 이를 정도로 높은 비중을 차지하는 점을 들 수 있다. 동시에, 최근 구직급여 하한액이 최저임금 수준으로 높아짐에 따라 구직급여에 안주하려는 경향이 발생할 여지도 커진 상황이라는 점도 감안할 필요가 있다.

고용안정성이 낮은 한시적 근로자의 경우 구조적으로 반복 수급이 높을 수밖에 없다는 점에서 정책적으로 시사하는 바가 크다. 고용노동부에서 발표한 바와 같이, 구직급여 반복 수급자가 형식적인 구직활동을 하면서 구직급여를 받지 못하도록 관리를 강화하는 노력도 중요하겠지만, 동시에 이들의 고용안정성 제고를 위한 정책적 노력도 병행될 필요가 있다.

 표 4-11 　　　　　　　　　　　　　　　　　　　　　　 구직급여 반복수급* 추이

(단위: 천 명, 억 원, %)

구 분	2018		2019		2020		2021	
	수급자	지급액	수급자	지급액	수급자	지급액	수급자	지급액
1회	970	50,370	1,075	63,740	1,283	93,869	1,329	95,464
	(73.8)	(78.1)	(74.5)	(78.8)	(75.3)	(79.2)	(74.9)	(79.2)
2회	263	11,212	282	13,642	327	19,836	345	20,122
	(20.0)	(17.4)	(19.6)	(16.9)	(19.2)	(16.7)	(19.4)	(16.7)
3회 이상	82	2,940	86	3,490	94	4,800	101	4,990
	(6.2)	(4.5)	(5.9)	(4.3)	(5.4)	(4.0)	(5.7)	(4.1)
전체	1,315	64,522	1,443	80,870	1,703	118,504	1,774	120,575

* 해당연도 구직급여 수급자가 지난 5년간 서로 다른 수급자격에 따라 구직급여를 수급받은 횟수
* ( )는 전체 대비 비중
* 출처: 고용노동부 내부자료. 2022.

위에서 언급한 구직급여 관련 쟁점과 함께, 향후 구직급여 정책을 설계할 때 적절한 '보장성 강화' 수준에 대해서는 사회적 논의와 공감대 형성이 필요하다. 역사적으로 보면 과거 서구 복지국가에서는 사회안전망 강화 차원에서 실업급여 금액과 지급 기간을 확대하는 방향으로 복지정책을 강화하였으나, 소위 '복지병'이라 이야기되듯이 지나친 복지가 근로의욕을 감소시킨다는 지적과 함께 재정적 부담 증가라는 현실적 측면이 부각되었다. 이에 따라 '일하는 복지'로 전환하여 근로 참여에 대한 인센티브를 강화하되 실업급여의 보장성은 완화하거나 실업급여를 받기 위한 전제조건인 적극적 구직활동에 대한 검증을 강화하는 방향으로 변화해 왔다.

그간 우리나라 구직급여의 경우 보장 수준이 낮다는 지적이 꾸준히 제기되어

왔다(성재민, 2016). 문재인 정부에서 실업급여의 보장성 강화를 주요한 국정과제로 추진함에 따라 최근에는 보장 수준이 많이 개선되었으나 지급액과 지급기간 측면에서 봤을 때 OECD 평균보다 낮은 수준이다.

아울러, 고용보험 적용 대상 확대도 보장성 강화 차원에서 중요하다. 이미 전 국민 고용보험 적용을 목표로 로드맵을 발표한 바 있지만, 한편으로는 특수형태근로종사자, 프리랜서, 자영업자 등 실질적으로 고용보험 사각지대에 있었던 고용형태에 대한 보호를 확대할 필요가 있으며, 65세 이후 취업자도 실업급여 적용이 가능하도록 연령에 따른 제약요건도 완화할 필요가 있다. 이러한 내용을 포함하여, 향후 구직급여의 보장성 수준의 목표 지점에 대해서는 고용보험기금의 재정 부담과도 연계되는 사안이므로 사회적 합의를 위한 논의가 필요하다.

 표 4-12

실업급여 유형별 지급현황(2022.10. 기준)

(단위: 명, 건, 백만 원)

구 분	지급자수	지급건수	지급액
총 계	543,753	591,452	853,717
구직급여	536,350	583,950	820,188
상병급여	541	627	1,089
조기재취업수당	6,750	6,750	32,265
이주비	4	6	3
훈련연장급여	4	4	7
개별연장급여	84	88	138

* 일부 제외된 항목이 있으므로 총계와 세부 항목 합계가 일치하지 않음
* 출처: '실업급여 지급현황(년)', 고용행정통계(eis.work.go.kr).

실업급여 제도 중에는 구직급여 이외에도 연장급여, 상병급여, 취업촉진수당 등 여러 가지 정책 수단이 있지만, 상대적으로 관심이 낮은 편이어서 발전 속도도 더딘 측면이 있다.

먼저 연장급여의 경우 가장 큰 문제가 표 4-12에서 볼 수 있는 바와 같이, 활용도가 매우 낮다는 점이다. 연장급여는 특정인에게 특별한 혜택을 주는 측면이 있

다 보니, 실업급여 창구를 담당하는 직원들이 활용을 꺼리는 측면이 있다. 이러한 문제를 해결하려면 훈련연장급여와 개별연장급여의 적용 대상을 보다 더 구체적으로 정해줄 필요가 있으며, 연장급여 활용 우수사례를 발굴·확산하고 인센티브를 지급하는 등의 노력도 필요해 보인다.

특별연장급여의 경우 재정적 부담이 크게 발생할 가능성이 있으므로 현실적으로 활용 가능성이 떨어진다. 특히, 특별연장급여가 필요할 정도의 고용 위기 상황에서는 고용보험기금 재정에 대한 소요도 급증하게 되므로 특별연장급여에 대한 일반회계의 재원 분담 등을 명확히 하지 않으면 실제 활용이 쉽지 않은 한계가 있다.

조기재취업수당의 활용도를 높이기 위한 노력도 강화되어야 한다. 특히, 구직급여 보장성이 강화됨에 따라 구직급여에 대한 의존성이 커질 개연성이 높으므로 조기 재취업에 대한 요건을 완화하고 인센티브를 더욱 강화할 필요가 있다. 향후 인구구조 변화에 따라 노동력 부족이 구조적으로 심화될 우려가 커지고 있으므로 구직급여 수급자가 조기에 노동시장에 재진입할 수 있도록 제도적으로 지원할 필요성은 더욱 커질 것이다.

국민취업지원제도(한국형 실업부조)[12]

실업의 위험으로부터 보호하기 위해 사회보험의 하나인 고용보험을 도입하고 있지만, 고용보험이 모든 유형의 실업 위험을 보호하지 못한다. 대표적으로 고용보험에 가입되지 않은 실업자, 고용보험 혜택이 종료된 실업자, 비경제활동 상태에 있다가 새롭게 노동시장에 진입하려는 구직자 등은 고용보험 보호 영역 밖에 존재한다.

이러한 사각지대를 줄이기 위해서 실업부조 제도를 활용할 수 있다. 일반적으로 실업부조는 구직기간 동안 생계 보호가 필요한 저소득층을 중심으로 설계되며, 실업부조는 세금을 기반으로 한 일반회계를 통해 지원하게 되므로 보험 가입자의 보

---

12 재정지원 일자리사업 분류 시 국민취업지원제도는 고용서비스 영역으로 분류되어 있다. 국민취업지원제도에는 생계 급여와 취업지원 서비스가 결합되다 보니 분류가 쉽지 않으나, 공공부조라는 속성을 감안하면 실업소득으로 분류하는 것이 적절해 보인다.

험료 수입을 활용하는 고용보험과 차이를 보인다.

우리나라에서 실업부조에 대한 논의는 오래전부터 있었지만, 본격적으로 도입을 추진하게 된 것은 문재인 정부가 한국형 실업부조인 '국민취업지원제도' 도입을 공식화한 이후이다. 유사한 사업으로 '취업성공패키지'가 2009년부터 도입·운영되었지만, 국민취업지원제도는 근거 법률인 「구직자 취업촉진 및 생활안정 지원에 관한 법률」이 제정되고 법정 제도로 운영된다는 측면에서 예산사업으로 운영된 취업성공패키지와 차별화된다.

국민취업지원제도는 표 4–13에서 볼 수 있는 바와 같이, 구직촉진수당 수령 가능 여부에 따라 크게 두 가지 유형으로 구분된다. 구직촉진수당과 취업지원서비스를 모두 받을 수 있는 1유형은 기본적으로 저소득층 구직자를 대상으로 한다. 즉, '가구 소득이 중위소득 60% 이하이면서 재산 4억 원(18~34세 청년은 5억 원) 이하'의 요건에 해당하는 경우 저소득층으로 판단되어 1유형 지원 대상이 된다.

1유형 내에서도 최근 취업경험 여부를 기준으로 '요건심사형'과 '선발형' 두 가지 유형으로 구분된다.13 요건심사형은 저소득층이면서 '최근 2년 안에 100일 또는 800시간 이상의 취업경험이 있는 경우'에 해당하면 신청할 수 있고, 선발형은 저소득층이지만 앞에서 언급한 취업 경험이 없는 경우에 신청할 수 있다.14

요건심사형의 경우 해당 요건을 충족하면 당연히 국민취업지원제도 참여자로 확정되어 구직촉진수당과 취업지원서비스를 지원받게 되지만, 선발형의 경우 요건에 해당하여 신청하더라도 자동적으로 국민취업지원제도 참여자로 확정되는 것은 아니며 예산 등을 고려하여 일정 기준 하에 선별적으로 지원할 수 있다는 차이점이 있다.

---

13 제도 설계가 다소 복잡해 보이지만, 1유형 내에서 요건심사형과 선발형을 구분한 이유는 비경제활동인구 중에서 구직촉진수당 수령을 목적으로 국민취업지원제도에 참여하려는 가수요를 방지하기 위해서이다.

14 선발형의 특례로 18~34세의 청년은 가구 소득이 중위소득 120% 이하이고 재산 5억 원 이하에 해당하면 취업 경험과 관계없이 선발형으로 신청할 수 있도록 지원 대상을 넓게 설정하고 있다.

표 4-13

구 분		I유형				II유형	
		요건심사형	선발형		특정 계층	청년	중장년
			청년	비경제활동 (비경활)			
지원대상	나이	15~69세(청년: 18~34세, 중장년: 35~69세)					
	소득	중위소득 60% 이하	중위소득 120% 이하	중위소득 60% 이하	무관	무관	중위소득 100% 이하
	재산	4억원 이하 (청년: 5억원 이하)	5억원 이하	4억원 이하	무관		
	취업경험	2년 이내 100일 또는 800시간 이상	무관	2년 이내 100일 또는 800시간 미만	무관		
지원내용	취업지원서비스	O					
	소득지원 구직촉진수당	O				X	
	취업활동비용	X				O	

* 출처: 국민취업지원제도 누리집(kua.go.kr).

　구직촉진수당은 받을 수 없고 취업지원 서비스만 받게 되는 2유형은 1유형에 해당하지 않는 결혼이민자, 위기청소년, 월 소득 250만원 미만인 특수형태근로종사자, 영세 자영업자 등의 특정 계층과 18~34세의 청년 구직자, 중위소득 100% 이하의 35~69세 중장년 등이 신청에 의하여 참여할 수 있다.

　실업부조의 가장 큰 특징이 재정을 통해 구직기간동안 생계수당을 지급한다는 측면에 있음을 감안할 때, 2유형은 엄격한 의미에서 실업부조에 해당한다고 보기는 어렵다.[15] 이런 맥락에서 국민취업지원제도 도입 초기에 2유형을 포함할지에 대해 논란이 있었으나, 취업지원제도를 통일적으로 운영할 필요가 있다

---

15 2유형의 경우에도 직업훈련에 참여하는 경우 취업활동비용으로 월 최대 28.4만 원을 지급받을 수 있으나 2유형 참여자가 모두 직업훈련에 참여하는 것은 아니라는 점에서 1유형의 구직촉진수당과는 차이점이 있다.

는 측면이 강조되어 현행과 같은 제도적 틀을 구축하게 되었다.

표 4-14가 보여주는 바와 같이, 국민취업지원제도 1유형 참여자에게는 성실히 구직활동에 참여하는 경우 6개월간 월 50만 원씩 최대 300만 원의 구직촉진수당을 지급한다. 구직촉진수당은 고용보험의 구직급여에 비하면 지급액이나 지급기간 모두 낮은 편이지만, 고용보험의 경우 당사자의 보험료 기여분이 있다는 점을 감안할 필요가 있다.

단독가구인 경우 구직촉진수당이 결코 적다고 판단하기 어렵지만, 자녀 등 피부양자가 있는 중장년층 가구의 경우 부족한 측면이 있다. 이러한 이유로 실제 중장년층 참여가 낮은 결과를 보였다. 이러한 문제점을 개선하기 위하여 2023년부터는 구직촉진수당으로 부양가족 1인당 10만 원씩 최대 40만 원을 추가로 받을 수 있도록 제도를 개선하였으며, 이를 통하여 중장년층의 국민취업지원제도 참여가 활성화될 수 있을 것으로 기대된다.

 표 4-14   국민취업지원제도 유형별 세부 지원내용

구분	취업지원 서비스	생계지원

Ⅰ 유형	• 상담·진단을 통해 취업역량 파악, 취업지원 경로(IAP) 설정
	• 직업훈련·일경험·창업·해외취업 및 복지프로그램(생계, 의료, 금융, 돌봄서비스 등) 등 연계
	• 구직활동지원 프로그램 연계 및 집중취업알선 진행 등
		(구직촉진수당) 월 50만 원×6개월 + 부양가족* 1인당 10만 원씩 월 최대 40만 원 추가지원
		    * 구직촉진수당 지정일 기준 미성년자(만 18세 이하), 고령자(만 70세 이상), 중증장애인(장애인복지법상 증명서발급자)
		(취업성공수당) 취(창)업시 최대 150만 원(중위소득 60% 이하)
		(조기취업성공수당) 잔여 구직촉진수당*의 50%
		    * 부양가족 추가수당 제외(취업활동계획 수립 후 3개월 이내 취업 시)

Ⅱ 유형	* 지원기간: 12개월 (6개월 연장 가능)	(취업활동비용) 최대 195만4천원(직업훈련 참여 시) * 취업활동계획 수립 참여수당 15~25만 원, 직업훈련 참여 지원수당(월 28만 4천 원×6개월) 등 최대 195만 4천 원 지원 (조기취업성공수당)조건부수급자: 50만 원(취업활동계획 수립 후 3개월 이내 취업 시) (취업성공수당)최대 150만 원(저소득층, 특정계층)

* 출처: 국민취업지원제도 누리집(kua.go.kr), 2023년 기준.

국민취업지원제도의 1유형과 2유형 참가자 모두에게 취업지원서비스가 지원된다. 취업지원 서비스는 개인별 취업활동계획(Individual Action Plan: IAP)을 수립하고 계획에 따라 필요한 취업활동에 참여하는 방식으로 패키지 형태로 구성되어 있다. 참여자들이 선택 가능한 취업지원 서비스에는 취업역량 강화 프로그램, 심리안정·집단상담 프로그램, 직업훈련, 창업지원, 일경험 프로그램, 구직활동 지원, 고용·복지서비스 연계 제도 등이 포함되어 있다.[16]

취업지원서비스는 기본적으로 1년간 제공되며, 참여자가 희망하는 경우 총 6개월의 범위 내에서 연장할 수 있다. 또한, 취업지원 서비스를 거쳐 최종적으로 취업에 성공하는 경우 근속기간에 따라 최대 150만 원의 취업성공수당을 받을 수 있도록 하여 조속한 취업과 장기 근속을 유도하고 있다.

국민취업지원제도는 2021년 최초 시행되었으므로 아직 제대로 된 평가를 하기에는 다소 이른 시점이다. 제도 설계 시에는 참여 대상의 규모와 참여율 등에 대한 여러 가지 가정을 토대로 시뮬레이션하면서 최적의 안을 도출했지만, 실제 제도를 시행하게 되면 예상과는 다른 결과가 나오게 된다. 향후 국민취업지원제도 발전을 위해 고민이 필요한 이슈를 세 가지 정도로 정리해서 살펴보고자 한다.

첫째, 지원 대상의 범위에 대한 문제이다. 국민취업지원제도는 기본적으로 저소득층 구직자를 대상으로 하는 제도인데, '저소득층의 범위'를 어디까지로 설정할 것인지는 제도 도입 과정에서부터 쟁점이 되어왔다.[17] 현행 「구직자 취업촉진 및 생활안정지원에 관한 법률」 제7조는 구직촉진수당 지원 대상을 중위소득 60% 이내에서 대통령령으로 정하도록 규정하고 있다. 제도 도입 후 2년간의 국민취업지원제도 운영해 본 결과, 국민취업지원제도 참여자 수는 당초 예상보다 적게 나타나고 있다.

낮은 참여 실적의 원인에 대해서는 다각적인 분석이 필요하겠지만, 일차적으로는 지원대상 요건이 너무 엄격한 것은 아니었는지 분석이 필요하다. 제도 설

---

[16] 국민취업지원제도 참여자에게 제공되는 취업지원서비스의 세부 내용에 대해서는 국민취업지원제도 누리집(kus.go.kr)에 잘 소개되어 있다.

[17] 국민취업지원제도 대상이 되는 근로빈곤층의 규모와 특성에 대해서는 '근로빈곤 특성과 한국형 실업부조 도입방향', 이병희(2018)를 참고하기 바란다.

계 시에는 참여 인원 과다에 따른 예산 부족 등의 우려로 인해 참여 기준을 보수적으로 판단하여 엄격하게 설정한 측면이 있으므로 제도 시행 이후 모니터링과 평가를 통해 기준을 재정립할 필요가 있다.

둘째, **구직촉진수당 지급 수준의 적정성**에 대해서도 고민할 필요가 있다. 「구직자 취업촉진 및 생활안정지원에 관한 법률」 제19조는 구직촉진수당의 지급 수준과 관련하여 고용노동부 장관이 고용정책심의회의 심의를 거쳐 정하도록 규정하고 있으며, 2022년 기준으로 월 50만 원의 구직촉진수당을 지급하고 있다.

최근 전 세계적으로 인플레이션이 심화하는 상황 속에서 정액 급여의 경우 실질적으로 삭감되는 결과에 놓이게 된다. 구직촉진수당의 지급 수준에 대해서도 일종의 '준칙'을 만들 필요가 있다. 구직급여가 최저임금 수준과 연동되어 있듯이, 구직촉진수당도 수급자의 실질적인 생계 안정에 기여할 수 있도록 지급 수준 결정에 대한 준칙을 만들어 운영하는 방식이 논란 해소에 도움이 될 것으로 보인다.

셋째, **제도 운영방식에 대한 개선**이 필요하다. 현재 국민취업지원제도는 고용복지플러스센터에서 기본적으로 운영하고 있지만, 민간위탁 방식도 병행하고 있다. 고용노동부의 '2023년도 국민취업지원제도 민간위탁 사업자 모집공고'를 보면 2023년에 민간위탁 규모로 19.5만 명을 책정하고 있으며, 위탁 대상으로는 1유형의 청년 특례(14만 명)와 2유형(5.5만 명)을 포함하고 있다.

최초 국민취업지원제도 설계 시에는 고용복지플러스센터에서 일괄 운영하는 방식을 추진하였으나, 이 경우 공무원 증원 규모가 과도하게 커진다는 우려가 있어서 중도에 일부 민간 위탁으로 전환되었다. 고용복지플러스센터에서 직접 운영하는 방식과 민간 위탁으로 운영하는 방식에 대한 엄밀한 성과평가를 통해 최적의 사업 운영방식을 선택할 필요가 있다.

4. 추가적인 고려사항

이상에서 살펴본 고용정책의 다양한 정책 수단들은 기본적으로 그 기능에 초점을 맞춰 분류한 것이다. 이러한 기능들이 원하는 성과를 얻기 위해서는 다양한 관점이 부가적으로 고려되어야 한다. 대표적으로 지역, 산업, 정책 대상과 같은 변수들이 개입될 때 고용정책 수단이 어떻게 변용되어야 할 것인지에 대한 고민이 필요하다. 아래에서는 각각의 변수가 어떤 정책적 함의가 있는지 살펴보도록 하겠다.

지역

고용상황은 지역별로 편차가 크다. 지역마다 인구구조의 특성이 다르고, 핵심 업종의 종류가 다르므로 지역별 고용상황도 다르게 나타날 수밖에 없다. 중앙부처 중심의 고용정책은 전국을 단일 권역으로 상정하고 정책을 수립하다 보니 지역의 특성을 감안하여 차별화된 정책을 추진하기 쉽지 않다.

예를 들어 구직급여 제도를 설계할 때 전국에 동일하게 적용되도록 구직급여 수급 요건과 수급액이나 수급 기간을 정하여 운영하게 된다. 이는 암묵적으로 전국의 고용상황이 유사할 것이라는 전제에서 출발하게 된다. 따라서, 현실적으로 지역별 고용 상황에 편차가 크게 나타나면 구직급여의 효용성은 떨어질 수밖에 없다. 논리적으로는, 고용상황이 평균보다 더 어려운 지역에서는 일자리를 구하기가 어려워지므로 구직급여 수급 기간을 더 길게 설정하는 것이 적절할 것이다.

또 다른 예로, 소프트웨어 직업훈련을 생각해 보자. 소프트웨어 인력이 부족해서 각 지역별로 직업훈련을 실시하도록 추가로 예산을 확보하고 지원계획을 발표하지만, 실제 소프트웨어 직업훈련은 수도권 중심으로 운영된다. 수도권에 IT 관련 기업들이 많고, 직업훈련 시설과 강사도 집중되어 있기 때문이다. 지방에 있는 청년들은 거주 지역에 이러한 훈련과정이 없어서 훈련을 받기 위해서는 수도권으로 와야 하는 상황에 놓이게 된다.

이처럼 전국 단위의 동일한 사업을 추진하더라도 실제 지역별 사업 활용도는 크게 차이가 발생하게 된다. 따라서, 전국 어디에서나 직업훈련에 동등하게 접근할 기회를 보장하기 위해서는, 직업훈련 인프라가 수도권에 편중된 현실을 개선할 방안을 병행해야 하는 것이다.

'지역' 변수를 기능별 정책 수단과 결합해서 고용정책 사각지대를 해소하고 정책의 효과를 높이기 위해서는 지역 고용에 대한 지속적인 모니터링과 이에 기초한 대안 마련 노력이 필요하다. 이러한 맥락에서 고용정책기본법 제9조와 제9조의2에서 시·도

지사로 하여금 지역고용정책기본계획을 수립하도록 규정하고 있고, 지방자치단체의 장에게 지역 일자리창출 대책을 수립하도록 명시하고 있다.

아울러, 고용정책기본법 제32조와 제32조의2에서는 '고용위기지역'과 '고용재난지역'제도를 두고 고용노동부장관이 특별한 고용대책을 수립·지원하도록 규정하고 있다. 이에 더하여, 2006년 도입한 고용노동부의 '지역산업맞춤형 일자리 창출 지원사업'이나 2010년부터 시행하고 있는 '지역 일자리 목표 공시제'와 같은 사업은 중앙부처와 지방자치단체의 협업을 통한 고용대책 운영을 지원하기 위한 정책 수단으로 활용되고 있다.

그간의 지역별 특성화된 고용정책 추진을 위한 노력으로 이제 각 지역별로 고용정책을 추진할 조직과 기본적 프로그램은 확보하게 되었다. 그러나 여전히 지역 단위에서 고용정책에 대한 전문가가 부족한 실정이고, 중앙부처 고용정책도 여전히 각 지역의 특수성을 반영하는 데 한계를 보인다.

향후 지역의 특성을 감안한 고용정책 활성화를 위해서는 일차적으로 중앙부처의 고용정책을 지역 관점에서 분석해서 지역의 특성을 가미할 수 있는 방식으로 변용할 수 있는 노력이 중요하다. 중앙부처 일자리사업 규모가 연간 30조 원을 넘어선 상황이므로 이를 더 효율적으로 활용하기 위해서는 지역 관점이 무엇보다 유용할 수 있다는 사실을 간과해서는 안 될 것이다.

아울러 유사한 지역을 유형화해서 접근하는 방식도 발전시킬 필요가 있다. '고용위기지역' 제도를 운영한 경험을 살려서, 지역 고용의 특성을 유형화해서 동일 유형별로 사업을 패키지 형태로 지원하는 방식도 유용할 수 있을 것이다. 독일, 이탈리아, 스웨덴 등 EU의 여러 나라와 미국, 일본 등에서도 지역 주도의 다양한 일자리정책 사례가 나오고 있으므로 이를 발전시켜 나갈 필요가 있다.[18]

 참고   지역산업맞춤형 일자리 창출 지원 사업 개요

▍사업목적: 자치단체가 지역 및 산업별 특성에 맞는 고용계획의 수립, 일자리 창출 및 일자리 질 개선 등 일자리사업을 발굴, 추진할 수 있도록 지원

---

18 지역 일자리정책 관련 외국 사례는 조돈문 외(2018)를 참고하기 바란다.

> ▌ 지원대상: 자치단체
>
> ▌ 사업내용
> · 지역혁신프로젝트: 지역의 핵심 일자리 문제 해결을 위해 지역 내 다양한 인적·물적 자원을 활용하여 지역의 종합적인 일자리 창출 및 일자리 질 개선을 지원하는 사업 (광역자치단체)
> · 고용안정 선제대응 패키지 지원사업: 고용위기가 예상되는 지역을 대상으로 자치단체 주도로 고용안정에 선제적으로 대응할 수 있도록 지원하는 사업(광역·기초자치 단체 컨소시엄)
> · 고용위기 대응 지원사업: 고용위기지역의 고용회복 지원 및 고용위기지역 지정 종료에 따른 지원중단 충격을 완충하기 위해 해당 자치단체를 지원하는 사업(광역·기초 자치단체 컨소시엄)
> · 지역형 플러스 일자리 사업: 중앙정부 일자리사업과 연계하여 지역·산업별 특성(고용상황·인력수요)에 따라 지원범위·수준·내용을 우대 지원하는 사업(광역자치단체, 광역·기초 자치단체 컨소시엄)

* 출처: '2023 한 권으로 통하는 고용노동 정책', 고용노동부, 2023. (2023년 기준 자료임을 유의)

산업

고용정책의 현실 적합성을 높이기 위해서는 산업별 특성을 간과해서는 안 된다. 동일한 정책 수단이라고 하더라도 각 산업이 지닌 특수성에 따라 정책 효과는 큰 편차를 보일 수 있다.[19]

예를 들어, 고용장려금은 대부분의 경우 특정 취업 취약계층을 채용하는 경우 임금의 일부를 보조하는 방식으로 설계된다. 그런데, 채용 기업의 특성에 대해서는 크게 고려하지 않는다. 정책적으로 지원금을 주는 게 적절치 않은 유흥업 등을 제외하거나 대규모 기업에 비해 중소기업을 우대해 주는 정도가 정형화된 방식이다. 업종의 특성에 대해서는 거의 고려가 되지 않는 것이다.

따라서 구인난을 겪고 있는 금형, 염색, 도금 등 전통 제조업의 경우 취업자

---

19 사실 그간의 고용정책에 포함된 여러 제도와 사업을 보면, 업종 간 유사한 정책 환경을 암묵적으로 전제하고 만들어진 경우가 많다. 특히 제조업의 집단화된 생산시스템을 모델로 설계된 측면이 강하다.

를 확보하는 것만으로도 만족할 수 있는 상황인데, 고용장려금까지 받게 되는 상황이다. 고용장려금의 문제점으로 지적되는 사중손실이 발생하는 대표적 사례이다.

전통 제조업의 고용을 확대하기 위해서는 이 업종에 취업하려는 구직자에게 인센티브를 제공하거나 고용서비스를 확대하는 방식이 더 유효할 수 있는 것이다. 이처럼 산업의 특성을 감안하면 각 정책 수단의 실제 효과를 높이는 데 기여할 수 있게 된다.

현재 산업별 특수성을 감안한 고용정책으로 '특별고용지원업종' 제도를 운영하고 있다. 이 제도는 고용정책기본법 제32조에 근거를 두고 있으며, 국내외 경제사정의 변화 등으로 고용이 급격히 악화되거나 악화될 우려가 있는 업종을 특별고용지원업종으로 지정하여 특별한 지원을 할 수 있도록 규정하고 있다.

2016년 조선업 경기침체에 따른 고용불안으로 조선업을 특별고용지원업종으로 지정한 바 있으며, 코로나19 팬데믹으로 인하여 2020년 이후에는 여행업, 관광숙박업, 관광운송업, 공연업 등 15개 업종을 특별고용지원업종으로 지정하여 지원하였다. 이처럼 심각한 고용위기에 처한 산업에 대한 고용정책 차원의 특별한 지원제도는 있지만, 평상시에 업종별 특성을 감안한 차별화된 고용정책은 많지 않은 상황이다.

예외적인 업종은 건설업이다. 건설업은 수주산업의 특성상 다단계 원·하청 구조와 일용근로자 비중이 높은 특성이 있어서 일찍부터 별도의 산업 차원의 고용정책이 강구되었다.

1996년 「건설근로자 고용개선 등에 관한 법률」을 제정하여 퇴직금 규정을 적용받기 어려운 건설근로자에게 건설퇴직공제금을 신설하였고, '건설근로자공제회'라는 기관을 설립하여 건설근로자의 직업능력 향상, 취업알선, 근로복지 향상 등을 위한 사업을 운영하고 있다.

건설업 사례를 벤치마킹하여 고용 안정이 취약한 업종이나 구조적으로 인력 부족을 겪는 업종 등 정부의 적극적인 개입과 역할이 필요한 업종에 대해서는 산업별 고용정책을 강화해 나갈 필요가 있다.

정책 대상

정책 대상별 특성에 따라 맞춤형 고용정책이 필요하다는 점에 대해서는 많은 사람이 공감하고 있고, 실제 고용정책에서도 많이 활용되고 있는 방식이다. 대표적으로 청년, 고령자, 경력단절 여성, 장애인 등에 대한 정책은 별도의 정책 집행 조직을 구축하여 발전하고 있다.

정책 대상을 기준으로 접근할 때 몇 가지 유의할 측면이 있다. 먼저 정책 대상별로 별도의 정책을 만들다 보면 다른 정책 대상과의 균형감각을 상실할 가능성이 있다. 특히, 정책 조직이 정책 대상별로 편제되어 있으면 자신들이 담당하는 정책 대상만을 쳐다보고 정책을 기획하게 되어 다른 정책 대상보다 더 좋은 조건으로 더 많이 지원해 주려는 경향이 생긴다.

예를 들어, 고용장려금을 설계할 때 청년고용정책을 추진하는 조직에서는 청년 채용 시 가장 많은 장려금을 주는 방향으로 설계한다. 정책 대상별로 다 비슷한 경향을 보인다. 이러한 상황은 자칫하면 노동시장을 왜곡할 수가 있다. 사업주 입장에서는 이왕이면 고용장려금을 많이 받으면서 채용하고 싶은 마음이 있다 보니, 같은 조건이면 고용장려금을 많이 받을 수 있는 구직자를 채용하게 되는 것이다.

실제 문재인 정부에서 시행한 '청년추가고용장려금'은 가장 파격적으로 설계되어서 사업주는 가능하다면 청년을 채용하려는 유인이 작동되었다. 청년 고용정책 측면에서는 원하는 목적을 달성했다고 볼 수 있지만, 풍선효과가 생겨서 청년이 아닌 취업 취약계층이 주로 대상이 되는 '고용촉진장려금'은 활용도가 낮아졌다. 더 취약한 정책 대상에게 더 많은 정책적 지원을 하는 것이 바람직하다면 이 같은 현상은 자원 배분의 왜곡을 초래한 것으로 비판받을 수 있을 것이다.

둘째, 정책 대상을 더 구체적으로 설정할 필요가 있다. 대표적으로 청년 고용정책의 경우 청년층을 모두 정책 대상으로 삼고 고용정책을 추진할 수도 있지만, 청년층 내에서도 취업 능력과 의지의 편차가 매우 크다는 점을 감안하면 더 정책 대상을 좁혀서 특화된 대책을 추진할 필요가 있다.

청년층 중에서도 대학 비진학 청년, 고졸 청년, 청년 NEET족, 장기 구직 청년 등은 우선적인 정책 지원이 필요한 대상이다. 전체 청년을 대상으로 하는 범용 청년고용대책도 필요하지만, 취약 청년을 선별하여 특화된 정책적 지원을 강화하는 방향이 고용정책 전반의 효율성 제고에도 도움이 될 것이다.

셋째, 새롭게 추가될 정책 대상을 발굴해야 한다. 노동시장 상황은 지속해서 변화하기 때문에 노동시장에 대한 지속적인 모니터링을 통해 새롭게 집중적인 지원이 필요한 정책 대상은 없는지 살펴봐야 한다.

우선적으로 관심을 가질 대상으로 '근로빈곤층'을 들 수가 있다. 국민기초생활보장제도의 조건부수급자나 차상위계층의 범주를 포함해서 일할 능력과 의사를 지니고 있지만 취업과 실업을 빈번하게 반복하면서 빈곤의 틀에서 벗어나지 못하는 근로빈곤층은 다른 모든 인적 특성을 떠나서 우선적인 고용정책 대상이라는 점에는 이론이 없다. 그러나, 위에서 언급한 정책 대상의 범주에서는 40~50대 근로빈곤층은 정책의 사각지대에 놓일 가능성이 크다. 근로빈곤층이 주된 수혜대상이 될 국민취업지원제도, 근로장려세제(EITC), 두루누리 사업 등을 포함하여 근로빈곤층의 특성에 기반하여 정책의 빈 영역을 채워 나가는 노력이 필요하다.

이외에도 고용 형태의 다양화 추세를 반영하여 플랫폼종사자, 특수형태근로종사자, 프리랜서 등과 같이 비중이 커지고 있는 영역은 특별한 관심과 대책 마련이 절실하다.

제 5 장

고용정책의 과정

고용정책을 제대로 이해하기 위해서는 크게 고용정책의 두 가지 측면에 대한 이해가 필요하다. 고용정책의 '내용(contents)'과 '과정(process)'이 바로 그것이다. 일찍이 저명한 미국의 정책학자인 해럴드 라스웰(Harald Lasswell)이 정책학은 정책의 '내용'과 '과정'에 대한 학문이라고 언급한 것과 같은 맥락이라 할 수 있다.

정책 내용은 언론 등을 통해서 국민에게 알려지기 때문에, 누구라도 고용정책에 관심을 지닌 사람이라면 어렵지 않게 접근해서 알 수 있다. 그러나, 정책 과정은 대부분 국민에게 쉽게 노출되지 않는 다양한 의견 수렴과 정책 조율을 포함한 공식, 비공식적인 행정 내부와 외부의 절차를 포함하고 있어서 정확한 이해가 쉽지 않은 특징이 있다.

또한, 동일한 정책 과정이더라도 그 과정에 참여하는 정책 이해관계자 개개인의 특성에 따라 전혀 다른 역학 관계 속에서 정책이 결정되기도 하므로, 정책 과정은 그 과정에 참여하는 정책 참여자와 정책 참여자 간의 관계에 대한 이해가 추가될 때 더욱 정밀해질 수 있다.[1]

1. 고용정책의 참여자 및 정책 네트워크

고용정책에 대한 이해를 높이기 위해서는 고용정책은 누구에 의해, 어떤 과정을 거쳐 만들어지고 집행되는지 알 필요가 있다. 이를 위해 고용정책 과정에 참여하는 주요한 참여자와 법령 등에 의해 구성·운영하도록 되어 있는 고용 관련 회의체에 대한 이해가 필요하다.

아울러, 고용정책 참여자 간의 관계는 입체적이며 동태적이라는 측면을 감안할 때, 고용정책 참여자 간의 관계를 분석하는 정책 네트워크에 대한 이해도 매우 중요하다. 아래에서는 중앙부처 고용정책 과정을 중심으로 고용정책의 참여자, 회의체, 네트워크를 차례대로 살펴보고자 한다.

---

1 정책 과정에 대한 주요 이론에는 다중흐름 모형(Multiple Streams Framework), 단절적 균형 모형(Punctuated Equilibrium Framework), 정책옹호연합 모형(Advocacy Coalition Framework) 등이 있으며, 이들 이론에 대한 자세한 내용은 Sabatier(2017)를 참고하기 바란다.

고용정책의 참여자

고용정책의 전체 과정에 관여하는 정책 참여자는 매우 다양하며, 정책 이슈에 따라 가변적이다. 정정길 외(2020)는 정책 과정의 공식적 참여자로 의회, 대통령, 행정기관, 사법부를 포함하고 있으며, 비공식참여자로는 정당, 이익집단, NGO, 언론매체, 정책전문가·정책공동체·싱크탱크, 일반시민과 여론을 언급하고 있다. 이를 좀 더 일반화해서, 고용정책 과정에서 의미 있는 역할을 담당하는 정책 참여자를 일곱 가지 집단으로 유형화해서 살펴보고자 한다.

① 행정부

행정부의 각 기관 중에서 고용정책 과정에 참여하는 유형은 크게 세 가지 유형으로 나눠볼 수 있다. 첫 번째 유형은 법령 등에 근거하여 직접적으로 고용정책을 결정하고 운영하는 주체로 설정된 중앙부처이다. 고용정책의 주무 부처는 부처 명칭에서 알 수 있다시피 부처명에 '고용'이 포함된 유일한 부처인 '고용노동부'가 담당하고 있으며, 이외에 각종 고용정책에 비중 있게 참여하는 중앙부처로 교육부, 중소벤처기업부, 산업통상자원부, 보건복지부, 여성가족부 등이 포함된다.

물론 사안에 따라서는 과학기술정보통신부(IT인력 양성), 법무부(외국인력정책), 국가보훈처(제대군인 및 국가유공자 고용정책), 통일부(북한이탈주민 고용정책) 등이 관여한다.

두 번째 유형은 정책 조정기능을 지닌 기관이 있다. 대통령실, 국무조정실, 기획재정부 등이 대표적인 기관이며, 이들 기관은 국정 전반을 모니터링하면서 필요 시 개입하는 역할을 한다. 국무회의, 차관회의, 경제관계장관회의 등의 회의체를 활용하는 경우가 많다.

세 번째 유형으로 정부업무평가와 감사 기능을 통해 고용정책에 영향을 미치는 기관이 있다. 국무조정실 주관의 정부업무평가와 감사원의 정책감사는 고용정책의 주요 사업들이 효과적으로 운영되었는지 그리고 적법한 절차에 따라 부작용 없이 추진되었는지를 보여주는 역할을 하며, 그 결과에 따라 고용정책은 영향을 받을 수밖에 없다.

② 국회

국회는 입법 활동, 예산 및 결산 의결, 국정감사, 상임위원회 활동 등의 과정에서 고용정책에 영향을 미친다. 국회는 국회의원이 직접 참여하는 상임위원회 등 위원회 조직과 국회의원의 활동을 지원하는 국회사무처 소속의 입법조사처, 예산정책처 등이 포함되어 있다.

고용정책과 관련해서는 주로 고용노동부를 관장하는 환경노동위원회에서 관여하게 되고 타 중앙부처도 각기 소관 상임위원회에서 관여한다. 법제사법위원회는 입법 과정에서 본회의 부의 전에 필수적으로 거쳐야 하게 되므로 이 과정에서 관여하는 경우가 있으며, 예산결산특별위원회는 고용정책 관련 예산 및 결산의 심의·의결 과정에서 고용정책에 영향을 미친다.

국회사무처도 중요한 역할을 한다. 일차적으로 환경노동위원회 운영을 지원하는 입법조사관은 입법 과정에서 검토의견을 내는 등의 방식으로 영향력을 행사하며, 고용 관련 예산에 대해서 예산정책처에서 검토보고서를 만들면서 정책방향에 영향을 미친다.

③ 정당

정당은 정권 획득을 목적으로 구성된 결사체로서 크게 정권을 창출한 여당과 정권을 창출하지 못한 야당으로 나뉜다. 여러 정당 중에서 정권을 창출한 여당의 역할이 가장 크다. 여당은 당정 협의 등의 방식을 통해 여당과 행정부 간 의견을 조율하며, 다양한 공식·비공식 과정을 통해 여당이 행정부의 고용정책을 지원하거나 고용정책의 개선방안을 제기하기도 한다. 특히, 여당의 정책조정위원회에서 적극적으로 중개 역할을 한다.

야당은 행정부 기능을 견제하는 역할을 주로 담당하게 된다. 특히, 야당이 국회 과반수를 확보하게 되면 주요 입법 추진과정에서 결정적인 역할을 하게 된다. 다만, 고용정책의 경우 상대적으로 정치적으로 민감한 이슈가 많지 않아 입법 과정에서 여야 간 첨예하게 대립하는 사례는 많지 않으나, 야당이 법안 처리에 소극적으로 대처하여 입법이 지연되는 등의 문제가 발생하기도 한다.

④ 고용 유관 공공기관

고용정책이 기관의 고유업무로 포함된 공공기관은 고용정책 과정에 필수적인 참여자가 된다. 대표적인 고용 유관 공공기관으로는 한국고용정보원, 한국산업인력공단, 근로복지공단, 건설근로자공제회, 한국장애인고용공단, 한국잡월드, 한국사회적기업진흥원, 한국폴리텍대학, 노사발전재단, 중소기업진흥공단 등이 포함된다. 중소기업진흥공단을 제외하면 대부분 고용노동부 산하기관이다.

이들 기관은 위임된 범위 내에서 정책을 직접 기획하고 실행하는 역할을 담당한다. 이 과정에서 관리·감독기관인 소속 중앙부처와 적극적인 소통이 이루어진다.

또한, 공공기관은 기획재정부가 관장하는 「공공기관 운영에 관한 법률」의 규율을 받게 되며, 이에 따라 매년 '공공기관 경영평가'를 통해 사업의 효과성 등을 검증받는다. 이 과정에서 공공기관이 수행하는 사업의 방향이나 규모 및 세부 내용이 영향을 받게 된다.

⑤ 노사단체 및 이익집단

고용정책의 영향을 직접적으로 받게 되는 노사를 대표하는 노사단체는 고용정책 과정에서 주요한 정책 참여자이다. 한국노동조합총연맹(한국노총), 전국민주노동조합총연맹(민주노총) 등이 근로자 의견을 대변하고 있고, 한국경영자총협회(경총), 대한상공회의소(대한상의), 전국경제인연합회(전경련) 등이 기업의 의견을 대변한다.

고용정책의 특성상 아직 취업하지 못한 구직자가 주된 정책 대상이다 보니 노동계의 경우 근로자와 구직자에 대한 정부 지원을 확대하는 방향으로 의견을 내는 경우가 많으며, 사용자단체는 사업주에게 부담되는 이슈(예. 장애인 의무고용 확대, 육아휴직 기간 확대 등)에 대해서는 방어하면서 사업주에 대한 고용장려금 등 지원 확대를 통한 일자리 창출에 긍정적이다.

고용정책 이슈의 성격에 따라 다양한 이익집단이 정책 과정에 참여한다. 예를 들어, 장애인 고용정책에는 장애인단체, 여성 고용정책에는 여성단체, 청년 고용정책에는 청년 단체 등이 적극적으로 의견을 내면서 참여한다. 다만, 상대적으로 타 정책에 비해 이익집단의 영향력은 크지 않은 편이다. 가장 큰 정책 대상이 실업자 또는 구직자이지만, 전적으로 구직자를 대변하기 위해 조직된 이익집단은 드물다.

⑥ 전문가 및 언론기관

고용정책 관련 전문가의 참여도 활발하다. 대표적으로 국책연구기관인 한국노동연구원, 한국고용정보원, 한국직업능력연구원, 한국개발연구원, 중소벤처기업연구원 등의 소속 연구위원이 전문가로서 가장 큰 역할을 하고 있으며, 민간경제연구기관의 전문가도 참여하는 경우가 있다. 이와 함께, 대학교에서 노동경제, 인적자원개발, 노동법 등을 담당하는 교수들도 적극적으로 참여한다.

또한, 언론기관도 고용정책 과정에서 다양한 역할을 한다. 고용노동부 등 고용정책을 담당하는 중앙부처 출입 기자는 해당 부처의 정책 동향을 잘 파악할 수 있는 위치에 있으며, 여론 등을 반영하여 고용정책에 대한 문제를 제기하거나 정책 효과를 분석하는 등 다양한 방식으로 고용정책에 영향을 미친다.

⑦ 집행기관

고용정책 집행을 담당하는 고용복지플러스센터를 중심으로 한 공무원 조직과 공공기관의 집행 조직, 그리고 민간 위탁방식으로 고용정책을 집행하고 있는 많은 민간 고용서비스 전문기관은 고용정책 과정에서 실제 정책이 의도한 대로 집행되고 있는지 가장 잘 알 수 있는 위치에 있다. 이들 기관은 집행과정에 참여하면서 정책 개선 의견을 포함하여 정책의 효과 제고를 위한 개선방안을 적극적으로 제기한다.

고용정책 관련 주요 회의체

고용정책 추진을 위해 법령에서 법정 회의체를 두도록 규정하고 있거나 법상 명시적 근거는 없더라도 필요에 따라 회의체를 운영하기도 한다. 이들 회의체는 다양한 이해관계자가 공식적으로 의견을 제시할 수 있는 의사소통의 통로 역할을 담당하기도 하며, 특히 주요 법정 회의체는 의결 기능을 지니고 있으므로 정책의 법적 효력 발휘를 위해 필수적인 역할을 담당한다. 아래에서는 고용정책 관련 주요 법정 회의체를 중심으로 살펴보고자 한다.

① 고용정책심의회

고용정책심의회는 고용정책기본법 제10조에 근거를 두고 있으며, 고용정책에 대한 주요 사항을 심의하는 가장 주된 회의체이다. 법에 따라 고용노동부 장관이 위원장을 맡고 있으며, 노사단체, 고용 관련 주요 연구기관장, 전문가, 고용 관련 정부 부처 차관 등을 포함한 30인 이내로 구성된다.

주요 심의 사항으로는 고용정책기본계획, 장애인고용기본계획, 사회적기업육성기본계획, 근로복지증진기본계획 등 고용 관련 주요 중장기 기본계획과 재정지원 일자리사업 효율화 방안, 고용영향평가, 특별고용지원업종 및 고용위기지역 지정 및 지정 해제, 주요 고용 및 실업대책 등이 포함된다.

고용정책심의회 아래에는 각 분야별 '전문위원회'를 둘 수 있도록 규정되어 있으며, 고용정책기본법 시행령 제7조는 지역고용전문위원회, 고용서비스전문위원회, 사회적기업육성전문위원회, 적극적고용개선전문위원회, 장애인고용촉진전문위원회, 가사근로자고용개선전문위원회, 건설근로자고용개선전문위원회, 직업능력개발전문위원회 등 8개 전문위원회들 두도록 규정하고 있다. 고용정책심의회의 심의사항을 전문위원회에 위임하여 심의할 수 있도록 하여 효율적인 회의체 운영을 도모하고 있다.

고용정책심의회가 포괄하는 범위가 방대하므로 각 전문위원회의 내실 있는 운영이 중요하며, 고용정책심의회의 안건도 고용노동부 이외 여러 부처의 고용 관련 안건이 논의될 수 있도록 관계부처의 관심과 적극적인 안건 발굴 노력이 필요하다.

 참고 　　　　　　　　　　　　　　**고용정책심의회의 심의사항**

1. 제6조제1항에 따른 시책 및 제8조제1항에 따른 기본계획의 수립에 관한 사항
2. 인력의 공급구조와 산업구조의 변화 등에 따른 고용 및 실업대책에 관한 사항
3. 제13조에 따른 고용영향평가 대상의 선정, 평가방법 등에 관한 사항

4. 제13조의2에 따른 재정지원 일자리사업의 효율화에 관한 사항

4의2. 제32조제4항 및 제5항에 따른 특별고용지원업종 또는 고용위기지역의 지정 및 지정 해제에 관한 사항

5. 「사회적기업 육성법」에 따른 다음 각 목의 사항

　가. 「사회적기업 육성법」 제5조에 따른 사회적기업육성기본계획

　나. 「사회적기업 육성법」 제7조에 따른 사회적기업 인증에 관한 사항

　다. 그 밖에 사회적기업의 지원을 위하여 필요한 사항으로서 대통령령으로 정하는 사항

6. 「남녀고용평등과 일·가정 양립 지원에 관한 법률」 제17조의8 각 호의 사항

7. 「장애인고용촉진 및 직업재활법」에 따른 다음 각 목의 사항

　가. 「장애인고용촉진 및 직업재활법」 제7조제1항에 따른 장애인의 고용촉진 및 직업 재활을 위한 기본계획의 수립에 관한 사항

　나. 그 밖에 장애인의 고용촉진 및 직업재활에 관하여 위원장이 회의에 부치는 사항

8. 「근로복지기본법」 제8조 각 호의 사항

8의2. 「가사근로자의 고용개선 등에 관한 법률」 제20조 각 호의 사항

9. 관계 중앙행정기관의 장이 고용과 관련하여 심의를 요청하는 사항

10. 그 밖에 다른 법령에서 정책심의회의 심의를 거치도록 한 사항 및 대통령령으로 정하는 사항

* 출처: 고용정책기본법 제10조 제2항.

② 지역고용심의회

고용정책기본법 제10조는 시·도 단위로 지역고용심의회를 두도록 규정하고 있으며, 동법 시행령은 시·군·구에도 필요시 '시·군·구 고용심의회'를 둘 수 있도록 하고 있다. 고용정책기본법 시행령 제13조에서 제20조에 걸쳐 지역고용심의회의 구성, 심의사항 등을 포함하여 지역고용심의회 관련 사항을 자세히 규정하고 있다.

지역고용심의회는 해당 광역지방자치단체의 장을 위원장으로 20인 이내의 위원으로 구성되며, 위원은 근로자 대표 및 사용자 대표, 전문가, 관련 공무원 등이 포함된다. 해당 지역의 지역고용정책기본계획 수립·시행과 고용촉진, 직업능력개발, 실업대책 관련 중요 사항을 심의한다.

지역고용심의회는 지방자치단체장의 의지에 따라 활성화 정도에 편차가 매

우 큰 편이다. 지역 단위 일자리 문제에 대한 관심과 대책 추진을 위해서는 지역의 고용 관련 주체들이 적극적으로 참여할 수 있도록 유인책을 확대하고 우수 사례를 확산하는 노력이 중요하다.

③ 고용보험위원회

고용보험위원회는 고용보험법 제7조에 근거를 두고 있으며, 고용보험 제도의 중요 사항을 심의·의결하는 회의체이다. 고용노동부 차관을 위원장으로 근로자 대표, 사용자 대표, 공익 대표, 정부 대표 등이 참여하는 노·사·공·정 4자 위원회로 구성된다. 고용정책의 주요한 정책수단이 고용보험 제도에 집중된 점을 감안할 때, 고용정책 과정에서 고용보험위원회가 담당하는 역할은 매우 중요하다고 평가할 수 있겠다.

고용보험료율 결정을 포함하여 고용보험기금 운영계획 수립 및 결산, 보험사업 평가 및 제도 개선 등 고용보험 제도 관련 핵심사항은 고용보험위원회의 심의를 받도록 규정되어 있다. 고용보험은 근로자와 사업주의 보험료 수입을 주된 재원으로 운영되므로 주요 노사단체가 근로자 대표와 사용자 대표로 참여하여 고용보험 제도 운영에 관여하게 된다. 고용보험위원회 운영의 효율성 제고를 위해 고용보험전문위원회를 둘 수 있도록 하여 실무적인 의견 수렴과 조율 과정을 거치도록 하고 있다.

 참고 　　　　　　　　　　　　　　　　　　　**고용보험위원회의 심의사항**

> 1. 보험제도 및 보험사업의 개선에 관한 사항
> 2. 고용산재보험료징수법에 따른 보험료율의 결정에 관한 사항
> 3. 제11조의2에 따른 보험사업의 평가에 관한 사항
> 4. 제81조에 따른 기금운용 계획의 수립 및 기금의 운용 결과에 관한 사항
> 5. 그 밖에 위원장이 보험제도 및 보험사업과 관련하여 위원회의 심의가 필요하다고 인정하는 사항

* 출처: 고용보험법 제7조 제2항.

④ 고용보험심사위원회

「고용보험법」 제99조는 고용노동부에 고용보험심사위원회를 설치하도록 규정하고 있으며, 고용보험심사위원회는 근로자 대표, 사용자 대표 각 1인 이상을 포함한 15인 이내로 구성된다.

고용보험심사위원회는 상설기구로 운영되며 일종의 행정심판위원회의 성격을 지니고 있다. 즉, 「고용보험법」 제87조는 '(고용보험법) 제17조에 따른 피보험자격의 취득·상실에 대한 확인, 제4장의 규정에 따른 실업급여 및 제5장에 따른 육아휴직 급여와 출산전후휴가 급여등에 관한 처분[이하 "원처분(原處分)등"이라 한다]에 이의가 있는 자는 제89조에 따른 심사관에게 심사를 청구할 수 있고, 그 결정에 이의가 있는 자는 제99조에 따른 심사위원회에 재심사를 청구할 수 있다'라고 규정하고 있으므로 고용보험심사관의 처분에 대한 재심사를 통해 '특별행정심판위원회'로서의 기능을 수행하게 된다.

 참고   **고용보험심사위원회의 재심사 청구 대상**

1. 피보험 자격의 취득·상실에 대한 확인
2. 고용보험 수급자격 인정과 관련한 처분
3. 실업인정과 관련한 처분
4. 조기재취업수당과 관련한 처분
5. 실업급여 부정수급과 관련한 처분
6. 육아휴직 및 출산전후 휴가 급여와 관련한 처분
7. 국민취업지원제도 수급자격 및 구직촉진수당지급 등에 관련한 처분

* 출처: 고용보험심사위원회 누리집(eiac.ei.go.kr).

고용보험심사위원회의 재심사 청구 대상은 고용보험 피보험자격 취득·상실, 고용보험 수급자격 인정 등과 관련한 처분 등이 포함되며, 2022년 국민취업지원제도 도입에 따라 '국민취업지원제도 수급자격 및 구직촉진수당지급등에 관련한 처분'에 대한 재심사도 고용보험심사위원회에서 다루도록 하여 재심사 범위를 확장했다.[2]

⑤ 국가기술자격정책심의회

국가기술자격정책심의회는 「국가기술자격법」 제6조에 근거하여 국가기술자격
제도에 대한 중요 사항을 심의하기 위하여 구성·운영하고 있으며, 고용노동부
장관을 위원장으로 관계부처 차관과 기술자격 관련 전문가, 노사단체 관계자
등을 포함하여 30명 이내의 위원으로 구성된다.

국가기술자격정책심의회의 효율적인 운영을 위하여 전문위원회를 둘 수 있으
며, 동법 시행령은 '제도발전 전문위원회', '기술사 제도발전 전문위원회', '세부
직무분야별 전문위원회' 등 3개의 전문위원회를 구성하도록 규정하고 있다.

 참고   국가기술자격정책심의회의 심의 대상

1. 기본계획의 수립에 관한 사항
2. 제3조에 따른 국가 등의 책무 중 주요 시책에 관한 사항
3. 제7조에 따른 국가기술자격 정보체계의 구축 등에 관한 사항
3의2. 제10조에 따른 교육·훈련과정 이수 및 평가를 통하여 국가기술자격을 취득할
    수 있는 자격종목의 선정 및 교육·훈련과정의 지정에 관한 사항
4. 국가기술자격의 등급·직무분야 및 종목의 신설·변경 및 폐지에 관한 사항
5. 국가만이 검정(檢定)할 수 있는 국가기술자격의 종목의 확정 등에 관한 사항
6. 국가기술자격의 국가 간 상호 인정에 관한 사항
7. 제23조제2항에 따른 권한의 위탁에 관한 사항
8. 제24조에 따른 수탁기관에 대한 평가에 관한 사항
9. 그 밖에 국가기술자격제도를 효율적으로 운영하기 위하여 고용노동부장관이 필요하
    다고 인정하는 사항에 관한 사항

* 출처: 국가기술자격법 제6조 제2항.

국가기술자격정책심의회는 국가기술자격 신설·변경·폐지 등 국가기술자격제도
의 핵심적인 사항에 대해 심의한다. 그간 국가기술자격정책심의회는 전문위원회

---

2 국민취업지원제도 관련 처분에 대한 이의신청에 대해서는 별도의 행정심판기구를 설치하는 것
   이 합리적이겠으나, 일단은 행정의 효율성과 편의성을 위해 고용보험심사위원회가 그 기능을 담
   당하는 것으로 조정되었다. 향후 국민취업지원제도 관련 행정심판의 업무량 등을 감안하여 독립
   기구로 분리할 필요성을 판단할 필요가 있다.

중심으로 운영되었으며, 2022년 이전 3년간 본회의를 대면 개최한 실적이 없는 점은 아쉬운 부분이다.

⑥ 청년고용촉진특별위원회

청년고용촉진특별위원회는 「청년고용촉진특별법」 제4조에 근거하여 청년고용촉진에 관한 주요 사항을 심의·평가하기 위하여 설치토록 되어 있으며, 동법 시행령은 고용노동부 장관을 위원장으로 하여 관계부처 차관, 사업주단체 대표, 교육단체 대표, 청년고용 관련 전문가 등을 포함하여 25인 이내로 구성하도록 규정하고 있다.

청년고용촉진특별위원회는 청년고용촉진을 위한 대책 수립, 청년고용촉진을 위한 국가와 지방자치단체 간의 협력, 청년고용촉진을 위한 산·학·관 협력, 공공기관의 청년고용의무 관련 공공기관 및 지방공기업의 청년 미취업자 채용 실적 등을 심의한다.

이상의 고용정책 관련 특화된 법정 회의체 이외에 정부 정책 조정을 위한 일반 회의체가 있다. 대표적으로, 정부 주요 정책은 차관회의를 거쳐 국무회의에 상정되는 절차를 지니고 있으며, 국무총리 주재 국정현안점검조정회의, 경제부총리 주재 경제관계장관회의(경제현안점검회의), 사회부총리 주재 사회관계장관회의 등의 회의체를 통해서도 부처 간 이견을 조율하고 있다.

아울러 경제사회노동위원회는 노사단체와 정부 부처 및 관련 전문가 등이 참여하여 주요 고용 이슈에 대해서도 사회적 합의를 추진해 오고 있으며, 이 과정에서 정책이 조율되기도 한다.

추가로 고려해야 할 점은 앞에서 살펴본 법정 회의체 이외에, 필요에 따라 고용 관련 다양한 회의체가 운영된다는 사실이다. 예를 들어 '고용정책 포럼', '고용서비스 포럼', '직업훈련 포럼' 등 정부 부처 관계자와 관련 전문가 그룹이 특정 이슈에 대해 토론하는 회의체는 지속해서 생성·소멸을 반복한다. 이 과정에서 새로운 정책 대안이 제안되기도 하고 기존의 대안을 발전시키는 등 여러 가지 정책적 노력이 병행된다. 또한, 정부가 발주하는 연구용역사업도 용역 수행 과정에서 다양한 회의를 수반하는 경우가 많으며, 이러한 과정도 정책 변화의 동력이 된다.

고용정책 네트워크

고용정책 과정을 깊이 있게 이해하기 위해서는 고용정책 참여자 간의 역학 관계를 이해하는 노력이 병행될 필요가 있다. 당연하게도, 고용정책에 참여한다고 해서 모두가 동일한 영향력을 행사하는 것은 아니다. 참여자 간의 관계도 정책 과정에서 중요한 변수가 되며, 참여자 간 일종의 정책 동맹 또는 정책연합체(policy coalitions)가 형성되는 경우 정책 집단 간의 관계도 정책 과정의 양상을 좌우하는 중요한 요인으로 작용한다.

정책학 분야에서는 1960년대부터 정책 네트워크에 대한 다양한 이론이 발전해 왔다. 하위정부 모형, 이슈네트워크 모형 등에 이어서, Rhodes는 정책 네트워크를 정책공동체, 전문가 네트워크, 정부간 네트워크, 생산자 네트워크, 이슈네트워크로 유형화하여 그 기능을 분석하였다. 또한, 정책 형성과정을 정책옹호연합 간 상호작용을 중심으로 분석하는 정책옹호연합모형(Advocacy Coalition Framework)은 많은 연구자가 분석틀로 활용하고 있다.[3]

정책 네트워크는 다양한 요소를 기준으로 구성할 수 있으며, 대표적으로 정책 참여자의 신념(belief), 정책 이해관계(policy interest), 소통의 빈도(communication density) 등을 활용해 네트워크를 분석할 수 있다. 방법론적으로도 네트워크를 계량적으로 분석할 수 있는 NetMiner, Pajek, UCINET 등과 같은 다양한 사회연결망 분석 소프트웨어가 개발되어 활용되고 있다.[4]

고용정책 네트워크는 정책 이슈의 성격에 따라 다양한 양상을 보일 수 있다. 대표적인 유형을 보면, 필자가 연구한 우리나라의 외국인 고용허가제 도입 과정에서 나타난 사례(Kim & Moon, 2021)와 같이 노와 사를 중심으로 대립적인 정책연합이 형성되어 정책 과정을 지배하는 사례도 있다. 상대적으로 고용 이슈는 노동 이슈에 비해 노동계와 경영계 간의 대립이 심하지는 않지만, 정년 연장, 육아휴직 기간 확대, 장애인 고용의무 확대 등과 같이 사업주의 부담이 가중되

---

3 정책옹호연합모형에 대한 상세한 내용과 한계에 대해서는 필자의 논문 'Beyond the Advocacy Coalition Framework', Kim & Roh(2008)를 참고하기 바란다.

4 고용정책 분야에서 정책 네트워크를 계량적으로 분석한 사례는 필자의 논문 'The driving forces of collective action among policy actors: Value, power, and social capital', Kim & Roh(2015)를 참고하기 바란다.

는 고용정책의 경우에는 양자 간의 대립이 격화되는 양상을 보인다.

반면에, 노와 사가 같은 정책연합을 이뤄서 정부와 대립하는 모습을 보이는 경우도 적지 않다. 예를 들어, 모성보호 확대와 관련한 정부 재정을 통한 고용보험 출연 확대, 특별고용지원업종 지정 확대, 고용서비스 인력 확대 등과 같이 정부의 부담이 커지는 사업 확대 등에 대해서는 노와 사 모두 동일한 요구를 하는 사례를 볼 수 있다.

정책 네트워크는 정책 환경의 변화에 따라 가변적인 특성이 있으며, 정권 교체 등과 같이 정치적 환경이 바뀌는 경우에는 큰 변화를 보이기도 한다. 따라서 정책 네트워크에 대한 이해는 특정 시점에 대한 분석도 의미가 있지만, 시간의 흐름에 따라 정책 네트워크의 양상이 어떻게 변화해 가는지 살펴보는 것도 필요하다.

2. 고용정책의 과정

고용정책 과정은 여러 단계로 구성되어 있다. 정책 과정에 대한 여러 가지 이론이 있지만, 이 글에서는 다음의 여섯 단계로 나누어 고용정책 과정을 살펴보고자 한다.[5]

① 고용정책 의제 설정 → ② 고용정책 기획 → ③ 고용정책 결정 → ④ 고용정책 집행 → ⑤ 고용정책 평가 및 환류 → ⑥ 고용정책 종결

고용정책의 의제 설정

정책 개발과 정책 변화의 방아쇠는 바로 정책 의제로 설정되는 시점에 당겨진다고 할 수 있다. 대부분의 정책이 많든 적든 정도의 차이는 있지만, 특정 이슈가 정책 의제로 공식화되면 정책 변화로 연결되는 경우가 많다.

정책의제 설정의 유형으로 Cobb, Ross and Ross(1976)는 '외부주도형', '동원형', '내부접근형'으로 구분하였으나, 우리나라 고용정책 의제 설정 유형으로는 적합성이 떨어지는 측면이 있어서 본 글에서는 '내부적 과정'과 '외부적 충격'으

---

5 정책 과정의 단계에 대한 이론은 라쓰웰(Harold D. Lasswell)의 7단계를 비롯하여, 존스(Charles D. Jones)의 5단계 등 다양하다. 자세한 내용은 유훈(2016)을 참고하기 바란다.

로 구분하고자 한다.

첫 번째 유형은 정책운영 주체의 '내부적 과정' 속에서 문제가 부각되고 정책 의제가 되는 유형이다. 대부분의 정책은 기획·집행·평가·환류의 과정을 거치게 되며, 이 과정에서 주요 문제점이 도출되고 개선방안을 마련하게 된다. 또한, 정책 판단에 중요한 역할을 하는 핵심 통계를 모니터링하는 과정에서 문제점이 드러나는 경우도 많이 있다.

고용정책의 경우 경제 지표, 특히 고용지표의 변화에 민감하게 반응하게 되므로 통계 추이에 특이한 변화가 포착되면 정책 의제로 연결되는 경우가 많다. 예를 들어, 청년 실업률이 급등하거나 여성근로자의 퇴사가 급등하는 등의 통계 변화는 청년고용대책이나 여성고용대책의 출발점이 된다. 또한, 구인배율이 급증하게 되면 현장에서 일할 사람을 구하기 어려운 원인이 어디에 있는지 분석하게 되며, 그 과정에서 미스매치를 해소할 수 있는 정책대안을 모색하게 된다.

고용정책은 기본적으로 급부행정의 특성이 있으므로 예산을 수반한 일자리 사업이 주된 정책 수단으로 운영된다. 따라서, 사업 성과를 분석하는 과정에서 다양한 문제점이 도출된다. 예를 들어, 지원 대상자의 참여 실적이 저조하면 참여 요건이 너무 엄격하게 설정된 것은 아닌지 또는 사업 홍보가 제대로 되고 있는지 등을 확인해 보게 되며 이러한 과정을 거쳐 문제점이 특정되고 정책대안이 검토된다.

정책 기획부서와 집행부서 간의 주기적 간담회, 전문가 집단과의 토론, 부처 내부 점검 회의 등 다양한 계기를 통해 정책을 운영하는 과정에서 발생하는 문제점을 포착하고 대책을 찾게 된다. 특히, 중앙부처의 실질적인 상급 기관인 대통령실이나 국무총리실(국무조정실) 등에서 적극적으로 정책 이슈를 발굴하고 대응을 주문하는 경우 정책의제로 설정될 가능성은 커진다.

두 번째 유형은 '외부적 충격'에 의한 정책 의제 설정이다. 대표적으로 언론을 통한 문제 제기, 국회 상임위원회 활동 과정에서 발생하는 문제 제기, 감사원 감사 결과에 따른 지적 등이 여기에 해당한다.

실업급여 대규모 부정수급 사례 적발, 직업훈련 과정 부실 운영 등과 같이 잠재적인 위험 요인이 특정 사건과 연결되어 이슈화되는 사례가 있다. 또한, 민원인의 언론 또는 국회제보, 노사단체 등 이해관계자의 문제 제기 등을 통해 특정 사업의 문제점이 노출되고 이에 대한 여론의 공감대가 형성되면 정책 의제로 설정되기도 한다.

예를 들어, 청년내일채움공제에 가입한 청년의 소속 회사가 입사 시에는 지원 도중에 대기업으로 재분류됨에 따라 해당 청년 근로자에 대한 지원이 중단되는 사례가 언론에 보도되고, 이를 계기로 이러한 억울한 피해자를 구제하는 정책대안 마련이 촉발되기도 하였다. 다만, 대부분의 경우 행정기관 외부에서 특정 사업의 진행 상황에 대한 정확한 정보를 확보하기가 쉽지 않기 때문에, 고용정책 분야에서 외부적 충격에 따른 정책 의제 설정 사례는 빈번하게 발생하지는 않는 것으로 판단된다.

고용정책의 기획

정책 의제가 설정되고 나면, 다음 단계로 구체적인 정책 대안을 만드는 작업이 진행된다. 정책 대안을 만들기 위해서는 먼저 정책 기획의 주체를 특정하는 과정이 선행된다. 정책 이슈별로 소관 부처가 특정된 경우도 있지만, 여러 부처에 걸친 이슈도 있으며 이 경우 정책 기획을 담당할 부처와 부서를 정하는 과정이 필요하다.

예를 들어, 청년 취업난이 심각해서 청년고용대책을 수립하는 경우 청년고용 관련 별도의 조직과 다양한 사업을 시행하고 있는 고용노동부가 주로 정책기획을 하게 되지만, 청년고용 활성화를 위해 기업 규제 완화, 신산업 육성, 청년 일자리 창출 기업에 대한 조세 감면 등의 경제·산업 분야의 정책 대안을 더 비중 있게 고려하는 경우라면 기획재정부가 정책기획을 총괄하는 경우도 있다. 또한, 청년고용대책을 수립하되 청년고용 문제 이외에 청년 주택, 청년 자산 형성, 청년 복지 등을 아우르는 청년 대책을 추진하는 경우에는 국무조정실이 총괄하여 정책을 기획할 수도 있다. 여러 부처의 협업이 필요한 경우에는 임시조직(Task Force)을 구성하여 한시적으로 운영하거나 별도의 회의체를 운영하기도 한다.

정책기획 주체가 정해지면 본격적으로 정책 문제를 분석하고 원인을 규명하면서 정책 대안을 찾게 된다. 문제 원인과 정책 대안은 양 방향으로 상호작용을 하는 경우가 많다. 논리적으로는 문제의 원인을 분석하고 그 원인에 입각하여 정책 대안을 모색해야 하겠지만, 때로는 추진 가능한 또는 추진을 희망하는 정책대안이 역으로 문제의 원인을 규정짓기도 하는 것이 정책 현실이다. 정책 대안은 기존 유사 정책 사례, 해외 사례 등을 토대로 창의력을 가미하여 검토한다.6

정책 대안은 크게 단기 대책과 중장기 대책으로 나눠볼 수 있다. 단기 대책은 정책기획의 효과가 단시일 내에 발생할 수 있는 대책으로, 주로 특정 사업의 물량을 확대하거나 부진 사업의 사업 요건을 개선하는 등 미세 조정에 집중하는 경우가 많다. 대부분 단기 대책은 국회의 심의나 동의를 요하지 않고 행정부 내에서 의사결정을 하고 바로 시행할 수 있는 대책으로 구성되어 있다.

중장기 대책은 법률 개정을 수반하거나 기존 사업 폐지, 새로운 사업 신설 등 국회의 예산 심의를 거칠 필요가 있는 경우 등이 포함된다. 중장기 대책은 국회 심의 단계 등에서 변화 가능성이 상대적으로 크다는 특징이 있으며, 경우에 따라서는 최종적으로 실현되지 못하는 사례도 발생한다.

고용정책의 대안을 마련하는 과정에서 고려되는 사항 중 '예산'과 '인력'의 확보 가능성은 대부분의 사업에서 정책 대안의 범위에 영향을 미치는 가장 큰 제약요인이라 할 수 있다. 고용정책에 포함되는 각종 일자리 사업의 확대를 위해서는 예산 증액이 필요하지만, 이를 위해서는 기획재정부와의 사전협의가 필요하며, 이 과정에서 정책 대안에서 제외되거나 내용이 수정되는 과정을 거치게 된다. 또한, 사업 확대나 내실화를 위해서는 사업 집행 인력 확보도 병행될 필요가 있는데, 정부의 인력 운영이 탄력적이지 못한 경우가 많아서 인력 확보의 어려움으로 인해 불가피하게 정책 대안을 변경하는 사례도 적지 않다.

고용정책 기획 과정은 고용정책 이해관계자와의 공식, 비공식적인 소통과 협의 과정을 수반하게 된다. 정책 변화로 영향을 받게 될 이해관계자의 정책 수용 가능성과 관련 부처 간 사전 의견 조율은 이후 정책결정 단계에서 혼선을 예방하는 역할을 하게 된다. 이해관계자와 전문가 등이 참여하는 정책 간담회나 정책 변화로 영향을 받게 될 산업 현장 방문 등 다양한 방식을 통해 충분한 의견 수렴과 설득 과정을 거치게 되면 그만큼 정책 최종 결정 과정이 원활하게 진행될 수 있다.

---

6 정책 대안의 탐색, 비교·평가 및 선택에 대한 이론적 논의는 정정길 외(2020)를 참고하기 바란다.

고용정책의 결정

정책기획 과정을 통해 정책 대안이 마련되면 정책 결정을 위한 절차를 진행하게 된다. 정책의 중요도와 정책의 범위에 따라 최종 정책결정 절차는 다양하다. 일차적으로 해당 고용정책을 담당하는 부처 내의 의사결정 절차에 따라 내부 회의 등을 거쳐 결재권자에게 보고하고 결정하는 과정을 거치게 된다. 이에 더하여 여러 부처와 기관이 관련된 고용정책의 경우에는 개별적으로 관련 부처와의 협의 과정을 거쳐 확정하거나 관련 부처가 참석하는 각종 회의체에 상정하여 의결하는 절차를 거치게 된다.[7]

법령에서 정책 결정 절차를 특정한 경우에는 그 내용에 따르게 되지만, 법령에 특별한 언급이 없는 경우에는 정책의 중요도를 감안하여 최종 의사결정 방식을 선택하게 된다. 예를 들어, 고용정책기본계획, 특별고용지원업종·고용위기지역의 지정 및 해제 등과 같은 고용정책의 경우에는 고용정책기본법에서 고용정책심의회에서 심의토록 규정하고 있으므로 고용정책심의회의 의결을 거쳐서 확정하는 절차를 거치게 되며, 필요에 따라서는 국무회의에 보고하는 방식을 취하기도 한다.

고용정책 중 국무회의 보고를 통해 정책을 확정짓는 대표적인 사례로 '재정지원 일자리사업 효율화 방안'을 들 수 있다. 이 정책은 전년도 재정지원 일자리사업을 각 사업 단위 별로 평가하여 개선방안을 제시하고 있으며, 매년 국무회의 안건으로 상정하여 확정·발표하는 절차를 거쳐왔다. 이외에 법률 개정을 수반하는 정책 결정은 국무회의를 거쳐 국회에 제출하게 되므로 국무회의에서 정부안이 확정된다.

종합적인 고용대책의 경우 여러 부처가 함께 참여하는 경우가 많으므로 경제관계장관회의나 사회관계장관회의와 같은 회의체에서 의결하는 방식을 거치게 된다. 이 경우 사실상 정책 기획 단계에서 부처 간 실무 협의를 거쳐 대부분 이견을 해소하고 회의체에 안건을 상정하게 되므로 회의체 논의를 통해 정책 내용이 변경되는 사례는 드물다. 간혹 부처 간 이견이 해소되지 않은 채 안건으로 상정되

---

7 정책학은 다양한 정책 결정 모형을 통해 정책 결정 과정을 이해하고 예측하려 한다. 합리모형, 점증모형, 회사모형, 쓰레기통모형 등 주요 정책 결정 이론은 정정길 외(2020)를 참고하기 바란다.

는 경우에는 현장에서 조율되거나 의결이 보류되기도 한다.

특정 사업에 대한 정책 개선방안이나 정책 내용이 주로 특정 부처 소관에 집중되면 별도로 범정부 회의체에 상정하는 절차 없이 부처 내부의 의사결정 과정을 거쳐 기자 브리핑, 보도자료 배포 등의 형식을 통해 대외 발표되기도 한다.

정책의 중요도가 높거나 사회적 관심도가 높은 고용정책을 결정할 때에는 사전에 다양한 협의와 보고 과정을 거치게 된다. 일반적으로 대통령실이나 국무총리실(국무조정실) 등에 보고를 거친 후 공식 회의체 안건으로 상정하는 절차를 거친다. 또한, 국회와의 사전 협의 과정을 거치는 경우가 많다. 당정 협의 등의 과정을 거쳐 여당의 의견을 수렴하여 반영하는 과정을 거치기도 하며, 국회 상임위의 위원장, 여야 간사위원 등에게 사전 설명을 거치면서 의견 수렴 절차를 거치기도 한다. 정책 내용 보안 등의 필요성이 있는 경우에는 사후 보고 형식을 취하기도 한다.

고용정책의 집행

고용정책은 공공과 민간의 다양한 기관을 통해 국민에게 전달된다. 앞에서 기술한 '고용정책의 수행조직'에서 설명한 바와 같이, 고용정책의 집행을 위해 고용복지플러스센터를 비롯한 특별지방행정기관과 각종 공공기관, 민간 위탁기관 등이 참여하고 있다.

일반적으로 정책을 기획할 때 정책 집행기관을 미리 특정하게 되며, 때로는 공공과 민간의 여러 기관이 함께 참여하기도 한다. 정책 집행을 위해 정책 소관 부처 소속의 특별지방행정기관이나 산하 공공기관 활용을 우선적으로 고려하게 되며, 민간의 전문성이 필요하거나 공공부문에서 집행 물량을 모두 감당하기 어려운 경우 등에는 민간 위탁 방식을 활용한다.

정책은 집행과정에서 일정 부분 변용이 발생한다. 지역별 고용상황과 집행 여건이 서로 다르므로 정책 집행기관은 일정 범위의 위임 한계 내에서 유연성을 발휘하여 정책을 집행하게 된다. 다만, 중앙 부처의 정책은 전국 단위로 통일되게 설계되는 측면이 있어서 지역의 특수성을 반영하기에 한계가 있다. 지역의 특수성을 강조하다 보면 지역 간 형평성 등의 다른 문제가 발생할 소지가 있으므로

통일성과 특수성이 조화될 수 있도록 정책 집행 과정을 관리할 필요가 있다.[8]

집행과정에서 자주 문제가 되는 것은 '집행 인력 부족' 문제이다. 정부의 인력 운영 방식이 새로운 정책 수요가 발생할 때 즉각적인 인력 충원이 가능토록 운영되지 못하므로, 새로운 정책 집행 수요 발생 이후 일정 기간이 지나야 부분적으로 인력 증원이 이뤄지는 사례가 많다. 이처럼 인력 충원까지 소요되는 시차로 인해 정책 집행이 부실화되는 문제점도 발생한다.

아무리 잘 설계된 고용정책도 이를 현장에서 집행할 인력이 없다면 제대로 작동될 수 없다는 점은 당연한 것이므로 정책기획 단계부터 효과적인 집행 방식에 대한 고민과 검토도 병행할 필요가 있으며, 정책 결정 단계에서 집행 인력 확보방안에 대해서도 명확하게 정리할 필요가 있다.

고용정책이 의도한 성과를 내기 위해서는 집행기관의 특성과 집행 인력의 정책에 대한 인식과 태도 등에 대해서도 적극적인 고려가 필요하다. 특별지방행정기관과 공공기관, 민간 위탁기관은 각 기관의 설립 취지나 일하는 방식, 규모, 전문성 등이 서로 다르므로 정책 성격을 감안하여 최선의 집행기관을 선택할 필요가 있으며, 집행기관에 대한 평가 방법 등도 명확하게 제시할 필요가 있다.

또한, 집행 인력이 정책 집행 과정에서 갖게 될 불만 요인이나 방어적 심리기제 등에 대해서도 미리 파악하고 대처해야 한다. 업무 부담이 증가할 경우 집행에 소극적으로 임할 여지가 있으며, 집행 인력에게 재량을 주더라도 추후 발생할 책임 문제에 대한 걱정으로 재량을 행사하지 않으려는 성향도 존재한다는 사실도 고려해야 한다.

고용정책의 평가 및 환류

정부의 정책은 다양한 방법으로 평가를 받게 된다. 「정부업무평가기본법」에 근거하여 국무총리 소속하에 정부업무평가위원회를 두고 중앙부처와 지방자치단체, 공공기관의 업무를 평가한다. 중앙부처의 정책평가는 중앙부처의 자체 평가, 국무총리 주관의 특정 평가, 각 개별법령에 따른 주관부처별 개별 평가로 구성된다.

---

8 지역의 특수성을 살려서 고용정책을 추진할 수 있도록 '지역산업 맞춤형 일자리창출 지원사업' 등 다양한 지역 고용정책이 개발·활용되고 있다.

이에 따라 각 기관이 수행하는 고용정책도 정부업무평가 절차에 따라 매년 자체 평가와 특정 평가를 받게 된다. 고용정책 관련 주관부처별 개별 평가로는 고용노동부 주관의 '재정지원 일자리사업 평가'가 포함되어 있다. 고용노동부는 재정지원 일자리사업 평가를 위해 매년 재정지원 일자리사업에 포함되는 사업을 확정하고 정책 집행과정을 모니터링하는 과정을 거쳐 정량 및 정성평가를 실시한다. 평가 결과에 따라 사업별 평가 등급을 부여하고 부진 사업에 대해서는 개선토록 조치하고 있다.

이러한 공식적인 정부업무 평가 이외에도 각 개별 사업 단위의 사업 모니터링과 자체 평가도 상시적으로 진행되며, 사업이 부진한 경우에는 원인을 분석하고 대책을 찾게 된다. 아울러 고용정책 사업을 집행하는 기관에 대해서도 매년 평가하여 인센티브를 부여하거나 제재를 가한다.

또한, 지방자치단체에 대해서는 지방자치제도의 취지를 감안하여 중앙부처 차원의 직접적인 고용정책 평가제도를 운영하고 있지는 않지만, 지방자치단체의 효과적인 일자리정책 추진을 독려하기 위하여 '지역 일자리목표 공시제'를 운영하고 있으며, '전국 지방자치단체 일자리 대상'과 같은 포상제도를 시행하여 우수한 정책 성과를 나타낸 지방자치단체를 격려하고 있다.

고용정책 평가와 관련하여 자주 논쟁이 되는 이슈가 있다. 대표적으로 '평가 기준의 적절성'과 '평가의 공정성'을 들 수 있다. 먼저 평가 기준의 적절성과 관련해서는 평가 대상이 되는 사업의 다양성이 문제의 주요 원인이 되고 있다. 재정지원 일자리사업의 영역에는 매우 다양한 사업이 포함되어 있고, 사업 대상의 특성도 서로 다르기 때문에 동일한 잣대로 평가하는 것이 적절치 않다는 문제 제기가 지속되고 있다. 일면 타당한 지적으로 보인다.

예를 들어, 사업 평가 기준으로 취업률, 고용유지율 등의 지표를 많이 활용하고 있는데, 장애인을 대상으로 하는 취업지원사업과 대학졸업 청년을 대상으로 하는 취업지원사업을 같은 지표로 평가하게 되면 당연히 장애인 취업지원사업이 성과가 낮게 나올 수밖에 없을 것이다. 이러한 문제점을 보완하기 위해 정성평가를 도입하여 사업의 특성을 감안할 수 있도록 하고 있지만, 이와 비슷한 문제점이 완전히 극복되기는 쉽지 않은 측면이 있다.

또한, 평가의 공정성 관련해서는 평가자의 편향성이 문제로 지적되기도 한다. 예를 들어, 평가 대상 사업이 많으면 동일한 평가자가 전체 사업을 모두 평가하기 어려운 현실적인 문제가 발생하며, 이 경우 평가자에 따라 평가 결과가 달라지는 문제가 존재한다. 또한, 평가 대상이 되는 사업을 시행하는 지역의 여건이 서로 다르므로 고용상황이 좋지 않은 지역에서는 사업 성과를 높이기 어려운 문제가 발생한다. 아울러, 사업 성과 평가 시에 전년도 실적과 비교하는 경우 '기저효과'가 있어서 전년도에 높은 성과를 올린 사업의 경우 상대적으로 불리한 상황에 놓일 수가 있다.

이처럼 객관적인 고용정책 평가를 위해서는 평가 도구를 더욱 정교하게 다듬어야 하고, 평가자의 전문성과 공정성을 확보하기 위한 평가자 교육 등의 노력도 필요하다. 또한, 재정지원 일자리사업 규모가 갈수록 확대되고 있으므로 '전문적인 고용정책 평가기관'을 설립하여 고용정책의 효과성과 효율성을 제고할 필요도 있다.

고용정책의 종결

인생에 생로병사가 있듯이 정책도 그 소임을 다하게 되면 정책을 종결해야 한다. 대표적으로 정책 환경이 바뀌거나 정책 목표 달성이 불가능하다고 판명되면 해당 정책은 폐지하거나 축소해야 할 것이다.

그러나, 현실에서는 여러 가지 이유로 정책이 종결되지 않고 다양한 방식으로 살아남는 사례들이 발생한다.[9] 적시에 정책이 종결되지 못하면 사업의 효과가 떨어질 뿐만 아니라, 재원 배분의 비효율을 초래하는 등 여러 가지 부작용을 초래하게 되므로 새로운 정책을 기획하는 것 못지않게 기존 사업의 지속 필요성에 대한 분석과 검토가 중요하다.

특히, 고용정책은 경제 변동 주기에 대응하여 사업의 내용과 규모를 조정해야 하는 특성이 내재하고 있다. 따라서 경제 위기 국면이나 경제 불황 시에 시행되었던

---

9 정책 종결에 대한 저항은 여러 유형으로 나타나는데, deLeon(1978)에 의하면 대표적인 유형으로는 ① 조직 소멸을 우려한 담당 조직의 저항, ② 정책 수혜집단의 저항, ③ 정책 실패로 인식될 우려 등으로 인한 정치적 부담 등이 포함된다.

많은 일자리 사업은 경제 회복 진전에 따라 그 규모를 축소하거나 종결해야 하는 상황이 발생한다. 그러나, 정책 종결을 가로막는 요인을 극복하지 못하면 적시에 정책을 종결하지 못하는 사례가 발생하게 된다.

대표적으로, 사업의 축소나 종결은 이해관계자의 반발을 불러일으키는 사례가 많이 있고, 정책 담당 부서도 사업 축소가 정책 실패로 인식될 것을 우려하여 주저하는 사례가 발생하게 된다. 또한, 정치권 등에서도 사업 축소로 인한 지역 민원 발생 등을 우려하여 사업 축소나 폐지를 반대하기도 한다.

몇 가지 사례를 들어 보자. 먼저, 재정지원 직접일자리 사업은 미국 뉴딜사업의 사례에서 알 수 있다시피, 경제 위기로 인한 민간의 일자리 창출 능력이 저하될 때 한시적으로 공공부문에서 사회 인프라 건설 등 공공일자리를 만드는 사업이다. 사업 성격상 고용 위기로 인해 취약계층의 실업 증가에 대응하기 위한 수단으로 활용할 수 있지만 경제 회복에 따라 사업 규모를 줄이거나 폐지하는 것이 적절하다.

그러나 재정지원 직접일자리 사업 물량을 늘리다 보면 이에 의존하는 정책 대상이 생기고 상대적으로 민간 일자리보다 낮은 노동 강도 등으로 인해 사업 참여자들의 사업 축소나 폐지에 대한 반발이 발생한다. 이러한 이유로 사업 축소 또는 폐지가 지연되면, 역으로 민간 노동시장에서는 경제 회복에 따른 인력 수요 증가로 인해 구인난을 겪게 되는 문제가 발생할 수 있다.

다른 예로, 특별히 고용 불안이 심화되거나 심화될 우려가 있는 지역이나 업종을 보호하기 위해 시행하고 있는 '고용위기지역'과 '특별고용지원업종' 운영 시에도 유사한 문제가 발생한다. 고용위기지역이나 특별지원업종으로 지정되는 경우 해당 지역이나 업종은 다양한 일자리사업 적용 시 특별한 혜택을 받게 되므로 지정 해제를 원하지 않는다.

따라서, 제도 목적을 감안할 때 지정 해제가 필요한 시기가 도래하더라도 이를 회피하려는 움직임이 발생하게 되고 지정 해제가 지연되는 상황이 발행하기도 한다. 이러한 제도는 수혜 대상이 아닌 지역이나 업종 입장에서는 직접적인 이해관계가 없어서 관심이 떨어지는 경우가 많으며, 해당 지역이나 업종을 대변하는 단체나 정치권에서 관심을 보이는 특성이 있다.

또 다른 사례로, 글로벌 금융위기 직후 청년층의 신규 채용감소에 대응하기 위해 신설된 '중소기업 청년인턴 사업'을 들 수 있다. 이 사업은 민간 기업의 청년 신규 고용 창출 수요가 급감한 시기에 고용보조금 지원을 통해 일자리를 늘릴 수 있는 사업이다. 그러나 경제가 회복되면 자연스럽게 민간 기업에서 고용 수요가 증가하게 되므로 대표적으로 고용장려금의 '사중손실'이 발생할 우려가 큰 사업이기도 하다.

따라서 위기 국면이 어느 정도 해소되면 사업 규모를 대폭 축소하거나 지원 대상과 지원 요건을 엄격하게 재설계할 필요가 있다. 그러나, 중소기업 등에서는 어려운 경영 여건 등을 이유로 고용지원금 축소를 반대하는 경우가 많고, 이에 따라 사업 축소 또는 폐지가 지연되는 문제가 발생하기도 한다.

이처럼 정책의 종결은 정책의 효율적 운영과 직결되는 중요한 사안이며, 정책 종결이 항상 자연스럽게 발생하는 것은 아니라는 점에 대해서는 인식을 새롭게 할 필요가 있다. 새로운 정책이 만들어지면 새로운 이해관계가 발생하게 된다는 사실을 이해하고 대응하는 노력이 매우 중요하다.

제 2 부

고용정책의
미래

고용정책론

제 **6** 장

'정해진 미래'와
노동시장

'저출산 고령화'로 대변되는 우리나라의 인구구조 변화 추이는 노동시장을 포함한 우리나라 사회경제 전반에 걸쳐 중요한 영향을 미칠 것으로 강조되어 왔다. '정해진 미래'라는 말이 대변하는 것처럼 인구 문제는 고용정책을 추진할 때 우리가 바꿀 수 없는 상수(常數) 성격을 지니고 있다. 특히, 우리나라는 2020년을 분기점으로 '인구 감소 시대 돌입'이라는 새로운 국면을 맞이하게 되었다. 이에 따라, 사회 모든 부문이 지대한 영향을 받게 될 것이며, 노동시장 역시 예외가 될 수 없을 것이다.

인구구조 변화가 노동시장에 미칠 영향을 살펴보면 크게 다음의 네 가지 이슈를 주목할 필요가 있다. 첫째, 전반적인 저출생 사회의 심화로 인해 노동력 부족이 본격적으로 경제에 의미 있는 영향을 미치게 된다. 둘째, 고령 인구의 급증으로 고령 일자리 확대와 함께 고령층의 소득 안정이 중요한 사회적 이슈가 된다. 셋째, 경제 활력의 원천인 청년층 인구가 급감하는 상황에 직면하게 된다. 넷째, 전반적인 인구 감소는 지역 간 불균형하게 전개됨에 따라 비수도권 노동시장에 큰 충격이 닥칠 것이다. 아래에서 구체적으로 살펴보도록 하겠다.

1. 노동력 부족 시대의 본격화

먼저 인구의 총량과 인구 구성비가 어떻게 변할 것인지 살펴볼 필요가 있다. 우리나라는 산업화를 거치면서 줄곧 인구성장 시대를 살아왔다. 이는 노동시장 관점에서 보면 지속적인 노동 공급의 증가를 쉽게 해준다는 측면에서 경제성장을 순조롭게 이끌어가는 긍정적인 요인으로 작용했다. 그러나, 우리나라는 2020년 5,184만 명을 정점으로 인구 감소 추세에 접어들었다. 2030년에는 5,120만 명으로 감소하고 2040년이 5천만 명 인구 시대의 마지막 해가 될 전망이다.

표 6-1에 나타난 바와 같이, 총인구 기준으로 보면 향후 20년 동안 5천만 명 수준을 유지할 수 있으므로 비록 인구가 감소 추세에 있다 하더라도 이로 인한 타격은 크지 않을 수 있다. 하지만, 더 중요한 측면은 '인구 구성비'에 있다. 특히 주목할 부분은 15~64세 인구, 즉 생산가능인구의 비중이 2020년 72.1%에서 2030년에는 69.2%, 그리고 2050년에는 51.1%까지 감소하는 반면, 65세 이상 인구 비중은 2050년 40.1%까지 급격히 증가할 것이라는 전망이다.

당장 발등의 불은 2022년 기준으로 2030년까지 약 280만 명의 생산가능인구가 감소하는 상황에 직면하게 된다는 사실이다. 이는 산업화 이후 우리가 한 번도 겪어보지 못한 상황이다. 우리나라 취업자 수가 2022년 기준 약 2,800만 명이므로 취업자 수 약 10%에 해당하는 인구가 향후 8년 이내에 증발하게 되는 것이며, 이는 우리나라 '보건업 및 사회복지서비스업' 종사자 전체 규모에 해당하는 엄청난 숫자이다.

 표 6-1   우리나라 인구 추이 전망

(단위: 천 명, %)

구 분	2020	2021	2022	2025	2030	2040	2050
총인구	51,836	51,745	51,628	51,448	51,199	50,193	47,359
0~14세 인구	6,306 (12.2)	6,144 (11.9)	5,934 (11.5)	5,252 (10.2)	4,330 (8.5)	4,427 (8.8)	4,166 (8.8)
15~64세 인구	37,379 (72.1)	37,030 (71.6)	36,675 (71.0)	35,610 (69.2)	33,813 (66.0)	28,521 (56.8)	24,189 (51.1)
65세 이상 인구	8,152 (15.7)	8,571 (16.6)	9,018 (17.5)	10,585 (20.6)	13,056 (25.5)	17,245 (34.4)	19,004 (40.1)

* ( )는 해당 인구의 총인구 중 구성 비.
* 출처: '장래인구추계: 2020~2070년', 통계청 보도자료, 2021.12.8.

아울러, 추가적으로 고려해야 할 사항은 우리나라의 단순고용률은 추세적으로 증가하고 있으나, 근로시간을 감안한 전일제 환산(FTE: Full-Time Equivalent) 고용률은 급격히 하락하고 있다는 사실이다. 이는 취업인구는 앞으로도 지속해서 증가할 것으로 보이지만, 전체적인 근로시간은 감소함에 따라 실제 총 노동시간은 감소 추세를 보일 수 있음을 시사하고 있으며, 취업자 수 감소와 전일제 환산 고용률 감소가 결합하게 되면 노동력 부족이 훨씬 심각해질 수 있다.[1]

이러한 인구구조의 거대한 변화 물결은 이제 우리나라도 바야흐로 '노동력 부족 시대'가 본격화된다는 점을 잘 보여준다. 고용정책 측면에서도 근본적인 패러

---

[1] 남재량 외(2022)는 우리나라의 근로시간 구성 변화에 주목하면서 전일제 환산 고용률의 변화 추이에 기반하여 기존 고용지표에 대한 해석을 새롭게 해야 할 필요성을 잘 보여주고 있다.

다임 변화가 필요한 시점이 된 것이다. 그간의 고용정책은 충분한 노동력 공급을 전제로 짜여진 것으로, 한편으로는 이들 인력을 산업화 시대가 요구하는 인력으로 양성하거나 또 다른 한편으로는 원활한 구인구직을 지원하기 위해 미스매치를 해소할 수 있도록 고용서비스를 고도화하는 노력을 해 왔다.

일할 수 있는 인력이 줄어드는 시대에서는 새로운 문제가 등장한다. 대표적으로 구인난의 심화 현상은 가속화될 것이다. 기존에도 3D 업종을 중심으로 구조적으로 구인난이 발생해 왔으며, 최근 코로나19 팬데믹 상황을 거치면서 음식점, 편의점 등 대면서비스업종까지 구인난이 확산하는 모습을 보여왔다. 이와 같은 구인난이 앞으로는 더 많은 업종으로 확산하고 상시적으로 이어질 가능성이 크다.[2]

따라서 더 근본적으로 인력수급 대책을 고민해야 할 때가 된 것이다. 이를 좀 더 나눠서 살펴보면, 인력 부족에 대응할 수 있는 고용정책 수단을 크게 세 가지로 요약할 수 있다. 첫째는, 고용장려금, EITC 등 근로 인센티브 확대를 통하여 경력단절 여성, 고령층 인력 등 비경제활동인구의 경제활동 참가를 확대하고 노동생산성을 높이는 방안이고, 둘째는 부족한 노동력을 대체할 수 있는 공장 자동화, AI·로봇 등 신기술 활용도를 높이는 방안이다. 셋째는, 적극적 이민정책, 외국인 근로자 쿼터 확대, 외국인 유학생 활용 등 외국인력 도입과 활용 확대를 통해 대응하는 방안이다. 이러한 세 가지 수단은 지금까지도 활용해 온 정책 수단이지만, 앞으로는 더욱 획기적인 방식으로 실효성을 높이는 정책적 노력을 강화해야 할 것이다.

2. 초고령사회의 도래

UN 분류에 따르면 65세 이상 인구가 14%를 넘어서면 고령사회, 20%를 넘어가면 초고령사회에 진입하게 된다. 우리나라는 이미 2017년 고령사회에 진입하였고, 2025년에는 초고령사회에 들어설 전망이다. 그 속도에 있어서는 전 세계에

---

2 김지운(2021)은 2004~2020년 취업자 수 증감을 분석한 결과, 82%가 인구구조의 변화에 기인한 것으로 결론을 내리면서, 2030년까지 17.1만 명의 취업자 수 감소가 나타날 것으로 전망하였다.

서 유래를 찾아볼 수 없을 정도로 빠르다. 여기에 그치지 않고 표 6−1에 나타난 바와 같이 2030년에는 65세 이상 인구의 비중이 25%를 넘어설 것으로 보인다. 국민 4명 중 1명이 65세 이상 고령자라는 이야기다.

특기할 만한 점은, 우리나라 고령층의 고용률은 OECD 국가들과 비교했을 때 매우 높은 편에 속하며, 추세적으로 고용률이 올라가는 모습을 보여주고 있다는 사실이다. 표 6−2는 통계청의 경제활동인구조사 중 연령별 경제활동 상태를 분석한 자료로 고용률이 지속해서 상승하여 65~79세 고령층의 고용률이 2020년도에 40%를 넘어섰고, 2022년에는 43.9%에 이르고 있는 것을 볼 수 있다.

표 6-2   우리나라 고령층 고용률 추이

(단위: %)

연령대	2005.5	2010.5	2015.5	2020.5	2022.5
	고용률	고용률	고용률	고용률	고용률
55~79세	49.1	50.6	54.0	55.3	58.1
55~64세	60.4	62.9	67.1	66.9	69.9
65~79세	36.0	36.7	37.6	40.4	43.9

* 출처: '경제활동인구조사', 통계청 국가통계포털(kosis.kr).

이처럼 우리나라 고령층의 높은 고용률은 두 가지 측면을 동시에 보여주고 있다. 하나는, 우리나라 고령층은 여전히 일하려는 의욕이 높은 특징을 지니고 있다는 점이고, 다른 하나는 우리나라의 취약한 사회안전망이 고령층을 계속 일하게 하는 요인으로 작용한다는 사실이다. 우리나라의 노인빈곤율은 2020년 기준 38.9%로 OECD 국가 평균 13.5%(2019년 기준)의 약 3배 수준에 이르고 있는 점은 이러한 사실을 뒷받침해 주고 있다.

고령 인구의 급증은 노동시장에 여러 가지 풀어야 할 과제를 제시하고 있다. 먼저 고령층의 '정년 연장' 문제이다. 다행스럽다고 표현하는 게 적절할지 모르겠지만 우리나라 고령층은 정년 연장에 대한 거부감이 작다.[3] 오히려 노동계에서도 정

---

[3] 프랑스 등 서구 여러 나라에서 정년 연장에 대한 거부감이 큰 이유는 정년과 연금수급연령이 연동되어 있기 때문이다. 우리나라는 정년 제도와 국민연금 수급 연령이 분리되어 있기 때문에 상

년 연장 이슈를 단체교섭에서 제기할 정도로 적극적인 측면이 있다. 역설적으로 복지 제도가 잘 갖춰지지 못한 현실이 정년 연장에 대한 반감을 줄이는 요인으로 작용하는 것으로 보인다.

반면에, 경영계에서는 아직까지 정년 연장에 소극적이다. 60세 법정 정년 의무화가 2017년에 도입되었기 때문에 또다시 정년 연장을 논의하는 게 불편한 측면이 있고, 호봉제와 같이 근속년수에 따라 계속해서 임금이 올라가는 구조 하에서 정년 연장를 거론하는 게 부담으로 작용하는 것이다.

정년 연장을 논의할 때 고려해야 할 또 하나의 요소는 법정 정년 연장의 혜택을 받을 수 있는 근로자가 생각보다 많지 않다는 점이다. 법정 정년 제도가 의미 있게 작동하고 있는 기업의 비중은 대기업이나 공공기관 등을 중심으로 제한적으로 활용되고 있다. 이는 통계청의 '경제활동인구조사 고령층 부가조사'를 보면 잘 나타나는데, 55~64세 인구 중 가장 오래 근무한 일자리를 그만 둔 사유 중 '정년퇴직'의 비중은 2020년 기준으로 7.8%에 불과하다. 즉, 법정 정년 연장은 상대적으로 양질의 일자리에 장기간 근무했던 근로자에게 주로 혜택을 줄 가능성이 크다는 측면에서 근로 계층 내부적으로 양극화를 심화할 우려가 있다는 측면을 간과해서는 안 된다.

정책 방향으로 봤을 때 모두가 동의할 수 있는 것은 고령층에게 더 많은 일할 기회를 제공하자는 내용일 것이다. 다만 이를 실현하는 방법에 있어서는 다양한 선택지를 두루 살펴볼 필요가 있다. 우리나라가 벤치마킹할 만한 가장 좋은 사례는 바로 우리와 가장 유사한 사회경제 구조하에서 미리 고령화를 경험한 일본이 제공하고 있다.

일본의 사례를 요약해 보면, 고령자 고용 촉진을 위해 법정 정년연장을 포함해서 재고용 기회 확대, 고령자 고용장려금 등 실질적으로 고령자의 고용을 연장하는 방안을 다양하게 시행하고 있으며, 인상적인 것은 법정 의무 강화와 관련된 내용은 매우 장기간에 걸쳐 서서히 시행하여 권고에서 의무화에 이르기까지 현장의 수용도를 높여 왔다는 점이다.

고령층의 일할 기회 확대를 위해서 그간 고용정책에서 전통적으로 채택해 온

대적으로 정년 연장에 대한 거부감은 미미한 편이다.

수단은 1) 법정 정년 연장, 2) 고령자 고용장려금 지원, 3) 고령자 전직지원서비스 확대, 4) 고령층 적합 직업훈련 기회 확대 등이 있으며, 향후 초고령사회를 대비하여 이러한 정책 수단 관련 규모를 확대하거나 옵션을 다양화해서 현장에서 실질적인 영향력을 발휘할 수 있도록 준비할 필요가 있다.4

향후 추가로 검토가 필요한 정책 수단으로 두 가지를 언급하고자 한다. 첫 번째는 '고령자에 대한 근로조건 차등화' 문제이다. 현행 근로기준법은 여성과 소년에 대해서는 특례를 두고 있지만, 고령자에 대해서는 다른 연령층과 동일하게 근로기준법에서 정하고 있는 수준의 근로조건을 이행토록 규정하고 있다. 이는 한편으로는 고령 근로자의 근로조건 보호에 기여하는 측면이 있지만, 고용 촉진에는 부정적인 측면이 있다.

예를 들어, 생산성이 떨어지는 고령 근로자에게 동일 수준의 최저임금을 주도록 한다면 사업주 입장에서는 채용을 기피할 가능성이 커진다. 반대로, 신체적 능력이 떨어지는 고령 근로자에게도 청년층과 동일하게 주 12시간 초과근로를 할 수 있도록 하는 게 합리적인 법상 근로조건인지 고민할 여지가 있다.

제언하자면, 현행 근로기준법상 규정은 법정 정년 이내의 근로자에 한정해서 적용토록 하고, 법상 정년을 넘어서는 고령 근로자에 대해서는 별도의 최저 근로조건을 설정하는 것이 바람직하다고 생각한다. 이를 통해 고령 근로자의 신체 능력과 생산성을 감안하여 더 안전하고 건강하게 적정 수준의 근로 제공을 통해 합리적인 근로 대가를 보장받을 수 있을 것으로 기대된다.

두 번째 검토 필요한 정책 수단으로 '65세 이상 고령 근로자의 실업급여 적용'이 있다. 현행 고용보험법은 65세 이상 근로자의 경우 65세 이전부터 계속 근로 하다가 65세 이후에 비자발적으로 이직하는 경우에는 실업급여를 받을 수 있으나, 65세 이후 신규 취업자는 실업급여 적용 대상에서 제외하고 있다. 실업에 대한 사회안전망으로 운영되고 있는 고용보험이 65세 이상 근로자의 실업 위험을 보호하지 못하는 것은 문제가 있어 보인다.

특히, 우리나라 고령층의 경우 사회복지 시스템으로부터 충분한 보호를 받지 못한 결과로 60세 이후에도 불가피하게 일을 지속할 수밖에 없고 실제 은퇴 연

---

4 초고령사회에 대응하는 정부의 일자리 전략에 대해서는 이수영 외(2021)에서 자세히 다루고 있으니 참고하기 바란다.

령이 72세에 달하고 있는 현실에 비춰볼 때, 고령 근로자에 대한 실업급여를 원천적으로 배제할 필요는 없다고 할 것이다. 추가적으로, 65세 이상 근로자에 대해서도 실업급여를 적용하는 경우 일종의 근로 인센티브 역할을 할 수 있으므로 더 적극적으로 일자리를 찾고, 실업 후에도 재취업 노력이 활성화할 수 있을 것으로 기대된다.

다만, 고령 근로자는 비정규직 비율이 80%를 넘고 있는 사실에서 알 수 있는 바와 같이, 상대적으로 이직이 잦고 상용직보다는 기간제가, 전일제보다는 시간제 일자리에 종사하는 비중이 높다. 따라서 65세 이상 고령층에 대한 실업급여 제도를 도입하는 경우 65세 미만 근로자와는 달리 설계하는 것이 타당할 것이다. 실제 일본의 경우 고령 근로자에 대해서는 실업급여 지급방식을 달리 정하고 있다.[5]

3. 청년이 귀해지는 시대

인구구조 변화 관련 '청년 인구'의 급격한 감소에 주목해야 한다. 여러 연령대 중에서 청년 인구에 주목해야 하는 이유는 바로 청년기는 학교생활을 마치고 본격적으로 취업으로 이행하는 시기이며, 경제에 활력을 불러일으킬 수 있는 핵심 노동 연령층이기 때문이다. 이러한 이유로 대부분의 나라에 있어서 청년은 항상 고용정책의 주된 대상으로 자리 잡고 있으며, 우리나라 역시 외환위기 이후 청년고용 문제는 지속적인 사회 이슈로 남아있는 실정이다.

표 6-3에서 볼 수 있는 것처럼, 15~34세 청년 인구는 2022년 대비 2030년, 8년 동안에 156만 명이 줄어들게 된다. 특히, 20대 인구 감소는 더욱 심각해서 같은 기간 동안 672만 명이 506만 명으로 약 166만 명이 감소할 전망이다. 정확히 20대 인구 25%가 자연 감소하는 것이다. 20대 인구는 계속 감소하여 2050년에는 20대가 300만 명도 안 되는 시대가 도래할 것으로 보인다.

---

5 독일, 핀란드, 네덜란드, 영국, 일본 등의 고령자 고용지원 정책 사례에 대해서는 이승호 외 (2021)를 참고하기 바란다.

표 6-3

우리나라 청년 인구 추이 전망

(단위: 천 명)

구 분	2020	2021	2022	2025	2030	2040	2050
15~19세	2,518	2,346	2,279	2,258	2,280	1,244	1,577
20~24세	3,392	3,279	3,100	2,597	2,369	1,882	1,485
25~29세	3,646	3,673	3,624	3,423	2,693	2,478	1,448
30~34세	3,308	3,302	3,380	3,614	3,431	2,456	1,968
15~34세	12,864	12,600	12,383	11,892	10,773	8,060	6,478
20~29세	7,038	6,952	6,724	6,020	5,062	4,360	2,933

* 출처: 통계청 국가통계포털(kosis.kr).

청년인구 감소는 노동시장에 어떤 영향을 미칠 것인가? 먼저 앞에서 언급한 노동력 부족 문제와 연계해서 인력 부족의 심각성을 더욱 증폭시킬 것으로 보인다. 사실 청년인구의 급격한 감소는 총인구 감소보다 훨씬 큰 문제가 될 소지가 있다. 청년인구 감소를 대체할 수단이 별로 없기 때문이다.

외국인력 도입을 확대하더라도 청년인구를 직접적으로 대체할만한 양질의 외국인력 도입은 쉽지 않을 뿐만 아니라, 외국인력의 경우 일정 기간이 지나면 출국하도록 운영하고 있으므로 기업의 중장기적인 기간(基幹) 인력으로 성장하는 데에는 분명한 한계가 있다. 지방의 중소제조업 등 청년들이 선호하지 않는 일자리의 경우 특히 타격이 심할 것으로 보인다.

청년 시기는 학교에서 직장으로 이동하는 시기이다. 따라서 이 시기에 가장 중요한 결정은 언제까지 교육받고 어느 시점에 취업할 것인지를 정하는 일이다. 우리나라 청년층의 경우 OECD 국가 청년층과 비교할 때 두 가지 큰 특징을 지니고 있다.

첫 번째 특징은 대학 진학률과 고등교육 이수율이 매우 높다는 점이다. 2021년 기준으로 우리나라 고등학교 졸업자의 대학 진학률은 73.7%로 OECD 국가 중 가장 높은 위치를 차지하고 있고, 고등교육 이수율도 그림 6-1에서 볼 수 있는 바와 같이, 2019년 기준으로 25~34세 청년의 고등교육 이수율이 69.8%로

OECD 평균 45.0%에 비해 무려 24.8%p나 높다.

 그림 6-1

청년(25~34세) 고등교육 이수율 국제 비교

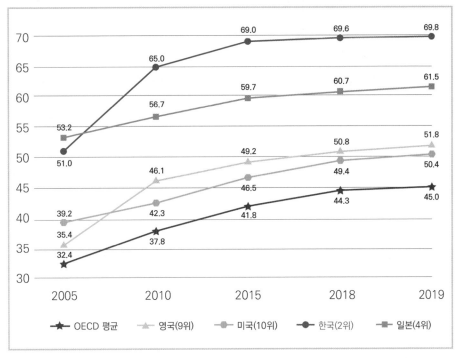

* 출처: '2020년 한눈에 보는 OECD 교육지표', 교육부·한국교육개발원, 교육통계서비스
(kess.kedi.re.kr).

　두 번째 특징은, 우리나라 청년층의 고용률이 OECD 국가와 비교할 때 현저히 낮다는 사실이다. 2022년 15~24세 기준 OECD 평균 고용률은 41.1%에 이르고 있으나, 우리나라는 27.1%에 그치고 있다. 이처럼 청년고용률이 낮게 나타나는 배경에는 우리나라 특유의 병역의무와 함께 높은 대학 진학률이 자리를 잡고 있다.

　높은 대학 진학률과 낮은 고용률로 대표되는 우리나라 청년층의 고용 특징은 양면성을 지니고 있다. 한편으로는 인적자본의 고도화라는 긍정적인 측면이 있지만, 다른 한편으로는 일자리 미스매치를 악화시키고 노동시장 진입 연령을 높여서 인력활용도를 제한하는 부작용도 존재한다. 청년들의 취업난이 근본적으로 해결되지 않는 문제도 여기에 기인하는 측면이 있다.

청년 시기에 학교에서 직장으로 원활한 이동이 가능해지려면 미시적으로는 개개인의 적성과 희망에 따라 고등교육 참여와 조기 취업이라는 경로를 잘 설정하는 것이 매우 중요하다. 또한, 거시적으로는 우리 사회 내에서 적절한 대학 진학률 수준에 대한 합리적인 논의가 필요하며, 이를 토대로 청년층의 진학과 취업에 대한 인센티브 시스템을 재구조화할 필요가 있다.

청년 인구 부족으로 인한 노동시장 문제 해결을 위해 우리 사회가 고민해 봐야 할 몇 가지 정책 수단을 살펴보면 다음과 같다.

첫째, '청년층 고학력화' 현상의 장·단점을 다시 한번 검토해 볼 필요가 있다. 무엇보다 인구 감소 시대가 본격화되는 시점에 국가 차원에서 '대학 진학률의 적정 수준'에 대한 고민이 필요하다. 국가의 경쟁력을 좌우하는 기초는 우수한 인력양성 및 확보에 있다. 이런 측면에서 첨단 기술을 이끌어 가는 인재 양성을 비롯하여 양질의 인력양성을 위한 사회적 투자는 지속해야 할 것이다.

반면에, 인구 감소에 따른 노동력 부족에 대응하기 위해서는 청년층의 조기 취업을 적극적으로 장려할 필요가 있다. 이러한 사회적 수요를 조화롭게 반영할 수 있는 적정 대학 진학률은 반드시 사회적 논의가 필요하다. 아마도 교육 개혁의 출발점이 될 수 있을 것이다.[6]

대학 진학이 지닌 사회적 함의가 다양하므로 고용정책만으로 대학 진학률의 적정 수준을 논하는 게 적절하지 않을 수는 있지만, 일단 고용정책 차원에서 본다면 성인이 되는 청년이 취업과 대학 진학 사이에서 고민할 때 합리적인 판단이 가능하도록 취업과 대학 진학 간 인센티브 시스템을 잘 설계하는 것이 필요하다. 대학 진학에 대한 사회적 선호도가 높은 상황에서 대학 진학 시 받을 수 있는 인센티브가 과도하다면 선택이 왜곡될 수 있는 것이다.

이런 측면에서 대학 진학시 부여되는 국가 장학금 제도에 대해서는 근본적인 고민이 필요하다. 현 국가장학금 제도는 소득 수준과 관계없이 고르게 고등교육 기회를 부여한다는 명분 아래, 가장 많이 활용되는 1유형 장학금의 경우 표 6-4

---

6 이주호 외(2014)는 고졸 대비 대졸자의 임금 프리미엄을 분석하면서 대졸 근로자의 임금 하위 20%와 전문대졸 근로자 임금 하위 50%가 고졸자보다 낮은 임금을 받고 있다고 분석하면서 '교육거품' 문제를 지적하고 있다.

에서 볼 수 있는 바와 같이, 소득 인정액 기준에 따라 1인당 연간 최대 700만 원(기초·차상위 둘째는 전액)의 장학금을 지원하고 있다. 4년이면 최대 2,800만 원을 지원받게 된다. 반면에, 고등학교 졸업 후 바로 취업하면 직접적인 인센티브가 없다. 인센티브 시스템만 놓고 본다면 정부는 강하게 대학 진학을 권장하고 있는 셈이다.

표 6-4   **'22년 국가장학금 Ⅰ유형 연간 지원단가**

(단위: 만 원)

구 분	기초·차상위	1구간	2구간	3구간	4구간	5구간	6구간	7구간	8구간
경계값 <소득 인정액(월)>	-	153.6	256.1	358.5	460.9	512.1	665.7	768.2	1,024.2
지원단가	700 (둘째 전액)	520	520	520	390	390	390	350	350

* 출처: '2022년 2학기 국가장학금 시행계획', 국가장학재단, 2022.

이런 방식이 적절한가는 의문이다. 그렇지 않아도 우리나라는 대학 진학률이 과도하게 높은 수준인데 계속 대학 진학을 유도하는 것이 적절한지도 의문이고, 특히 대학 졸업이 그에 걸맞은 일자리를 보장해 줄 수 없는 인력수급 미스매치가 존재하는 상황을 감안하면 문제가 더욱 커 보인다.

이러한 문제에 근본적으로 대응하기 위해서는 청년들이 공평한 사회적 조건 하에 출발할 수 있도록 사회적 보호망을 고민하는 것이 더 건설적일 수 있다. 이론적으로는 이미 오래전부터 '사회적 인출권', '사회적 지분 급여', '기본 자산', '생애 대출' 등의 개념으로 제안된 바와 같이, 성인이 되는 시점에 대학을 진학하거나 취업하거나 관계없이 일정 금액을 지원한다면 취업과 진학 사이에서 합리적인 선택이 가능해질 것으로 보인다.[7] 다만, 재원 마련에 많은 어려움이 있고 세대 간 형평성에 대한 다양한 논란도 존재하므로 신중히 접근할 필요가 있다.

어쨌든 현 국가장학금 제도가 의도치 않게 초래하고 있는 불합리한 선택이 가

---

7 '사회적 인출권', '사회적 지분 급여' 등에 대한 이론적 논의는 장지연(2019)을 참고하기 바란다.

져올 부작용을 최소화할 수 있도록 청년들의 고등학교 졸업 후 조기 취업에 대해서도 충분한 인센티브를 마련하는 노력은 강화될 필요가 있다. 아울러, 일학습병행제와 같이 취업과 교육을 병행할 수 있는 프로그램에 대한 지원도 확대하고 대상기업도 넓혀서 대안적 커리어 개발 경로를 활성화시킬 필요도 있다.

표 6-5   OECD 주요 국가 청년 NEET 현황[8]

(단위: %)

연도	호주	캐나다	콜롬비아	독일	스페인	프랑스	핀란드	이탈리아	영국	멕시코	미국	한국
2008	10.4	11.9		11.6	16.7	14.0	9.9	19.2	14.8	23.4	12.8	18.5
2009	12.3	13.4		11.6	22.6	15.6	12.0	21.2	15.7	24.4	14.5	19.1
2010	11.8	13.7		12.0	23.6	16.6	12.6	23.0	15.9	23.7	15.6	19.1
2011	11.5	13.4		11.0	24.3	16.4	11.8	23.2	15.5	24.0	14.8	18.6
2012	11.7	13.4		9.0	25.6	16.6	11.9	24.6	16.3	22.9	14.0	18.0
2013	13.0	12.5	21.6	9.7	27.2	16.3	12.3	26.1	15.6	22.3	17.0	17.7
2014	12.6	13.4	21.4	9.2	24.3	16.3	13.0	27.7	14.4	22.4	16.4	17.5
2015	11.8	13.3	21.0	8.6	22.8	17.2	14.3	27.4	13.7	21.9	15.6	18.9
2016	11.4	13.1	21.2	9.6	21.7	17.2	13.2	26.0	13.2	21.8	14.7	.18.8
2017	10.9	12.2	21.9	9.3	19.9	16.5	12.6	25.1	12.2	21.2	13.7	19.1
2018	10.8	11.9	22.7	9.2	19.1	16.1	11.9	23.8	12.6	20.9	13.5	19.1
2019	10.4	11.3	23.7	8.2	18.3	15.4	11.0	23.7	12.3	20.7	13.4	19.6
2020	14.2	13.6	29.8	-	18.5	15.0	10.8	23.5	12.4	22.1	13.4	20.9

* 출처: '청년 고용정책 사각지대 발굴 및 정책 제언', 정재현 외, 한국고용정보원, 2022.

둘째, 청년 인구의 감소에도 불구하고 **청년층을 중심으로 NEET족이 확산하고 있는 상황은 적극적으로 대응할 필요가 있다.** 표 6-5에서 볼 수 있는 바와 같이, 우리나라 청년의 NEET 비율은 OECD 국가 중에서도 높은 편이고 추세적으로도 증가하는 모습을 보이고 있다.

---

8 OECD의 NEET 기준을 보면 취업하지 않거나 정규 교육기관에 통학하지 않는 경우로 정하고 있다. 따라서 우리나라의 경우 취업학원이나 직업훈련기관에 다니더라도 NEET에 포함될 수 있으므로 NEET 비율이 상대적으로 높게 나올 수 있다는 점은 참고할 필요가 있다.

또한, 최근 분석 자료(현대경제연구원, 2021)에 의하면 청년 NEET족은 2010년 대 중반 이후 급격히 늘어나고 있는 것으로 나타나고 있다. 즉, 국내 NEET족은 2016년 26.2만 명에서 2020년 43.6만 명으로 늘어난 것으로 분석하고 있다.

특히, 최근에는 전문대학 이상의 학력을 지닌 청년층의 NEET화도 많이 늘어나고 있어서 각별한 관심이 필요하다. 향후 노동시장의 양극화가 더욱 심해져서 IT 인력 등 기업이 선호하는 인력의 몸값은 급등하여 청년 간 임금 격차가 더욱 확대될 가능성도 있으므로, 고임금 일자리 취업 경쟁에서 낙오한 청년의 경우 하향취업을 하기보다는 사회에서 은둔하는 일본의 '히키코모리'로 전락할 가능성도 커진다.

이들이 사회 취약계층으로 유입되지 않도록 막기 위해서는 교육시스템과 고용시스템을 유기적으로 연계할 필요가 있다. 현재와 같이 대학 진학 중심의 초·중등교육이 지속되면 노동시장과의 미스매치는 해소하기가 매우 어려워진다. 과도한 고학력화, 기업 수요에 부응하지 못하는 학교 교육은 취업단계에서 불필요한 시간과 비용 낭비를 수반할 수밖에 없다. 대학 진학을 선택하지 않고 곧바로 취업을 선택한 청년들에게도 적절한 수준의 취업 인센티브를 제공하는 방안도 적극적으로 검토할 필요가 있다. 아울러, 학교와 지역사회 중심으로 니트족이 늘어나지 않도록 예방하는 노력이 필요하고, 심리상담을 포함한 종합적인 취업 지원 서비스를 확대해 나가야 한다.

셋째, 청년의 일을 통한 자산 형성에 대해서도 타겟을 명확하게 설정할 필요가 있다. 한정된 재원으로 어떤 속성을 지닌 청년의 자산 형성을 지원할 것인지 세밀하게 제도를 설계해야 한다.

문재인 정부에서 시행한 청년내일채움공제는 청년들의 중소기업 장기근속을 통한 자산 형성을 지원하는 제도로 성공적으로 운영되었다. 다만, 사업 시행 초기에는 지원 대상 청년의 범위를 너무 넓게 잡아 월급이 500만 원인 고소득 청년도 지원받을 수 있어서 재정 소요가 과다하고 타 연령층과의 형평성 문제도 발생하였다.

이후 청년희망적금, 청년도약계좌 등 다양한 자산 형성 지원 프로그램이 개발되고 있는데, 여전히 지원 대상과 지원 수준의 적절성에 대한 논란이 발생하고 있다. 코로나19 대응 과정에서 급격히 늘어나 현금 지원 방식의 여러 사업은 자칫 인기영합주의(populism)에 빠질 우려가 있으므로 재정 부담과 사회적 형 평성 등을 종합적으로 고려하여 소득 지원 프로그램을 설계해야 한다.

이처럼 최근 급격히 늘어나고 있는 청년층을 대상으로 하는 현금 보조 방식의 다양한 사업은 한편으로 청년들의 소득안전망으로서 기능할 수 있을 전망이다. 다만, 여러 사업이 사회보험과 같이 법적 안정성을 지니고 운영되는 것이 아니라 일회성 사업 성격으로 운영됨에 따라 정권 교체에 따라 변화가 심하게 나타나는 문제가 있다. 최근 일련의 현금 지원 사업을 종합적으로 평가하여 정규 제도화하여 새로운 사회안전망으로 작동할 수 있도록 검토하는 작업도 수반될 필요가 있다.

넷째, 청년인구가 감소하면 청년들이 선호하지 않는 기업의 경우 중장기적 몰락이 현실화할 수 있다. 대표적으로 건설업, 조선업 등과 같은 노동 강도가 높은 업종과 정주 여건이 열악한 지방 산업단지 입주 기업 등은 현재보다 더 심각한 구인난을 겪을 가능성이 크다. 청년들을 강제적으로 이들 기업에 근무토록 할 방법은 없으므로 이들 기업을 청년들이 매력을 느낄 수 있도록 탈바꿈해야 할 것이며, 정부는 정책적으로 기업들의 근로 여건 개선 노력을 지원할 필요가 있다.

예를 들어, 취약 업종과 취약 지역의 기업에 대해서는 기숙사, 통근버스 등의 인프라와 함께 여가 활용이 가능한 문화시설 등에 대한 투자도 확대할 필요가 있다. 이러한 문제는 지자체도 관심을 많이 갖고 있고 해결할 수단도 지니는 경우가 많으므로 지자체와 합동으로 해법을 찾는 노력이 효과를 볼 수 있을 것이다

4. 비수도권의 몰락

인구구조의 변화는 지역 별로 균등하게 발생하지 않는다. 이는 인구의 공간적 분포와 관련된 이슈로 '지방 소멸'과도 연결된다. 앞에서 살펴본 총인구 감소와 경제활동인구 비중 및 청년인구 감소는 총량에 대한 분석이므로 지역별 편차에 대한 이슈는 담겨 있지 않다. 그런데, 우리나라 현실에 있어서는 인구 총량의 감소 못지않게, 지역 간 인구 감소 편차가 매우 크다는 점도 주목할 필요가 있다. 특히, 그간의 정책 노력에도 불구하고 수도권과 비수도권 간의 격차는 지속되

고 있다.

　표 6-6에서 볼 수 있는 바와 같이 2022년 인구를 기준으로 2030년, 2040년 지역별 인구 추이를 살펴보면 수도권과 수도권에 인접한 충청권, 강원권의 경우 모두 인구 감소가 나타나지 않고 있으나, 부산·울산·경남권, 대구·경북권, 호남권의 경우 2040년까지 약 10%의 인구 감소가 전망되고 있다. 또한, 이 지역은 인구 고령화도 더 심각해서 2040년에는 65세 이상 인구 비중이 약 40% 수준에 이를 전망이어서 인구 감소와 고령화라는 이중의 인구구조 변화에 놓여있는 실정이다.

　반면에, 서울, 경기, 인천을 포함하는 수도권의 경우 총인구가 2022년 2,605만 명에서 2040년 2,628만 명으로 오히려 증가하고 65세 이상 인구 비중도 2040년 약 32% 수준으로 상대적으로 양호한 모습을 보일 것으로 전망된다.

 표 6-6　　　　　　　　　　　　　　　　**우리나라 시·도별 인구 추이 전망**

(단위: 명)

구 분	2022	2025	2030	2040	2050
전국	51,628,117	51,447,504	51,199,019	50,193,281	47,358,532
서울특별시	9,411,443	9,209,988	8,947,637	8,539,824	7,918,861
인천광역시	2,960,685	2,959,375	2,964,832	2,947,288	2,813,782
경기도	13,680,911	14,002,605	14,421,123	14,790,812	14,353,146
수도권	26,053,039	26,171,968	26,333,592	26,277,924	25,085,789
부산광역시	3,299,396	3,209,584	3,077,470	2,826,940	2,512,270
울산광역시	1,112,807	1,085,017	1,043,675	953,973	844,246
경상남도	3,289,257	3,253,138	3,193,395	3,023,333	2,769,334
부울경	7,701,460	7,547,739	7,314,540	6,804,246	6,125,850
대구광역시	2,363,420	2,296,188	2,197,348	2,020,271	1,807,068
경상북도	2,628,220	2,596,343	2,552,040	2,441,219	2,256,705
대경권	4,991,640	4,892,531	4,749,388	4,461,490	4,063,773
광주광역시	1,463,411	1,439,236	1,401,078	1,323,136	1,213,098
전라북도	1,780,234	1,741,421	1,690,585	1,604,940	1,493,464
전라남도	1,768,620	1,737,587	1,698,534	1,625,140	1,522,919
호남권	5,012,265	4,918,244	4,790,197	4,553,216	4,229,481

대전광역시	1,471,563	1,438,281	1,396,703	1,339,093	1,246,836
세종특별자치시	382,760	427,317	496,997	584,990	630,780
충청북도	1,633,687	1,639,888	1,654,450	1,665,471	1,604,743
충청남도	2,180,086	2,198,168	2,228,415	2,254,511	2,191,231
충청권	5,668,096	5,703,654	5,776,565	5,844,065	5,673,590
강원도	1,525,912	1,524,370	1,529,269	1,535,182	1,481,582
제주특별자치도	675,705	688,998	705,468	717,158	698,467

* 출처: '장래인구추계 시도편: 2020~2050년', 통계청 누리집(kostat.go.kr).

　비수도권 노동시장의 경우 앞에서 언급한 인구구조 변화로 인한 문제점, 즉 노동력 부족, 급격한 고령화, 청년인구 감소 등의 부작용이 더욱 강도 높게 발생할 것이므로 고용정책 차원에서도 집중적인 지원과 대책 마련이 필요하다. 무엇보다 지역맞춤형 접근이 중요하다. 비수도권이라고 하더라도 산업기반이 서로 다르고 도시와 농촌 분포 등에 있어서도 다양한 양상을 보이고 있으므로 해당 지자체와 중앙부처가 협력하여 공동으로 문제 해결을 위해 노력하는 것이 중요하다.

　특히, 중앙부처의 고용정책은 전국을 하나의 단위로 설계하다 보니 비수도권에 특별한 혜택을 부여하기 어려운 근본적인 한계가 있다. 예를 들어, 비수도권이 어렵다고 해서 고용보험사업으로 운영하는 실업급여나 고용장려금을 특정 지역만 우대해서 설계하기는 쉽지 않은 것이다.

　고용노동부에서 시행하고 있는 '지역산업 맞춤형 일자리창출 지원사업'은 이러한 한계를 극복할 수 있도록 설계되어 있으므로 향후 비수도권에 더욱 집중적인 지원을 하여 고용격차를 해소하는 역할을 담당할 필요가 있다. 아울러, 지자체 차원에서도 적극적으로 해당 지역의 고용 문제 해결을 위해 정책적으로 고민하고 해결방안을 만들도록 협업해 나갈 필요가 있다.

　더 근본적으로는 '행정구역 개편'을 통한 한정된 지방의 역량을 통합하여 집중하는 전략이 절실히 필요하다. 현행 행정구역은 1896년에 만들어진 기본 틀하에 일부 변형해서 유지해 오고 있다. 그간의 교통과 통신의 발달은 굳이 언급하지 않더라도 상전벽해의 변화가 있었다는 점을 우리 모두 알고 있다. 현시점에서, 특히 인구 감소와 지방 소멸의 위기를 눈앞에 두고 있는 상황에서, 각 지역이 균형발전을 위해 행정구역을 어떻게 재구조화하는 것이 좋을지에 대한 심도 있는 논의가 시급하다.

　고용정책 측면에서 보면 '지역 노동시장' 단위에 대한 논의가 그간 지속되어 왔다. 아직까지 출퇴근 개념이 사라지지 않는 한 통근 거리를 중심으로 노동시장 권역을 구분하는 노력은 여전히 유효해 보인다. 기존 연구를 보면 통근거리 등을 기준으로 우리나라 지역 노동시장을 134개로 구분한 사례가 있다.9 이 숫자는 계속 변화하겠지만 큰 틀에서 봤을 때 현행 기초자치단체보다는 더 큰 권역으로 지역노동시장이 형성되어 있다는 사실에는 대부분 동의하고 있으므로 고용정책을 수립할 때는 현행 지자체 단위에 매몰되지 말고 지역 노동시장 권역을 염두에 두고 정책을 만들고 운영하는 노력이 필요하다.

---

9 '지역 노동시장 권역'에 대한 최근 연구 결과는 고영우 외(2019)를 참고하기 바란다.

디지털 혁신과
일자리

인류의 역사는 한편으로는 기술 진보의 역사라 할 수 있다. 끊임없이 새로운 기술이 탄생하고 사회는 변화해 왔다. 이러한 흐름 속에서도 전환점이라 부를 수 있는 큰 계기들을 볼 수 있다. 멀리 농업혁명으로 불리는 변화에서부터 18세기 영국에서 시작된 산업혁명에 이르기까지 인류의 생활방식을 근본적으로 흔들어 놓은 기술의 진보가 있었다.

어쩌면 우리는 인류 역사에 또 하나의 전환점으로 기록될 기술 진보의 시대에 살고 있는지도 모르겠다. IT 기술을 바탕으로 세계는 디지털 혁명을 이루어냈고 이에 더해 AI와 로봇 기술의 발전은 인류를 새로운 경지로 이끌고 있다. 이러한 변화는 인류의 모든 생활양식에 지대한 영향을 미치고 있으며, 일자리와 고용관계 역시 그 태풍으로부터 자유롭지 못하다.

디지털 혁신으로 인해 사라지는 일자리와 새로 생겨나는 일자리의 명암이 더욱 분명해질 것이며, 플랫폼을 기반으로 하는 노동의 확산과 함께 인간과 AI 및 로봇과의 협업은 강화될 것이다. 일하는 방식도 크게 변화하여 일하는 시간과 공간의 유연성을 더욱 확대될 것이고, 고용서비스와 채용 방식도 모두 디지털을 기반으로 전환할 것으로 보인다.

궁극적으로 AI는 인류의 두뇌를 대체하고 로봇은 인류의 신체를 대체할 것이라는 전망이 나온다. 이러한 기술의 미래는 우리의 일자리를 어떻게 재정의할 것인지 그리고 그 과정에서 노동시장은 어떤 새로운 과제를 부여받게 될 것인지 많은 고민과 상상력이 필요한 영역이다.

1. AI와 로봇 그리고 일자리

기술 진보와 일자리

18세기 산업혁명 당시 '러다이트 운동(Luddite Movement)'이 일어났던 사실을 우리는 역사를 통해 알고 있다. 당시 영국 중북부의 수공업자들은 새로 발명된 기계가 자신들의 일자리를 뺏어가는 것에 분노하여 기계 파괴 운동을 벌이면서 저항하였다. 이처럼 새로운 기술의 도입은 산업 형태를 근본적으로 바꾸기도 하고 기존 일자리를 순식간에 퇴출시키기도 한다. 우리도 이미 반세기 전부터 시작된 산업화를 통해 농업사회에서 산업사회로 변화하는 과정을 생생하게 체험하였다. 그리고 또다시 디지털 혁명을 거치면서 일자리의 대변화를 목격하고 있다.[1]

일자리 측면에서 기술 진보는 동전의 양면처럼 순기능과 역기능을 동시에 지니고 있다. 한편으로는 기술 진보로 인해 인간이 단순반복적인 작업에서 해방될 수 있으며, 시간과 공간에 구애받지 않고 일할 수 있는 노동환경을 만들 수도 있고, 노동생산성을 높여서 근로시간을 획기적으로 줄여갈 수도 있다. 아울러, 인류는 더 안전한 노동환경을 보장받을 수 있으며, 신기술 분야에서는 새로운 일자리가 더 많이 만들어질 것이다.

반면에, 기술 진보는 전통 분야의 많은 일자리를 없애는 일자리 파괴자의 모습도 보일 것이며, '정보 격차(digital divide)'로 인해 소득계층 간, 연령 계층 간, 선·후진국 간 격차가 심화되어 사회 양극화를 가속화시킬 수도 있을 것이다. 또한, 급속한 기술의 진보를 따라잡지 못하는 경우 사회 밑바닥으로 추락할 위험도 더욱 커지게 된다.

기술의 진보가 일자리에 미치는 영향은 논쟁적인 고용 이슈이다. 혹자는 기술 진보로 인해 인간의 일자리가 급속도로 잠식될 것이라는 비관론을 펼치기도 하지만, 없어지는 인간의 일자리보다 더 많은 새로운 분야의 일자리가 생겨날 것이라는 낙관론도 있다.

많은 전문가들이 공감하는 부분은 단기적으로 전통 일자리의 상당 부분은 AI와 로봇에 의해 대체될 수밖에 없다는 사실이다. 물론 이 과정이 특정 시점에 일시적으로 발생하는 것은 아니고, AI와 로봇과 같은 첨단 기술의 사용 빈도가 높아지면서 인간의 생산성은 향상되고, 그 결과 인간의 전통 일자리가 점진적으로 줄어들게 된다.

대표적으로 식당의 주문과 서빙을 담당하는 직원은 키오스크와 서빙 로봇으로 대체되고 있다. 기존 직원은 직접 주문받고 서빙을 하기보다는, 키오스크와 서빙 로봇이 잘 운영되는지 확인하고 고객의 불만 요인을 해소하는 업무로 전환되고 있다.

McKinsey Global Institute(2017)는 기술적으로는 2016년 기준 전 세계 직무의

---

1 4차 산업혁명이 노동시장에 미칠 영향에 대해서는 양재완(2021)을 참고하기 바란다.

50%를 자동화로 대체할 수 있을 것으로 분석하면서, 자신들의 중간 수준의 도입 시나리오에 따르면 2030년까지 15%의 직무를 대체할 것으로 예측하였다.[2]

이처럼 직관적으로 특정 첨단 기술의 도입이 기존 노동력을 대체하는 양상을 보면서 기술 진보가 인간의 일자리를 없애는 것 아니냐는 두려움을 갖기도 하지만, 역사적으로 봤을 때 새로운 기술은 중장기적으로 줄어드는 일자리 이상으로 새로운 직업을 만들어내고 새로운 수요를 창출하는 모습을 보여왔다(McKinsey Global Institute, 2017).

즉, 고용효과는 그렇게 일면적으로만 발생하지 않는다는 것이다. 첨단기술을 도입하는 직종의 기존 근로자를 일부 대체하겠지만, 첨단기술 도입 업체의 생산성 증가에 따른 수익 개선으로 추가적인 고용을 창출할 수가 있다는 점도 감안해야 한다. 또한, 해당 첨단 기술을 활용한 로봇 생산, 소프트웨어 개발 등 첨단 기술 분야 일자리는 오히려 증가할 것으로 기대되므로 일자리 총량에 있어서는 긍정적인 역할을 하게 된다.

최근 우리나라의 실증적인 연구를 보더라도 스마트공장 도입의 고용효과에 대해 특별하게 고용을 감소시킨다는 증거를 발견하기 어렵다는 결과들이 다수 있다(김민호 외, 2019; 이시균 외, 2021). 물론 이러한 전망은 우리가 직면하고 있는 기술 진보가 과거 우리가 경험했던 수준에서 진행될 때 가능한 시나리오이다. 만약 과거와는 질적으로 다른 수준의 기술 진보가 이뤄진다면 과거 경험으로 예측하는 것은 의미가 없을 수도 있다.[3]

총량적 측면에서 기술 진보가 일자리를 없애는 것이 아니더라도, 새로운 기술 활용에 취약한 직종이 있다는 사실에는 큰 변화가 없다. 대표적으로, McKinsey Global Institute(2017)의 일의 미래에 대한 보고서를 보면 표 7-1이 보여주는 바와 같이, 선진국의 경우 유사한 일자리 증감 패턴을 보여줄 것으로 예상된다. 다만, 개별 국가의 임금 수준, 경제성장 수준, 인구구조, 산업구조 등에 따라 일자리의 증감 수준은 달라질 것으로 분석하고 있다.

---

[2] McKinsey Global Institute(2017)는 동 보고서에서 자동화 도입 수준은 기술적 실현 가능성, 노동 비용, 경제적 혜택, 규제와 사회적 수용도 등에 따라 달라질 수 있을 것으로 분석하였다.

[3] OpenAI가 2022년 말 공개한 ChatGPT의 등장으로 에세이와 기사를 작성하고, 코딩을 하는 AI를 실제 대면하게 되었다. 노동시장에서 AI의 영향력이 예상보다 훨씬 광범위하게 나타날 것이라는 기대와 우려가 동시에 커지고 있다.

또한, 세계경제포럼(World Economic Forum, 2020)은 일자리의 미래에 대한 보고서를 통해서 수요가 증가하는 일자리와 감소하는 일자리를 각 20개씩 제시하고 있는데, 표 7-1과 유사한 결과를 보이고 있으나 교육훈련 관련 직무와 건설 근로자 등에 대해서는 일부 다른 견해를 보인다. 대체적으로 창의성과 전문성을 요구하는 직종의 경우 향후 기술 진보에도 불구하고 일자리가 늘어날 것으로 예측되는 반면에, 표준화된 업무나 단순 기능 직종의 경우 기술 진보의 영향을 더 크게 받을 것으로 보인다.

표 7-1　　　　　　　　　　　　　**선진국의 미래 일자리 증가 직종과 감소 직종 전망**

구 분		주요 직종
증가	돌봄 종사자	의사, 간호사, 테라피스트, 건강 보조원, 아동돌봄 종사자, 건강 기술자
	교육 종사자	교사, 교육 전문가, 교육 보조원
	경영책임자	최고경영자, 관리자
	전문가	회계사, 공학자, 경영 및 재무 전문가, 과학자 및 학자, 법률가, 법률 보조원
	기술전문가	컴퓨터 공학자, 컴퓨터 전문가
	건설 종사자	건설 공학자, 건축가, 측량기사, 지도제작자, 건설근로자, 설치 및 수리 종사자,
	창작자(크리에이터)	예술가, 디자이너, 연예인, 미디어 종사자
감소	고객관리자	개인 돌봄 종사자, 음식점 접객원, 판매원, 오락업 종사자, 호텔 및 여행 종사자
	사무보조원	컴퓨터 업무 보조원, 안내 및 기록원, 사무보조원, 경리직 종사자, 행정보조원
	예측 가능한 환경 종사자	장례사, 생산직 근로자, 운전기사, 농업기기 조작원, 보안직 종사자, 청소기기 조작원, 게임업 종사자, 조리사, 일반 기능공
	예측이 어려운 환경 종사자	전문 기능공 및 수리공, 응급구호원, 물류 상하차 및 배달 종사자, 기계 설치 수리공, 농업 근로자, 운송기기 관리자, 환경미화원

* 출처: 'Jobs Lost, Jobs Gained: Workforce Transitions In a Time of Automation', McKinsey Global Institute, 2017.

다만, 최근 AI의 급격한 발전으로 인하여 회계사, 법률가, 교사 등 기존 전문가의 영역을 급격히 대체할 수 있다는 전망과 함께 예술가, 디자이너 등 창의성에 기반한 일자리도 안전하지 못하다는 전망이 나온다. 즉, 데이터 수집·종합·분석에 기반한 일자리는 AI의 영향을 크게 받게 되고, 반면에 육체노동이나 사회적 관계와 정서적 유대에 기반한 일자리는 상대적으로 AI로 대체하기 어렵다는 분석도 나오고 있다.

그렇다면 우리나라의 일자리는 어떻게 변화할 것인가? 이에 대해 답하기 위해서는 먼저 어떤 산업과 직업에 대한 수요가 늘어날 것인지 흐름을 파악하는 것이 필요하다. 이를 위한 가장 체계적인 통계는 바로 고용노동부와 한국고용정보원이 생산하는 '중장기 인력수급 전망'이다.[4]

가장 최근 발표된 「2020~2030 인력수급 전망」을 살펴보면, 고령화에 따른 사회서비스 수요 증가 등으로 인해 사회복지, 보건, 음식 업종의 취업자가 크게 늘어나는 반면, 농업, 자동차 제조업, 소매업 등은 IT 기술의 발전, 친환경차 개발 등에 따라 취업자 수가 줄어들 것으로 보인다. 그림 7-1에 증가 및 감소 업종이 정리되어 있다.

💬 그림 7-1　　　　　　　　　　　산업(중분류)별 상위 10대 취업자 증가 및 감소 업종

(단위: 천 명)

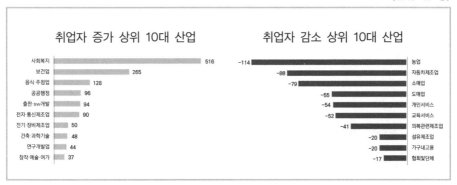

* 출처: '2020~2030 중장기 인력수급 전망 발표', 고용노동부 보도자료, 2022.2.3.

한편, 직업 단위로 살펴보면 그림 7-2에서 볼 수 있는 바와 같이, 고령화와

---

4 중장기 인력수급전망 2020-2030의 결과와 시사점에 대한 구체적인 내용은 방글 외(2023)를 참고하기 바란다.

디지털화에 따라 돌봄, 보건, 사회복지, 공학, 정보통신 직종 등이 취업자 증가 상위 순위를 차지할 전망이고, 자동화, 온라인화 등으로 매장 판매, 농축산 숙련직, 기계 제조 및 조작 등의 직종이 크게 감소할 것으로 예측되었다.

대체적으로 McKinsey Global Institute (2017)와 세계경제포럼(World Economic Forum, 2020)이 분석하고 있는 일의 미래와 유사한 결과를 나타내고 있으나, '교육전문가'에 대해서는 McKinsey Global Institute가 수요 증가를 예상한 반면 우리나라의 중장기 인력수급전망은 수요 감소를 예측한다. 우리나라의 학령 인구가 급격하게 감소하고 있는 점을 감안하면 이해가 가능할 것으로 보인다.

 그림 7-2   **직업(중분류)별 상위 10대 취업자 증가 및 감소 업종**

(단위: 천 명)

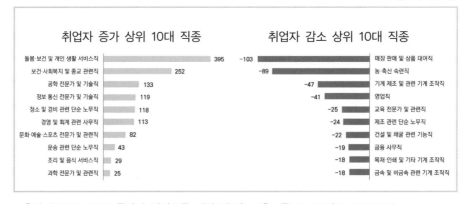

취업자 증가 상위 10대 직종		취업자 감소 상위 10대 직종	
돌봄·보건 및 개인 생활 서비스직	395	-103	매장 판매 및 상품 대여직
보건·사회복지 및 종교 관련직	252	-89	농·축산 숙련직
공학 전문가 및 기술직	133	-47	기계 제조 및 관련 기계 조작직
정보 통신 전문가 및 기술직	119	-41	영업직
청소 및 경비 관련 단순 노무직	118	-25	교육 전문가 및 관련직
경영 및 회계 관련 사무직	113	-24	제조 관련 단순 노무직
문화·예술·스포츠 전문가 및 관련직	82	-22	건설 및 채굴 관련 기능직
운송 관련 단순 노무직	43	-19	금융 사무직
조리 및 음식 서비스직	29	-18	목재·인쇄 및 기타 기계 조작직
과학 전문가 및 관련직	25	-18	금속 및 비금속 관련 기계 조작직

* 출처: '2020~2030 중장기 인력수급 전망 발표', 고용노동부 보도자료, 2022.2.3.

기술 진보와 고용정책

기술 진보가 가져올 일의 미래는 노동시장에 큰 변화를 불러일으킬 전망이다. 앞에서 살펴본 바와 같이 기존 일자리 중 정형화되고 단순 기능을 활용하는 일자리의 대체 속도는 빨라지는 반면, 신기술 분야 일자리와 IT를 중심으로 한 전문직 일자리는 지속해서 늘어날 것으로 보인다. 이러한 추세에 맞춰 노동 시장 충격을 최소화하면서 기술 진보에 대응하는 고용정책을 마련하는 것은 향후 정부의 큰 과제가 될 것이다.

변화하는 경제 환경 속에서 미래 일자리를 준비하는 정부의 역할이 무엇인지에 대해서는 다양한 의견이 있다. 선대인(2017)은 미래 일자리 변화에 대응하기 위하여 ① 대기업 중심에서 벗어나 다양한 형태의 기업들이 성장할 수 있도록 기업 생태계 지원, ② 조세제도 개혁, 공공 이전소득 확대, 기본소득제 및 로봇세 도입 등 사람 중심의 문화·교육·복지 투자를 통한 불평등 해소, ③ 미래에 대비할 수 있도록 교육 체계, 방법, 내용 등 교육 혁신 및 투자 확대를 제안하고 있다.

김민호 외(2019)는 노동의 유연성 강화와 함께, 기술 변화에 적용할 수 있도록 기업이 주도하는 유연한 교육·훈련이 확대될 필요가 있음을 지적한다. 또한, McKinsey Global Institute(2017)는 ① 일자리 창출을 지원할 수 있는 강력한 경제성장과 혁신, ② 고용유지 및 교육·훈련 확대, ③ 노동시장의 역동성 개선, ④ 전직 지원 및 소득 지원 강화 등의 필요성을 제언한다.

이러한 전문가의 미래의 일자리에 대응하는 고용정책의 방향에 더하여 우리나라 고용정책이 중점을 두고 추진할 필요가 있는 정책 과제를 세 가지로 정리해서 살펴보고자 한다.

첫째, 사회안전망을 더욱 강화해서 '소멸 또는 축소 위기를 겪게 될 전통 일자리 종사자가 새로운 일자리로 신속히 이동'할 수 있도록 지원할 필요가 있다. 기술 진보가 모두에게 동일한 혜택을 주지 않는다는 사실을 역사는 우리에게 알려주고 있다.[5] 기술 진보의 열매는 이를 잘 활용할 수 있는 소수에게 집중될 가능성이 크며, 이는 필연적으로 사회 양극화를 더욱 악화시키는 결과를 초래할 우려가 있다.

노동시장으로 한정해 보자면, 근로 계층 내에서도 양극화가 심화할 우려가 있다. 최근 우리나라에서도 소프트웨어 개발자와 반도체 등 첨단산업 근로자의 연봉이 급상승하고 있는 것처럼 IT 기술 등 첨단 기술에 대한 숙련도에 따라 임금이 크게 벌어질 가능성이 있다.

특히 우려되는 점은, 디지털화, 자동화, 무인화 등에 따라 사라지거나 줄어들 직종은 판매, 기계조립, 영업, 서빙 등 비교적 저임금 일자리에 속하는 경우가 많아서 실직

---

5 MIT(2020)는 미래의 일에 대한 연구를 통해 지난 40년간 생산성을 향상시키는 기술의 혜택이 상위층 중심으로 불균등하게 분배되었다는 사실을 지적하고 있다.

후 사회적 취약계층으로 전락할 가능성도 커진다는 사실이다. '공정한 전환'이라는 관점에서 신기술 발전으로 쇠퇴하는 업종·직종의 근로자를 대상으로, 새로운 분야의 일자리로 원활하게 이동할 수 있도록 해당 업종·직종별 특성에 기반한 전직지원 서비스를 개발하고 확대해 나갈 필요가 있다.

또한, 사회안전망 중 향후 우리가 좀 더 주목해야 할 영역은 '소득 손실에 대한 보장'으로 보인다.[6] 평생직장 시대에는 고용보장이 가장 큰 안전망이 될 수 있었지만, 전통적인 임금 근로 이외 다양한 고용 형태가 등장하고 'n잡러'가 유행하는 한편, 자발적 이직과 자발적 비정규직 비율도 높아지고 있는 시대에는 안정적인 소득의 지속가능성이 오히려 더 중요해질 수 있다.

연금제도와 국민기초생활보장제도를 포함한 복지시스템과 고용보험, 국민취업지원제도, 기업 정년제도 등을 아우르는 고용안정 시스템을 유기적으로 연결하여 생애에 걸쳐 안정적인 소득이 유지될 수 있도록 국가 시스템을 고도화해 나간다면 향후 심각해질 사회 양극화에 슬기롭게 대처할 수 있을 것으로 기대된다.

둘째, '평생 능력개발'을 위해 보다 더 과감한 투자를 해야할 것이며, 고용서비스도 일회성 취업이 아니라 '생애 경력개발'의 관점에서 체계적으로 제공될 필요가 있다. 기술 진보 속도가 가속화됨에 따라 기존 지식과 기술 숙련의 유효기간이 갈수록 짧아지고 있다. 기술 변화에 발맞춰 교육과 훈련이 지속되지 않으면 사회에서 낙오할 리스크가 점점 커지고 있다. 이는 기존의 경력개발 방식으로는 더 이상 살아남기 어려울 거라는 암시를 해 주고 있다.

무엇보다 '재직자 능력개발'에 대해서는 발상의 전환이 필요하다. 우리나라 기업 환경은 여전히 일과 능력개발을 병행하기가 쉽지 않은 측면이 있다. 특히, 중소기업 재직자나 비정규직인 경우 능력개발의 필요성은 훨씬 더 크지만, 능력개발 기회는 더욱 줄어드는 게 우리나라 현실이다. 좀 더 획기적인 능력개발 기회를 부여하기 위해서는 예를 들어, 고용보험 가입 후 일정 기간(예. 10년 또는 15년)이 경과한 피보험자를 대상으로 고용보험 재원을 활용한 장기 유급훈련(6개월~1년) 신설을 고민할 필요가 있다. 덴마크 등 유럽 여러 국가에서 도입했던 job rotation의 한 유형이기도 하다.

---

6 MIT(2020)도 유사한 문제 인식하에 근로자가 부업을 잃거나 근로시간이 대폭 줄어드는 경우 등에도 부분 실업보험이 적용될 수 있도록 개혁할 필요가 있다고 제안한다.

또한, 고용서비스도 생애에 걸친 경력개발로 연결될 수 있도록 개인별 이력 관리를 기본으로 능력개발과 직업경력이 유기적으로 연계될 수 있도록 전문화되어야 한다. 이를 위해서는 직업상담원의 전문성 제고도 선행되어야 하며, 개인의 교육, 훈련, 자격, 고용, 복지 등의 정보가 연계되어 관리되는 시스템이 구축되어야 한다. 다행히 고용노동부가 2024년 시행을 목표로 개발 중인 (가칭) 고용24 시스템의 조속한 도입과 함께, 이를 기반으로 개인의 특성을 반영하는 생애 경력개발 시스템이 본격적으로 활용될 수 있도록 정책적 노력을 강화할 필요가 있다.

셋째, '미래의 일자리 변화에 대한 정확한 정보를 제공'하는 기능이 중요하다. 급격한 과학기술의 발전과 이에 따른 사회·경제적 환경의 변화는 일자리의 미래에 대한 불확실성을 키우고 국민의 일자리 불안을 높이는 결과로 이어질 수 있다는 점에서 미래 일자리 정보의 중요성은 더 커질 것으로 보인다. 이를 위해 중요한 통계 중의 하나가 바로 위에서 살펴본 '중장기 인력수급 전망'이다. 고용노동부와 한국고용정보원이 격년제로 10년 단위 인력수급을 전망하고 있는데, 이 통계는 인력 공급 측면의 변화뿐만 아니라, 기술 진보 등으로 변화하는 산업별 인력 수요에 대한 전망치를 반영하여 종합적인 인력수급 전망치를 생산하고 있다.

현재 생산하고 있는 전망치의 활용도를 높이기 위해서는 전망 작업을 더 고도화하여 정확성을 높일 필요가 있으며, 업종별, 직능수준별 인력수급과 함께 **직업 단위별 인력수급 전망을 더 세분화하여** 추가할 필요가 있다. 사실 일반 국민들이 직업을 준비할 때 특정 업종의 인력수급에 대한 정보보다는 직무에 기반한 특정 직업의 인력수급 전망에 대한 정확한 데이터를 더 필요로 한다.

예를 들어, 운송업의 인력수급에 대한 자세한 전망보다는 내가 대형 자동차 운전이라는 기능을 습득했을 때 취업할 수 있는 일자리가 10년 후에는 어떻게 변화하는지가 더 궁금한 것이다. 현재 중분류 단위의 직업 전망을 적어도 소분류 단위까지 확대해서 전망한다면 훨씬 더 도움이 될 것이다. 이를 위한 통계기반 확충에 과감한 투자가 필요하다.

아울러, 과학기술의 급격한 발전 추세 등의 영향을 적시에 반영할 수 있도록 미래를 전망하는 새로운 기법에 대한 연구도 강화할 필요가 있다. 기존의 전망기법은 근본적으로 과거 통계 추세선을 기초로 판단하기 때문에 과거 트렌드가 급속히 변화하는 시점에는 전망의 정확도가 크게 떨어질 우려가 있다. 또한, 전망 기초가 되는 데이터가 표본조사에 의존하는 경우가 많아 표본조사 규모를 크게 늘리지 않고서는 전망 단위를 더 세분화하기 어려운 한계도 동시에 지니고 있다. 이러한 한계를 극복하기 위해 최근 데이터 개방과 공유에 발맞춰 빅데이터 분석을 통해 우리가 원하는 전망치를 확보할 방법은 없는지 고민해 볼 필요가 있다.

2. 고용 형태의 진화: 플랫폼노동

디지털 혁신의 확산에 따라 노동시장에도 새로운 변화의 물결이 일고 있다. 플랫폼노동(platform labor)의 확산이 대표적인 사례이다. 플랫폼노동은 인터넷상의 디지털 플랫폼을 기반으로 노동력이 거래되는 특성이 있으며 계속해서 진화해 가고 있다.

디지털 기술의 발전과 함께 플랫폼노동도 급격히 변화해 가겠지만, 대체적으로 향후 플랫폼노동이 지속해서 늘어갈 가능성이 크다는 점에 대해서는 큰 이견이 없다. 기존 고용정책이 전통적인 고용종속 관계에 있는 근로계약을 중심으로 기획되고 발전해 왔음을 감안할 때, 이러한 고용 형태의 다양화 추세는 향후 고용정책 추진 시에도 기존의 인식 틀에서 벗어나 플랫폼노동을 적극적으로 고용정책 영역으로 끌어들일 필요가 있음을 보여준다.

특히, 플랫폼노동은 고령자나 여러 사유로 비경제활동 상태에 있는 잠재 노동 인력이 더 쉽게 노동시장에 참여할 수 있는 일자리 형태라는 점을 고려하면 노동 공급의 새로운 동력이 될 잠재력도 지니고 있으므로 고용정책 차원에서도 이를 활용한 일자리 창출을 고민할 필요가 있다.

급증하는 플랫폼종사자

고용노동부와 한국고용정보원이 발표한 최근 조사 자료(고용노동부, 2021)에 따르면 우리나라의 플랫폼 종사자(15~69세)는 2021년 기준으로 220만 명에 달하는 것으로 나타났다. 이때 플랫폼 종사자는 '지난 3개월 동안 스마트폰 앱이나 웹사이트와 같은 온라인 플랫폼의 중개 또는 알선을 통해서 일감을 얻고 고객에게 서비스를 제공하고 수입을 얻은 적이 있는 자'로 정의되었다.

좀 더 대상을 좁혀서 '플랫폼이 대가나 보수를 중개하고, 중개되는 일이 특정 인이 아닌 다수에게 열려 있어야 한다는 조건을 충족한 사람'으로 한정하는 경우 약 66만 명이 이 조건을 충족하는 협의의 플랫폼 종사자로 조사되었다. 15~69세 취업자 규모를 감안할 때 광의의 플랫폼 종사자는 8.5%, 협의의 플랫폼 종사자는 2.6%에 해당하는 숫자이다.

이 조사를 통해 나타난 플랫폼종사자 근무 직종 중 가장 비중이 큰 분야는 '배달·배송·운전'으로 29.9%를 차지하였으며, 그 다음으로 '음식조리·접객·판매·수리', '전문서비스' 순으로 나타났다. 최근 코로나19로 인한 비대면 서비스 확산 등의 영향이 반영된 결과로 보인다. 자세한 내용은 표 7-2에 잘 정리되어 있다.

표 7-2   **플랫폼종사자 주요 직종**

(단위: %)

전 체		남 성		여 성	
배달·배송·운전	29.9	배달·배송·운전	47.5	음식조리·접객·판매·수리	33.1
음식조리·접객·판매·수리	23.7	음식조리·접객·판매·수리	15.5	전문서비스	14.5
전문서비스	9.9	사무보조·경비	8.5	가사·청소·돌봄	10.1
사무보조·경비	8.6	전문서비스	6.0	배달·배송·운전	9.8
데이터 입력 등 단순작업	5.7	데이터 입력 등 단순작업	3.5	사무보조·경비	8.6

* 출처: '2021년 플랫폼종사자, 취업자의 8.5%인 220만 명', 고용노동부 보도자료, 2021.11.19.

플랫폼노동 통계와 관련해서 아쉬운 점은 아직 체계적인 통계 조사 기반이 구축되어 있지 못하다는 점이다. 플랫폼노동의 정의와 대상 범위에 대해서도 전문가 논의를 통해 공식화시키는 과정이 필요해 보이며, 향후 공식통계로 전환하여 시계열분석 등이 가능하도록 전환해 나가야 한다.

유사한 문제 인식하에, 세계노동기구(ILO)에서도 1993년 이후 25년 만인 지난 2018년에 새로운 종사상 지위 분류체계를 발표하였으며, 우리나라도 수년 전부터 기존 고용통계조사 시 사용했던 '종사상 지위' 개념이 최근의 다양한 고용 형태, 특히 프리랜서, 특수형태근로종사자 등을 구분하지 못하는 한계를 인식하고 개편 과정에 있다.

통계청에서는 새로운 분류체계에 따른 통계를 2025년경부터는 발표할 수 있을 것으로 보고 있다. 이를 통해 근로자와 전통적 자영업자의 중간영역에 있는 '의존 계약자(dependent contractor)'가 별도로 구분되면 플랫폼종사자의 실태 파악에도 도움이 될 것이다.

그러나 통계청 고용통계가 포착할 수 있는 통계 내용도 매우 제한적이고 플랫폼종사자의 경우 변화 속도가 매우 빠르므로 플랫폼종사자를 대상으로, 또는 의존 계약자를 대상으로 하는 보다 심층적인 별도의 정기적인 실태조사를 신설하는 방안도 적극적으로 검토할 필요가 있다. 플랫폼종사자에 대한 적시성있는 고용정책을 위해서도 실태조사는 가장 기초적인 작업이라는 점을 결코 간과해서는 안 될 것이다.

플랫폼종사자를 더 정확히 이해하기 위해서는 일단 플랫폼종사자를 그 특성에 따라 유형화하는 작업이 필요하다. 기준에 따라 다양한 방식의 유형화가 가능하겠지만 고용정책 측면에서 봤을 때 표 7-3의 세 가지 유형을 참고해서 발전시키는 노력이 필요해 보인다.

첫 번째는 노동 제공의 물리적 공간을 기준으로 한 분류이다. 크게 '웹 기반 노동'과 '지역 기반 노동'으로 나눠볼 수 있다.7 전자의 경우 플랫폼 노동계약과 수행과정 모두 온라인상에서 진행되므로 별도의 오프라인상에서의 대면접촉을 필요치 않다는 특성이 있는 반면, 후자의 경우 일거리 물색과 계약의 과정은 온라인 플랫폼에서 진행되지만, 실제 노동의 제공은 특정 지역에서 정해 놓은 시간에 진행된다는 특징을 지니고 있다. 최근 조사에서는 지역 기반형이 웹 기반형보다 3배 정도 많은 것으로 분석되고 있다(장지연, 2020). 양 유형에 해당하는 구체적인 플랫폼노동의 종류는 표 7-3에 정리되어 있다.

---

7 권혜자 외(2022)는 웹 기반 플랫폼종사자의 노동 실태와 구체적인 사례 분석을 기반으로 정책 과제를 제시하고 있으니 참고하기 바란다.

표 7-3

	온라인 웹 기반 노동	오프라인 지역 기반 노동
마이크로 태스크 (tasks)	- 단순 타이핑(리멤버) - AI 학습 데이터 생산 - 상품형, 서베이 - 번역(eg. 플리토 집단지성)	- 배달 대행 등 소화물 운송 - 대리운전/탁송 - 편의 대행, 스쿠터 충전/이동 - 세탁 - 카 셰어링 - 세차 - 주차 대행
메조 태스크 (daily jobs)	- 성우(목소리) - 온라인 전문 상담(법률, 세무 등)	- 가사, 돌봄, 펫 케어 - 건설 등 일용 노동 - 전세 버스 - 크레인 등 특수 장비 운전 - 이사 서비스 - 대형 화물 운송
매크로 태스크 (projects)	- 영상, 음악 등 디지털 콘텐츠(eg. 유튜브) - IT 솔루션, 소프트웨어 프로그램, 디자인, 일러스트 - 번역	- 여행 가이드 - 교육 서비스 - 1:1 트레이닝 - 인테리어/간판

* 출처: '플랫폼노동 현상에 어떻게 대응할 것인가?', 장지연, 정책기획위원회, 2020.

두 번째 유형은 '숙련 수준'에 따른 분류이다. 다양한 플랫폼노동 형태를 전문성 숙달 수준을 기준으로 분류하는 것으로 직업능력개발 수요 파악과 일자리 매칭을 위한 기본 정보로 유용하게 활용 가능할 것이다. 표 7-4에서 볼 수 있는 바와 같이, 전체적으로 기본업무 숙달에 1년 미만의 숙달 기간을 요하는 플랫폼 종사자 직종이 77%에 이르고 있다. 반면, 3년 이상의 업무 숙달 기간을 필요로 한다는 직종은 8.3%로 창작, 전문서비스, IT·디자인 등 일부 업종에 한정되어 있다.[8]

---

8 표본 크기가 300명으로 제한적이어서 일반화시키기에는 한계가 있을 수 있지만 대략적인 모습을 보는 데에는 유용한 자료로 판단된다.

표 7-4

플랫폼종사자의 직종별 업무 숙달 기간

(단위: 명, %)

구분			전체	업무 숙달 기간			
				3개월 미만	3개월~1년 미만	1~3년 미만	3년 이상
기본업무수행		계	300	46.0	31.0	14.7	8.3
	지역기반	운송	169	45.6	34.9	17.8	1.8
		지역형 서비스	36	91.7	8.3	0.0	0.0
		전문서비스	14	28.6	42.9	14.3	14.3
		지역기반 계	219	52.1	31.1	14.6	2.3
	웹기반	전문서비스	12	25.0	25.0	8.3	41.7
		IT·디자인	36	25.0	33.3	13.9	27.8
		미세업무	13	53.8	23.1	15.4	7.7
		창작	20	25.0	35.0	20.0	20.0
		웹 기반 계	81	29.6	30.9	14.8	24.7
능숙숙달		계	300	32.7	14.3	22.0	31.0
	지역기반	운송	169	28.4	15.4	30.8	25.4
		지역형 서비스	36	77.8	22.2	0.0	0.0
		전문서비스	14	35.7	21.4	7.1	35.7
		지역기반 계	219	37.0	16.9	24.2	21.9
	웹기반	전문서비스	12	16.7	0.0	16.7	66.7
		IT·디자인	36	19.4	8.3	25.0	47.2
		미세업무	13	46.2	7.7	7.7	38.5
		창작	20	10.0	10.0	5.0	75.0
		웹 기반 계	81	21.0	7.4	16.0	55.6

* 출처: '플랫폼노동자의 직업능력 관련 과제', 남재욱, 경사노위 회의자료, 2021.10.28.

세 번째 유형은 '주업'과 '부업'에 따른 분류이다. 플랫폼노동은 기존 임금 근로보다는 근로의 유연성이 높은 경우가 많아 부업과 친한 고용 형태로 보인다. 표 7-5가 보여주는 바와 같이, 최근 실태조사 결과에서도 전체적으로 주업과 부업의 비율이 반반 정도로 나타났으며, 특히 웹 기반형의 경우, 부업의 비율이 62%에 달하는 것으로 분석되었다.

향후에도 플랫폼노동의 이러한 특성이 계속 이어질지 지켜볼 필요가 있겠지만, 향후 인구 감소 시대가 본격화될 우리나라 노동시장 상황을 감안하면 플랫폼노동이 기존 노동시장의 경직성을 완화하면서 유휴인력의 노동력 활용을 높일 수 있는 수단으로 기능할 수 있다는 점은 정책적으로 참고할 만한 대목이라 할 수 있겠다.

 표 7-5

온라인/오프라인별 주·부업 현황

(단위: 명, %)

구 분	온라인		오프라인		전 체	
주업	48	(37.8)	221	(53.2)	269	(49.7)
부업	78	(62.2)	194	(46.8)	273	(50.3)
합계	126	(100.0)	416	(100.0)	542	(100.0)

* 출처: '플랫폼노동자의 규모와 특징', 장지연, 한국노동연구원, 2020.

플랫폼노동의 사회적 보호

플랫폼노동 확산과 관련하여 사회적으로 논란이 지속되고 있는 이슈는 바로 '플랫폼 종사자를 노동법 보호 대상으로 규율할 수 있는가'라는 문제 인식과 연결된다. 노동법의 등장은 산업혁명 이후 노동자 계층의 탄생에서 비롯되다 보니 노동법 적용 대상은 원칙적으로 고용종속 관계에 놓여 있는 노동법상 '근로자'에 한정하고 있다. 그러다 보니 실제 하는 일로 봐서는 근로자와 잘 구분이 되지 않지만, 사용자와 근로계약을 체결하지 않고 플랫폼을 통해 민사상 계약 체결을 통해 일하고 있는 플랫폼종사자의 법적 신분이 문제가 되는 것이다.

보호 필요성이라는 측면에서만 본다면 임금근로자보다 결코 그 필요성이 낮지 않음에도 불구하고, 현실적으로는 최저임금, 근로시간 등 최소한의 안전장치마저 적용받지 못하고 있는 플랫폼종사자는 사회적 취약계층으로 내몰릴 수 있다는 우려가 있다.

외국에서도 비슷한 상황이 이어지고 있다. 대표적으로 우버(Uber) 기사의 근로자성 인정 여부에 대한 논란에서 볼 수 있다시피, 전통적인 근로자 개념의 적용 관련 회색 지대에 있는 **새로운 고용 형태는 노동법의 많은 보호 조항을 누구에게까지 적용하는 게** 사회적으로 바람직한지에 대한 문제를 제기하고 있다.9

이러한 플랫폼종사자 보호 관련 문제를 해결하기 위해 2021년 정부가 '플랫폼종사자 보호법'을 국회에 제출하였다. 그러나, 노동계는 기존 노동법상 근로자 개념을 확장하여 플랫폼종사자도 노동법의 보호를 받아야 한다는 입장이고, 사용자단체도 새로운 입법 추진을 달가워하지는 않는 양상이다.

플랫폼종사자의 규모가 지속해서 커가는 상황에서 이들에 대한 최소한의 근로조건을 보호하려는 노력은 반드시 입법으로 결실을 맺을 필요가 있다. 다만, 입법 방식에 대해서는 여러 논의가 가능할 것이므로 사회적 대화를 통해 구체적 규율 내용에 대한 합의를 먼저 추진하는 것이 바람직해 보인다. 이 과정에서 정부가 고용서비스나 직업훈련, 사회안전망 확충 등의 영역에 대해서는 더 적극적인 역할을 담당할 수도 있을 것으로 보인다.

또한, 플랫폼종사자는 고용보험, 산재보험 등의 사회보험 가입을 통한 **사회안전망 편입에도 어려움**을 겪고 있다. 고용보험, 산재보험 모두 기본적으로 노동법상 근로자 개념을 토대로 적용 대상을 규율하고 있으므로 근로자로 인정받지 못하는 경우 이들 보험 가입도 현실적으로 어려운 상황에 놓여 왔다(고용보험의 경우 자영업자 임의가입 제도가 있지만 활용도가 떨어진다).

다행히 사회보험의 경우 가입 대상을 근로자에 한정해서 적용해야 할 이유는 없다 보니, 최근 들어 그 대상을 일부 비임금근로자까지 확대하는 노력을 해 왔다. 고용보험의 경우 '전 국민 고용보험 로드맵'을 통해 예술인(2020년 12월)을 시작으로, 보험설계사 등 12개 직종 특수형태근로종사자(2021년 7월), 퀵서비스·대리운전기사 등 일부 플랫폼 종사자(2022년 1월), 정보통신 소프트웨어기술자 등 5개 직종 특수형태근로종사자(2022년 7월)까지 적용을 확대해 왔다.

향후 궁극적으로 소득 기반 고용보험으로 전환하게 되면 임금근로자에 한정하지 않고 근로소득, 사업소득 등 취업을 통해 일정 수준 이상의 소득을 버는 경우 고용보험에 가입토록 의무화되므로 플랫폼종사자, 자영업자 모두 고용보

---

9 고용 형태 다양화에 따라 자영업자, 독립계약자와 같은 비임금근로자에 대한 사회적 보호 확대는 여러 나라가 공통으로 고민하는 이슈이다. 주요 국가의 정책 사례와 쟁점에 대해서는 OECD(2018)를 참고하기 바란다.

험 가입 대상이 될 수 있을 것이다.

산재보험도 그간 꾸준히 비임금근로자를 적용 대상으로 포함하는 노력을 확대해 왔다. 2008년 보험설계사 등 4개 직종을 시작으로 2022년에는 유통 배송 기사 등 3개 직종이 추가되어 총 15개 직종의 특수형태근로종사자에게 적용되고 있다. 다만, 산재보험 적용 대상이 되려면 그간 '전속성' 요건이 요구됨에 따라 주로 1개의 사업자에서 근무하는 요건을 추가로 충족해야만 가입할 수 있었다.

그러나, 2022년 5월 법 개정을 통해 2023년 7월부터는 '전속성' 요건을 폐지함에 따라 실질적인 보호 범위는 크게 넓어질 전망이다. 특히, 플랫폼종사자의 경우 전속성 요건을 충족하기 어려운 문제가 있었는데 이번 개정으로 산재보험을 통한 사회안전망은 한층 강화될 것으로 보인다.

다양한 고용 형태의 등장으로 사회안전망의 중요성은 더욱 커졌다. 아직 새로운 고용 형태는 일자리의 질적인 측면에서 좋은 평가를 받기 어려운 한계가 있으므로 사회안전망부터 튼튼하게 구축할 필요가 있는 것이다.

위에서 살펴본 특수형태근로종사자, 특히 플랫폼종사자에 대한 고용보험, 산재보험 적용은 외국의 정책 담당자들도 많은 관심을 보일 정도로 우리나라가 선도적으로 적용하고 있다. 일단 적용 대상으로 포함은 했지만 향후 급여 지급이 본격화되면 많은 논쟁적인 요소가 내재해 있으므로 당분간은 지속해서 현장의 사회보험 적용 현황에 대한 심층적인 모니터링을 통해서 조기에 문제점을 발견하고 개선하는 노력을 기울여야 할 것이다.

동시에 향후 소득 기반 사회보험으로 전환되면 훨씬 더 체계적으로 고용안전망을 운영해 갈 수 있을 것으로 기대된다. 다만, 이미 노무현 정부 때부터 추진해오던 '4대 보험 적용징수 통합' 논란을 통해 소득 기반 시스템으로의 전환이 쉬운 일이 아니라는 것을 잘 알고 있으므로 정책 추진 과정에서 사회적 지지를 이끌어 낼 수 있도록 잘 관리해 나갈 필요가 있다.

사회안전망 관련 임금근로자와 달리 보호망에서 벗어나 있는 또 다른 영역이 바로 '퇴직금제도'이다. 현행 「근로기준법」과 「근로자퇴직급여보장법」은 원칙적으로 계속 근무 1년에 30일분 이상의 평균임금을 지급하는 퇴직금제도를 두도록 정하고 있다.

물론 현행 법 체제 속에서도 1년 미만 근로자, 1주 소정근로시간이 15시간 미만 근로자 등은 퇴직금 규정 적용 대상에서 제외되어 있기는 하지만 플랫폼종사자를 비롯한 특수형태근로종사자는 계약 기간에 관계없이 퇴직금을 논할 여지가 없는 상황이다.

갈수록 수명이 늘어나고 있는 상황에서 노후를 뒷받침해줄 수 있는 퇴직금 또는 퇴직연금은 그 중요성이 더욱 커지고 있다. 따라서 플랫폼종사자에 대해서도 퇴직금에 준하는 사회안전망을 만드는 고민이 필요하다.

이때 정책 대안으로 우선적으로 참고할 수 있는 제도가 건설 일용근로자에 대한 퇴직금 대안으로 운영되고 있는 '건설근로자 퇴직공제제도'로 보인다. 플랫폼이라는 디지털 틀을 제외한다면 건설 일용근로자 채용방식은 플랫폼종사자와 유사한 특징이 많이 있다. 동 제도는 일용근로자의 특성상 상당 기간 계속근로를 전제로 하는 퇴직금 제도 도입에 어려움이 존재하므로 발주자의 공사원가에 퇴직공제 부금을 반영토록 의무화하고 이를 토대로 건설 일용근로자가 퇴직하는 경우 근무 기간에 상당하는 퇴직공제금을 지급토록 하여 퇴직금과 유사한 효과를 거두고 있다.

플랫폼종사자를 대상으로 하는 퇴직금 관련 별도의 제도를 만들 때 가장 중요한 쟁점은 '누가 돈을 낼 것인가' 하는 사안이다. 근로계약 관계에서는 사용자가 존재하지만, 플랫폼노동에서는 사용자 역할을 하는 당사자를 특정하는 게 쉽지 않기 때문이다. 결국은 플랫폼노동 이용자나 플랫폼 운영사업자로 좁혀질 수밖에 없으며 플랫폼의 성격에 따라 달리 접근할 수도 있을 것이다. 활발한 사회적 논의를 통해 사회적 공감대를 형성하고 제도화하는 과정을 거쳐야 할 것으로 보인다.

 참고　　　　　　　　　　　　　　　　　　　　　　건설근로자 퇴직공제제도 개요

❙ 사업목적: 건설노동자가 건설업에서 퇴직하거나 일정 연령에 도달한 경우 퇴직공제금을 지급하여 건설노동자의 노후생활 안정 및 복지향상 도모

■ 사업내용

· 가입대상

  - 건설공사: 공사예정금액 기준 공공 1억 원, 민간 50억 원 이상

    * 「건설산업기본법」 제87조, 「건설근로자의 고용개선 등에 관한 법률」 제10조

  - 피공제자: 근로계약기간이 1년 미만인 건설노동자

    * 「건설근로자의 고용개선 등에 관한 법률」 제2조 및 제11조

· (퇴직공제 성립신고) 착공일로부터 14일 이내에 건설근로자공제회에 신고

· (근로일수 신고 및 공제부금 납부) 매월 15일까지 건설근로자공제회에 전월의 피공
  제자 근로일수 신고 및 공제부금 납부

  * 신고방법: 건설근로자공제회 홈페이지(www.cwma.or.kr) → 화면 하단의 "퇴직공
    제 업무처리" 메뉴 → "EDI 프로그램 사용신청" 후 신고

  * 공제부금 일액: 6,500원(2020년 5월~)

· (퇴직공제금 지급) 적립된 퇴직공제금에 이자(월 복리)를 더하여 지급

  * 적립일수 252일 이상: 건설업에서 퇴직 또는 60세에 도달하거나 사망한 경우

  * 적립일수 252일 미만: 65세에 도달하거나 사망한 경우

* 출처: '2023 한 권으로 통하는 고용노동 정책', 고용노동부, 2023. (2023년 기준 자료임을 유의)

플랫폼노동과 고용서비스

플랫폼노동 분야는 고용서비스 측면에서도 소외되고 있다. 그간의 고용서비스는 임금근로자 일자리 또는 창업을 중심으로 운영되다 보니, 플랫폼노동 영역의 일자리에 대해서는 정확한 일자리 정보 구축도 미흡하였고 일자리 매칭 서비스의 대상에서도 사실상 소외된 측면이 있다. 그러나, 향후 이 분야의 일자리가 지속해서 늘어가고 있으므로 자발적으로 플랫폼노동을 하고자 하는 구직자들의 수요에 대응할 필요가 있다.

현재 구인·구직을 위해 가장 먼저 접하게 되는 서류가 바로 구인신청서, 구직신청서이다. 이 서류들을 보면 기본적으로 사업장을 전제로 근로자를 구인하거나 특정 사업장으로의 취업을 전제로 신청서가 만들어져 있다. 따라서, 플랫폼노동을 희망하는 구직자나 플랫폼 운영자가 이 과정에 참여할 길이 없는 것이다.

예를 들어, 공공부문에서 만든 가장 보편적인 구인구직 사이트인 워크넷을 보더라도 '배달' 직종을 검색하면 특정업체로의 전속적인 고용을 전제로 하는 일자리만 검색이 된다. 더 광범위하게 활용되고 있는 배달 앱을 기반으로 하는 플랫폼 일자리에 어떻게 진입하고 어떤 보호를 받을 수 있으며, 향후 어떤 직업 전망이 있는지 등에 대한 정보는 찾을 수 없는 것이다.

향후 플랫폼노동이 양질의 일자리로 진화하기 위해서는 공공 고용서비스 정책도 발상의 전환이 필요하다. 특히, 플랫폼종사자도 고용보험 가입자로 편입되고 있는 상황을 감안하면, 당연히 플랫폼노동에 대한 양질의 고용서비스가 개발되고 제공될 필요가 있는 것이다. 자칫하면 플랫폼종사자로부터 고용보험료만 걷고 합당한 고용서비스는 외면한다는 비판을 받게 될 수도 있다.

플랫폼노동에 대한 고용서비스를 제공할 때 일차적으로 고려해야 할 사항은 일거리 중개와 관련해서는 이미 기존 플랫폼에서 충분한 역할을 하고 있으므로 공공부문에서 별도의 일거리 중개시스템을 구축하는 것은 큰 의미가 없어 보인다. 오히려 해당 직종에 대한 종합적인 정보 제공을 기초로 구직자가 해당 직종에 대한 정확한 정보를 기초로 해당 플랫폼노동에 종사 여부를 결정할 수 있도록 하는 것이 필요하다.

즉, 관심을 두고 있는 플랫폼노동에 진입하기 위해 갖춰야 할 직무 역량이 무엇인지, 플랫폼 간 근무 여건은 어떻게 다른지, 해당 플랫폼종사자의 평균 근속기간은 얼마나 긴지 등과 같이 구직자의 관심 사항에 답할 수 있는 정보 구축을 우선적으로 추진하고, 이를 토대로 심층적인 직업상담이 진행되도록 틀을 짤 필요가 있겠다.

아울러, 플랫폼노동 수행에 필요한 직무 역량을 정의하고 해당 직무 역량을 개발하고 숙련시킬 수 있는 직업훈련 체계를 구축하는 노력도 필요하다. 최근 연구에 따르면 2020년 기준 국민내일배움카드 훈련 참여자 중 특수형태근로종사자는 5,050명, 자영업자는 17,503명으로 각각 0.7%, 2.4%에 불과한 것으로 나타났다 (남재욱, 2021).

이처럼 비임금근로자의 직업훈련 참여가 낮은 데에는 여러 가지 요인이 있겠지만 임금근로자와 비교 시 다음의 세 가지 요인을 염두에 두고 비임금근로자에 대한 직업훈련 시스템을 구축할 필요가 있다.

먼저 비임금근로자의 경우 직업훈련에 참여할 시간 확보에 어려움이 있다는 점이다. 임금근로자의 경우 유급훈련 시스템이 작동될 수 있지만 비임금근로자는 훈련 참여에 따른 소득상실을 피하기 어려운 실정이다. 따라서 비임금근로자에 대한 직업훈련에 대해서는 훈련 참여 수당 등 훈련 참여 인센티브를 현실적으로 책정할 필요가 있다.

둘째, 비임금근로자의 특성에 맞는 직업훈련 과정이 부족하다. 2021년 7월 고용노동부에서 처음으로 청소, 보육, 데이터 라벨링 등 플랫폼노동에 특화된 직업훈련 시범사업을 도입하여 10개 훈련과정을 개설한 바 있지만, 향후 이 분야에 대해서는 시범사업 성과 분석을 토대로 더욱 많은 투자가 필요한 실정이다.

셋째, 비임금근로자의 경우 사업주훈련의 주체가 될 사업주를 설정하기 어려운 문제가 있으므로 이를 대신할 훈련 주체를 광범위하게 허용할 필요가 있다. 플랫폼종사자의 경우 플랫폼 운영사업주에게 사업주훈련 당사자 자격을 부여할 수도 있을 것이며, 자영업자의 경우 업종별 협회 등이 사업주 역할을 하도록 유도하는 방법도 가능할 것이다. 기존 임금 근로를 전제로 한 직업훈련 시스템에 대해 근본적인 개선이 필요한 시점이다.

제 8 장

글로벌 리스크와 노동시장

세상은 끊임없이 변화하고 있다. 변하는 세상과 함께 새로운 위협요인도 등장한다. 우리에게 다보스포럼으로 많이 알려진 세계경제포럼(World Economic Forum)은 '세계 위기 인식조사'를 주기적으로 실시해 오고 있다.

아래 표 8−1은 2019년에 발표된 미래의 국제적 위기 요인을 발생 가능성과 영향력 측면에서 높은 순위 10개를 각각 보여주고 있다. 미래 세계 위기로 가장 많이 언급되는 내용은 바로 '기후 위기'와 관련된 내용임을 확인할 수 있으며, 대량 살상무기, 정보 데이터 사기 및 절도, 주요 국가 경제의 자산 버블, 감염병 확산 등이 눈에 띈다.

 표 8−1   미래의 국제적 위기 요인 예측

	발생가능성(Likelihood)	영향력(Impact)
1	기상이변 Extreme weather events	대량살상무기 Weapons of mass destruction
2	기후변화 대응(감축 및 적응) 실패 Failure of climate change mitigation & adaptation	기후변화 대응(감축 및 적응) 실패 Failure of climate change mitigation & adaptation
3	자연재난 Natural disasters	기상이변 Extreme weather events
4	정보데이터 사기 및 절도 Data fraud or theft	수자원 위기 Water crises
5	사이버테러 Cayber-attacks	자연재난 Natural disasters
6	인위적 환경재해 Man-made environmental disasters	생물다양성 감소 및 생태계 파괴 Biodiversity loss and ecosystem collapse
7	대규모 비자발적 난민 발생 Large-scale involuntary migration	사이버테러 Cuber-attacks
8	생물다양성 감소 및 생태계 파괴 Biodiversity loss and ecosystem collapse	주요 정보기반 붕괴 Critical information infrastructure breakdown
9	수자원 위기 Water crises	인위적 환경재해 Man-made environmental disasters
10	주요 국가 경제의 자산 버블 Asset bubbles in a major economy	감염병 확산 Spread of infectious diseases

* 출처: '국제사회의 미래 위기 인식과 그 의미', 최현정, 아산정책연구원, 2019. (원자료: WEF, Global Risks Perception Survey 2018-19.)

코로나19 위기를 겪고 난 2022년에 발표한 세계경제포럼의 '2022 글로벌 리스크 보고서'도 유사하게 기후 대응 실패가 1순위로 언급되었고 극단적인 기상 현상, 생물다양성 손실, 사회적 응집력 약화, 생계 위기, 전염병, 인간 환경 훼손, 천연자원 위기, 채무 위기, 지경학적 대립(geoeconomic confrontation) 등이 차례대로 선정되었다.

향후 전 세계가 모두 체감하게 될 파괴력을 지닌 리스크는 각 개별 국가 차원에서 해결하기 쉽지 않다는 특징을 지니고 있다. 동시에, 각 국가는 이러한 위험 요인에서 자유롭지 못하므로 자신들의 여건을 감안하여 최선의 준비와 대응을 해갈 수밖에 없다. 그리고 이러한 대응 역량의 차이가 바로 국가 경쟁력의 차이를 나타낼 것이다.

노동시장 차원에서도 마찬가지라고 생각한다. 세계사적 리스크가 우리나라 노동시장에 어떤 영향을 미칠 것인지 분석과 전망을 하고, 이를 기초로 부작용은 최소화하면서 기회 요인을 선점할 수 있는 전략을 개발해 나가야 할 것이다.

이런 관점에서 아래의 글에서는 노동시장에 미칠 영향이 큰 주제 세 가지, 즉 1) 감염병, 2) 기후 위기, 3) 탈세계화(degloablization)와 포퓰리즘(populism)이 우리나라 노동시장에 미칠 영향에 대해 살펴보면서 정책적 대응 방안도 같이 찾아보고자 한다.[1]

1. 코로나19를 통해 본 글로벌 팬데믹과 고용 위기

아무도 예기치 못한 코로나19 팬데믹 상황은 노동시장에도 많은 타격을 가져왔다. 과거 경험해 보지 못한 출입국 규제, 영업시간 제한, 사회적 거리두기 등의 현상은 경제활동을 위축시키고 실업과 소득 불안에 대한 공포를 키우는 역할을 했다.

경제 위기는 경제 사이클에 따라 주기적으로 발생하는 측면이 있으므로 그간 고용정책 차원에서도 1990년대 말 외환위기와 2008년 글로벌 금융위기 등을

---

[1] 비슷한 취지에서, 프랑스 마크롱 대통령은 2020년 미래 번영을 저해할 세 가지 이슈로 기후, 불평등, 고령화를 선정하고 위원회를 구성하여 대응토록 주문하였으며, 그 결과물이 2021년 6월 발간되었다. 자세한 내용은 International Commission(2021)을 참고하기 바란다.

거치면서 어느 정도 제도적으로 준비해 왔다. 그러나, 코로나19 위기는 과거 경제 위기와 차별화되는 요소들이 많이 있어서 기존 제도로 대응하는 데 한계가 있었다.

앞으로도 전 세계적인 규모의 감염병 발생이 더 빈번해질 거라는 우려를 감안할 때 감염병과 유사한 위기 발생에 대비하여 사회안전망을 어떻게 구축해야 할지 고민이 필요하다.[2]

결과적으로 우리나라에서 코로나19 팬데믹으로 인한 고용 위기는 과거 경제 위기 시와 비교해 볼 때, 적어도 고용지표로 나타나는 결과는 양호한 모습을 보였다. 그림 8-1에서 볼 수 있는 바와 같이, 1997년 말 외환위기와 2008년 글로벌 금융위기로 인한 고용 위기 시에는 고용률과 실업률 모두 눈에 띄는 타격을 입었으나, 이번 코로나19 국면에서는 아주 완만한 변화를 볼 수 있다. 그간 외환위기와 글로벌 금융위기를 거치면서 고용 위기에 대응할 수 있는 다양

💬 그림 8-1   경제위기 전후 고용률 및 실업률 추이

(단위: %)

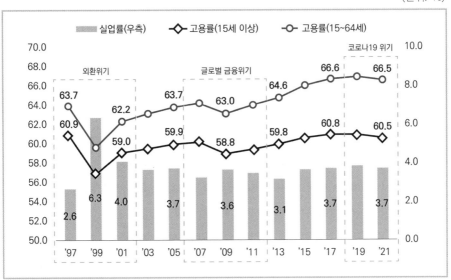

* 출처: '경제활동인구조사', 통계청 국가통계포털(kosis.kr).

---

2 OECD(2020)에서 발간한 코로나19 위기에 대응한 각국의 공공 고용서비스 사례와 향후 역할에 대한 보고서도 우리나라에 많은 시사점을 준다.

한 정책 수단을 확충하고 시행 경험을 축적한 효과도 고용안정에 기여한 것으로 판단된다.[3]

코로나19로 인한 고용 위기 상황이 과거 고용 위기와 다른 특징을 크게 세 가지 정도로 나눠보면 다음과 같다.

첫째, 이번에 겪은 코로나19 팬데믹은 '경제 외적인 불확실성'이 정책 대응을 어렵게 만드는 가장 큰 요인으로 작용했다. 과거 경제 위기는 위기의 심각도나 위기의 지속 기간 등을 판단할 수 있는 경제 데이터들이 쌓여 있었고 나름의 예측 지표들이 개발되어 있어서 위기 탈출을 위한 단계적 대응이 가능했으나, 전 세계적 규모의 보건 위기는 산업화 이래 처음 겪는 상황이다 보니 의존할 수 있는 데이터가 절대적으로 부족할 수밖에 없었다.

사실 팬데믹이 발생하더라도 단기간에 마무리된다면 거기에 맞춰 고용을 조정할 수 있으므로 큰 충격 없이 위기 국면을 넘어설 수 있다. 또한, 1년 내 또는 2년 내 종식된다는 확신이 있다면, 이 또한 조금 더 고통스러울 수는 있지만 그간의 경험을 토대로 대응할 수 있다.

경제나 고용에 있어서 최악의 상황은 불확실성이 지속되는 국면이다. 팬데믹이 언제쯤 종식될 수 있을지, 백신과 치료제가 효과적으로 작동할 수 있을지, 팬데믹이 재확산될 우려는 없는지 등에 대해 그 누구도 자신 있게 이야기할 수 없는 기간이 오래될수록 노동시장의 혼란은 극심해지는 것이다. 이런 측면에서 팬데믹 기간은 노동시장 참여자는 물론 정부도 체계적으로 대응하기 매우 어려운 요소를 지니고 있다.

둘째, 노동시장의 수급 상황이 아닌 '보건 정책적 판단'에 따라 경제활동이 광범위하게 제한되는 상황에 놓이게 되었다. 감염병 확산을 막기 위해 사회적 거리두기 단계를 설정하여 영업시간 제한, 대면 서비스 제한, 출입국 규제 등 다양한 감염병 확산 방지 조치에 따라 시장의 수요 변화와 관계없이 보건당국의 발표만 쳐다봐야 하는 어려움에 직면하게 된 것이다.

경제활동 주체들이 능동적으로 풀어갈 수 있는 영역이 제한적이라는 측면에서 어려움이 가중된 측면이 있다. 특히, 이런 광범위한 팬데믹 상황을 처음 겪다 보니 사업주나 근로자, 정부 모두 감염병 상황에 맞춰 준비된 매뉴얼이 없는 상

---

3 코로나19로 인한 노동시장의 변화에 대한 상세한 내용은 김유빈(2021)에 잘 정리되어 있다.

황에서 즉각적으로 대응해야 하는 어려움이 있었다.

셋째, 팬데믹의 영향이 '업종·직종별·대상별로 불균등'하게 발생했다. 코로나19로 타격을 받게 된 업종이나 직종도 많았지만 반대로 팬데믹이 새로운 사업 기회를 제공해 준 영역도 많이 등장하였다. 피해업종들은 이동과 집합 제한의 영향을 직접 받게 된 항공운송 등 여객운수업, 여행·관광업, 전시업, 공연업, 음식·주점업, 숙박업 등 대면 서비스를 수반하는 많은 분야의 자영업 등이 있었고, 반면에 택배·배달업, 온라인 전자 상거래업, 비대면 서비스업 등은 오히려 호황을 누리기도 했다.

따라서 노동시장 전반에 걸친 획일적인 조치보다는 업종별, 직종별 고용상황을 모니터링하면서 해당 업종과 직종의 문제점을 해소할 개별화된 고용정책 개발이 매우 중요해졌다. 대표적으로 '특별고용지원업종' 제도는 취약한 업종을 선별하여 특별히 지원할 수 있도록 설계되었으므로 코로나19 팬데믹에 특히 유용하게 활용할 수 있었다.

정책 대상별로 분석해 보면, 여성, 청년, 임시·일용직 등이 코로나19로 인한 고용 충격을 크게 받았다. 특히, 청년의 경우 그 영향이 생애에 걸쳐 나타날 수 있다는 측면에서 특별한 관심과 대책이 필요하다. '흉터 효과(scarring effect)'로 잘 알려진 바와 같이, 경제 침체 시기에 노동시장에 진입하면 그 후 10년 이상 고용의 양과 질이 저하한다는 연구 결과는 코로나19 시기의 청년에게도 적용될 것으로 보인다.4

 참고   **특별고용지원업종 제도 개요**

▍ 사업목적: 고용사정이 현저히 악화되거나 악화될 우려가 있는 업종을 특별고용지원업종으로 지정하여 사업주의 고용유지조치 및 실업자 재취업, 생활안정 등을 지원

▍ 지정기준:
① 다음 4개 기준 중 3개 이상 충족하여 필요하다고 인정하는 경우 고용정책심의회 심

---

4 코로나19 팬데믹이 청년고용에 미치는 영향에 대한 상세한 분석은 ILO(2021)를 참고하기 바란다. 또한, 곽은혜(2021)는 경기침체기에 노동시장에 진입하는 청년과 여성의 일자리 특성 분석을 통해 흉터 효과를 실증적으로 분석하였다.

의를 거쳐 지정

<요건① 충족기준>

ⓐ 해당 업종의 고용보험 피보험자(이하 "피보험자"라 한다) 증감률이 같은 기간 모든 업종 평균 피보험자 증감률보다 5%p 이상 낮은 경우

ⓑ 특별고용지원 업종 신청 직전 1년간 평균 피보험자 수가 해당 기간 전 1년간 평균 피보험자 수보다 2표준편차 이상 감소한 경우

ⓒ 특별고용지원 업종 신청 직전 1년간 구직급여 신규신청자 수가 해당 기간 전 1년간 구직급여 신규신청자 수보다 2표준편차 이상 증가한 경우

    * 구직급여 신규 신청자 수는 폐업·도산 및 경영상 필요·회사불황으로 인한 인원 감축 등에 따른 퇴사로 인해 구직급여를 신규 신청한 사람의 수를 말함

ⓓ 고용상황의 지속적인 악화로 특별고용지원업종 신청 직전 1년간 평균 피보험자 수가 해당 기간의 3년 전 시점을 기준으로 1년간의 평균 피보험자 수보다 2표준편차 이상 감소한 경우

② 위 4가지 기준 중 2개 이하로 충족할 경우, 한국은행 기업실사지수, 해당 업종 주요 기업 재무상황 및 신용위험도, 산업생산지수, 해당 업종 휴폐업체 수 등을 종합적으로 고려하여 고용정책심의회 심의를 거쳐 지정

③ 경기의 변동, 산업구조의 전환 또는 폐업 등으로 급격한 고용감소가 확실시 되는 경우 해당 업종의 경제·산업·고용상황 등을 종합적으로 고려하여 고용정책심의회 심의를 거쳐 지정

▌지정절차: 업종별 단체 등이 신청 → 현장실사 등 지정 필요성 검토 → 고용정책심의회 심의 → 특별고용지원업종 지정 고시

▌지정기간: 최초 최대 2년, 1년의 범위내 3회 연장 가능(최대 5년)

▌지원내용: 고용유지지원금, 특별연장급여, 전직·재취업 및 창업지원, 기타 고용안정과 실업자의 생활안정을 위해 필요한 지원

* 출처: '2023 한 권으로 통하는 고용노동 정책', 고용노동부, 2023. (2023년 기준 자료임을 유의)

코로나19 팬데믹을 거치면서 우리 사회가 '보건 위기에 대비한 사회안전망 구축에 매우 취약'하다는 사실이 확인되었다. 감염병 확산은 일종의 사회적 위험이다. 각 경제 주체들이 자신들의 잘못이 아닌 다른 이유로, 자신들의 통제 영역 밖에서 불가항력적으로 닥쳐오는 위험에 고스란히 노출된 형국이다. 그럼에도 불구하고, 그간 전례가 거의 없었기 때문에 이에 대비한 사회안전망은 체계적으로 마련되지 못한 채 코로나19 팬데믹에 직면하게 되었다.

코로나19 발생 이후 결과적으로 자영업자 등의 손실보상을 위해 적지 않은 재정이 지원되었지만, 사전적으로 어느 정도 규모의 보상이 가능할 거라는 기대감과 사회적 공감대가 없었기 때문에 자영업자를 비롯한 피해업종 종사자의 합리적 판단과 대응이 어려웠던 측면이 분명히 있다.

다행히 코로나19 대응 과정에서 '소상공인 보호 및 지원에 관한 법률'이 개정되어 감염병 예방을 위한 정부의 사회적 거리두기 등의 조치로 인해 소상공인이 경영상 손실을 받게 된 경우 손실보상을 받을 수 있는 근거를 마련하였다.

다만, 보상 수준과 보상 판단 기준에 대해서는 여러 가지 논란이 있다. 이러한 시행착오를 되풀이하지 않기 위해서는 지금이라도 코로나19로 인한 감염병 피해보상에 대한 체계적인 평가를 토대로 감염병에 대응하는 소득보장 사회안전망을 정밀하게 구축할 필요가 있다.

이러한 조치는 사회적 재난을 극복할 수 있는 사회안전망 강화라는 차원에서 큰 의미가 있으며, 고용정책 차원에서도 이러한 안전망 구축이 선행된다면 노동시장의 불안과 변동성에 대응하기가 훨씬 쉬워질 것이다.

고용안전망의 관점에서도 보완해야 할 점이 있다. 먼저 고용안전망의 대상을 더 넓혀야 한다. 기존 고용안전망의 핵심인 고용보험은 임금근로자를 중심으로 구축되어 있다 보니 특수형태근로종사자, 프리랜서, 자영업자 등의 경우 코로나19 위기 상황에서 고용안전망의 보호를 받지 못하였다.

그래서 '코로나19 긴급고용안정지원금'[5]이라는 사업을 긴급하게 만들어서 고용보험 사각지대를 보완하는 시도를 하게 되었다. 많은 어려움 속에 코로나19 긴급고용안정지원금을 시행했지만, 여전히 이 사업은 한시적인 성격의 사업이므로 향후 고용안전망의 한 부분으로 제도화하는 방안에 대한 고민이 필요하다.

또한, 2020년 말에 발표한 '전 국민 고용보험 로드맵'에 따라 조속히 고용보험 사각지대를 최소화하여 임금근로자뿐만 아니라 자영업자를 포함한 비임금근로자도 고용안전망에 들어오도록 제도를 확장해야 하겠다.[6]

---

5 '코로나19 긴급고용안정지원금'은 코로나19 팬데믹으로 인해 소득이나 매출이 급격하게 감소하였으나 고용보험의 보호를 받지 못하는 취약계층의 생계안정을 위한 소득 보조사업으로 6차에 걸쳐 시행되었다.

6 코로나19를 통해 나타난 소득보장체계 및 고용보험 보호망의 한계와 정책 대안에 대해서는 이영욱 외(2021)를 참고하기 바란다.

고용보험 피보험자도 이번과 같은 감염병 위기 시에는 충분한 보호를 받지 못한 측면이 있다. 고용보험은 비자발적 실업에 대한 보호를 기본으로 하다 보니, 코로나19로 인해 급격한 소득 감소가 발생하더라도 고용이 유지되고 있는 한 소득 감소에 대해서는 지원해 줄 수 있는 장치가 없다.

모든 소득 감소에 대해 고용보험이 지원해줄 수는 없겠지만, 자연재해나 사회적 재난 등으로 불가피하게 휴업, 휴직 등이 발생하여 일정 기준(예. 기존 보수의 30%) 이상의 소득 감소가 발생하면 근로자의 고용유지와 생계유지 차원에서 소득 감소분의 일부를 지원해주는 제도를 신설하는 것도 검토해 볼 가치가 있어 보인다. 또한, 실업금여의 일종인 '특별연장급여' 제도가 코로나19와 같은 급격한 고용위기 상황에서도 재정 부담 등으로 활용할 수 없었던 현실을 직시하여 제도 개선을 고민해야 한다.

코로나19 고용 위기 상황에서 근로자의 해고를 예방하고 고용안정을 지킬 수 있도록 가장 큰 역할을 한 제도가 바로 '고용유지지원금' 이다. 코로나19가 발생하기 이전인 2019년도에는 약 1,500개 사업장이 지원받았으나, 2020년에는 무려 7만 2천여 개 사업장이 지원받아 코로나19 위기 상황에서 소속 근로자의 고용을 유지하였다. 그러나, 이 제도 역시 코로나19와 같은 감염병 상황을 염두에 두고 설계된 제도가 아니다 보니 실행과정에서 과다한 요건 입증서류 제출 요구 등의 문제가 있었다.

지침 변경 등으로 신속하게 대응하긴 했지만, 근본적으로는 고용유지지원금 요건을 나눌 필요가 있다. 즉, 감염병이나 자연재해 등으로 인한 고용유지지원 유형을 신설하여 지원 요건, 지원 수준, 지원 기간 등을 달리 설계하는 방안이 필요하다. 이를 통해 위기 상황에서 더 신속하고 광범위하게 그리고 탄력적으로 대응할 수 있을 것이다.

2. 기후 위기와 노동시장

기후 변화와 생태계 파괴, 그리고 이로 인한 인류 생존의 위협은 더 이상 가설에 머무르고 있지 않다. 이미 많은 국가가 극심한 가뭄, 광범위한 산불, 해수면 상승 등 다양한 형태의 자연 재난을 수시로 겪고 있다. 자칫하면 인류의 멸망을 초래할 수도 있다는 경고가 과장으로만 들리지 않는 시대에 살고 있는 것이다.

이에 따라, 국제기구와 세계 각국은 기후 위기에 대응하기 위한 다양한 실천 프로그램 이행에 나서고 있다. 기본적으로는 기후 위기에 가장 큰 영향을 미치고 있는 이산화탄소 등 온실가스 배출을 줄이는 데 초점을 맞추고 있으며, 궁극적으로 탄소중립 사회 실현을 목표로 하고 있다.

대표적으로 에너지원을 기존 석유, 석탄, 가스 등 화석연료에서 태양광, 풍력, 조력 등 탄소중립을 실현할 수 있는 신재생에너지로 전환하고 있으며, 기존 산업을 친환경, 탄소중립 구조로 전환하여 발전시키는 녹색성장을 추진하고 있다.

표 8-2가 보여주는 바와 같이 각 산업 부문별 고용 규모는 온실가스 감축 시나리오의 유형에 따라 영향을 받지만, 전체적으로 배출권 거래제하에서 고용 감소 효과는 줄어드는 것으로 분석되었다. 이처럼 기후 위기에 대응하는 과정은 노동시장에도 여러 가지 영향을 미치게 되는데 고용정책 차원에서 관심을 기울일 필요가 있는 주요 이슈를 살펴보면 다음과 같다.

 표 8-2

온실가스 감축 시나리오별 부문별 고용 규모 변화

(단위: Bau 대비 %변화)

구 분	개별적 감축	배출권거래제
산업부문	-0.2	2.0
농축수산임업	-1.1	0.2
광업	-5.3	-2.0
제조업	0.3	2.6
건설업	-1.8	0.1
전환부문	-10.3	-8.6
수송부문	-5.8	-3.2
상업부문	-4.4	-2.4
공공부문	-6.7	-5.0

* 출처: '온실가스 감축 로드맵의 고용효과', 오상봉 외, 한국노동연구원, 2019.

첫째, 기후 위기 대응 과정은 불가피하게 산업구조 전환을 수반하게 되므로 기존 근로자가 구조 전환의 희생양이 되지 않도록 '노동 전환' 지원에 대한 적극적인 정책 노력이 필요하다. 산업구조 전환 과정에서 일자리가 없어지는 영역과 일자리가 늘어나는 영역이 달라진다.

대표적으로 친환경 차량을 들 수 있다. 전기자동차로 상징되는 친환경 차량으로의 전환은 기존 휘발유, 경유, LPG 등을 기반으로 한 내연기관 자동차 생산과 관련된 광범위한 전후방효과를 가져오게 된다. 내연기관차의 핵심인 엔진이 더 이상 불필요해짐에 따라 엔진을 생산하고 수리하고 주유 등 서비스를 제공하는 근로자들의 일자리가 대폭 감소하게 된다.

이와 함께, 발전소도 큰 변화를 겪게 된다. 석탄발전, 가스발전 등과 같이 화석연료를 사용하는 발전소는 순차적으로 폐쇄될 운명에 처해 있고, 이를 대신하여 태양광 발전, 풍력 발전 등 신재생에너지를 기반으로 한 발전소는 급성장할 전망이다. 이외에도 산업마다 탄소중립을 실현하기 위해 다양한 친환경 기술을 개발하는 한편, 온실가스 배출 등과 관련된 공정은 최소화하려는 움직임이 향후 더욱 커질 수밖에 없다.

둘째, 기후 위기 대응 과정에서 새롭게 생겨나는 일자리에 대한 육성과 지원을 확대해야 한다. 산업구조 전환 과정에서 없어지고 줄어드는 일자리도 있지만, 반대로 새로운 일자리도 많이 탄생한다.

예를 들어, 조선업을 살펴보면 우리나라가 조선업 건조량에 있어서 세계 선두권에 있지만 중국의 급격한 발전에 위협을 받고 있다. 그러나, 친환경 선박에 대한 수요 증가는 오히려 기술력이 앞서있는 우리나라에 기회가 되고 있다. 과거 디젤연료에서 벗어나 LNG 선박 건조를 통해 앞서나가고 있으며, 이에 더해 메탄올을 연료로 하는 선박과 수소를 연료로 하는 선박 건조 기술에도 노력을 강화하고 있다.

이처럼 친환경 기술 개발과 이를 활용한 제조 기술은 환경 요구를 충족시킬 뿐만 아니라 새로운 부가가치를 창출하고 고용 측면에서도 일자리를 늘리는 긍정적 효과를 만들게 된다. 따라서 고용정책 차원에서도 친환경 기술 인력 양성에 대한 투자를 더욱 확대하고 친환경 기술 개발에 대한 인센티브를 강화해 나갈 필요가 있다.

셋째, 산업구조 전환이 지역 일자리에 미치는 영향을 분석하여 대응할 필요가 있다. 기존 화석연료를 기반으로 만들어진 화력발전소나 내연기관 차량 제조업체는 그 자체로 지역경제에서 큰 역할을 해 왔고 고용 측면에서도 양질의 일자리를 꾸준히 만들어내는 역할을 해왔다.

그러나, 급격하게 산업구조 전환이 이루어지는 경우 지역경제 기반이 흔들릴 수도 있으므로 지역산업 육성과 지역 일자리 창출 차원에서 대체 산업 육성과 관련 인력 양성을 위한 대책을 병행해야 한다. 실제 우리보다 앞서서 기후 위기에 대응한 산업구조 전환을 추진해온 유럽의 사례들을 보면 지역 단위에서 종합적인 대책을 추진한 사례를 많이 볼 수 있다. 그만큼 지역 핵심 산업의 구조 전환은 해당 지역 경제와 그 지역의 일자리에 큰 영향을 미친다는 점을 보여주는 것이다.

우리나라도 기후 위기에 대응하여 산업구조 전환과 노동시장 일자리 전환을 위한 노력을 본격적으로 기울이고 있다. 먼저 2021년에 「기후위기 대응을 위한 탄소중립·녹색성장 기본법」이 제정되어 2022년 9월 25일부터 시행되고 있다. 이전에도 기후 위기 대응을 위한 노력이 없었던 것은 아니지만, 기본법 제정을 통해 범정부 차원에서 체계적이고 종합적인 기후 위기 대응이 가능해졌다는 의미 부여가 가능하겠다.

이 법 내용 중에는 '정의로운 전환'에 대한 내용이 포함되어 있으며, 이 법에서 규정하고 있는 정의로운 전환이란 '탄소중립 사회로 이행하는 과정에서 직·간접적 피해를 입을 수 있는 지역이나 산업의 노동자, 농민, 중소상공인 등을 보호하여 이행 과정에서 발생하는 부담을 사회적으로 분담하고 취약계층의 피해를 최소화하는 정책 방향(동법 제2조)'으로 정의하고 있다.

이와 함께 기후 위기 대응 과정에서 발생할 수 있는 기존 산업 종사자의 피해를 사회가 분담하고 조속한 고용 전환을 지원해야 한다는 목소리도 커지면서 산업구조 전환에 따른 노동 전환 지원 관련 법안도 제출된 상태이다.

고용정책 차원에서도 2022년부터 본격적인 정책적 대응이 시작되었다. 산업구조 전환과 재편이 필요한 업종의 기업을 컨설팅하여 원활한 개편방안을 마련토록 지원하는 한편, 노동 전환 기업에 대한 고용안정장려금 신설, 구조 전환 업종 근로자에 대한 전직지원서비스와 직무 전환 훈련 확대, 노동전환 분석센터 신설 등의 내용을 포함하고 있다.

다만, 아직 현장에서는 위기감이 부족하고 구체적인 대안에 대한 고민이 부족한 측면이 있다. 예를 들어, 자동차산업의 경우 완성차 제조 대기업의 경우 전기차 또는 수소차 확대라는 방향을 지니고 나아가고 있지만 수많은 중소 부품회사들의 경우 뾰족한 대안이 없어서 원청 대기업만 쳐다보고 있는 경우가 많다.

큰 방향에 있어서는 현재와 같은 내연기관을 기반으로 하는 부품 생산이 중장기적으로 지속될 수 없다는 점을 잘 알고 있지만 실제 업종 전환을 어떻게 할 것인지에 대한 구체적인 대안을 개별 중소기업 단독으로 마련하기는 쉽지 않은 구조로 보인다. 업종별 협회나 지역사회가 더 적극적으로 역할을 해야 실마리가 풀릴 수 있을 전망이다.

기후 위기가 커질수록 공정한 노동 전환에 대한 논의는 향후 더욱 확대될 것으로 보인다.[7] 기본적으로는 기존 산업의 구조 전환이나 재편이 원활하게 진행될 수 있도록 지원하고 해당 분야 종사자 역시 실업 등의 고통스러운 과정을 최대한 피해 가면서 새로운 일자리를 얻을 수 있도록 노력해야겠지만, 정책 대안 검토 시 다음의 두 가지 쟁점에 대해서는 고민이 필요해 보인다.

첫째, '형평성' 문제이다. 사실 객관적으로 이야기하자면 기후 위기는 고용 불안을 초래하는 여러 가지 요인 중 하나이다. 신기술 개발에 따른 디지털 경제로의 급속한 이행이나 감염병 확산 등을 계기로 나타나고 있는 비대면 경제로의 전환 등 다양한 요인이 전통 산업 종사자의 고용을 위협하는 요인으로 작용하고 있다. 따라서, 이러한 노동시장 상황을 염두에 두고 기후 위기로 인해 기존 직장을 잃을 우려가 있는 근로자들에 대한 지원 범위와 지원 수준을 결정해야만 형평성 차원에서 논란이 없을 것이다.

과도한 우려일 수도 있지만, 1989년 만들어진 '석탄산업 합리화 정책'에서 종사자에 대한 '전업 지원금'과 사업자에 대한 '광업자 대책비'가 도입되었던 사례가 있으므로 향후 정의로운 노동 전환도 이러한 보상 관련 이슈가 쟁점이 될 가능성이 있어 보인다. 따라서 미리 정책 방향에 대한 고민을 충분히 해 둘 필요가 있으며, 사회적 논의가 중요한 이슈로 보인다(에너지경제연구원, 2013).

---

7 기후 위기가 노동과 노동시장에 미칠 영향과 관련된 다양한 관점에 대해서는 이정희 외(2021)를 참고하기 바란다.

둘째, '전후방 연관산업'과 '지역 경제'에 대한 고민도 동시에 진행할 필요가 있다. 예를 들어, 자동차산업이 전기차 등 친환경차로 전환하게 되면 자동차 제조업만 타격을 받는 것이 아니라, 주유소, 정비업체 등 관련업종이 연쇄적으로 충격을 받게 되어 있다. 또한, 석탄발전소의 경우 상대적으로 경제 규모가 작은 중소도시를 중심으로 설립되어 있으므로 지역경제에 미치는 파급효과가 크게 나타날 수 있고, 이에 따라 영향을 받는 업종도 다양하게 나타날 수 있으므로 지역 고용에 대한 분석과 고려가 필요하다.

이들 업종과 지역에 대해서는 상대적으로 관심 수준이 낮을 수가 있으니 산업구조 전환이 예상되는 업종을 선별할 때 관련 업종까지 대상 범위를 확대하여 피해의 정도와 노동 전환 필요 규모 등을 세밀하게 분석하여 정책 사각지대가 발생하지 않도록 노력할 필요가 있다.

3. 탈세계화(degloablization)와 포퓰리즘(populism)

교통과 통신 그리고 IT 기술의 발전은 전 세계를 하나의 생활권역으로 통합시킬 수 있는 '세계화' 시대의 기반을 마련하였다. 2000년 국제통화기금(IMF)은 세계화의 영역으로 무역과 거래, 자본과 투자 운동, 사람들의 이주와 이동, 지식의 보급 등과 같은 네 가지를 포함시켰다. 이처럼 세계화는 경제의 핵심 구성요소인 상품, 서비스, 자본, 인력 등이 전 세계에 걸쳐 자유롭게 이동하는 목표를 지향하면서 전 세계를 상대로 교역을 할 수 있고 전 세계가 분업 구조하에서 최적의 생산을 하게 되는 시스템을 만들고자 하였다.

이러한 세계화 흐름은 2000년대 들어서서 글로벌 금융위기 등을 거치면서 조금씩 반대 기류에 직면하게 되었다. 예를 들어, 제조업의 전 세계적 차원의 분업화는 미국 중산층의 일자리를 없애는 문제가 발생했고, EU의 통합경제는 유럽 다른 국가의 이주자에 의해 영국의 일자리가 잠식당하는 결과 등을 초래했다.

그 결과 '미국 우선주의(America First)'를 외치는 트럼프 대통령의 탄생과 영국의 EU 탈퇴를 의미하는 '브렉시트(Brexit)'가 상징하는 바와 같이 기존 세계화의 흐름을 무너뜨리는 탈세계화 경향이 본격화되었다. 특히, '코로나19 팬데믹'의 발생은 기존 구축된 전 세계 차원의 가치 사슬(global value chain)을 단절시키는 결과를 초래하였

고, 이에 따라 세계화는 그 기반이 취약해지는 상황에 놓이게 되었다.[8]

다른 한편으로, 탈세계화의 이면에는 포퓰리즘(populism)의 확산이라는 현상도 존재하고 있다. 포퓰리즘을 학문적으로 정확히 정의하기도 어렵고 별도의 책이 필요할 정도로 다양한 논쟁이 있지만, 이 글에서 지적하고자 하는 포퓰리즘은 '대중 영합주의'로 이해하면 될 것 같다. 대표적으로 선심성 복지정책으로 비판받았던 아르헨티나의 페론 정권을 연상하면 좋을 것 같다. 탈세계화와 포퓰리즘 확산이 반드시 인과적으로 연계되는 것은 아니지만 최근의 국제적 흐름은 밀접하게 연결되는 모습을 보여주고 있다. [9]

이러한 현상이 우리나라 노동시장에는 어떤 영향을 미칠까? 대부분의 현상이 그렇듯이 탈세계화도 우리나라에 미치는 영향은 양면적이다. 물론 전체적으로 보면 부정적인 측면에 대한 우려가 더 큰 상황이긴 하다.

먼저 부정적인 측면을 살펴보면 가장 큰 우려는 바로 '대외교역 축소'에서 온다. 우리나라 경제의 수출의존도가 여전히 높은 상황에서 내외교역 규모가 줄어든다는 의미는 우리나라가 수출을 통한 성장을 유지하기 쉽지 않다는 의미이기도 하다. 당연히 이는 국내 생산의 축소를 불러일으킬 가능성이 커지므로 고용에도 악영향을 미치게 된다.

대표적으로 우리나라는 대외교역 국가 중 중국에 대한 수출입 의존도가 가장 높은 상황인데, 탈세계화로 인해 세계 경제의 블록화가 가속화된다면 중국과의 교역은 타격을 받을 가능성이 커진다. 중국을 대체할만한 시장 다변화가 절실한 상황이다. 고용정책 측면에서는 이러한 경제 변화 양상을 염두에 두고 노동시장에 대한 모니터링을 강화해야 할 것이며, 취약 업종에 대해서는 선제적인 노동시장 안정화 정책도 준비할 필요가 있다.

또 다른 부정적인 측면으로 '공급망 교란'으로 인한 생산 차질과 원재료 비용 상승효과를 들 수 있다. 코로나19 팬데믹 상황에서 이미 경험했다시피, 효율성에 기반한 기존의 원재료 및 부품 공급망은 감염병과 같은 돌발변수에도 취약하지

---

8 탈세계화 현상의 등장과 확산 배경 등에 대한 세부적인 분석은 신민영 외(2016)를 참고하기 바란다.

9 포퓰리즘의 국내외 사례와 사회에 초래할 다양한 폐해에 대해서는 윤기설(2022)을 참고하기 바란다.

만, 경제의 블록화와 블록 간 대립이 격화하는 경우에도 취약점이 드러난다. 이 또한, 노동시장의 고용 감소를 초래할 우려가 큰 요소이므로 정책적 관심과 대응 노력이 필요하다.

세계 여러 나라의 포퓰리즘 확산은 '보호무역주의'를 초래할 가능성이 크다는 측면에서는 우리나라에 부정적인 요인이다. 포퓰리즘으로 인해 자국민 보호에 최우선 가치를 두게 되면 자유무역에 장벽으로 작용할 가능성이 크고, 미국의 리쇼어링(reshoring) 정책이 보여주는 바와 같이, 자국 내 생산시설 설치를 강조하다 보면 우리나라 국내에서 제품 생산량은 늘어나기 어려운 여건에 직면하게 된다. 이 또한, 우리나라 노동시장에 부정적인 영향을 주게 된다.

아울러, **국내에서도 포퓰리즘이 확산될 우려**를 배제할 수 없다. 특히, 코로나19 극복 과정에서 현금지원사업이 대폭 확대된 측면이 있으므로 향후 적극적으로 제어하지 않으면 이러한 흐름이 이어질 가능성도 충분히 있다.

포퓰리즘 정책은 구체적 사안별로 노동시장에 미치는 영향은 달라질 수 있으므로 일률적으로 판단하기는 어렵지만, 재정 활용의 효율성과 정책의 장기적 지속 가능성 측면 등에서는 부정적인 평가를 받을 가능성이 높아질 것이다. 무엇보다 **현금성 복지 확대가 근로 인센티브를 낮추는 방향으로 설계된다면 인구 감소와 결합하여 노동시장에 더 큰 충격**이 우려되므로 정책 효과에 대한 고용영향평가 등을 통해 제어할 필요가 있다.

한편, 탈세계화가 우리 경제에 부정적인 측면만 있는 것은 아니다. 현재 미국과 중국이 대립하고 있는 상황에서 미국이 중국을 고립시키는 방향으로 가게 되면 상대적으로 우리나라에 도움이 될 수도 있다. 즉, 우리나라는 제조업의 여러 분야에서 중국의 도전을 받는 상황이므로 우리나라 산업의 경쟁력 유지 측면에서는 미국 주도의 탈세계화 전략이 한시적으로 도움이 된다는 분석도 있다.

예를 들어, 최근 미국 중심의 반도체 동맹 결성 추진 사례에서 볼 수 있는 바와 같이, 중국에 대한 반도체 첨단 기술 이전이 제한되면 중국의 추격을 우려하고 있는 우리나라로서는 당분간 도움이 될 수 있을 것이다. 이러한 요인은 우리나라의 노동시장에도 긍정적인 영향을 미쳐 기존 인력의 고용유지 및 추가 일자리 창출의 기회로 작용할 수 있을 것이다.

일하는 방식의 변화

코로나19 팬데믹을 거치면서 사회 많은 분야에서 급속한 변화가 일어나고 있다. 노동시장 측면에서 보면 가장 큰 변화를 체감할 수 있는 영역이 바로 '일하는 방식'이다. 최근 디지털 기술의 발전과 함께 근로 시간과 근로 공간을 유연화할 수 있는 장치들이 많이 개발되었지만, 코로나19 발생 이전까지는 실질적인 활용도가 높지 못한 실정이었다.

그러나, 코로나19는 불가피하게 감염병 확산을 막기 위해 재택근무와 같은 비대면 근무방식을 실험하도록 만들었고, 근무 시간도 시차출퇴근제, 집중 근무제 등과 같이 다양한 방식을 도입하는 계기가 되었다. 또한, 워라밸(work-life balance)을 우선적으로 고려하는 MZ세대의 등장은 일을 우선시하는 직장 문화에서 벗어나 일과 삶의 조화를 위해 회사도 적극적으로 나서야 한다는 공감대를 형성하고 있다.

이러한 흐름은 일하는 목적에 대한 가치관의 변화로 연결된다. 최근 '대 사직(great resignation)', '조용한 사직(quiet quitting)'과 같은 유행어가 말해 주듯이, 일이 삶의 목적이 되어 오던 시대는 지나가고, '내 삶의 행복을 위해 나의 일자리가 어떻게 도움이 될까'라는 관점에서 일자리를 재조명하는 분위기가 확산하고 있다. 아파도 참고 일하고, 미래의 승진과 성과급을 위해 야근도 감수하겠다는 분위기는 어느덧 구시대의 유물 취급을 받게 되었고, 합리적이고 즉각적인 보상과 일과 삶의 조화를 지켜주는 일자리가 아니라면 퇴사도 불사하겠다는 각오가 넘쳐나는 사회 분위기가 조성되고 있다.

그간 인구성장기 산업화 시대와 외환위기, 글로벌 금융위기 등을 거치면서 고용정책을 통해 일자리의 양적 확대를 최우선으로 추진했던 측면이 있다. 그러나, 최근 일과 삶의 균형을 추구하는 사회적 분위기는 1인당 GDP 3만 불 시대, 인구 감소 시대를 맞이하여 고용정책의 패러다임을 근본적으로 바꾸어야 한다는 문제를 던지고 있다.

이러한 관점에서 이미 발표된 지 많은 시간이 지났지만, 귄터 슈미트(Günther Schmid)가 제안한 '이행 노동시장(Transitional Labor Market: TLM) 이론'은 새롭게 조명될 필요가 있다. 이 이론은 개인이 생애에 걸쳐 노동시장에서 다양한 노동력 상태1에 놓이게 되므로 이때 이행과정에서 직면하게 되는 위험 요인을 최소

---

1 다양한 노동력 상태란 1) 다양한 고용 형태(전일제 근로, 단시간 근로, 임금 근로, 자영업 등) 간의 이동, 2) 고용과 실업 간의 이동, 3) 고용과 교육훈련 간의 이동, 4) 가사 활동과 고용 간의

화하면서 노동력의 원활한 이동을 지원하는 게 필요하다는 점을 강조하고 있다.

이는 '실업으로부터의 보호'와 '일자리 창출' 중심의 전통적인 노동시장정책 관점에서 벗어나, 개개인이 평생에 걸쳐 노동시장 안팎에 걸쳐 원활하게 이동할 수 있도록 사회적 위험을 최소화하는 제반 노력이 모두 고용정책 대상이 되어야 한다는 시사점을 주고 있다.[2]

아울러, 이미 고전이 된 사례이지만, 1990년대 중반 고용 위기에 직면한 독일의 폭스바겐이 긴밀한 노사협의 과정을 거쳐서 도입한 '주4일 근무' 제도, '블록기간' 제도, '릴레이 근무' 제도 등의 일하는 방식에 대한 혁신 사례는 여전히 우리에게 시사하는 바가 크다. 이는 유연한 근무방식을 통해 노사 모두 만족할 수 있는 해법을 찾을 수 있다는 사실을 잘 보여주고 있다.

 참고   독일 폭스바겐의 일하는 방식 혁신 사례

▎배경: 1990년대 심각한 경제 위기로 대량 해고의 위험에 직면하여 폭스바겐의 노사는 '일자리 유지'를 위해 일하는 방식을 혁신하는 방안을 도출

▎주요 내용

① 모두를 위한 '주 4일 근무 제도': 고용 보장과 임금 보전 없는 노동시간 단축을 전제로 주4일 근무 모델을 도출

    * 주 근무시간은 기존 36시간에서 28.8시간으로 20% 정도 감축

② '블록기간'제도: 생산량 감소 시기에 자율적 선택에 따라 3~6개월 동안 고용관계를 일시적으로 중단하고, 회사의 코칭센터에서 교육 기회 지원

③ '릴레이 근무' 제도: 직업교육을 마치고 일을 시작한 청년은 주 20시간을 시작으로 단계적으로 일일 노동시간을 늘려가고, 고령 근로자는 퇴직을 준비하기 위해 일일 노동시간을 단계적으로 20시간까지 줄여나가는 근무 제도

* 출처: '모든 일자리에는 얼굴이 있다-폭스바겐의 해법', 페터 하르츠(박명준 감수), 한국노동연구원, 2016.

이동, 5) 고용과 장애·퇴직 간의 이동 등을 포함한다. 이행 노동시장 이론에 대한 요약은 김영중(2014) p.64~65를 참고하기 바란다.

2 이행 노동시장을 기반으로 한 고용정책의 확장에 대한 세부적인 논의는 Günther Schmid(2008)를 참고하기 바란다.

1. 일하는 시간과 공간의 유연성

'9 to 6'는 직장인의 근무 시간을 나타내는 상용어로 오랫동안 군림해 왔다. 그러나, 영원할 것처럼 보이던 이 근무 시간 체제에도 금이 가기 시작했다. 바로 '유연한 근무시간 제도'의 등장이다. 대표적으로 시차출퇴근제, 선택근무제, 재량 근무제, 집중근무제 등이 포함된다.

출퇴근 시간을 다양화하는 방식은 가장 택하기 쉬운 선택지 중 하나이다. 총 근무 시간은 유지하되, 근무 시작 시간과 종업 시간을 달리하는 것이다. '8 to 5', '10 to 7' 등 다양한 방식이 가능하다. 이처럼 근무 시간대만 조금 조정해도 직장인들은 삶의 질을 훨씬 높일 수 있다. 또한, '집중 근무제'는 주 단위 근무 일 수를 4일로 줄일 수도 있게 한다. 주 4일간 10시간씩 근무하고 3일은 휴일 로 만들 수 있는 근무제이다.

'일하는 공간에도 유연성이 부여'되고 있다. 디지털 기술의 발전과 함께, 같은 시간에 동일한 물리적 장소에 모여서 일하는 방식은 더 이상 유일한 근무방식 이 아니다. '재택근무'를 포함하여 전통적인 사무실이 아닌 공간에 출근하여 일 을 시작하는, '일하는 공간의 분리' 현상이 코로나19를 거치면서 급격히 확산하 고 있다. 감염병 확산 방지를 위해 불가피하게 재택근무를 택했던 측면이 있었 지만, 실제 활용해 보니 직원들의 만족도도 높고 생산성 저하 등의 문제도 크 지 않아 감염병 위험이 낮아진 시기에도 지속하는 사업장이 늘어나고 있는 것 이다.

특히, 최근에는 '워케이션(worcation)'이라는 신조어도 등장하여 휴양지에서 근 무 시간에는 일하고 퇴근 후에는 휴양지 생활을 즐기는 근무방식도 나타나고 있다. 이 밖에 사무실이 아닌 집과 가까운 장소로 출근해서 근무할 수 있는 '사 외 거점 오피스'를 설치하는 기업도 늘어나고 있다. 이를 통해 출퇴근으로 인해 발생하는 비용과 스트레스를 줄이는 효과를 얻고 있다.

유연근무제는 '통상의 근무시간·근무일을 변경하거나 근로자와 사용자가 근로시간 이나 근로장소 등을 선택·조정하여 일과 생활을 조화롭게 하고, 인력활용의 효율성을 높일 수 있는 제도'를 의미하며, 근로시간의 유연성을 높이는 시차출퇴근제, 선 택근무제, 재량근로제, 집중근무제 등과 근로공간의 유연성을 자율성을 확대하

는 재택근무제, 원격근무제 등을 포함한다.[3]

 참고   **유연근무제의 주요 유형**

> ▌ 시차출퇴근제: 기존의 소정근로시간을 준수하면서 출·퇴근시간을 조정하는 제도
> ▌ 선택근무제: 1개월(신상품 또는 신기술의 연구개발 업무의 경우에는 3개월) 이내의
>   정산기간을 평균하여 1주 소정근로시간이 40시간을 초과하지 않는 범위에서 1주 또
>   는 1일 근무시간을 조정하는 제도
> ▌ 재량근무제: 업무 특성상 업무 수행 방법을 근로자의 재량에 따라 결정하고 사용자
>   와 근로자가 합의한 시간을 근로시간으로 보는 제도
> ▌ 집중근무제: 1일 근로시간을 늘리는 대신에 주 단위 근로일을 줄이는 제도
> ▌ 재택근무제: 근로자가 정보통신기기 등을 활용하여 주거지에 업무공간을 마련하여
>   근무하는 제도
> ▌ 원격근무제: 주거지, 출장지 등과 인접한 원격근무용 사무실에서 근무하거나 외부 장
>   소에서 모바일 기기를 이용하여 근무하는 제도

유연근무제 활용 비율은 2015년 4.6%에서 2021년 16.8%로 급증하였으며, 특히, 재택근무는 코로나19 팬데믹을 거치면서 가장 빠르게 확산하고 있는 모습을 보여주고 있다. 이처럼 근무 시간과 근무 공간을 유연하게 재구성하는 근무 방식은 코로나19 팬데믹 이전과 이후를 나누는 핵심적인 변화 중의 하나가 되고 있다.

이러한 현상은 코로나19와 같은 감염병이 종식되더라도 과거로 돌아갈 수 없을 거라는 전망이 보여주듯이, 향후 노동시장의 근본적인 변화를 일으킬 요인으로 받아들일 필요가 있다. 따라서 유연근무 확산이 노동시장에 미칠 영향을 분석하면서 고용정책 차원에서도 집중적인 대응이 요청된다.[4]

먼저 **고용정책을 통해 유연근무제 확산을 지원하는 노력이 강화되어야 한다.** 그간 고용노동부에서도 '일터혁신 컨설팅'과 '일·가정 양립 환경개선 지원' 등의

---

3 법제처가 운영하는 '찾기 쉬운 생활법령정보(easylaw.go.kr)'에 '유연근무제'에 대한 법령 규정을 포함한 다양한 정보가 일목요연하게 정리되어 있다.
4 재택근무를 중심으로 한 유연 근무 활용 실태와 유연 근무가 일·생활 균형에 기여하기 위해 검토해야 할 법 제도적인 쟁점에 대해서는 손연정 외(2021)를 참고하기 바란다.

사업을 통해 중소·중견기업을 중심으로 유연근무제를 확산하는 사업을 해 오고 있다.

이를 통해 코로나19 과정을 거치면서 유연근무 확산 속도가 많이 빨라졌지만, 활용이 가능한 업종과 직종이 제한적이라는 한계가 있다. 업종과 직종의 특성을 감안하여 유연근무제를 제약하는 요인을 발굴하고, 이를 해소하는 사업체의 다양한 노력을 지원할 수 있도록 유연하게 제도를 운영해야 한다.

 참고　　　　　　　　　　　　일·가정 양립 환경 개선 지원사업 개요

> ▌ 사업목적: 유연근무제를 도입·활용하거나 근무혁신이 우수한 기업을 지원하여 장시간 근로관행 개선 및 일·생활 균형의 고용문화 확산
> ▌ 사업내용
> · 유연근무제 간접노무비 지원
>   - (지원대상) 선택근무제, 재택근무제, 원격근무제 등 유연근무제를 소속 근로자가 필요에 따라 활용토록 하는 우선지원 대상기업, 중견기업의 사업주
>   - (지원수준) 활용근로자당 1년간 최대 360만 원의 간접노무비 지원
> · 일·생활 균형 인프라 구축비 지원
>   - (지원대상) 재택·원격근무를 활용하거나 근무혁신 이행을 위해 시스템, 설비·장비 등을 설치하는 우선지원대상기업, 중견기업의 사업주
>   * 근무혁신 이행: '근무혁신 인센티브제' 사업에 참여하여 근무혁신 우수기업으로 선정된 기업을 대상으로 함
>   - (지원내용) 사업주 투자비용(부가세 제외)의 50~80% 이내의 범위에서 최대 2천만 원 지원
>   * 사업주 투자금액 대비 지원금 비율 한도: (재택·원격근무 인프라) 50%, (근무혁신 인프라) SS등급 80%, S등급 60%, A등급 및 재택근무부문 50%

* 출처: '2023 한 권으로 통하는 고용노동 정책', 고용노동부, 2023. (2023년 기준 자료임을 유의)

둘째, 유연근무제 확산은 **직장 문화를 비롯해서 직장에 대한 인식 자체를 바꾸는** 계기가 되고 있다. 근로 시간과 개인 시간에 대한 구분이 더 명확해지는 등 일과 사생활 간의 명확한 분리를 전제로, 사생활 보장을 보다 더 강하게 요구하는 분위기가 형성되고 있다.

근로계약서상에 명백하게 정해진 업무 내용이 아니라면 신입사원이라는 이

유로, 또는 나이가 어리다는 이유로 차 심부름이나 회식 준비 등의 부가적인 업무를 예전처럼 부가하기 어려운 방향으로 직장 문화는 변화하고 있다. 이러한 변화 과정에서 발생할 수 있는 조직원 간의 갈등이 노동시장 이탈 원인으로 작용하지 않도록 직장 문화 개선을 위한 정부 차원의 다양한 노력도 필요한 시점이다.

셋째, 유연근무제 확산은 장애인 고용과 고령자 고용, 여성 고용에 긍정적인 영향을 미칠 수 있을 것으로 보인다. 지체장애인을 비롯하여 출퇴근에 어려움을 겪는 장애인과 신체 능력이 떨어지는 고령자 그리고 가사와 육아 부담이 병존하고 있는 여성 근로자에게는 재택근무와 같은 근무방식이 고용가능성을 높이는 좋은 근무환경이 될 수 있다.

장애인과 고령자에 대한 기초적인 원격업무 훈련을 토대로 이들에게 더 많은 일자리를 제공할 수 있는 방향으로 유연근무제와 일자리 창출을 결합하는 시도는 사회적으로 매우 의미 있어 보인다.

아울러, 유연근무는 교통 혼잡도를 낮추는 효과도 있으므로 이러한 차원에서 비용효과를 분석해서 기업의 유연근무에 대한 교통유발부담금 감액 등의 조치도 병행한다면 기업의 유연근무 참여를 더욱 높일 수 있을 것이다.

2. 일과 생활의 균형

살아가다 보면 생애 경로에서 부딪치는 임신, 육아, 질병, 돌봄, 교육훈련, 퇴직 준비 등과 같이 일자리 지속을 어렵게 만드는 많은 위험 요인이 존재한다. 이러한 상황에서 일과 생활의 균형을 유지하기 위해서는 유연하게 고용 형태를 전환하거나 휴직 또는 근로 시간 단축 등을 보장하는 직장 문화의 변화가 필요하다.

일과 육아의 조화

우리나라에서 일과 생활의 균형의 관점에서 가장 먼저 이슈화되고 오랫동안 정책 개발이 되어 온 영역은 바로 '모성보호'로도 일컬어지는 일과 자녀 양육 간의 조화이다. 이 문제가 오랫동안 이슈로 부각된 배경에는 우리나라 여성의 낮은 고용률이 자리하고 있다.

OECD 국가와 비교할 때 우리나라는 여성 고용률이 매우 낮은 국가군에 속하며, 그 배경에는 출산 육아기 여성의 경력단절이 놓여 있다. 즉, 많은 여성이 결혼 후 출산 시기에 자녀 양육을 위해 일자리를 그만두고 가정으로 돌아가는 현상이 그간 지속되었다.

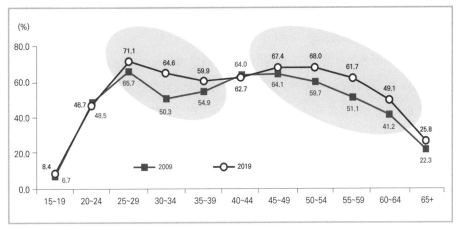

그림 9-1   연령대별 여성 고용률 현황

(단위: %)

* 출처: '2020 통계로 보는 여성의 삶', 통계청 보도자료, 2020.9.2.

그림 9-1에서 볼 수 있는 바와 같이, 우리나라 여성은 20대까지는 높은 고용률을 보이다가, 출산 육아기인 30대와 40대 초반까지는 고용률 하락 현상을 보이고, 이후 40대 후반부터 고용률이 회복되는 'M-커브 현상'을 보인다. 그간 다양한 모성보호 정책을 통해 M-커브의 저점을 완만하게 만들고는 있지만 여전히 30대 여성의 경력단절 현상을 피하지 못하고 있다.

특히, 고학력 여성의 경우 경력단절 이후 노동시장 참여율이 회복되지 못하고 있는 상황은 주목할 필요가 있다. 대졸 이상 고학력 여성은 유보임금이 높고 경력단절 이전 수준의 일자리로의 복귀가 어렵기 때문에, 한번 경력단절이 발생하면 노동시장 복귀가 더욱 어려워진다. 따라서 고학력 여성의 경우 경력 단절 예방의 중요성이 더욱 커짐을 알 수 있다(최세림 외, 2022).

여성의 경력단절을 막기 위해 활용해 온 가장 주된 수단이 '육아휴직 제도'이다. 근로자가 양육에 필요한 시기에 육아휴직을 청구할 수 있도록 제도화하고 해당 기간 고용보험에서 급여를 지원해 주는 틀로 구성되어 있으며, 그간 지속해서 육아휴직 기간과 육아휴직급여 수준을 높여서 육아휴직 활용을 장려해 왔다.

특히, 최근에는 남성의 육아 참여를 강조하면서 남성 육아휴직에 대한 인센티브를 확대해 왔으며, 그 결과 전체 육아휴직자 중 남성 육아휴직자의 비율은 2010년 1.96%에서 2022년 28.9%까지 약 15배 수준으로 급격히 확대되었다.

다만, 일과 육아 간의 조화를 이루기 위해서는 보다 근본적인 고민도 필요한 시점이 되었다. 그간의 정책이 지나치게 육아휴직제도 활성화에만 과도하게 재원과 정책적 노력이 집중되었다는 지적이 있다.

참고로 여성가족부가 발표한 '2019년 경력단절여성 실태조사'를 보면 육아휴직 활용 후 복귀율이 43.2%에 불과한 것으로 나타났다(여성가족부 보도자료, 2020.2.12.). 즉, 육아휴직이 당초 취지와는 달리 경력단절 예방에 큰 효과를 거두지 못하고 있을 수도 있다는 우려가 있는 것이다.

또한, 조만간 육아휴직 관련 재정 소요가 연간 2조 원에 육박할 것으로 보이는 현실도 고려할 필요가 있다. 그간의 정책 기조는 육아휴직의 대상 기간과 지원 수준을 계속 늘리고 높이는 방향에 초점이 맞춰져 왔는데, 현 시점에서는 좀 더 엄밀하게 정책 성과를 평가하고 정책 방향을 설정하는 노력이 중요하다.

우리나라 육아휴직 제도의 보장 수준은 OECD 국가 중에서도 높은 편이지만 몇 가지 과제도 지니고 있다. 먼저 육아휴직 제도가 대기업과 공공부문 중심으로 활성화되어 있어서 **중소기업과 특수형태근로종사자, 지영업자 등 비임금근로자의 육아휴직 여건은 아직도 열악한** 상황이다. 향후 육아휴직에 대한 인센티브를 이들 취약 부문을 중심으로 강화할 필요가 있다.

둘째, 육아휴직 중심의 모성보호제도에서 벗어나 '**육아기 근로시간 단축 제도**'**를 적극적으로 활용할 필요가** 있다. 육아휴직 제도는 그 속성상 경력단절이 내포돼 있으므로 복직 후 적응에 어려움을 겪다가 퇴직으로 이어지는 사례가 적지 않다. 따라서, 육아기 근로시간 단축 제도 활용을 통해 육아에 필요한 시간만큼 근로시간을 단축하되 경력은 이어갈 수 있는 제도 활용에 더 많은 인센티브를 줄 필요가 있다.

셋째, 일과 자녀 양육의 조화는 육아휴직만으로 해결될 수 있는 사안은 아니다. 양질의 직장어린이집 활성화 등과 같은 믿고 맡길 수 있는 보육시설 확충도 병행될 필요가 있으며, 어린 자녀 양육기에 있는 근로자가 한시적으로 단시간 근로로 전환할 수 있는 제도 등도 경력단절을 예방할 수 있는 좋은 장치가 될 것이다.

근로시간 단축을 통한 일·생활 균형

「근로기준법」과 「남녀고용평등법」 등에서 근로 시간을 단축할 수 있는 사유와 함께 근로 시간 단축을 보장하는 제도를 발전시켜 왔다. 표 9-1에서 볼 수 있는 바와 같이, 임신·육아·가족돌봄 등을 위한 근로시간 단축이 대표적인 규정이다.

 표 9-1
법상 근로시간 단축제도 현황

구 분	근로시간 단축제도			
	임신기 근로시간 단축	육아기 근로시간 단축	가족돌봄 등 근로시간 단축	자율형 근로시간 단축
법적 근거	근로기준법 제74조 (2014년 신설)	남녀고용평등법 제19조의2 (2007년 신설)	남녀고용평등법 제22조의3 (2019년 신설)	기간제법 제7조 및 사업주 재량 (2007년 신설)
신청 사유	임신	육아	가족 돌봄, 본인 건강, 은퇴 준비, 학업	사업주가 승인하는 사유 (제한 없음)
대 상	임신 12주 이내, 36주 이후 근로자	만 8세 이하 또는 초등학교 2학년 이하의 자녀가 있는 근로자 (근속기간 6개월 이상)	상기 사유 해당 근로자 (근속기간 6개월 이상)	법정 단축제도 이외의 사유 및 기간으로 근로시간 단축을 신청한 근로자 * 임신 12~36주 근로자 포함
단축 시간	1일 2시간 단축 (1일 6시간 근무)	주 15~35시간 근무	주 15~30시간 근무	사업장별 자율 시행
단축 기간	임신 12주 이내, 36주 이후 기간	1년(육아휴직 미사용 기간 가산 시 최대 2년)	최초 1년(1회 연장 포함 최대 3년, 학업은 1년)	

* 출처: '근로시간단축제도 가이드북', 고용노동부, 2021.6.

이를 구체적으로 살펴보면, 법상 근로시간 단축 제도는 2007년부터 본격화되었다. 가장 먼저 육아기 근로시간 단축 제도가 2007년에 신설되었다. 이 제도는 저출산이 사회문제화되고 특히 경력단절여성에 대한 사회적 관심이 커지면서 경력단절 예방을 위한 수단으로 도입되었다.

2007년도에 「기간제 및 단시간근로자 보호 등에 관한 법률」이 제정되면서 가사, 학업 등의 이유로 단시간 근로를 신청하는 경우 사용자가 전환 노력하도록 규정하는 내용이 추가되기도 하였으나 노력 의무로 규정됨에 따라 현실에서 영향력은 크지 못하였다.

임신기 근로시간 단축 제도는 「근로기준법」 개정을 통해 2014년에 신설되어 임신 12주 이내 또는 36주 이후 기간에 근로시간 단축 신청을 하면 1일 2시간 단축할 수 있도록 규정하였다.

가장 광범위하게 근로시간 단축 사유를 규정하고 있는 것은 「남녀고용평등법」의 가족돌봄 등 근로시간 단축 제도이다. 이 제도는 2020년부터 시행되어 근속기간 6개월 이상 근로자의 가족 돌봄, 본인 건강, 은퇴 준비, 학업 등 다양한 사유로 인한 근로시간 단축청구를 가능토록 규정하고 있으며, 2022년 1월부터는 1인 이상 모든 사업장으로 적용이 확대되었다.

이상에서 볼 수 있는 것처럼, 법상 근로시간 단축제도는 2007년 이후 순차적으로 제도화되어 2022년부터는 적어도 제도상으로는 근로자가 생애에 걸쳐 직면하는 다양한 사유 발생 시 근로시간 단축을 청구할 수 있도록 갖추어져 있다. 제도적인 측면에서 다소 아쉬운 부분은 단축 기간이 충분하지 못할 수 있다는 점에 있다.

가족돌봄 등 근로시간 단축 제도의 경우 최대 3년, 육아기 근로시간 단축 제도는 2년으로 한정되어 있다. 근로시간 단축이 필요한 사유 중 가족돌봄이나 개인 질병, 육아 등의 사유는 단기간에 끝나지 않고 장기간에 걸쳐 이어질 가능성이 충분히 있다는 점을 고려하면, 단축 가능 기간을 좀 더 연장하거나 단시간 근로 일자리로 전환할 수 있도록 지원하는 방안을 전향적으로 검토해 볼 필요가 있다.

이 경우 사업주 입장에서는 가장 어려운 문제가 대체인력을 확보하는 문제이다. 특히, 중소기업의 경우 만성적인 구인난을 겪는 기업이 많아서 근로시간 단축으로 인해 발생하는 추가적인 인력 소요에 대해서는 정책적으로 보완해 줄 필요가 있다. 외국인 고용허가제에 따른 외국인 근로자 고용 허용 인원 설정 시 우대하는 조치 등도 검토해볼 만하다.

아울러, 제도 구비와는 별개로 제도의 활용도를 높이는 노력은 지속할 필요가 있다. 특히, 가족 돌봄 등 근로시간 단축 제도는 가장 최근에 도입되었기 때문에 아직 일반 국민이나 사업주들에게 인지도가 높지 못한 측면이 있다. 제도에 대한 홍보와 함께 활용 우수사례를 적극적으로 발굴하여 널리 알리는 노력도 병행해야 하겠다.

동시에 이 제도를 활용하는 사업주에게 인센티브를 주는 방안도 고민해 볼 필요가 있다. 예를 들어, 법정 근로시간 단축제도를 활용하는 사업주에 대해 고용보험료를 감면하는 제도도 생각해 볼 수 있다. 단축제도를 활용하지 않았다면 퇴사하여 실업으로 이어질 수도 있는 것이기 때문에 명분은 충분히 있다고 판단된다.

아울러, 일자리 관련 각종 정부 포상제도나 인증제도 운영 시 근로시간 단축 제도 활용도에 따라 가점을 줄 수도 있겠다. 또한, 근로시간 단축에 따른 신규 일자리 창출 시 채용지원 서비스와 고용장려금을 지급하여 사업주의 제도 운영에 따른 실질적인 애로사항을 해소하는 방안도 적극적인 검토가 필요하다.

근로시간 단축 제도 활성화와 함께, '전환형 단시간 일자리'에 대한 정책 지원을 확대하여 개인의 필요에 따라 일정 기간 전일제 근로와 단시간 근로를 유연하게 활용할 수 있도록 지원할 필요가 있다.

이러한 취지로, 과거 박근혜 정부 시기에 고용률 제고를 위해서 양질의 단시간 일자리 창출을 집중적으로 지원한 사례가 있다. 그 배경을 보면 우리나라의 고용률이 OECD 국가보다 낮게 나타나는 원인 중에는 전체 일자리 중 단시간 일자리 비중이 낮은 측면이 있으므로 단시간 일자리를 선진국 수준으로 늘리면 고용률도 같이 올라갈 수 있다는 논리가 자리잡고 있었다. 대표적으로, 네덜란드와 같이 단시간 일자리를 많이 늘리면서 전체 고용률도 급격히 높인 사례가 그 예가 되겠다.

이처럼 박근혜 정부 당시에는 고용률 제고에 방점을 두다 보니 단시간 일자리가 일과 생활의 균형이라는 측면에서 기여할 수 있는 측면에 대한 강조는 상대적으로 부족하였다. 그러다 보니 단시간 일자리도 고용률 제고 효과가 낮은 전환형 단시간 일자리보다는 신규 단시간 일자리 창출에 초점이 맞춰졌고, 결과적으로는 성공적인 정책으로 자리잡지 못하였다.

이러한 정책 사례를 반면교사로 삼아 향후 단시간 일자리 정책은 무리하게 신규 일자리로 만들려고 하기보다는 '전환형 단시간 일자리'에 보다 더 초점을 맞춰 지원해 가는 것이 바람직할 것으로 보인다.

다만, 향후 고령층의 지속적인 증가와 소위 n잡러의 확산에 따라 자발적인 단시간근로에 대한 수요는 꾸준히 늘어날 것으로 보이므로 이러한 흐름을 반영하여 신규 일자리에 대한 고용장려금 지원 시 단시간 일자리에 대한 지원이 소외되지 않도록 정책적으로 배려할 필요는 있다.[5]

3. 일과 교육·훈련의 조화

기술 발전이 가속화될수록 교육훈련의 필요성과 중요성은 더욱 커진다. 과거 농경사회나 산업화사회에서는 젊어서 한 번 습득한 기술을 평생 활용해도 큰 문제가 없었으나, 이제는 **새로운 기술 출현 속도가 빨라져서 지속적인 재교육과 새로운 기술에 대한 습득훈련이 선택이 아닌 필수**가 되었다. 따라서 한 번 취업했으니 교육·훈련은 더 이상 필요없다는 식의 사고는 구시대의 유물이 되었다.

문제는 일과 교육훈련을 어떻게 조화시킬 것인가 하는 점이다. 일단 취업하면 일하는 것만 해도 시간이 부족한데 별도로 교육훈련을 받을 시간을 만든다는 게 쉽지 않다. 특히, 대기업의 경우 그나마 사내훈련 시스템이 잘 갖춰져 있어서 교육훈련 기회가 상대적으로 많이 제공되지만, 중소기업 근로자, 프리랜서, 자영업자 등에게 충분한 교육훈련 기회가 부여될 것으로 기대하기 어렵다.

이처럼 일과 교육훈련을 병행하기 어려운 현실에 대응하기 위하여 그간 정책적으로 도입된 제도들이 있다. 우선 '일학습병행제도'가 2019년 입법화되어 시행되고 있다. 이 제도는 기업이 청년 등 신규자를 채용하고 현장훈련과 사업장 외 훈련을 실시하여 평가를 통해 자격 을 부여토록 하고 있으며, 학습근로자는 교육훈련 과정 이수 후 무기계약 근로자로 근무할 수 있도록 운영하고 있다.

---

5 이덕재 외(2021)는 우리나라의 단시간근로(시간제 일자리) 실태와 증가 원인을 분석하고 시간제 일자리의 질적 개선을 위한 정책 방안에 대해 제안하고 있다.

참고

일학습병행제도 개요

> ▌ 사업목적: 독일·스위스식 도제제도를 한국의 실정에 맞게 설계한 도제식 교육훈련
> 제도
> - 기업이 청년 등을 선 채용 후 NCS 기반 현장훈련을 실시하고, 학교·공동훈련센
> 터의 보완적 이론교육을 통해 숙련 형성 및 자격취득까지 연계하는 새로운 현장
> 중심의 교육훈련 제도
> ▌ 사업내용
> • (선정 대상) 해당 분야 기술력을 갖추고 인력양성 의지가 높은 기업(서류심사 및 현
> 장실사 후 선정)
> • (학습근로자 조건) 1년이내 신규 입사자, 특성화고·대학 등 재학생
> • (지원내용) ▲훈련과정 개발, 학습도구 컨설팅 지원, ▲현장(외)훈련 훈련비, ▲훈련
> 장려금, ▲기업현장교사 수당 및 양성교육 지원
> • (자격 부여) 훈련 수료 후, 훈련성과 평가 → 일학습병행 자격 부여

* 출처: '2023 한 권으로 통하는 고용노동 정책', 고용노동부, 2023. (2023년 기준 자료임을 유의)

종전 교육기관에서 교육을 마친 후 취업하는 단선적인 경로에서 벗어나, '선
취업 후교육'이 가능하도록 새로운 경로를 지원하는 것이므로 기업이 필요로
하는 현장 실무형 맞춤 인력양성에 유리한 특징을 지니고 있다.

다만, 아직 일학습병행제도를 통해 자격증을 취득하는 규모가 표 9-2에 나
타나 있는 바와 같이, 2022년에 4,602명에 머무르고 있어서 향후 보다 활성화
할 여지가 있다. 특히, 아직까지는 청년층 중심으로 이 제도가 운영되고 있지
만, 앞으로는 대상 범위를 확장하여 주된 일자리에서 퇴직한 중장년층, 경력단절
후 노동시장 재참여자 등 특성에 맞춰 일학습병행제도를 다양화하는 노력도 필요해
보인다.

생애에 걸친 능력개발 기회 확대를 추진하고 있는 '국민내일배움카드'도 주목
할만하다. 공무원, 사립학교 교직원, 월 소득 300만 원 이상 대규모 기업 근로
자 등 일부 제외 대상이 있기는 하지만, 원칙적으로 모든 국민을 대상으로 5년 단
위로 1인당 300~500만 원의 훈련비를 훈련과정별 최대 85%까지 지원해 주는 제
도이다. 이를 잘만 활용하면 훈련비용에 대한 부담은 크게 줄이면서 양질의 훈
련 프로그램을 이수할 좋은 기회가 될 수 있다.

표 9-2

일학습병행 참여자 직능수준별 자격증 취득 현황

(단위: 명)

연도	L2	L3	L4	L5	L6	합계
2018	1,114	1,789	46	38	0	2,987
2019	1,688	2,392	200	230	35	4,545
2020	1,401	1,912	299	270	22	3,904
2021	1,640	2,087	309	267	38	4,341
2022	1,649	2,306	298	301	48	4,602

* L2~L6: 국가직무능력표준(NCS)의 수준체계
* 출처: CQ넷-일학습병행-통계

　특히, 최근에는 K-디지털 트레이닝 사업을 새롭게 도입하여 과거 집체교육 중심의 주입식 강의에서 벗어나 민간의 기업, 대학, 혁신훈련기관을 참여시켜 프로젝트 수행을 통한 문제해결 방식의 디지털·신기술 분야의 첨단 훈련을 실시하여 청년층을 중심으로 호응을 얻고 있다. 이와 같이, 훈련내용이나 방식에 있어서 과거의 규제 중심 사고에서 벗어나 자율과 창의성이 발휘될 수 있도록 유연성을 부여하는 노력은 지속될 필요가 있다.

　위에서 살펴본 제도들의 발전과 함께 국민의 평생 직업능력개발 기회는 조금씩 확대되겠지만, 큰 틀에서 봤을 때 여전히 **생애에 걸친 능력개발을 위해서는 많은 과제가** 남아있다.

　먼저 가장 심각하고 중요한 문제는 평생 능력개발의 측면에서도 양극화가 심화되고 있다는 사실이다. 논리적으로만 본다면, 능력개발 기회는 비정규직이나 특수형태근로종사자, 프리랜서 등 직업 안정성이 떨어지는 대상자들에게 더 많은 기회가 부여되어야 할 텐데, 현실에 있어서는 반대로 나타나고 있다.

　표 9-3 통계청의 '경제활동인구조사 근로형태별 부가조사'의 2022년 8월 결과를 보면, 임금근로자의 직업능력 교육·훈련 경험 비율은 2022년 8월 기준 정규직 54.8%에 비해 비정규직은 34.4%에 불과하고, 특히 시간제와 비전형 근로자의 경우 26% 수준으로 정규직의 절반 미만 수준을 나타내고 있다.

표 9-3

근로형태별 직업능력 교육·훈련 경험 비율

(단위: %, %p, 전년동월대비)

구 분	임금 근로자	정규직	비정규직	한시적	기간제	비기간제	시간제	비전형
2021. 8.	47.7	55.5	35.3	42.9	46.1	19.6	28.1	26.7
2022. 8.	47.2	54.8	34.4	41.7	44.8	19.7	26.4	26.4
증감	-0.5	-0.7	-0.9	-1.2	-1.3	0.1	-1.7	-0.3

* 출처: '2022년 8월 경제활동인구조사 근로형태별 부가조사 결과', 통계청.

대기업, 공공기관 등 상대적으로 안정적인 직장에서 높은 보수를 받는 근로자는 능력개발 기회가 높게 나타나지만, 앞에서 언급한 직업 안정성이 떨어지는 대상자들은 오히려 능력개발 참여도 떨어지는 현상이 발생하고 있다.

이들 취약계층이 능력개발에 참여하지 못하는 요인을 살펴보면, 훈련 참여시 당장 생계유지에 타격을 받는다는 측면과 별도로 훈련 시간을 할애하기 어렵다는 응답이 높게 나타난다. **더 획기적인 훈련 참여 인센티브를 도입해서라도 이들의 훈련 참여 기회를 늘려나갈 필요가 있다**(김안국, 2019).

재직자 능력개발 기회 확대 관련 또 다른 중요한 문제는 재직자 훈련에 참여하더라도 훈련 시간이 너무 짧아서 의미 있는 숙련 형성에는 한계가 있다는 점이다. 2020년 기준 재직근로자를 대상으로 교육훈련을 실시한 기업은 38.4%에 불과한데, 특히 재직근로자 1인당 연간 평균 집체훈련 시간은 10.3시간에 불과하여 실질적인 직업능력개발 기회가 주어졌다고 보기 어려운 측면이 있다.

신기술의 등장과 이를 활용한 새로운 기기들이 지속해서 등장하고 있는 상황에서 이를 따라가기 위해서는 단기 과정으로 충분치 못할 것이라고 다들 생각하고 있지만 현실에서는 재직자에 대한 일주일 이상 훈련과정 참여는 쉽지 않다. 특히, 중소기업의 경우 당장 일할 인력도 부족하다고 느끼는 경우가 많아서 훈련을 위해 재직자의 시간을 장기간 할애한다는 것은 현실적으로 작동하기 쉽지 않다.

이러한 틀을 무너뜨리기 위해서는 고용보험을 통한 획기적인 지원책 마련이 시급해 보인다. 예를 들어, 앞에서 살펴본 폭스바겐의 '블록 기간'제도를 변용한다면, 일정 기간(예. 10년) 이상의 고용보험 이력을 지닌 피보험자의 경우 장기간 유급훈련휴직(예. 6개월~1년)을 받을 권리를 부여하고 고용보험에서 훈련기간 동안 급여와 훈련비용을 지원하는 방식을 생각할 수 있다.

이미 고용보험을 통해 육아휴직급여를 시행해 온 경험이 있으므로 이를 활용하면 새로운 제도를 만드는 것은 어렵지 않을 것으로 보인다. 다만, 문제는 이로 인해 추가적인 재정적 소요가 발생한다는 점이겠지만, 평생 능력개발의 필요성과 지원 확대에 대해서는 사회적 공감대를 형성할 수 있는 사안으로 보인다. 발상의 전환이 필요한 대목이다.

MZ세대의 등장

시간이 흘러감에 따라 항상 새로운 개성을 지닌 세대가 등장하기 마련이다. 전후 베이비붐 세대가 탄생했듯이, 1990년대에 X세대가 등장하고 2000년대에는 밀레니얼세대(M세대)에 이어, 1990년대 중반 이후 2000년 초반에 태어난 Z세대가 그 뒤를 잇고 있다. MZ세대는 밀레니얼세대와 Z세대를 합친 것으로 주로 현 2030 세대가 포함되고 있으며, 그 대상 범위가 80년대에서 2000년 초반에 이를 정도로 광범위하게 분포되어 있다.

새로운 세대의 등장에 관심을 갖게 되는 가장 큰 이유는 이들의 특성과 선호가 사회 변화의 방향성을 보여준다는 점이다. 고용정책 측면에서도 이들은 과거 세대와 뚜렷한 차별성을 보여주고 있으므로 이들의 선호를 정확히 이해하고 대응하는 노력은 매우 중요하다고 할 수 있겠다(최영준, 2022).

MZ세대는 일에 대해 어떤 생각을 하고 있을까? 최근 MZ세대에 대한 사회적 관심이 높아져서 다양한 책과 콘텐츠가 생산되고 있다. 이들 내용을 종합적으로 살펴볼 때 MZ세대가 지닌 주요한 특징 중 일자리와 관련 의미 있는 시사점을 찾아보고자 한다.

1. 워라밸(work-life balance)을 추구하는 자본주의 키즈(kids)

자본주의 키즈

MZ세대는 대표적으로 '자본주의 키즈(kids)'라고도 불린다(김난도, 2021). 자본주의 논리에 그 어느 세대보다도 익숙해져 있고 돈과 소비에 대해 편견이 없는 세대라는 의미를 부여할 수 있겠다. 이전 베이비붐 세대가 지녀왔던 돈을 강조하면 '속물'인 것처럼 여기는 풍조나 속으로는 돈에 그 누구보다도 민감하면서도 겉으로는 이를 드러내지 않는(또는 못하는) 이중성으로부터 자유로운 세대이다. 그러기에 이들은 일한 만큼 직장에서 공정한 보상을 받는 것에 민감하고, 당연한 일이라고 여긴다.

이는 임금체계에 있어서 중요한 의미를 지닌다. 산업화 시대를 거치면서 우리나라 기업의 주된 임금체계는 '호봉제'이다. 이는 근속년수가 올라갈수록 임금이 상승하는 구조를 지니고 있는데, MZ세대 입장에서는 받아들이기 어려운 임금 시스템이 될 수 있는 것이다. 내가 10년 후에 이 직장에 다니고 있으리라는 보장이 없는데 나중에 더 많이 줄테니 지금은 좀 적게 받더라도 참고 견디라는 주문은 이들에게 터무니없는 감언이설(甘言利說)에 불과한 것이다.

최근 고용노동부에서 MZ세대들이 많이 활용하는 '블라인드 앱'이용자를 대상으로 한 설문조사 결과(2022.9.13.~18. 6일간, 2,424명 응답)도 이를 뒷받침하고 있다. 동 설문조사에 따르면, 표 10-1에서 볼 수 있는 바와 같이, 응답자의 약 86%가 현재 회사의 임금결정 기준이 공정하지 않다고 인식하고 있으며, '업무성과'와 '담당업무'를 기준으로 임금을 지급하는 것이 공정하다고 생각하고 있다.

 표 10-1 　　　　　　　　　'직장인들이 바라는 일터의 모습' 설문조사 결과

(Q1) 현재 회사의 임금결정 기준이 공정하다고 생각하시나요?				(Q2) 어떤 기준으로 임금이 결정되어야 '공정한 보장'이라 생각하시나요?		
①	공정하나	139명	5.73%	①	근무년수	381명	15.72%
②	공정하지 않다	2074명	85.56%	②	담당업무	608명	25.08%
③	잘 모르겠다	211명	8.70%	③	업무성과	841명	34.69%
				④	개인역량	594명	24.50%

* 출처: '직장인들이 바라는 일터의 모습 설문조사 결과', 고용노동부 보도자료, 2022.9.22.

이와 같은 MZ세대들의 인식에 걸맞은 임금체계를 구축하기 위해서는 현재 주류를 이루고 있는 연공급제에서 벗어나 직무급제로 전환하는 것이 바람직할 것이며, 이는 고령층 근로자 고용연장에도 긍정적인 영향을 미칠 것으로 보인다. 다만, 기존 연공급제 틀에서 임금을 받아 왔던 40~50대 근로자에게는 직무급제로의 전환이 사실상 임금 삭감으로 여겨질 수도 있으므로 세대 간 이견을 좁힐 수 있는 해법을 찾는 노력이 필요하다.

향후 청년 인력이 급감하는 인력 부족 시대가 예고된 상황에서, MZ세대가 매력을 느낄 수 있는 보상체계를 구축하지 못한다면 우수 인력 확보에 더 큰 어려움을 겪을 수 있다는 점도 염두에 둬야 한다. 정부도 근로기준법 정비 등을 통해 임금체계 혁신을 보다 쉽게 할 수 있는 제도적 틀을 만들어 줄 필요가 있으며, 아

울러 중소기업 등을 대상으로 집중적인 근무혁신 컨설팅을 실시하여 우수 사례를 만들어 확산하는 노력을 강화할 필요가 있다.

워라밸(work-life balance)

MZ세대가 직장을 선택할 때 가장 중요시하는 기준으로 떠오른 항목이 바로 '워라밸: 일과 삶의 균형'이다. 2022년 5월 한국경총에서 20~39세 구직자 1,000명(응답자 기준)을 대상으로 실시한 설문조사 결과를 보면, MZ세대의 「괜찮은 일자리」판단 기준으로 가장 많이 선택한 항목이 '일과 삶의 균형'이고, '공정한 보상'과 '복지 제도'가 그 뒤를 잇고 있다. 표 10−2에서 세부적인 설문조사 결과를 보여주고 있다.

 표 10-2   **MZ세대의 「괜찮은 일자리」 판단 기준**

구 분	응답률
일과 삶의 균형이 맞춰지는 일자리	66.5%
공정한 보상이 이루어지는 일자리	43.3%
복지제도가 잘 되어 있는 일자리	32.8%
회사 분위기가 수평적이고 자유로운 일자리	25.9%
정년보장 등 오래 일할 수 있는 일자리	14.0%
기업 및 개인의 발전가능성이 높은 일자리	12.4%
기업 네임밸류가 높은 일자리	3.3%
사회적 가치 실현이 가능한 일자리	1.8%

* 주: 복수응답, 각 항목의 비중의 합이 100을 초과
* 출처: 'MZ세대가 생각하는 괜찮은 일자리 인식조사 결과', 한국경영자총협회 보도자료, 2022.5.17.

베이비붐 세대는 일과 가정(개인사) 중에서 우선순위를 '일'에 두고 살아왔다. 양자가 충돌하게 되면 가정에서 요구하는 역할을 포기하고 직장에서 원하는 바를 성실히 수행하는 게 미덕으로 여겨지는 시대를 살아왔던 것이다.

그러나, MZ세대는 좀 더 명확하게 일과 개인의 삶을 구분하려 한다. 그리고 일

을 위해 개인의 삶이 침해받는 것을 결코 당연한 것으로 받아들일 의사가 없다. 이를 무시하는 일자리는 퇴사도 불사하겠다는 의지를 보이는 세대가 바로 MZ세대이다.

최근 '조용한 사직(quiet quitting)'이 유행어로 떠오르는 것도 이러한 MZ세대 성향과 무관하지 않다. 주어진 일은 성실히 하겠지만 과거처럼 승진이나 성과급을 미끼로 개인 삶을 포기하는 일은 하지 않겠다는 의미이다. 이러한 인식은 옳고 그름을 논하기 전에 현상 자체를 그대로 받아들이며 이러한 세대를 위한 일자리의 모습은 어떠해야 할지를 고민해야 한다.

고용정책 차원에서도 고용의 양적 확대도 중요하지만, **일자리의 질적 측면에도 초점을 맞춰 MZ세대가 원하는 일자리가 될 수 있도록 지원하는 역할이 중요**하다. 이러한 관점에서 그간의 고용정책을 평가해 보자면 지금까지는 고용장려금 등이 주로 일자리를 늘리는 데에만 지나치게 집중한 면이 있다. 기업이 새로운 일자리를 만드는 걸 지원하는 것도 중요하겠지만, 이미 만들어진 일자리도 더 좋은 일자리로 바꾸어나가는 노력에 대해서도 충분한 투자가 필요하다.

코로나19 팬데믹을 거치면서 재택근무 등 유연근무에 대한 지원을 확대하면서 기업과 근로자 모두로부터 긍정적인 평가를 얻었던 점을 감안할 때, 향후에는 기업들이 워라밸 향상을 위해 개선하는 노력을 촉진할 수 있도록 고용보험 등을 통해 더 두텁게 지원해 나갈 필요가 있겠다. 특히, 워라밸에 있어서도 대기업과 중소기업 간 격차가 확대되고 있는 현실을 감안하여 중소기업에 대해서는 더 파격적인 지원을 통해서라도 대기업과의 간극을 좁혀 나갈 필요가 있다

2. 디지털 네이티브로 자란 'n잡러'

디지털 네이티브

MZ세대를 타 세대와 구분 짓는 가장 핵심적인 요소가 바로 '디지털 세대'라는 점일 것이다. 특히, Z세대의 경우 '디지털 네이티브(digital native)'라고 불릴 정도로 태어날 때부터 디지털 환경에서 디지털 문화를 체험하며 자라왔기 때문에, 디지털이 아니 환경이 오히려 어색한 세대라 할 수 있다.

디지털 세대는 일상이 대부분 디지털 기반하에서 이뤄진다. 핸드폰에 설치된 앱의 알람을 들으며 일어나서 스케줄 앱을 통해 하루 일정을 준비하고 마무리한다. 소통의 주된 수단은 카카오톡, 페이스북, 텔레그램, 인스타그램 등과 같은 SNS와 이메일이고, 쇼핑은 인터넷쇼핑몰에서 주로 해결한다. 알고 싶은 정보는 네이버나 구글, 유튜브와 같은 검색 앱을 통해 해결한다. 당연하게도 일상이 주로 비대면 하에 온라인에서 대부분 해결된다.

 그림 10-1

주요 세대별 SNS 서비스 이용 비율

(단위: %)

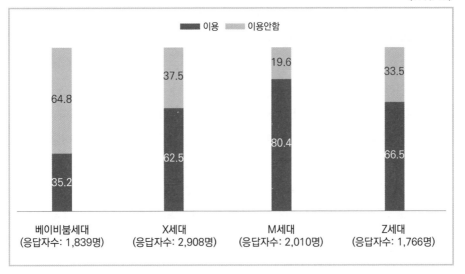

* 베이비붐세대: 1955~1965년생, X세대: 1966~1981년생, M세대: 1982~1995년생, Z세대: 1996~2011년생
* 출처: 'MZ세대의 미디어 이용행태', 고세란, 정보통신정책연구원, 2021.9.

그림 10-1는 주요 세대별 최근 3개월간 SNS 서비스 이용 비율을 보여준다. 예상대로 M세대는 베이비붐세대보다 2배 이상 높은 이용 비율을 보였고, X세대와도 약 18%p 높은 이용 비율을 나타냈다. Z세대의 경우 전체적으로는 X세대와 유사한 비율은 보이고 있지만, 조사 대상 Z세대에는 만 9세부터 포함되고 있는 점을 감안할 때 해석에 유의할 필요가 있어 보인다.

또한, 주요 세대별 전자상거래 구매 경험 비율을 비교해 보면, SNS 서비스 이용 비율과 유사하게 M세대는 베이비붐 세대보다 2배 가까이 높은 구매 경험 비율을 보였고, X세대보다도 약 13%p 높은 구매 경험 비율을 나타냈다.

디지털 세대인 MZ세대는 고용정책에 있어서 어떤 의미를 지닐까? 우선, MZ세대와 효과적인 소통이 가능하기 위해서는 고용서비스가 기존 대면 서비스 중심에서 벗어나 비대면 온라인서비스가 고도화되는 '디지털 고용서비스'로 탈바꿈해야 한다.

그간 전통적인 고용서비스는 대면 서비스를 전제로 심층상담 프로그램이나 집단상담 프로그램 개발과 운영을 위해 많은 투자를 해 왔다. 그러나 대면서비스를 선호하지 않는 MZ세대에게는 효과적이지 않을 수 있다. 일차적으로 온라인 고용서비스를 고도화해서 고용센터를 방문하지 않더라도 온라인으로 대부분의 고용서비스를 받을 수 있도록 투자해야 한다.

현재 고용노동부가 추진하고 있는 (가칭) '고용24'는 이러한 기대를 반영하고 있지만, 민간부문과 비교할 때 정부의 디지털 고용서비스에 대한 투자는 너무 부족하고 그 속도도 느린 편이다. 더 과감한 투자가 절실히 요청된다.

정책홍보를 위한 소통 방식도 바뀌어야 한다. 최근 뉴미디어 홍보 비중이 늘어나고 있지만 여전히 부족한 측면이 많다. 일차적으로 인터넷 검색창에서 정부 고용정책이 상단에 노출될 수 있도록 조치하는 것에서부터 홍보는 시작될 필요가 있다. 예를 들어, '직업훈련'이라는 키워드로 검색할 때 HRD넷이나 내일배움카드가 우선적으로 노출된다면 정부 일자리사업에 대한 홍보 효과가 커질텐데 아직까지 이런 노력이 부족한 측면이 있다.

특히, 청년층을 대상으로 하는 일자리사업의 경우 원칙적으로 온라인 상에서 검색과 신청, 그리고 주요 서비스 제공까지 원스톱으로 이뤄질 수 있도록 사업 기획 단계에서부터 필수적으로 고민하고 반영할 필요가 있다.

즉, 최근 고도화되고 있는 AI기능을 적극 활용하여 개인별 맞춤형으로 추천서비스가 제공될 수 있도록 하고, 챗봇 서비스를 통해 궁금증을 온라인상에서 즉시 해소할 수 있도록 하는 기능은 이제 미래의 이야기가 아니라 많은 영역에서 활용되고 있는 기본서비스가 되고 있다. 이러한 디지털 기반 사업설계 및 홍보를 위해 노력을 강화해야 하고, 이를 위한 전담 조직과 인력 확충도 현실적인 과제이다.

'n잡러'

신조어 중에 'n잡러'라는 말이 있다. 하나의 전일제 일자리에 근무하는 것이 아니라, 여러 개의 일자리를 가지면서 수입원을 다양화하는 사람을 의미한다. 이는 그간의 취업에 대한 고정관념을 깨부수는 측면이 있다. 그간 구직자는 당연하게도 가능하다면 정규직 풀타임 일자리를 구하는 게 최선이라고 여겨 왔고, 정부의 고용서비스도 이에 초점을 맞춰 제공되어 왔다. 그런데, 이제 자발적으로 n잡러가 되겠다는 MZ세대가 각광을 받고 심지어 부러움의 대상이 되기도 한다.

게임에서 시작됐다는 '본캐·부캐'도 비슷한 맥락이다. 주된 직장인 본캐(본캐릭터) 외에도 부업과도 같은 부캐(부캐릭터)를 키우는 것에 대해 MZ세대는 거부감이 없어 보인다. 과거에도 부업을 하는 경우가 없었던 것은 아니지만 지금보다 훨씬 제한적이었고 부업을 할 수 있는 사회적 여건도 갖춰지지 않았다.

그러나, 인터넷 시대와 비대면 사업이 급속도로 확장되면서 n잡러가 되기는 훨씬 쉬워졌다. 예를 들어, 퇴근 후 인터넷쇼핑몰을 운영하거나 블러거나 유튜버로 수익을 올리는 일은 마음만 먹으면 누구라도 어렵지 않게 시작할 수 있는 일이다. 게다가, 요즘에는 택배와 배달이 활성화되면서 가능한 시간대에 잠깐씩 알바처럼 플랫폼 기반으로 이런 일을 할 수도 있다.

사실 이러한 현상은 우리나라에 고유한 현상이 아니다. 이미 일본에서도 1990년대부터 프리터(freeter)족이 등장하여 사회적 이슈가 되었고, 지금까지도 자발적으로 프리터족을 선택하는 사례가 지속되고 있다. 프리터족은 몇 개의 아르바이트 일자리를 필요 시에만 하고 나머지 시간은 자유롭게 여가를 보낸다는 측면에 방점이 있다면, n잡러는 보다 더 높은 수준의 경제적 자유를 누리기 위해 주된 일자리를 포함해서 여러 개의 일자리를 가진다는 측면이 강조되는 뉘앙스의 차이는 있어 보인다.

이런 현상은 고용정책에 어떤 과제를 부여하고 있는가? 먼저 고용안전망과 관련해서 고민해야 할 부분이 있다. 일차적 고용안전망인 고용보험은 주된 일자리를 기준으로 고용보험에 가입하도록 설계되어 있다. 즉, 고용보험에 가입할 수 있는 여러 개의 일자리를 동시에 수행하더라도 고용보험은 그중 하나의 일자리만 가입이 가능한 것이다.

따라서 여러 개의 일자리를 합친 시간에 해당하는 하나의 일자리를 갖는 사람에 비해 과소 보호되는 문제가 있다. 더 큰 문제는 여러 개 일자리를 합친 소정 근로 시간이 월 60시간(주 15시간)을 넘더라도 각각을 나눴을 때 이를 충족하는 일자리가 없는 경우에는 고용보험 가입조차 할 수 없다. n잡러가 상대적으로 고용 불안에 노출될 가능성이 많은 점을 감안하면 이러한 문제에 적극적으로 대응할 필요가 있다.

근본적인 해결책은 '소득 기반 고용보험'으로 전환하는 것이다. 사업장 단위가 아니라 개인의 근로소득을 모두 합산하여 이를 기초로 보험료를 부과하고 실업급여 등 급여 혜택도 제공토록 제도를 바꾸면 n잡러가 고용안전망에서 소외되는 문제는 해결이 가능할 것이다. 고용노동부도 이러한 방향으로 정책을 추진하고 있으므로 조속히 제도 전환이 이뤄지길 기대한다.

근본적으로는 n잡러에 대한 정책방향을 고민할 필요가 있다. 'n잡러를 육성할 것인가 아니면 줄여나갈 것인가?' 정부 차원에서 지금까지 이런 고민을 진지하게 해보지 않은 것 같다. 그런데, 예를 들어 MZ세대가 n잡러가 되고 싶다고 고용센터에 직업상담을 요청하면 어떻게 할 것인가?

일본의 경우 프리터족이 등장했을 때 부정적인 평가가 주류를 이뤘다. 사회 성원으로서 자신에게 맞는 직업을 선택해서 근면 성실하게 일해야 한다는 사회 통념에 반하는 측면이 있기 때문이다. 또한, 사회 전체적으로 봐서는 노동력 상실(불완전 활용)이라는 이슈도 잠재해 있으므로 긍정적으로 받아들이기 어려운 요인이 있다.

그러나, 일에 대한 가치관이 바뀌어서 일 자체가 목적이 아니고 행복하기 위한 수단으로 여기는 MZ세대 입장에서는 특정 직장에 평생(또는 오랜 기간) 묶이는 것이 달갑지 않을 수도 있는 것이다. 아울러, 평생직장의 시대가 사라져가는 시대에 다양한 소득원을 유지하는 게 더 현명하다는 판단을 할 수도 있다.

이러한 측면을 종합적으로 살펴보면, n잡러를 무조건 부정적으로 보는 시각에서 벗어나 개인의 선호와 가치관을 존중하면서 정부가 도움을 줄 수 있는 영역을 적극적으로 발굴하려는 노력이 필요해 보인다.

3. 공정(公正) 가치 추구

MZ세대 관련 이슈 중 사회적으로 많이 부각되는 내용 중에는 '공정(公正)'과 관련된 내용이 제법 많이 있다. 특기할 만한 점은, 기존 소위 386세대 등과 같이 사회운동에 관심이 많았던 지금의 5060세대는 사회집단 간의 형평성이나 공정한 사회 시스템에 초점을 두었으나, MZ세대는 사회구조 개혁과 같은 거대담론(巨大談論)보다는 당장 자신들의 이해관계에 직접 영향을 미치는 공정한 보상, 공정한 기회에 더 관심을 보인다는 사실이다.

MZ세대가 사회나 소속집단보다는 '자신'에게 더 집중하는 성향을 보인다는 점을 감안하면 크게 놀라운 일은 아닐 것이다. 능력주의에 기반한 공정성에 대해서는 여러 가지 사회적 논의가 필요하겠지만 중요한 점은 많은 MZ세대가 공정성 이슈에 공감을 보이고 있고 사회적으로도 MZ세대의 특성으로 받아들여지고 있다는 측면일 것이다.

공정을 강조하는 MZ세대의 성향이 잘 나타난 사건이 바로 모 대기업에서 발생한 성과급 관련 사건(?)이다. 회사 성과는 전년 대비 두 배인데 왜 자신의 성과급은 그대로인지 전 임직원에게 공개 메일을 보내 회사를 논쟁의 도가니로 만들었다는 한 MZ세대의 행동이 사회적 이슈가 되었다. 불투명한 성과급 책정 기준을 MZ세대는 받아들일 수 없다는 이야기다.

이러한 MZ세대의 가치관은 고용정책과 관련하여 어떤 시사점을 주는가? 대표적으로, 채용 절차와 관련된 이슈가 있다. 「채용 절차의 공정화에 관한 법률」이 2014년에 도입되어 시행되고 있다. 이 법은 채용 강요를 금지하고 출신 지역 등 채용에 직접적으로 필요하지 않은 정보를 채용 과정에서 요구할 수 없도록 규정하고 있다.

MZ세대는 취업 과정에서 공정한 기회를 부여받기를 원한다. 개인의 능력이 아닌 다른 요인에 의해 취업의 성공과 실패가 갈리는 것을 용납하지 않는다. 따라서 채용 과정에서 공정성을 더욱 높이도록 주문하고 있다.[1]

MZ세대가 요구하는 공정 가치를 고용정책에서 구현하는 것은 별 어려움이 없을 것

---

[1] 채용 절차의 공정성 확보와 관련하여 법 제도상 다양한 쟁점과 정책 방향에 대해서는 김근주 외 (2021)를 참고하기 바란다.

으로 인식될 수 있으나, 정책 현실은 생각처럼 간단하지 않다.

예를 들어보자. MZ세대는 채용 과정에서 본인이 탈락하는 경우 채용탈락 사유를 알려주도록 법에서 의무화해 달라는 요구를 한다. 일견 이유 있는 요구라 할 수 있지만, 법에 이런 내용을 규정할 때는 고려해야 할 사항이 많이 있다.

먼저 사기업의 채용 권한을 법을 통해 어디까지 개입하는 것이 적정한가에 대한 논란이 있다. 근본적으로 사기업에서 누구를 채용할 것인지를 국가가 개입하는 것이 적절하지 못하다는 주장의 배경에는 '계약 자유의 원칙'이 자리 잡고 있으므로 이를 제한하려면 더 명백한 공공의 이익이 입증될 필요가 있다.

아울러, 법 이행과정의 현실적인 측면에서 보면 대기업 취업 경쟁이 수백 대 일에 이르고 있는데, 수많은 탈락자에게 제대로 된 탈락 사유 고지가 가능할지도 고려할 필요가 있다. 자칫하면 아무도 만족하지 못하는 또 하나의 요식 절차만 추가할 우려도 있는 것이다.

이러한 측면을 모두 고려할 때, 현실적인 대안은 일정 규모 이상의 대기업의 경우 공채 절차가 완료된 이후 공채 결과에 대한 설명회를 개최토록 유도하는 수준이 되지 않을까 싶다. 설명회를 통해 지원자 특성에 대한 통계자료를 공개하고, 서류, 인·적성검사, 면접 등 주요 채용 과정에서 나타난 특징이나 평가기준 등을 설명하고 질의답변을 받는다면, 투명한 채용 절차를 원하는 MZ세대의 요구를 어느 정도 만족시킬 수 있을 것이다.

또 다른 예로, MZ세대는 공정한 보상을 강조하면서 연공급이 아닌 성과급에 기반한 임금 보상을 주문한다. 회사에 MZ세대만 있다면 별 논란이 없겠지만, 회사에는 지금까지 연공급 임금체계 속에서 젊은 시절에 과소 보상을 받아 온 40~50대가 같이 있다. 40~50대 직원은 과거의 과소 보상에 대한 해법이 없다면, 성과급으로의 전환을 공정하다고 받아들이기 어려울 것이다.[2]

이처럼 세대 간에는 다양한 입장 차이가 존재할 수 있다는 전제하에 여러 세대가 공감하고 타협할 수 있는 대안을 통해 노동시장과 기업의 근로환경을 바꿔 나가는 노력이 중요하다.

---

2 기업 임금체계의 공정성은 매우 논란적인 주제이다. 특히 기업의 내부자와 외부자 문제까지 연결되므로 노동시장의 전반의 공정성과도 연결되는 주제이기도 하다. 이와 관련된 자세한 내용은 데이비드 와일(David Weil, 2015)을 참고하기 바란다.

양극화와 일자리

사회 양극화에 대한 우려와 경고는 이미 오래된 이야기이지만 여전히 유효하다. 그간 많은 정책적 노력을 해 왔음에도 불구하고 우리 사회의 양극화는 OECD 국가 중에서도 매우 높은 수준에 위치하고 있다.

사회 양극화는 여러 측면에서 접근할 수 있지만 노동시장과 관련해서는 가장 중요한 요소가 경제적 요인이라 할 수 있겠다. 경제적 양극화를 측정할 수 있는 대표적인 지표로 지니계수와 상대적 빈곤율 등이 있는데, 최근 들어 두 지표 모두 개선되고 있지만 만족할 만한 수준은 아니다.

표 11-1이 보여주는 바와 같이 OECD 국가 중 우리나라의 처분가능소득 기준 상대적 빈곤율은 미국, 칠레, 튀르키예 등과 함께 최상위권에 있음을 확인할 수 있다. 그나마 다행인 것은 우리나라의 상대적 빈곤율은 2011년 18.6%에서 2021년 15.1%로 개선 추세에 있다는 사실이다.

 표 11-1   **OECD 주요 국가의 상대적 빈곤율 추이 비교**

(단위: %)

국 가	2010	2015	2018	2019
덴마크	-	5.5	6.4	-
프랑스	-	8.1	8.5	8.4
네덜란드	-	7.7	7.8	8.2
스웨덴	-	9.2	8.9	9.3
독일	-	10.1	9.8	-
폴란드	10.7	11.1	9.8	-
영국	11.0	10.9	11.7	12.4
한국	-	17.5	16.7	-
캐나다	13.1	14.2	11.8	11.6
이탈리아	13.4	14.4	14.2	-
그리스	14.1	14.9	12.1	11.5
스페인	13.9	15.3	14.2	14.7
튀르키예	-	17.2	14.4	-
미국	-	16.8	18.1	18.0

* 상대적 빈곤율: 균등화 중위소득 50% 이하에 해당하는 가구의 비율(처분가능소득 기준)
* 출처: OECD, 「https://stats.oecd.org, Income Distribution and Poverty」 2021.12.

노동시장에서 양극화가 문제가 되는 이유는 일차적으로 '사회적 공정성을 저해'한다는 점에서 찾을 수 있다. 노동시장 참여자는 모두 자신이 기여에 대응하는 적절한 보상을 기대하는데, 어느 그룹에 속하냐에 따라서 보상이 달라진다면 이를 받아들이기 어렵고 사회 통합을 해치게 된다.

또한, 우대받는 그룹(예. 대기업 또는 정규직)에 속하기 위하여 과도한 취업 경쟁이 발생하게 되고 그 과정에서 인력의 유휴화와 같은 인적자본의 손실도 커질 수밖에 없다. 아울러, 개인의 생산성이 아닌 학력, 성과 같은 요소에 따라 과도한 보상 격차가 발생하는 것은 일종의 차별로 여겨질 수 있는 측면도 있다.

따라서, 노동시장 양극화를 해소하기 위한 적극적인 고용정책 대응은 이론 (異論)의 여지가 없을 정도로 사회적 합의가 형성된 정책 방향이라고 할 수 있을 것이다. 그러나 정책 현실에서 놓고 보면 딜레마가 발생한다. 고용 취약계층이나 사회적 약자를 대상으로 하는 정책에 우선적으로 더 많은 재원을 투입해야 한다는 당위론을 실천하기가 쉽지 않은 현실적 한계가 동시에 존재한다.

예를 들어, 중소기업 근로자나 비정규직 근로자의 경우 직업능력개발 기회를 더 많이 부여받을 수 있도록 정책적으로 지원해야 하겠지만, 이들을 고용하고 있는 사업주의 영세성, 인력 부족, 잦은 야근 등 여러 가지 이유로 현실적으로는 직업훈련에 참여할 시간을 확보하기도 어렵고 실제 직업훈련 참여도 낮게 나타난다. 반면에, 대기업이나 정규직 근로자는 그와 반대되는 양호한 여건에 놓여 있다 보니 지원 수준을 낮추거나 지원 대상에서 배제하더라도 실질적인 훈련 참여는 높아지는 상황이 지속되는 것이다.

이러한 요인이 기본적인 구조로 작동하고 있다 보니 정책 담당자도 사업 초기에는 엄격하게 취약계층 중심으로 사업을 설계하였더라도 사업 실적 부진을 해소하기 위해 자꾸 사업 대상을 대기업 근로자, 정규직과 같이 비취약계층을 포함하는 방향으로 선회하는 쉬운 길을 택하는 경향이 있다. 마치 '악화가 양화를 구축한다'라는 '그레샴의 법칙'이 경제이론에 있듯이, 의식적으로 이러한 문제점을 고민하고 통제하지 않으면 여러 고용정책이 이러한 경향을 따라갈 수밖에 없는 정책 현실에 대한 관심과 각성이 필요하다.

노동시장에서 사회 양극화는 여러 측면에서 발생하고 있지만, 대표적으로 문제가 되는 요소들을 살펴보면 1) 정규직 vs. 비정규직, 2) 대기업 vs. 중소기업, 3) 원청

회사 vs. 하청회사, 4) 고학력자 vs. 저학력자, 5) 남성 vs. 여성 등을 들 수 있다. 아래에서는 이 중 가장 문제가 되는 정규직 vs. 비정규직, 대기업 vs. 중소기업 이슈와 근로빈곤 문제를 중심으로 노동시장 양극화를 다루고자 한다.[1]

1. 정규직 vs. 비정규직

1997년 말 외환위기를 거치면서 우리나라 노동시장은 구조적인 변화를 일으켰다. 이때부터 노동의 외주화(outsourcing)가 본격화되면서 비정규직 문제가 등장하였다.

비정규직은 이전부터 일반용어로 많이 통용되었으나, 국제적으로 명확하게 정의되고 관리되어 오진 않았다. 따라서, 비정규직의 범위에 대해서 노사를 포함한 주체별로 다양한 의견이 있었고, 이러한 혼란을 해소하기 위해 우리나라의 경우 2002년 7월 노사정위원회에서 비정규직 범위에 대해 합의하였으며, 이때 비정규직 범위에 기간제 근로자로 대표되는 한시적 근로자, 시간제 근로자, 파견·용역·특수형태근로·가정내근로·일일근로를 포함하는 비전형근로자 등 세 가지 유형이 포함되었다.

전체 근로자 중 비정규직이 차지하는 비중 추이를 살펴보면, 2004년 37.0%를 정점으로 2018년까지는 33% 전후 수준으로 안정적인 모습을 보여 왔다. 2019년 이후 급증하는 모습을 보이고 있으나, 통계청에서는 통계 조사 시 설문이 변경됨에 따라 발생한 현상으로 해석하고 있다.

즉, 기존에는 무기계약직으로 분류될 수 있었을 대상자에게 기간의 정함이 없는 계약을 하였더라도 실제 고용 예상 기간을 답하도록 함에 따라, 종전 기준으로는 무기계약 정규직으로 분류되었을 근로자 중 일부는 기간제근로 비정규직으로 재분류된 것으로 판단하고 있다.

비정규직의 연도별 비중 추이 및 비정규직 세부 유형별 추이는 그림 11-1에 잘 나타나 있다.

---

[1] 기업 규모, 고용 형태 등 노동시장의 분절화에 영향을 미치는 요인에 대한 실증적인 연구는 전병유(2019)를 참조하기 바란다.

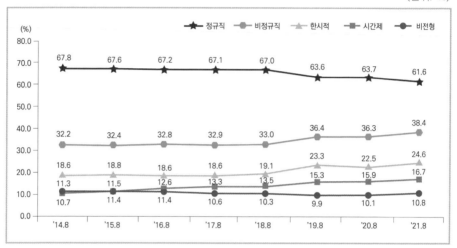

💬 그림 11-1   연도별 비정규직 추이

(단위: %)

* 이 자료에서 비정규직은 ① 한시적근로자(기간제근로자 포함), ② 시간제근로자, ③ 비전형근로
  자(파견근로자, 용역근로자, 일일근로자, 가내근로자, 특수형태근로종사자 포함)를 의미하는 것
  임. 이는 근로자를 고용형태에 따라 분류하는 방식으로 '02년 노사정위원회에서 합의한 내용이
  며, 근로자를 종사상의 지위에 따라 분류하는 상용직, 임시직, 일용직과는 서로 다른 개념임. 따
  라서 정규직을 상용직으로 또는 비정규직을 임시직·일용직으로 혼동하지 않도록 주의할 필요가
  있음. 한편 근로자의 고용형태는 중첩되는 경우가 있을 수 있으므로 비정규직 유형별 합계는(예,
  기간제이면서 시간제인 경우 기간제와 시간제에 모두 집계되어 합산됨) 비정규직 전체 수(순계)
  와 일치하지 않을 수 있음
* 2019년 조사에서부터 조사방식 변경으로 기간제근로자가 추가포착됨. '19년 이후 기간제근로자
  규모에 영향받는 한시적, 비정규직, 정규직 항목은 '18년 이전과 직접적인 비교가 어려움
* 출처: '통계로 보는 우리나라 노동시장의 모습', 고용노동부, 2022.

비정규직 세부 유형별로 살펴보면, 한시적 근로자는 2018년까지 소폭 감소하
는 추세를 보이다가 통계 설문 변경 등의 영향으로 2019년 이후 기간제근로를
중심으로 증가하는 양상을 보였으며, 비전형근로는 2011년 13.8%를 정점으로
추세적으로 하락하다가 코로나19 시기에 소폭 증가하였다.

가장 큰 비중 변화를 보이는 유형은 시간제근로이다. 2003년 전체 임금근로자의
6.5% 수준에서 2021년에는 16.7%까지 급격히 증가하는 모습을 보인다. 시간제
근로가 증가하는 원인은 1) 여성의 경제활동 참여 증가, 2) 고령 근로자 규모
증가, 3) 기업의 퇴직급여 등 비용 절감, 4) 정부의 시간제 일자리 창출 유도
정책 등이 복합적으로 작용한 결과로 보여지며, 당분간 이러한 추세는 지속될

전망이다.

비정규직이 문제가 되는 이유는 정규직과 대비하여 열악한 근로조건에 처해 있기 때문이다. 이는 통계를 살펴보면 쉽게 이해된다. 통계청이 매년 8월 실시하고 있는 '경제활동인구조사 근로 형태별 부가조사'는 비정규직 근로 실태를 잘 보여주는 대표적인 통계이다.

표 11-2에서 볼 수 있는 바와 같이, 근로 형태별 월평균 임금을 보면 2022년의 경우 정규직은 348만 원에 이르고 있으나, 비정규직은 188.1만 원, 시간제를 제외하더라도 261.0만 원으로 각각 정규직의 54.1%, 75.0%에 그치고 있다. 다행히 전년도에 비해 격차는 줄어들고 있으나 여전히 높은 수준이라 하겠다.

 표 11-2 **근로형태별 최근 3개월(6~8월) 월평균 임금**

(단위: 만 원, %, 전년동기대비)

구 분	임금 근로자	정규직	비정규직	시간제 제외	한시적	기간제	비기간제	시간제	비전형
'21.6~8월 평균	273.4	333.6	176.9	242.7	187.1	188.8	175.1	91.6	196.7
'22.6~8월 평균	288.0	348.0	188.1	261.0	199.0	201.8	178.9	99.9	207.4
증감 (증감률)	14.6 (5.3)	14.4 (4.3)	11.2 (6.3)	18.3 (7.5)	11.9 (6.4)	13.0 (6.9)	3.8 (2.2)	8.3 (9.1)	10.7 (5.4)

* 출처: '2022년 8월 경제활동인구조사 부가조사 근로형태별 부가조사 결과', 통계청 보도자료, 2022.10.25.

또한, 대표적인 사회안전망이라 할 수 있는 사회보험 가입률을 살펴보면, 표 11-3이 보여주는 바와 같이, 정규직의 경우 고용보험, 건강보험, 국민연금 모두 90% 전후의 가입률을 나타내고 있으나, 비정규직의 경우 고용보험, 건강보험은 50% 대, 국민연금은 38% 수준을 나타내고 있어 큰 격차를 나타내고 있다.

특히, 시간제 근로자와 비전형 근로자는 비정규직 내에서도 현저히 낮은 가입률을 나타내고 있다. 다만, 고용보험의 경우 주 15시간 미만 근로자는 적용 대상에서 제외하고 있으므로 낮게 나타날 수밖에 없는 제도적 요인도 있다는 점을 참고할 필요가 있겠다.

 표 11-3

근로 형태별 사회보험 가입률

(단위: %, %p, 전년동월대비)

구 분	2021. 8.			2022. 8.					
	국민 연금[1)2)]	건강 보험[1)]	고용 보험[3)]	국민 연금[1)2)]	증감	건강 보험[1)]	증감	고용 보험[3)]	증감
<임금근로자>	69.4	77.0	75.2	70.0	0.6	78.5	1.5	77.0	1.8
◦ 정규직	88.8	93.6	90.9	89.1	0.3	94.5	0.9	92.2	1.3
◦ 비정규직	38.4	50.3	52.6	38.3	-0.1	51.7	1.4	54.0	1.4
- 한시적	50.1	65.2	62.0	48.1	-2.0	65.2	0.0	60.5	-1.5
· 기간제	53.0	69.1	64.4	50.9	-2.1	68.7	-0.4	62.1	-2.3
· 비기간제	28.9	37.7	44.5	28.1	-0.8	40.5	2.8	48.6	4.1
- 시간제	21.0	29.5	31.3	19.9	-1.1	29.6	0.1	32.1	0.8
- 비전형	17.7	31.1	43.8	18.3	0.6	33.1	2.0	49.5	5.7

1) 직장가입자만 집계(지역가입자, 수급권자 및 피부양자는 제외)
2) 공무원, 군인, 사립학교 교직원, 별정우체국법이 정하는 연금 등 특수직역 연금 포함
3) 공무원, 사립학교 교직원, 별정우체국 직원은 응답대상에서 제외
* 출처: '2022년 8월 경제활동인구조사 부가조사 근로형태별 부가조사 결과', 통계청 보도자료, 2022.10.25.

주요 근로조건을 구성하는 퇴직급여, 상여금, 시간외 수당, 유급휴일(휴가) 등과 같은 근로복지 제도에서도 정규직과 비정규직의 차이는 크게 나타난다. 표 11-4가 보여주는 바와 같이, 전반적으로 정규직에 비해 50% 미만의 비율로 근로복지 제도를 적용받는 것으로 나타나고 있다.

이렇게 비정규직 수혜율이 낮게 나타나는 배경에는 제도적 요인도 작용하고 있으므로 유념할 필요가 있다. 예를 들어, 퇴직급여는 1년 이상 근속자를 대상으로 하고 있어서 1년 미만 근속자는 적용 여지가 없다. 이러한 제도가 바람직

한지에 대한 정책적 고민이 필요하다.

 표 11-4

근로형태별 근로복지 수혜률

(단위: %, %p, 전년동월대비)

구 분	2021. 8.				2022. 8.							
	퇴직급여	상여금	시간외수당	유급휴일(휴가)	퇴직급여	증감	상여금	증감	시간외수당	증감	유급휴일(휴가)	증감
<임금근로자>	74.0	67.1	50.6	64.7	74.9	0.9	69.9	2.8	53.0	2.4	66.3	1.6
◦ 정 규 직	93.5	86.7	64.9	83.3	94.0	0.5	88.8	2.1	67.5	2.6	84.5	1.2
◦ 비정규직	42.7	35.7	27.6	35.1	43.0	0.3	38.5	2.8	28.9	1.3	35.9	0.8
- 한 시 적	54.6	43.1	34.0	46.9	53.9	-0.7	45.7	2.6	35.0	1.0	47.0	0.1
· 기 간 제	58.4	45.3	35.9	50.8	56.9	-1.5	47.7	2.4	36.4	0.5	51.1	0.3
· 비기간제	27.4	28.0	20.9	18.7	32.7	5.3	31.3	3.3	25.1	4.2	17.3	-1.4
- 시 간 제	23.8	20.9	14.9	15.9	23.4	-0.4	22.5	1.6	16.3	1.4	14.7	-1.2
- 비 전 형	27.5	23.1	17.2	20.5	28.2	0.7	25.5	2.4	16.5	-0.7	20.8	0.3

* 출처: '2022년 8월 경제활동인구조사 부가조사 근로형태별 부가조사 결과', 통계청 보도자료, 2022.10.25.

이외에도 비정규직은 직무능력 향상을 위한 교육훈련 기회도 많이 부여받지 못하고 있다. 지난 1년간 직업능력 향상 및 개발을 위한 교육·훈련 경험이 있는지 조사를 했을 때 경험이 있다는 응답에 정규직은 55.5%가 답했지만, 비정규직은 34.4%에 그치고 있다. 비정규직은 훈련 시간을 확보하기도 어렵고 훈련받는 동안 발생할 수 있는 생계 불안에 민감하게 반응하고 있다.

외환위기를 거치면서 비정규직 보호가 사회 이슈로 본격화된 이래, 2000년 노사정위원회 '비정규직대책특위' 구성을 시작으로 비정규직을 대상으로 하는 수많은 정책이 추진되었다. 큰 틀에서 보면 세 가지 방향의 정책 흐름으로 정리해 볼 수 있겠다.

첫째, '비정규직을 법적으로 보호하기 위한 입법 정책'이 노무현 정부에서 추진되었으며, 그 결과물로 '비정규직 보호입법'으로 불렸던 「기간제 및 단시간근로자

보호 등에 관한 법률」, 「파견근로자 보호 등에 관한 법률」, 「노동위원회법」 등 세 가지 법률이 2006년 국회를 통과하고 2007년 7월 1일부터 단계적으로 시행되었다.

이들 법안에서는 1) 비정규직에 대한 불합리한 차별 처우 금지 및 노동위원회를 통한 시정 절차 도입, 2) 기간제근로자 사용기한을 2년으로 제한하고 2년 초과 시 정규직으로 전환, 3) 불법파견에 대한 제재 강화 및 파견근로자 보호 확대 등이 포함되었다. 이들 법안은 도입과 시행과정에서 많은 사회적 논란을 초래했지만, 결과적으로 비정규직 남용을 제어하고 비정규직 보호를 위한 제도적 장치를 강화하여 비정규직 급증을 막는 데 기여한 것으로 평가할 수 있다(노동부, 2007).

두 번째 정책 흐름은 '공공부문 비정규직의 정규직 전환' 이슈이다. 비정규직 문제에 있어서 공공부문이 솔선수범해야 한다는 인식은 사회적인 공감대를 형성하고 있어서 정권에 관계없이 공공부문 비정규직 대책은 추진되었다. 노무현 정부에서 2004년 '공공부문 비정규직 대책'을 처음으로 발표한 이래, 이명박 정부도 2011년 9월 '비정규직 종합대책'을 발표하고 곧이어 11월에는 '공공부문 비정규직 고용개선대책'[2]을 발표하여 본격적으로 공공부문에서도 비정규직에 대한 대책을 추진하였다. 박근혜 정부도 2014년과 2016년에 관련 대책을 발표한 바 있다.

노무현 정부에서 박근혜 정부에 이르기까지 공공부문 비정규 대책은 큰 틀에서 유사한 방향성을 지니고 있다. 즉, 노무현 정부에서 제시한 바와 같이 기본 방향은 비정규직 업무를 분석하여 공무원이 담당해야 할 일이라면 '공무원화', 공무원 업무가 아니더라도 상시·지속적인 업무는 '상용직화'를 추진하겠다는 방침을 설정하면서 동시에 비정규직의 처우 개선, 정규직과의 차별 시정 등을 추진하였다.[3] 다만, 정책 추진의 의지와 강도에 있어서는 진보 정부와 보수 정부 간 명백한 차이를 보여 왔다.

---

2 핵심 내용은 1) 공공부문 비정규직 업무 중 상시·지속적인 업무는 무기계약직으로 전환, 2) 복지포인트, 상여금 등 처우 개선, 3) 청소용역 등 외주근로자 근로조건 개선 등이 포함되었다.
3 노무현 정부에서 박근혜 정부에 이르기까지 주요 비정규직 대책 내용 및 평가에 대한 자세한 내용은 '비정규직 대책의 현황과 과제'(김근주 외, 2017)에 잘 정리되어 있다.

한편, 문재인 정부는 지금까지 정부 중 가장 강력하게 공공부문 정규직화 정책을 실행에 옮긴 정권으로 평가된다. 취임 직후 첫 공식 외부 일정으로 인천공항공사를 방문하면서 '공공부문 비정규직 제로시대'를 선언하였고, 2017년 7월과 10월 공공부문 비정규직 실태조사 및 전환 로드맵을 발표하면서 5년간 20만 명을 정규직으로 전환하겠다는 목표를 설정하고 강력하게 추진하였다.

세 번째 정책 흐름은 비정규직에 대한 사회안전망 확충, 처우 개선, 능력개발 기회 확대 등을 포함한 '일자리의 질 개선'과 관련되어 있다. 비정규직 일자리가 상대적으로 열악한 근로조건에 처해 있고 사회안전망에서도 소외되어 있다는 문제인식에는 사회적 공감대가 형성되어 있어서 역대 모든 정부에서 지속해서 추진해 온 정책이다.

사업장 내에서 합리적 이유 없이 정규직과 차등적으로 비정규직에게 임금, 근로복지, 인사시스템 등을 운영하는 경우, 고용 형태에 따른 차별에 해당되어 벌칙과 함께 시정지시를 할 수 있는 제도를 갖추고 있으나 활용도는 높지 못한 실정이다.

아울러, 고용보험 등 사회안전망 제도와 정부 정책 차원에서 시행되고 있는 직업훈련 등 일자리사업에 있어서도 현실적으로 비정규직의 참여와 수혜가 어려운 현실적인 한계에 처해 있으므로 그간 비정규직에 특화된 훈련 프로그램을 만들거나 사회보험료 지원사업(두루누리사업)을 운영하는 등 다양한 정책 수단을 발전시켜 오고 있다.

전반적으로 비정규직 고용 여건은 과거에 비해 조금씩 개선되는 추세를 보이고 있지만, 더 나은 비정규직 고용대책을 위해서는 몇 가지 고민해야 할 대목이 있다.

먼저 정책 대상으로서 비정규직이라는 개념을 계속 유지할 필요가 있는지 검토가 필요하다. 국제적으로도 비정규직이라는 통일된 개념이 없는 것에서 알 수 있다시피, 현재 우리가 비정규직의 범주에 포함하고 있는 한시적 근로자, 시간제 근로자, 비전형 근로자를 비정규직이라는 하나의 카테고리에 묶어서 고민하는 것이 적절한지 검토해야 한다.

특히, 시간제근로의 경우 자발적 시간제 근로자가 늘어나고 있는 현상도 주목하면서, 시간제 근로자가 곧바로 취약계층일 것이라는 생각은 맞지 않을 수 있다. 또한, IT 분야 MZ세대는 오히려 평생직장을 거부하고 이직을 통한 연봉

상승 등을 추구하는 새로운 경향도 나타나고 있으므로 한시적 근로자라는 카테고리도 내부적으로 분화되는 현상이 나타나고 있다는 점을 고려해야 한다.

비정규직이라는 용어가 취약한 일자리를 통칭하는 개념으로 받아들이는 사회적 인식이 유지되고 있으므로 비정규직이라는 용어로 대책을 내는 경우 정책 색깔이 비정규직 '보호' 중심으로 구성될 수밖에 없다는 현실도 고려할 필요가 있다.

또한, 새롭게 등장하고 있는 플랫폼종사자를 비롯하여 프리랜서, 영세자영업자, 저소득 중소기업 정규직 등의 경우 현실적으로 취약한 고용 형태에 가깝지만, 이들은 비정규직 범주에는 들어오지 않는다는 점도 고민이 되는 대목이다.

둘째, **통계적 착시현상을 조심해야** 한다. 비정규직이 늘어나더라도 그 의미가 과거와는 다를 수 있다는 점을 고려해야 한다. 대표적으로, 비정규직 근로는 정규직을 구할 수 없어서 어쩔 수 없이 선택하는 고용형태라는 선입견이 있으나, 최근 통계를 보면 비정규직 근로자의 일자리 형태 선택 동기가 '자발적 사유'인 비율이 2021년 기준 59.9%에 이를 정도로 자발성에 기초한 비정규직 비율이 높다.

개인적 필요에 따라 전일제 근로에서 시간제근로로 전환하거나 육아 목적 또는 고령으로 인한 자발적 시간제근로는 사회적으로 장려해야 하지만, 통계상으로는 비정규직 증가라는 결과로 이어질 것이다.

유사하게, 근로 방식의 다양화에 따라 S/W 개발자와 같은 IT 직종 근로자는 무기계약직이 아닌 프로젝트 단위나 기간제 계약을 선호하는 현상이 나타나고 있는데, 이러한 결과도 비정규직 증가로 귀결될 수 있다는 점 등도 과거와는 달라지고 있는 노동시장 현상이다.

이러한 미시적 변화는 눈감은 채 비정규직 전체 규모를 중심으로 현상을 판단하다 보면 큰 오류가 발생할 수 있으니 비정규직 실태에 대한 더 세밀한 분석과 이에 기초한 정책 개발이 필요하다.

셋째, **기존 제도가 비정규직에 적합하게 설계되었는지 검토가** 필요하다. 노동법이나 고용보험의 여러 제도는 은연중에 제조업 정규직 근로자를 염두에 두고 설계된 측면이 있다. 그렇다 보니 비정규직 입장에서는 제도는 있지만 실질적으로 소외되는 사례가 많이 발생하고 있다.

두 가지만 예를 들자면, 먼저 근로기준법상 퇴직 급여 제도는 1년 이상 계속 근로하는 경우를 최소한의 요건으로 계속 근무년수에 30일분의 평균임금을 곱하여 퇴직 급여로 주도록 정하고 있다. 노후보장이라는 퇴직급여의 목적을 생각해 보면 1년 미만 단기 근로 계약자가 오히려 퇴직급여 혜택이 필요할 텐데 이들은 제도적으로 배제되는 것이다. 이는 오히려 단기 근로를 남용할 요인을 제도적으로 제공하고 있는 것이므로 대안을 모색할 필요가 있다.

유사하게, 주 15시간 미만 근로자(초단시간 근로자)는 여러 제도로부터 소외되고 있다. 고용보험의 적용 제외 대상일 뿐만 아니라, 퇴직금, 주휴일, 연차수당 제도로부터 모두 배제되어 있다. 요즘에는 청년들을 중심으로 여러 개의 단시간 일자리 근무를 선호하는 현상도 있다. 전체 근로시간을 합치면 전일제 근로자와 크게 차이가 나지 않더라도 전일제 근로자만큼 사회안전망이나 근로자 보호제도의 혜택을 받지 못하는 것이다. 이러한 현상들이 합리적인지 진지한 고민이 필요하다.

2. 대기업 vs. 중소기업

대기업과 중소기업의 격차는 여러 부문에서 발생하지만, 일자리의 질적 측면에서 중요도가 큰 임금과 고용안정 측면에서 살펴보면 다음과 같다. 먼저 임금의 경우 그림 11-2에서 볼 수 있는 바와 같이 1999년에는 중소기업의 평균임금이 대기업 평균임금의 71.7%이었으나 2015년에 53.1%까지 하락하다가 최근에는 다소간 상승하여 2019년 기준으로는 59.4%에 이르고 있다.4 외국과 비교해 보더라도 EU 75.7%, 일본 68.3%로 우리나라의 격차가 큰 편이다.

또한, 기업의 고용안정성을 보여주는 근속기간을 살펴보더라도 500인 이상 대규모 기업의 경우 평균 근속기간이 10.7년에 달하고 있지만, 500인 미만 기업은 6년에 불과하며, 특히 5~9인 기업의 경우 5년에 불과해 500인 이상 기업의 절반

---

4 동 분석은 5인 이상 사업장을 대상으로 하는 고용노동부의 '고용형태별 근로실태조사'를 토대로 하였으며, 따라서 5인 미만 중소기업의 평균임금을 포함한다면 실제 격차는 더 커질 것으로 보인다. 5인 미만 사업장까지 포함하는 통계청의 2020년 임금근로 일자리 소득(보수) 조사 결과를 보면 중소기업의 평균소득이 259만 원으로 대기업 평균소득 529만 원의 50%에도 미치지 못하고 있다.

그림 11-2

대기업 대비 중소기업 평균임금 비중 추이

(단위: %)

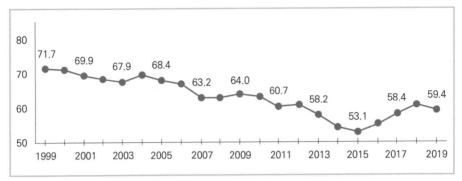

* 출처: '대-중소기업 간 노동시장 격차 변화 분석(1999~2019)', 노민선, 중소기업연구원, 2021.

수준에도 미치지 못하고 있다. 그만큼 중소기업 근로자의 이직이 자주 발생하고 고용안정성이 떨어짐을 보여주는 통계 결과라 하겠다. 표 11-5는 기업 규모별로 근로자의 평균 연령과 근속기간을 제조업과 서비스업으로 나눠서 세부적으로 보여주고 있다.

 표 11-5

기업 규모별 평균 연령 및 근속기간

(단위: 세, 년)

구 분	전체		제조업		서비스업	
	연령	근속기간	연령	근속기간	연령	근속기간
5~499인	43.1	6.0	42.6	6.2	43.1	5.9
(5~9인)	(44.5)	(5.0)	(45.4)	(5.1)	(43.8)	(4.9)
(10~99인)	(43.4)	(5.7)	(42.8)	(5.6)	(43.4)	(5.8)
(100~499인)	(41.4)	(7.6)	(40.2)	(8.4)	(41.9)	(7.1)
500인 이상	39.5	10.7	39.9	14.3	39.2	8.4
전 체	42.6	6.7	42.1	7.7	42.6	6.2

* 출처: '대-중소기업 간 노동시장 격차 변화 분석(1999~2019)', 노민선, 중소벤처기업연구원, 2021.

2019년 기준으로 우리나라 영리법인이 거둔 총 220조 원의 영업이익 중에서 대기업이 무려 57%를 차지한 반면, 전체 기업 중 99%가 포진해 있는 중소기업은 전체 영업이익의 25%만 차지하고 있다. 이러한 구조하에서는 중소기업의 임금 지불 능력이 떨어질 수밖에 없으므로 임금 인상에 구조적으로 어려움을 겪게 된다. 대기업과 중소기업이 동반 성장할 수 있도록 경제·산업정책과 공정거래 측면에서 기존보다 더 강한 정책대안 마련이 시급하다.

이러한 기업 규모에 따른 근로조건의 격차는 노동정책뿐만 아니라 고용정책 차원에서도 양질의 일자리 창출이라는 관점에서 더 적극적인 정책 대응이 필요하다. 먼저, 중소기업 근로자에게 더 직접적인 근로 인센티브를 제공하는 방안을 고민할 필요가 있다. 이와 가장 가까운 취지를 반영하여 대규모로 시행된 사업이 바로 '청년내일채움공제'사업이다.

이 사업은 청년들의 중소기업 취업과 장기근속을 유도하는 한편, 중소기업 장기근속 청년들의 자산 형성에도 직접적으로 기여할 수 있도록 설계되었다. 최초 설계 시에는 중소기업에 신규 취업하여 3년간 근무하면 3년 후에 3천만 원을 받을 수 있도록 함에 따라 청년들로부터 폭발적인 인기를 얻었다.

물론 재정 소요도 수조 원에 이르러 재정 부담이 큰 사업이기도 했다. 아마도 근로자에 직접 임금보조 성격의 자산 형성을 지원한 가장 규모가 큰 사업으로 기록될 것 같다. 이 사업의 효과와 한계에 대해서는 좀 더 엄밀하게 분석해서 향후 유사한 근로자 직접 지원사업 설계 시 참고할 필요가 있겠다.

사실 그간 근로자에게 직접 임금을 보조하는 방식의 근로 인센티브 사업은 여러 가지 우려 때문에 도입이 좌절되곤 하였다. 가장 큰 문제는 기존 근로자와의 '형평성'이다. 중소기업에 이미 취업해서 잘 다니고 있는 근로자를 지원 대상에서 배제하는 경우 임금 역전 현상이 발생하여 불만이 나올 가능성이 크다. 그렇다고 모든 중소기업 근로자에게 근로 인센티브를 준다는 것은 재원 마련 측면에서 거의 실현불가능한 방법이라 할 것이다.

다른 측면으로는 '강제 근로'의 폐해가 발생할 소지가 생긴다는 점이다. 일정 기간 근속을 조건으로 지원금을 주다 보니 지원금을 받기 위해 원하지 않는 일자리를 지속하는 상황에 놓일 수 있다. 물론 지원금을 포기하면 되므로 법상 문제가 되지는 않겠지만 근로자의 불만 요인이 될 수 있으며, 일부 사업주의 경우 이러한 상황을 악용하여 지원 대상 근로자에게 과도한 업무를 부과하는 등의 문제가 발생하기도 한다. 이러한 문제점을 잘 감안하여 어떤 그룹을 대상으로 직접 지원방식의 근로 인센티브를 부여할 것인지 결정할 필요가 있다.

다른 정책대안으로는 '근로장려세제'를 적극적으로 활용하는 방법이 있다. 저소득층의 일을 통한 복지를 지원하는 차원에서 도입된 근로장려세제는 근로자에게 직접 근로장려금을 주는 방식이므로 근로 인센티브로 강력하게 작용할 수 있다. 다만 현 근로장려세제는 최저임금 수준의 전일제 근로자에게는 실효성이 떨어지도록 설계되어 있고, 단시간근로를 제공하는 단독가구주가 혜택을 많이 받게 되는 결과를 초래하고 있으므로 정책 대상과 목표에 대해서는 근본적인 고민이 필요한 시점이다.

아울러, '최저임금' 제도도 대기업과 중소기업 간 임금 격차 해소에 도움이 될 수 있다. 그러나, 문재인 정부에서 경험한 바와 같이, 사업주의 지불 능력에 대한 고민 없이 최저임금 인상 폭을 과도하게 높이는 경우에는 영세사업주 반발을 포함한 여러 가지 문제점에 직면하게 되므로 더 세밀한 정책적 접근이 필요하다. 특히, 우리나라처럼 호봉제가 여전히 많이 활용되는 상황에서, 최저임금 인상은 연쇄적으로 호봉 전반에 걸쳐 임금 상승을 초래할 가능성이 크다는 점도 고려할 필요가 있다.

이외에 대기업과 중소기업 간 격차 해소를 위해 고용정책에서 강화할 필요가 있는 사업으로 중소기업의 '고용환경 개선사업'을 들 수 있다. 중소기업에 대한 불만족 요인 중에는 열악한 근로환경이 빠지지 않고 등장한다. 대표적으로 교통 인프라, 기숙사, 어린이집, 휴게시설, 문화복지시설 등에 대한 개선 요구가 지속해서 발생하고 있다. 중앙정부와 지자체가 같이 협력하여 이러한 요구에 좀 더 적극적으로 대응한다면 중소기업 근로자의 직장 만족도는 더 올라가고 근속기간도 더 길어지지 않을까 기대된다.

3. 근로 빈곤의 고착화

근로 빈곤의 실태

경제 양극화의 결과로 나타나는 대표적인 양상 중 하나가 근로 빈곤의 심화이다. 우리나라는 경제 발전에 따라 절대적 빈곤[5]은 대폭 감소하였지만, 상대적 빈곤층은 여전히 적지 않은 실정이다. 특히, 일하면서도 빈곤에서 벗어날 수 없는 근로 빈곤의 문제는 우리 사회가 해결해야 할 우선적인 과제 중 하나이다.

무엇보다 빈곤층의 '규모'와 '이동성'의 측면에 주목할 필요가 있다. 사회 통합을 위해서는 빈곤층의 절대적인 규모를 줄여가는 노력과 함께, 계층 간의 이동성 확보도 필수적인 요건이라 할 수 있다. 소득 격차의 심화 자체도 문제이지만 소득계층 간 상향 이동이 어려워지면 더 큰 사회문제로 연결될 수 있기 때문이다.

 그림 11-3   **계층이동 가능성 '높다' 비율 추이**

(단위: %)

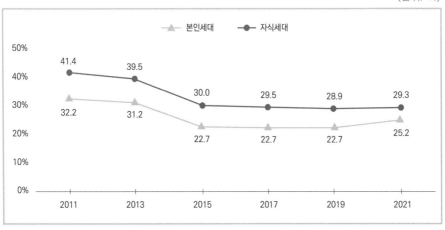

* 출처: '2021년 사회조사 결과', 통계청 보도자료, 2021.11.17.

---

5 절대적 빈곤은 인간이 생존을 위해 최소한 유지되어야 할 생활 수준(빈곤선, poverty line) 아래에 놓인 가구나 개인을 의미한다. 2015년 세계은행이 정한 빈곤선은 하루 1.9달러이다.

우리나라의 산업화 시대에는 소위 '개천에서 용 난다'는 표현처럼 소득계층 이동 측면에서는 상대적으로 활발했던 것으로 인식되고 있다. 그러나, 2000년대에 들어서서는 갈수록 계층이동 가능성에 대한 인식이 악화하고 있다. 2년마다 실시하고 있는 통계청 사회조사의 2021년 결과가 이를 잘 보여주고 있다.

그림 11-3에 나타나 있는 바와 같이, 자식 세대의 계층이동 가능성에 대해 '매우 높다' 또는 '비교적 높다'는 답변을 합친 '높다' 비율이 2011년 41.4%에서 2021년에는 29.3%로, 10년 사이에 무려 12.1%p가 하락한 것을 확인할 수 있다. 특히, 청년층의 경우 계층이동 가능성에 대해서 '높다' 비율이 2013년 53.2%에서 2017년 38.4%로 14.8%p 급락하는 등 계층이동 가능성에 대한 부정적인 인식이 더욱 확산하고 있다(이용관, 2018).

최근 인터넷상에서 많이 등장하는 '금수저 vs. 흙수저', '이생망(이번 생은 망했다)'과 같은 유행어에서도 계층이동에 대한 부정적 인식이 묻어나고 있다. 이러한 인식을 바꿔 나가기 위해 고용정책 차원에서는 어떤 노력을 해야 할지 고민이 깊어지게 된다.

'근로 빈곤'에 대해서는 통용되는 단일한 개념 정의는 없지만, 근로소득이나 사업소득이 있는 가구 중에서 가구원을 고려한 균등화소득이 중위소득 50% 미만인 가구에 속하는 개인을 근로빈곤층으로 볼 수 있겠다. 이와 동시에 '근로능력 빈곤'이라는 개념도 정책적으로 유용하다. 당장 근로소득이나 사업소득은 없더라도 가구원 중에 근로 능력자가 있는 경우가 존재할 수 있으므로 이런 경우를 포괄하는 개념으로 정의할 수 있다(이영욱, 2018).

그림 11-4는 한국복지패널 1~12차 조사를 기초로 근로 빈곤 추이를 정리한 자료이다. 2005년부터 2016년 사이에 전체적으로 근로 빈곤 비율은 12% 전후를 기록하고 있음을 알 수 있으며, 고령층의 근로 빈곤율이 가장 높고 다음으로 장년층이 높게 나타났다. 재산을 고려한 근로 빈곤의 경우 재산축적 시기를 보낸 고령층과 장년층에서 근로 빈곤율이 낮아지는 모습을 확인할 수 있다.

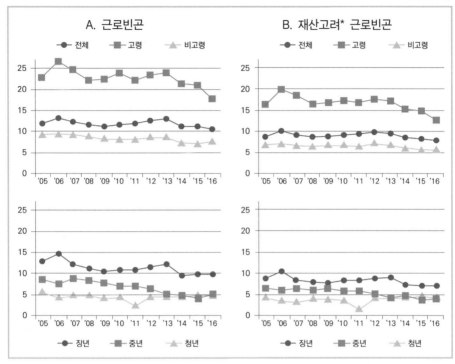

💬 그림 11-4

가구주 연령 구분별 근로빈곤 추이(2005~2016년)

(단위: %)

A. 근로빈곤
● 전체 ■ 고령 ▲ 비고령

B. 재산고려* 근로빈곤
● 전체 ■ 고령 ▲ 비고령

● 장년 ■ 중년 ▲ 청년

● 장년 ■ 중년 ▲ 청년

* 근로빈곤: 근로소득 또는 사업소득이 있는 가구 중 가구 균등화지수로 가구의 가처분소득을 나눈 균등화소득이 중위소득의 50% 미만인 가구에 속하는 개인
* '재산고려' 근로빈곤: 순재산 상위 50%에 속하는 근로빈곤가구를 비빈곤으로 간주한 시나리오의 근로빈곤
* 출처: '근로능력빈곤층에 대한 소득지원정책 개선방안 연구', 이영욱, 한국개발연구원, 2018.

　　다른 한편으로 중위 임금 2/3 미만을 받는 저임금근로자 비율을 살펴보면, 우리나라는 2018년 문재인 정부의 적극적 최저임금 정책 도입 이후 급격히 개선되는 모습을 보인다. 표 11−6에서 볼 수 있는 것처럼, 우리나라의 저임금근로자 비율은 2010년 24.7%에서 2020년 16.0%로 감소했으며 2021년에는 15.6%까지 감소하였다. 이는 2020년 기준 미국 23.8%보다 훨씬 낮으며 독일 17.0%, 영국 18.0%보다도 소폭 낮은 결과이다.

　　다만, 우리나라는 임금근로자가 아닌 자영업자(자영업자＋무급가족종사자)의 비중이 2017년 기준으로 25.4%로 OECD 국가 중 5위에 해당할 만큼 높은 편이며, 상대적으로 임금 수준이 낮은 비정규직 비율도 OECD 국가 중 최상위 수준이므로 저소득 상황에 놓인 취업자는 훨씬 더 늘어날 것이다.[6]

표 11-6   **OECD 주요 국가의 저임금 근로자 비율 추이**

(단위: %)

구 분	1992	2000	2010	2015	2017	2018	2020
덴마크	-	-	7.6	8.2	8.5	8.7	-
일본	16.1	14.6	14.5	13.5	12.3	12.1	10.9
스페인	-	-	10.6	-	-	10.8	8.9
그리스	-	-	12.5	-	-	16.4	14.5
독일	20.8	15.6	18.9	19.3	18.2	17.8	17.0
영국	20.9	20.8	20.7	20.0	19.0	19.0	18.0
한국	22.4	24.6	24.7	23.5	22.3	19.0	16.0
미국	23.2	24.7	25.3	25.0	24.5	24.1	23.8

* 저임금 근로자 비율 = (월임금 중위값의 2/3 미만 임금근로자수 ÷ 전체 임금근로자수) × 100
* 출처: OECD, 「https://stats.oecd.org, Decile ratios of gross earnings」 2022.10.

근로 빈곤 해소 방안

빈곤의 고착화를 막고 국민의 생계 걱정을 덜어 주기 위해서는 촘촘한 사회안전망 구축이 가장 큰 과제이다. 특히, 근로 빈곤 해소를 위해서는 기본적으로 건강, 장애, 연로 등의 이유로 정상적인 근로를 기대하기 어려운 근로 무능력자는 '국민기초생활보장제도'를 통해 기본적인 생활이 가능하도록 지원하는 한편, 근로 능력자는 실질적으로 일할 수 있도록 개인별 취업 애로 요인을 해소하고, 더 나아가 일을 통한 소득계층 상승이 가능하도록 지원해 주는 정책이 필요하다.

아울러, 인구 감소 시대에 접어듦에 따라 재정에 기여하는 인구는 갈수록 줄어드는 반면, 정부가 지원해야 할 인구는 지속해서 늘어나는 어려운 상황이다.

---

6 성재민(2021)은 자영업 일자리가 노동시장 양극화에 미치는 영향을 분석하면서 2000년대 초반 자영업자가 임금근로자보다 소득 우위를 보이던 현상이 2010년대 후반에는 약화되고 있다는 점을 지적하면서, 고용원 없는 자영업자는 평균적으로 상용직보다는 임시·일용직에 가까운 위치로 변화하고 있다는 점을 보여주고 있다.

따라서 '재정의 효율성'과 '충분한 수준의 사회안전망'이라는 두 마리 토끼를 잡기 위한 정책적 고민을 더욱 깊이 있게 해야 한다.

고용을 중심으로 사회안전망을 살펴보면 여러 제도가 포함되어 있다. 먼저 고용에 대한 1차적 사회안전망이라 할 수 있는 고용보험의 '구직급여'가 자리잡고 있고, 고용보험 미가입자나 비경제활동인구 중 구직을 희망하는 경우 구직촉진 수당을 지급하고 취업 지원 서비스를 해 주는 한국형 실업부조라 일컬어지는 '국민취업지원제도'가 2차적 고용안전망 역할을 하고 있다.

동시에 저소득 취약계층의 생계보호를 위해 '국민기초생활보장제도'가 시행되고 있으며, 이 중 근로능력을 지닌 자(조건부 수급자)를 대상으로 자활사업 등 취업 연계 사업을 통해 노동시장 진입을 유도하고 있다. 아울러, 근로 인센티브 시스템으로 근로장려세제(EITC: Earning Income Tax Credit)가 도입되어 일을 통한 복지가 구현될 수 있도록 역할을 하고 있다.

이에 더하여 노인일자리 사업과 같은 재정지원 직접일자리 사업도 결과적으로는 저소득 취업취약계층에게 일자리를 제공하고 소득을 지원하는 역할을 담당하고 있으므로 사회안전망의 한 유형으로 볼 수도 있겠다.

이러한 제도들은 각기 고유한 시대적 배경과 발전 경로를 지니고 있으며 제도의 성숙 정도도 다 제각각이다. 특히, 이들 제도를 관장하는 주무부처가 고용노동부, 보건복지부, 기획재정부 등 여러 부처로 나눠져 있기도 하다. 이러한 상황에서 정부가 직면하게 되는 일차적으로 중요한 과제는 이들 정책 수단을 종합적으로 고려하여 일자리 중심의 사회안전망에 대한 청사진을 마련하는 것이다.

지금까지는 각자의 제도가 타 제도와의 연계에 대한 큰 고민 없이 나름의 발전 경로를 설정하여 변화해 오고 있다. 문제는 제도 간 정합성과 미래 달성하고자 하는 목표에 대한 공감대 없이 이러한 제도별 단독 행보가 지속된다면 재정 소요는 급격히 커져 나가면서도 국민이 실질적으로 체감하는 정책 실효성은 떨어질 가능성이 크다는 점이다. 근로 빈곤 해소라는 측면에서 이 제도들이 어떻게 유기적으로 연계될 필요가 있는지 살펴보도록 하겠다.

첫째, 연간 예산이 약 5조 원에 달하는 '근로장려세제의 실효성'에 대해서는 여러 가지 논란이 지속되고 있다. 근로장려세제는 저소득 근로자의 지속적인 근로 유인을 위해 중요한 역할을 하게 된다. '부(負)의 소득세'라는 별칭이 말해주듯이 근로장려세제는 일정 소득 이하의 근로자에 대해서는 소득세를 걷는 게 아니라 역으로 소득 지원을 해줘서 일자리를 통해 최소한의 생계를 유지할 수 있도록 도와주는 역할을 하게 된다.

이때 가장 중요한 판단은 '누구를 주된 대상으로, 얼마만큼 도와주는 것이 적절한가'에 대한 내용이 될 것이다. 사회적 논의와 실증적 분석이 매우 중요한 영역이다. 그러나 아쉽게도 근로장려세제는 정부 내에서도 부처 간 충분한 논의가 부족한 실정이다. 세제 업무의 특성상 사전에 제도 개편안이 새어나가면 여러 가지 시장 왜곡 현상이 발생할 수가 있기는 하지만, 이를 이유로 부처 간 충분한 사전 논의가 부족하다는 것은 본말이 전도된 것으로 보인다.

실효성 제고를 위해 먼저 '구직급여와 근로장려세제 간 연계'를 고민할 필요가 있다. 구직급여의 보장성이 강화됨에 따라 역설적으로 저소득 구직급여 수급자는 구직급여 수급 기간이 만료될 때까지 취업을 미루는 부작용이 더욱 커질 가능성이 있다. 이를 해결하기 위해 조기재취업수당 제도를 운영하여 구직급여 수급자가 수급 기간 중 조기 취업하도록 유도하고 있으나, 근로장려세제와의 연관성은 부족한 실정이다. 결과적으로 사후에 근로장려금을 받는 경우가 있을 수 있으나 고용센터에서는 수급자가 근로장려금 대상인지 확인할 수도 없으므로 조기 취업에 따른 인센티브로 근로장려금을 활용할 수 없는 상황이다.

재정 운영의 효율성이라는 측면에서 양 제도를 연계할 수 있도록 시스템을 개편하는 작업이 우선될 필요가 있겠고, 더 나아가서는 구직급여 수급자의 조기 재취업 시 근로장려금을 우대하는 방안 등에 대해서도 고민해 볼 여지가 있을 것이다.

또한, 재정지원 직접일자리 사업과 근로장려세제 간 중복 수혜 문제도 재검토할 필요가 있다. 예를 들어, 저소득 노인이 재정지원 직접일자리 사업에 참여하여 근로소득이 발생하는 경우 근로장려세제 지원 요건을 갖추게 되면 근로장려금도 지원받게 되는데, 결과적으로 재정을 통해 이중으로 지원하게 되는 셈이다. 수혜 대상이 저소득 취약계층이므로 두텁게 지원하는 게 맞을 수도 있겠지만 사회적 논의와 공감대가 필요할 것이다.

참고로 노인 일자리 사업은 평균 참여 연령이 70대 중반에 이르고 있으므로 현실적으로 민간 노동시장으로 진입이 어려운 대상인데, 이분들에게 노인 일자리 사업에 참여하는 것을 이유로 근로장려금까지 지원하는 것은 근로장려세제 취지에 부합하지 않는 것으로 보인다.

이외에도 근로장려세제가 타 고용정책과의 연계를 강화하기 위해서는 근로장려금이 1인 가구에 집중되고 있는 문제나 저소득 다자녀 맞벌이 가구는 오히려 역차별받게 되는 등 여러 가지 문제에 대해 심도 있는 논의와 검토가 필요하다.

둘째, '조건부수급자'의 특성을 감안하여 적합한 일자리로 연계하는 정책을 강화할 필요가 있다. 국민기초생활보장제도에 따라 분류되는 '조건부수급자'는 자활사업 참여 등 조건 이행을 전제로 생계급여와 의료급여를 지원해 주고 있다. 조건부수급자의 노동시장 참여를 위해 보건복지부에서 자활사업을 운영하고 있고 고용노동부는 국민취업지원제도를 운영하고 있다.

기본적으로 조건부수급자의 경우 근로능력이 있기 때문에 민간 노동시장에서 일자리를 찾을 수 있도록 도와주는 데 초점을 맞출 필요가 있다. 다만, 이를 위해서는 제도적으로 '일을 통한 복지'가 작동할 수 있도록 보다 과감한 정책 전환이 필요하다.

조건부수급자는 표 11-7의 '자활역량표' 기준에서 볼 수 있는 바와 같이, 건강 상태, 가구 여건, 구직의욕 등이 낮은 경우가 많으므로 개인별 애로 요인을 해소하면서 구직을 지원하는 '개인별 사례 관리'가 매우 중요하다. 이를 위해 고용복지플러스센터가 운영되고 있기도 하지만 현실에서 제 역할을 하기에 충분한 투자와 지원이 이루어지지 못하고 있다. 고용전문가와 복지전문가가 합동으로 지역자원을 최대한 활용하여 개인별 맞춤 대안을 만들어 내는 노력을 적극적으로 지원해야 한다.

또한, 제도상으로도 보완 여지가 있다. 현재 조건부수급자는 생계급여 지원을 받을 때 생계급여 기준액에서 본인의 소득인정액과 근로 참여를 통해 발생한 소득의 70%를 합산한 금액의 차액만큼 받게 된다. 즉, 조건부수급자에 대한 근로 인센티브는 근로소득의 30% 수준인 것이다. 이 정도의 인센티브가 탈수급을 유도할 만큼 의미 있게 작동할 수 있을 것인지 분석과 고민이 필요하다.

낮은 인센티브는 조건부수급자가 수급자격 유지에 더 매달리도록 만들어 장기적으로는 복지비용을 증가시키는 요인으로 작용할 우려도 있다. 이러한 문제를 해결하기 위해서는, 예컨대 청년내일채움공제와 같은 자산 형성 프로그램을 병행하여 지속해서 근로 참여 시 일정 규모(예. 3년 2천만 원)의 자산을 형성할 수 있도록 지원하는 방안을 검토해 볼 수 있겠다.

📖 표 11-7 　　　　　　　　　　　　　　　　　　　　　　　　　　　**자활역량표**

평가항목	등급	점수	세부 기준
연령 (10)	18~35세	10	18~35세(실질적으로 취업가능한 연령)
	36~49세	8	36~49세(취업 및 자활능력유지가 가능한 연령)
	50~55세	6	50~55세(취업 및 자활능력유지가 약화된 연령)
	56세 이상	4	56세 이상(취업가능성이 약화된 연령)
건강상태 (20)	양호	20	건강상태가 양호한 사람
	보통	10	신체적 경질환은 있으나 정신건강상태가 양호하며, 근로활동에 지장이 없는 사람
	보통이하	5	경증 장애인, 비등록장애인, 중증 정신질환 이력자 등
직업이력 (20)	상	20	- 최근 3년내 6월 이상 지속해서 취업 또는 자영업 경험이 있는 사람(공공근로 또는 단순근로형 정부일자리사업 제외) - 최근 1년 이내 시장진입형·인턴도우미형 자활사업에 3년 이상 참여자 - 최근 3년 이내 취득한 자격증(국가기술자격법상)을 소지하고 있는 사람 ※ 실제 종사하는 직종과 직접 관련이 있는 경우이어야 함
	중	10	- 최근 4~5년내 6월이상 지속해서 노동시장 취업 또는 자영업 운영경험이 있는 사람(공공근로·취로사업제외) - 자격증을 소지하고 있으나 실제 종사하는 직종과 직접 관련이 없는 경우 - 문해력 중(글을 읽고, 쓰고 이해하는 수준)
	하	5	- 기타 위 기준에 해당하지 않는 사람 - 문해력 하(글을 읽고, 쓰고 이해하는 수준)
구직 욕구 (20)	상	20	- 취업 의사가 높고 적극적으로 구직활동을 하려는 사람 ※ (예시) 노는 것보다 일하는 것이 낫다고 생각하고, 일자리를 구하기 위해 전력을 다하고 있다고 말하는 사람
	중	10	- 취업의사가 있으나 구체적인 취업계획이 없는 사람
	하	5	- 취업 의사가 낮거나 없고 구직활동을 하지 않으려는 사람
가구 여건 (20)	상	20	- 취업장애요인 없어 근로가 용이한 사람 - 1일 8시간 전일제 근로가 가능한 자 ※ (취업장애요인) 가구원의 질병·부생, 양육·부양 등으로 보육·돌봄 서비스가 필요한 경우, 채무 과다·신용불량, 근로활동과 치료·통원의 병행이 필요한 경우 등

	중	10	- 취업장애요인이 1가지 이상으로 가구여건 개선이 필요한 사람 - 1일 8시간 이하 근로가 가능한 자
	하	5	- 취업장애요인이 3가지 이상으로 근로가 곤란한 사람
재량점수	10		- 향정신성 약물이나 알콜 중독 등 정신질환 보유·치료 이력, 우울증·감정조절장애·편집증 등 정신적 장애요소, 범죄전과 등 근로활동에 영향을 미칠 수 있는 정도를 종합적으로 고려하여 10점내에서 부여

* 출처: '2022 자활사업 안내', 보건복지부, 2022.

아울러, 간과하기 쉬운 영역이 조건부수급자 대상 중 '조건 부과 유예자'이다. 대표적으로, 미취학 자녀를 양육하거나 가족을 간병해야 하는 경우, 대학생(휴학 포함), 장애인 등의 경우 조건 부과가 유예되고 있다. 조건 부과 유예자도 지역 단위의 양육, 간병 등의 서비스와 연계하여 일을 통한 소득 창출이 가능토록 적극적으로 지원방안을 고민해야 한다. 지금까지 조건 부과 유예자는 노동시장 참여 대상이 아니라는 인식하에서 정책을 운영해 온 것은 아닌지 되짚어 볼 필요가 있다.

셋째, 복지 제도 확충에 따라 늘어날 우려가 있는 '복지 함정(welfare trap)'을 해소하기 위한 노력도 확대해야 한다. 근로 인센티브가 충분하지 못하면 복지 수급자는 복지 제도의 틀로 돌아가려는 성향이 크게 나타나므로, 일을 통한 복지가 가능하도록 완전히 민간 노동시장에 정착했다고 판단되는 2~3년 동안은 현재보다 더 파격적인 인센티브를 제공해서라도 민간 일자리로 이행하도록 독려해야 한다. 특히, 조만간 노동력 부족 현상이 본격화되는 시점이므로 과거보다 훨씬 노동력 확보를 위한 정책 마련에 적극적인 대안 마련이 필수적이라 하겠다.

이를 위해서는 현장의 고용서비스 상담원에게 더 많은 재량권을 부여하는 방안을 고민할 필요가 있다. 우리나라 근로 인센티브는 매우 경직적이어서 사전에 지원 요건과 지원 수준을 설정해 놓고 현장 상담 인력은 기계적으로 적용하는 방식으로 운영하고 있다. 모두에게 동일한 방식을 적용하니 민원을 줄이는 효과가 있을 수는 있겠지만 정책의 효과성을 낮추는 역할을 하게 된다.

개개인별로 처한 환경과 여건이 모두 다른데 하나의 인센티브 시스템으로 관리하겠다는 발상은 마치 그리스 신화에 나오는 '프로크루스테스의 침대'를 연상케 한다. 인센티브의 일정 범위 내에서 현장 인력이 가감할 수 있도록 재량을 부여하고 이를 잘 관리하는 방향으로 발상의 전환이 필요하다.

이 경우 인센티브 시스템 변경만으로는 의도한 대로 작동하지 않을 수 있다. 현장 상담 인력도 재량권 활용에 대한 부담이 존재하기 때문이다. 섣불리 재량권을 행사해서 특정인에게 인센티브를 더 주거나 덜 주는 경우 당장 민원이 발생할 걱정을 해야 하고, 추후 감사 등을 통해 지적될 우려가 있어서 가급적 재량권 행사를 기피하는 현상이 현장에 존재하는 것이 현실이다.7

이러한 집행 시의 문제점까지 고려해서 재량권 행사에 따른 부당한 책임 추궁이 발생하지 않으면서 민원 발생이나 감사 우려 등에 대해서는 조직 차원에서 보호 방안을 같이 제시해야 비로소 현장에서 계획한 대로 작동할 것이다.

넷째, 복지 제도 확충 시 '기존 유사 제도와의 정합성'을 고려해야 한다. 예를 들어, '건강보험 요율 체계의 변경'도 노동시장에 미치는 영향이 작지 않다. 특히, 주된 직장에서 퇴직한 고령자의 경우 건강보험 직장가입자에서 지역가입자로 전환됨에 따라 건강보험료 부담이 급증하는 사례가 많다 보니 직장가입자 신분을 유지하기 위해 일자리를 알아보는 경우도 적지 않다.

향후 건강보험료 요율체계가 피부양자 편입 요건을 더욱 엄격하게 제한하는 방향으로 갈 수밖에 없으므로 고령 은퇴자의 건강보험료에 대한 실질적인 부담은 지속해서 커질 전망이다.

사실 이러한 경우는 정책적으로 의도하지 않은 결과이긴 하지만, 현실에서 무시할 수 없는 영향력을 지니고 있다면 더 적극적으로 고령층의 근로 인센티브 수단으로 건강보험 직장 가입 요건과 피부양자 요건을 활용할 수 있겠다는 생각도 든다. 이 또한 노령층의 안정적인 소득 보장이라는 측면에서 매우 중요한 이슈 중의 하나다.

국민기초생활보장제도의 조건부 수급자에 대한 자활사업과 국민취업지원제도는 저소득층 근로 능력자를 대상으로, 궁극적으로 민간 노동시장에서 취업할 수 있도록 지원하는 역할을 한다는 점에서 동일한 목적을 지니고 있다. 또한, 이들은 근로장려세제의 잠재적인 수혜자이기도 하다.

따라서 개인별로 여러 부처의 사업 수혜 현황을 종합적으로 볼 수 있는 '개인별 이력 관리 시스템'을 구축하여 사업 간 시너지를 낼 수 있도록 해야 한다. 각 사업 단

---

7 실업급여 제도 중 '개별 연장급여'는 개인의 특수한 상황을 감안하여 구직급여를 60일까지 연장할 수 있는 제도이지만, 현장의 활용도는 높지 못하다.

위의 전산망은 이미 구축되어 있으므로 전산망 간 연계 작업을 통해 실질적으로 개인별 이력관리 시스템이 작동되도록 준비해야 하겠다.

다섯째, 빈곤의 함정에 빠지지 않도록 사회안전망의 초점도 변화할 필요가 있다. 학교-직장-은퇴의 단선적 경로를 중심으로 짜여진 사회안전망은 로봇과 AI로 인한 일자리 대체, 플랫폼종사자를 비롯한 새로운 고용 형태 확산, 100세 시대 본격화, 라이프 스타일의 다양화 등 여러 가지 새로운 요인을 고려하여 새롭게 구축할 필요가 있다.

전반적으로 살펴보면 지금까지의 고용안전망은 '일자리의 상실'에 따른 사회적 위험에 대응하기 위하여 고용보험과 다양한 고용정책을 설계하고 운영해 왔다고 평가할 수 있다. 대표적으로 고용보험은 실직 이후 재취업 과정에서 생계안정을 유지할 수 있는 구직급여 중심으로 발전해 왔다.

그런데, 플랫폼종사자와 같이 취업과 실업의 경계가 모호해지는 고용 형태도 등장하게 되고, 단시간근로자도 지속해서 늘어나는 등 고용 형태가 과거 상용직·전일제 근로 중심에서 벗어나는 사례가 증가하고 있다. 이러한 변화는 소득의 불안정성을 높여서 빈곤으로 이어질 위험을 초래하므로, 소득의 불안정으로부터 보호해 줄 수 있는 사회적 보호망을 고민할 필요가 커지고 있다.

특히, 최근 코로나19 확산과정에서 정규직 일자리를 갖고 있더라도 심각한 생계 불안에 노출될 수 있다는 사실을 체험하게 되었다. 대표적으로, 항공사나 여행사 등과 같이 출입국 통제로 타격을 받게 되면 정규직이라고 하더라도 할 일이 없게 되고 근로소득은 급감하게 되지만, 언제 다시 업무가 재개될지 알 수 없어서 쉽게 이직할 수도 없다. 이 경우 기존 고용보험으로는 구직급여 대상이 되지 않기 때문에 도움을 받을 수 없다. 이들 업종 근로자는 생계유지를 위해 배달 등 다른 일자리를 병행해야 하는 상황에 놓이기도 했고 갑작스러운 소득 감소에 따른 충격을 이겨내지 못하고 극단적인 선택을 하는 사례도 발생하였다. 이들을 위한 사회안전망은 결코 충분하다고 말하기 어려운 실정이다.

'이행 노동시장 이론'이 시사하고 있는 바와 같이, 생애에 걸친 여러 가지 노동력 상태의 변화에 대응하는 이행과정이 순조롭지 못하면 빈곤으로 추락할 가능성이 커진다. 즉, 개인별로 생애에 걸쳐 다양한 노동력 전환 상황을 겪게 되는데, 개인의 질병, 육아, 간병, 교육훈련, 퇴직 준비와 같은 다양한 생애 이벤트는 노동력을 일자리에만 투여할 수 없도록 제약하게 되며, 이러한 이행과정은 자칫하면 빈곤으로 내몰 수 있는 위험성을 지니고 있다.

현재와 같이 고용에서 실업으로 이행하는 경우에만 작동하는 고용안전망 시스템으로는 이러한 생애에 걸쳐 발생하는 다양한 이행과정에 원활하게 대응할 수 없는 문제가 있는 것이다. 생애에 걸쳐 안정적인 삶을 꾸려 나갈 수 있도록 사회보험을 포함한 사회안전망과 사회복지제도, 교육·훈련 시스템, 조세 시스템을 유기적으로 연계하여 소득 안정성을 높이고 빈곤층으로의 전락을 예방하는 방향으로 재설계할 필요가 있다.

제 12 장

외국인력,
선택이 아닌 필수

앞에서 인구구조의 변화가 가져올 여러 가지 도전적 과제들에 대해 간략히 살펴보았지만, 외국인력 활용 이슈는 향후 그 중요성에 비춰볼 때 집중적으로 고민하고 대안을 마련할 필요가 있어 보인다.

저출생 시대의 지속은 불가피하게 인력 부족을 초래한다. 부분적으로는 IT 기술과 로봇 기술, 공장 자동화 등의 노력과 함께 비경제활동인구의 경제활동 참여 확대, 노동생산성 제고 등으로 대처하겠지만, 이를 통해 전반적인 인력 부족 추세를 막을 만큼 큰 영향력을 발휘할 수 있을 것으로 보이지는 않는다. 내국인으로 더 이상 지속 가능한 성장을 달성할 수 없다면 자연스럽게 정책 수단은 외국인력을 더 쉽게 활용할 수 있는 방안으로 모아질 수밖에 없을 것이다.

외국인력 활용과 관련 우리나라는 몇 가지 특수성을 지니고 있다.

첫째, '남북 분단'과 관련된 이슈이다. 2,600만 명의 인구가 있는 북한의 존재는 외국인력 활용과 관련해서도 외면해서는 안 된다. 최근 남북 간 교류·협력이 얼어붙은 상황이지만, 국제 정세 변화 등에 따라 남북 관계는 얼마든지 개선될 여지가 있다. 우리나라 노동시장에 가장 직접적으로 활용이 가능한 인적자원이 바로 북한에 있다는 사실을 전제로 북한 노동력을 어떻게 활용할 것인지에 대한 고민도 필요하다.

더 큰 틀에서는 북한의 경제 발전을 유도하는 순기능도 발휘하면서 우리나라의 부족한 인력을 채워주는 방향으로 고민해 나갈 필요가 있겠다. 아울러 보다 장기적으로는 남북통일을 염두에 두고 남북한 노동시장 통합에 대한 준비도 병행해 나갈 필요가 있다.[1]

둘째, 우리나라는 미국, 중국, 일본 등을 포함한 여러 나라에 2021년 기준으로 732만 명에 달하는 '재외동포'[2]가 있다. 이 중 외국국적 동포(시민권자)는 481

---

[1] 남북한 노동시장 통합에 대해서는 필자의 저서 '대한민국 일자리, 생각을 바꾸자'(2014)에 자세히 소개되어 있다.

[2] 「재외동포의 출입국과 법적 지위에 관한 법률」(2020.2.4.시행) 제2조(정의)에서 "재외동포"란 다음 각 호의 어느 하나에 해당하는 자를 말함.
  1. 대한민국의 국민으로서 외국의 영주권(永住權)을 취득한 자 또는 영주할 목적으로 외국에 거주하고 있는 자(이하 "재외국민"이라 한다)
  2. 대한민국의 국적을 보유하였던 자(대한민국정부 수립 전에 국외로 이주한 동포를 포함한다) 또는 그 직계비속(直系卑屬)으로서 외국국적을 취득한 자 중 대통령령으로 정하는 자(이하 "외국국적동포"라 한다)

만 명을 차지하고 있으며, 재외국민은 251만 명으로 구성되어 있다. 이들도 우리나라에 대한 애정과 관심이 높은 인구 집단이므로 외국인력에 대한 문호를 확대하기에 앞서 이들 인력을 우선적으로 활용할 수 있는 방안을 고민할 필요가 있다.

셋째, 우리나라는 최근 들어서 증가세가 주춤하고 있지만 2021년 기준 약 17만 명의 '결혼이민자'(혼인귀화자 약 15만 명은 별도)가 있으며, '외국 유학생'의 경우 2021년 기준 약 16만 명이 국내에 체류하고 있다. 이들은 대부분 아시아 국가 소속이며, 결혼이민자의 경우 부모·형제를 우리나라에 초청할 의사를 지닌 경우도 많으므로 정책적으로 고려할 필요가 있겠다. 최근 외국 유학생도 지속해서 늘어나는 추세이므로 이들도 향후 외국인력 활용과 관련해서 적극적인 정책 개발이 필요한 대상으로 보인다.

1. 외국인력에 대한 인식의 전환

무엇보다 우리나라는 외국인력에 대한 개방 수준이 낮은 편이다. 2021년 기준으로 OECD 국가 전체 인구 중 외국 출생 인구가 1억 3,800만 명으로 10.6%의 비중을 차지하고 있다. 외국 출생 인구 1억 3,800만 명의 국가별 분포를 살펴보면 그림 12-1에서 볼 수 있는 것처럼 미국이 32%로 압도적으로 많고, 독일 10%, 영국 7%, 프랑스 6%, 캐나다 6%, 호주·스페인·이탈리아 각 5%를 차지하고 있는 반면, 우리나라는 1%에 불과한 실정이다.

특히, 외국 출생 인구가 전체 인구의 20%를 넘는 국가도 룩셈부르크(48%), 스위스(30%), 호주(29%), 캐나다(21%), 이스라엘·오스트리아·스웨덴(20%) 등에 이르는 상황을 보면 우리나라도 더 적극적으로 외국인력 활용방안을 고민할 필요가 있어 보인다.

그림 12-1

OECD 국가 내 외국 출생 인구* 분포 비율(2021년 기준)

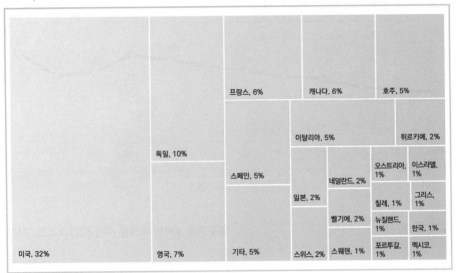

* 외국 출생 인구(foreign-born population): 출생국가로부터 현 거주 국가로 이주한 모든 사람.
* 출처: 'International Migration Outlook, 2022', OECD, 2022. https://doi.org/10.1787/30fe1
  6d2-en

그림 12-2가 보여주는 바와 같이, 국내 체류 외국인은 그간 꾸준히 증가해서 2019년에는 252만 명에 이르렀으나, 코로나19 팬데믹의 영향으로 2021년에는 196만 명까지 감소하였다가 2022년에는 225만 명으로 회복하였다.[3]

국적별로 살펴보면 표 12-1에 나타난 것처럼, 중국(한국계 포함)이 40% 이상을 차지하면서 가장 많으며, 다음으로 베트남, 태국, 미국, 우즈베키스탄 등이 뒤따르고 있다. 미국을 제외하면 주로 출신 국가들이 동남아와 동북아에 편중되어 있음을 알 수 있으며, 특히 유럽, 아프리카, 남미 등의 국가는 20위권 내에 전혀 없는 실정이다.

---

3 국내 90일 초과 상주 체류 중인 외국인 이민자의 규모와 경제활동 실태에 대한 구체적인 내용은 김새봄(2022)을 참고하기 바란다.

 그림 12-2

국내 체류 외국인 추이

(단위: 만 명)

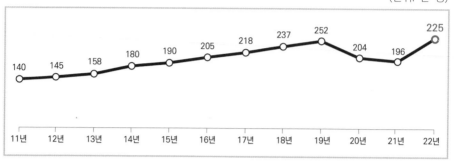

* 출처: 법무부 누리집(www.moj.go.kr) 출입국 통계, 2023.

 표 12-1

국내 체류 외국인 국적별 추이(2021.12.31. 기준)

(단위: 명)

구 분	2017년	2018년	2019년	2020년	2021년
총 계	2,180,498	2,367,607	2,524,656	2,036,075	1,956,781
중 국	1,018,074	1,070,566	1,101,782	894,906	840,193
한국계	679,729	708,082	701,098	647,576	614,665
베트남	169,738	196,633	224,518	211,243	208,740
태국	153,259	197,764	209,909	181,386	171,800
미국	143,568	151,018	156,982	145,580	140,672
우즈베키스탄	62,870	68,433	75,320	65,205	66,677
러시아(연방)	44,851	54,064	61,427	50,410	48,680
필리핀	58,480	60,139	62,398	49,800	46,871
캄보디아	47,105	47,012	47,565	41,405	41,525
몽골	45,744	46,286	48,185	42,511	37,012
네팔	36,627	40,456	42,781	39,743	36,903
인도네시아	45,328	47,366	48,854	36,858	34,188
카자흐스탄	22,322	30,717	34,638	29,278	29,616
일본	53,670	60,878	86,196	26,515	28,093
미얀마	24,902	28,074	29,294	26,412	26,096
캐나다	25,692	25,934	26,789	21,794	22,830
스리랑카	26,916	25,828	25,064	22,466	20,291

(타이완)	36,168	41,306	42,767	19,444	18,554
방글라데시	16,066	16,641	18,340	16,823	16,426
파키스탄	12,697	13,275	13,990	12,842	12,410
인도	11,244	11,945	12,929	10,892	11,542
오스트레일리아	13,008	14,279	15,222	7,913	7,591
키르기스스탄	5,790	6,385	6,618	5,710	6,458
영국	6,727	6,972	7,550	5,871	6,435
기타	99,652	105,636	125,538	71,068	77,178

* 출처: '2021년 12월 출입국·외국인정책 통계월보', 법무부, 2022.

1980년대 말부터 외국인력 도입이 사회적 이슈로 부각된 이래, 우리나라의 외국인력 정책은 큰 틀에서 보면 노동시장 인력수급 문제 해결을 위한 보완적 수단으로 노동력 활용 측면에 초점을 맞춰 정책이 변화해 왔다.

대표적으로 3D 업종을 중심으로 한 인력 부족에 대응하기 위해 1991년 '외국인 산업연수생 제도'를 도입한 이래, 2004년에는 외국인을 근로자 신분으로 정식 도입할 수 있도록 '외국인 고용허가제(E-9 비자)'를 시행하였으며, 2007년 중국과 러시아의 재외동포를 단순 노무에 활용할 수 있도록 '방문취업비자(H-2 비자) 제도'를 도입하였다.

이를 통해 산업 현장의 미숙련 인력에 대한 수요를 해소하는 역할을 하였으나, 본격적으로 인구 정책과 결부되어 인구 감소에 대응하기 위한 종합적인 외국인력 정책에 대한 논의는 본격화되지 못하고 있다.

 참고   **외국인 고용허가제 및 동포 방문취업제 개요**

▌ 사업목적: 내국인을 구하지 못한 중소기업이 정부로부터 고용허가서를 발급받아 합법적으로 비전문 외국인력을 고용할 수 있도록 하는 제도

▌ 사업내용
- 일반 외국인근로자 도입: 고용허가제(E-9)
  • 허용 기업: 중소 제조업(근로자 300인 미만 혹은 자본금 80억 원 이하), 농·축산업, 어업(20톤 미만), 건설업, 서비스업(건설폐기물 처리업 등 9개 업종)

- 도입 대상: 인력송출국(16개국)의 한국어시험 합격자
  - * 외국인근로자는 업종 간 이동 불가능, 사업장 간 이동은 법에서 정한 사유에 한해서 가능하며 최초 3년간 3회, 재고용 1년 10개월간 2회(단, 휴업·폐업 등 사업주 귀책사유는 횟수 불포함)
- 담당 기관: 고용노동부, 법무부, 한국산업인력공단
- 동포 고용: 방문취업제(H-2)
  - 허용 업종: 허용제외 업종이 아닌 경우 모두 허용
    - * 동포는 입국 후 취업하며 업종 간, 사업장 간 이동이 자유로움

* 출처: 2023 한 권으로 통하는 고용노동 정책. (2023년 기준 자료임을 유의)

특히, 외국인력 문제를 담당하는 부처가 출입국을 관리하는 법무부, 외국인 고용허가제를 담당하는 고용노동부, 결혼이민자 사회통합을 담당하는 여성가족부, 외국인 유학생 정책을 관장하는 교육부, 재외동포 교류를 지원하는 외교부 등 여러 부처로 나누어져 있어서 종합적인 대응을 한층 어렵게 하고 있다.

국무총리를 위원장으로 하는 '외국인정책위원회'가 있지만 상설 조직이 아닌 회의체 위원회이므로 외국인정책을 종합적으로 기획하고 운영하는 데에는 한계를 나타내고 있다.

비경제부처인 법무부가 간사 부처로서 외국인 정책 기본계획 수립 등 총괄 역할을 하다 보니, 인구 정책, 고용정책, 사회통합정책 등을 수반하는 복합적인 이슈로서의 특징을 지니는 외국인 정책의 경제적인 측면에는 능동적으로 대응하지 못하는 문제점도 보인다.

최근 '이민청' 설립 논의가 진행되고 있는데, 이 또한, 법무부의 출입국관리 정책 연장선에서 추진되고 있는 것처럼 보여서 우려가 된다. 통합적인 정책 추진을 위해 가장 바람직한 조직 형태가 무엇인지 고민이 필요하며, 통합적인 외국인 정책을 추진할 수 있는 전문인력을 충원해서 장기적인 비전하에 체계적으로 움직일 필요가 있다.

고용정책 측면에서 외국인력 문제를 바라보면 향후 다음의 세 가지 이슈를 중심으로 고민을 진전시킬 필요가 있다. 첫째, 코로나19 팬데믹 상황을 거치면서 우리나라 노동시장에서 단순 기능인력의 경우 외국인 근로자에 대한 의존도가 매

우 심화해 왔음을 다시 한번 깨닫게 되었다.

코로나19 시기에 단순 기능인력으로 역할을 하던 외국인 근로자가 큰 폭으로 감소함에 따라 회복 국면인 2021년 하반기부터는 농·어업을 비롯해서 중소 제조업, 조선업, 음식업 등에서 인력 부족으로 큰 어려움을 겪게 되었다. 향후 전반적인 인구 감소 추세로 노동력이 부족해지는 상황이 예상되므로 상시적인 구인난을 겪고 있는 업종의 단순 기능인력은 내국인으로 충당하기 어려울 전망이다. 게다가 간병 등 사회복지서비스 인력의 수요도 늘어나고 있으므로 구인 난은 더욱 악화되기 쉬운 상황이다.

이러한 모든 상황을 종합해 볼 때, 이제는 외국인 고용허가제와 방문취업비자 제도 개선과 더불어 적극적 이민정책도 고려해야 할 시기로 보인다.4 다만, 적극적 이민정책은 외국인 정주화에 따른 사회통합 비용이 수반되므로 이에 대한 철저한 인식과 사전 준비를 병행하여야 한다.

둘째, 그간 외국인력 문제가 단순 기능인력 확보에 초점이 맞춰지다 보니 상대적으로 '외국인 전문인력'에 대한 관심은 부족했던 측면이 있다. 궁극적으로 산업 경쟁력 강화는 유능한 인력 확보가 뒷받침되지 않으면 사상누각(沙上樓閣)이 되기 쉽다. 세계 여러 나라에서 전문인력에 대해서는 문턱을 낮추고 적극적으로 수용하려는 움직임이 있는 것도 이런 이유에서 비롯된 것이다.

표 12-2에서 확인할 수 있는 바와 같이, 전문인력으로 분류할 수 있는 E-1에서 E-7 비자에 해당하는 외국인 규모를 보면 2021년 12월 기준으로 전체 체류 외국인 196만 명 중 4만 3천 명 수준으로 약 2.2%에 불과한 실정이다.

 표 12-2

국내 체류 외국인 전문인력 현황

(단위: 명)

구 분	2020년 12월	2021년 9월	2021년 12월	전년 대비
총 계	2,036,075	1,982,902	1,956,781	-3.9%
교 수(E-1)	2,053	2,095	2,017	-1.8%
회화지도(E-2)	12,621	13,468	13,403	6.2%

---

4 이규용 외(2020)는 우리나라 외국인력 도입 실태에 대한 분석을 토대로 외국인력 도입 확대를 위한 구체적인 정책 방안을 제시하고 있다.

연 구(E-3)	3,110	3,607	3,638	17.0%
기술지도(E-4)	199	190	177	-11.1%
예술흥행(E-6)	3,011	3,323	3,285	9.1%
특정활동(E-7)	19,534	20,379	20,675	5.8%
전문인력 소계	40,528	43,062	43,195	6.6%

* 출처: '2021년 12월 출입국 · 외국인정책 통계월보', 법무부, 2022.

다행인 것은, 최근 우리나라의 영화, 대중음악, 음식, 스포츠 등 소프트 파워 (soft power)가 커지고 있으므로 전문인력 확보에 우호적인 환경이 조성되고 있다는 사실이다. 이를 잘 활용한다면 세계적인 수준의 전문인력을 우리나라에 유치할 기회가 열릴 수 있을 것이다.

외국인 전문인력이 우리나라에 관심을 갖도록 하기 위해서는 기업 차원의 인재 유치 활동도 필요하지만, 이와 함께 정부 차원의 종합적인 외국인 전문인력 유치를 위한 거주 환경 등 인프라 개선 노력이 절실하다. 외국인 자녀를 위한 교육시설을 비롯해서 외국인의 주거 및 문화, 음식, 종교활동 등을 포함한 종합적인 인프라 개선이 병행되지 않으면 외국인의 한국에 대한 호의적인 관심을 실질적인 이주로 전환하기는 현실적으로 쉽지 않으며, 이러한 노력은 개별 기업 차원에서 감당하기에는 너무 큰 사안이다.

우리나라 미국 유학생 상당수가 현지에 정착하는 현실 등을 잘 분석해서 우리나라 노동시장이 외국인 관점에서 경쟁력이 떨어지는 요인을 잘 분석하고 해결하려는 노력이 필요하다.

사실 지금까지는 정부 차원에서 외국인 전문인력 유치에 적극성을 보이기 어려운 현실적인 요인이 있었다. 무엇보다 청년고용 상황이 계속 어려운 상황에서 양질의 일자리를 외국인 전문인력에게 내주는 것이 국민 정서상 수용하기 어려운 측면이 있었던 것이 사실이다. 그러나, 이미 살펴본 바와 같이 향후 직면할 인구구조 변화의 큰 특징 중의 하나가 청년층 인구의 대폭 감소라는 점을 감안하면 이제는 외국인 전문인력 확보에 좀 더 적극적인 정책을 추진할 시점이 되었다는 판단이 든다.

셋째, 보다 근본적으로는 가속화되는 인구 감소 시대에 대응하여 **외국인 이주**

정책의 대전환이 필요하다. 지금까지는 외국인 이주 확대에 대한 부정적인 인식과 국민의 우려가 적극적인 외국인 이주 확대 정책을 가로막은 측면이 있다. 부정적 인식의 저변에는 외국인 이주 확대가 범죄 등 사회 불안을 자극하게 되고, 내국인의 일자리를 빼앗거나 임금 상승을 저해할 것이라는 우려 등이 자리하고 있다.[5]

이러한 우려도 적극적으로 반영하되, 우리나라 인구구조 변화에 따른 인력수급 불균형 문제를 포함해서 외국인력 정책 방향을 설정할 필요가 있다. 출산율이 세계 최하위에 머물러 있는 상황에서 내국인만으로는 지속가능한 경제성장을 달성하기가 매우 어렵다.

외국인 이민 확대를 포함하여 외국인력 도입 확대는 어쩌면 우리가 피할 수 없는 인구 정책 방향이라는 측면이 있다. 그렇다면 핵심은 어떻게 하면 외국인 이주 확대에 따른 부작용을 최소화하면서 우리나라 국익에 도움이 되도록 외국인 이주 정책을 재설계할 것인가라는 문제로 귀결될 수 있을 것이다.

다른 한편으로, 외국인 이주 문제는 여러 나라가 유사한 고민을 해 온 이슈이므로 외국 사례를 세밀하게 분석해서 우리 실정에 맞는 정책 마련이 필요하다.[6] 외국 사례를 보면 독일과 일본의 사례가 우리나라 입장에서는 가장 참고할만하다(이규용 외, 2015). 두 나라 모두 인구 고령화 문제에 직면하여 이민정책의 변화를 도모했는데, 현재까지는 독일의 포용적 이민정책이 일본의 폐쇄적인 이민정책에 비해 더 나은 정책이라는 평가를 많이 받고 있다. 우리도 이민정책의 갈림길에서 어떤 선택을 해야 할 것인지 고민할 때 참고할 필요가 있다.

2. 북한이탈주민과 북한 인력 활용

북한이탈주민은 아직 그 규모가 우리 사회에 의미 있는 변화를 가져올 수준은 아니지만 향후 남북 관계의 개선, 더 나아가서는 남북통일을 준비한다는 차원에서는 각별한

---

5 이종관(2020)은 2010~2015년 기간 동안 외국인력 유입이 지역 일자리에 미친 영향에 대한 실증 연구를 통하여 외국인력 유입의 내국인 일자리 대체 효과는 미미하고 오히려 내국인 노동시장을 보완하는 효과가 크게 나타남을 보여준다.

6 미국, 영국, 네덜란드, 독일 등을 포함한 세계 각국 이민정책의 역사와 쟁점에 대해서는 Eytan Meyers(2004)를 참고하기 바란다.

관심과 정책적 대응이 필요한 분야이다. 사회주의 체제하에서 생활해온 북한이탈주민이 우리나라의 자본주의 시스템에 적응하기 위해서는 준비과정이 필요하다. 시장경제에 대한 이해도를 높이면서 일자리를 얻고 정상적인 사회생활이 가능하도록 일정 기간 교육·훈련과 관리가 필요하다.

독일이 통일되고 나서 상당 기간 동안 사회 통합을 위해 막대한 비용을 지불할 수밖에 없었던 이유도 체제 간 이질성에 기인한 바가 컸던 것으로 분석된다. 우리도 궁극적으로 통일을 지향하고 있으므로 그 과정을 하나씩 준비하는 노력을 게을리해서는 안 된다.[7]

그림 12-3에서 볼 수 있는 바와 같이, 북한이탈주민은 2000년 이후 점진적으로 증가하여 2009년 2,914명을 정점으로 2012년 이후에는 연간 1천 명 수준으로 줄어드는 추세이다. 특히, 코로나19 팬데믹의 영향권에 있었던 2021년과 2022년은 북·중 국경 통제 등의 영향으로 각각 63명, 67명으로 대폭 감소하였다.

그림 12-3 연도별 북한이탈주민 입국 추이

(단위: 명)

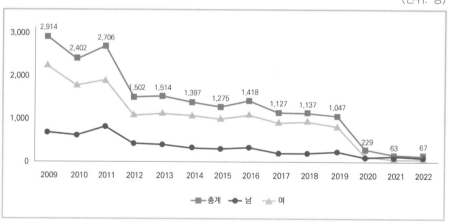

* 출처: '북한이탈주민 입국 인원 현황', 통일부 누리집(unikorea.go.kr), 2023.

지금까지 입국한 북한이탈주민 누계를 살펴보면 2022년까지 약 3만 3천 명 수

---

7 남북한 노동시장 통합과 관련 구체적인 이슈에 대해서는 필자가 쓴 '남북한 노동시장 통합정책에 대한 연구'(2014)를 참고 바란다.

준에 이르고 있다. 성별로 보면 전반적으로 여성 비율이 남성 비율보다 높게 나타나고 있으며, 그 격차가 클 때는 여성이 남성의 5배에 이르기도 했다. 이는 상대적으로 북한 여성의 제3국 체류 여건이 남성보다 덜 까다롭기 때문으로 분석되고 있다. 향후 코로나19로 인한 이동 제한 등이 완화되는 시점에는 다시 북한이탈주민도 점진적으로 늘어날 가능성이 큰 것으로 전망된다.

북한이탈주민의 고용 실태를 남북하나재단이 실시한 '2021 북한이탈주민 정착실태조사'를 중심으로 살펴보면, 그림 12-4가 보여주는 바와 같이, **북한이탈주민의 경제활동참가율, 고용률, 실업률과 같은 전반적인 고용지표가 일반 국민에 비해 소폭 낮게 나타났다.** 특히, 고용률은 2021년의 경우 4.5%p 낮게 나타났으며, 실업률은 2021년 기준으로 3.5%p 높게 나타나고 있어서 상대적으로 고용 취약계층임을 보여주고 있다.

일자리의 질적인 측면을 보면 단순노무직와 서비스직의 비율이 일반 국민보다 약 1.8배 수준으로 높게 나타난 반면, 전문가 및 관련 종사자 비율은 일반 국민의 절반 이하 수준에 머무르고 있다. 또한, 북한이탈주민 2/3는 30인 미만 사업장에 근무하고 있으며, 약 80%가 100인 미만 사업장 근로자로 나타나고 있어서 상대적으로 취약한 일자리에 종사하는 것으로 보인다.

💬 **그림 12-4**   연도별 북한이탈주민 주요 고용지표 추이

(단위: %)

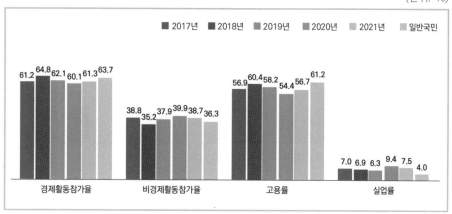

* 출처: '2021 북한이탈주민 정착실태조사', 남북하나재단, 2022.

북한이탈주민의 구직경로를 살펴보면, 약 70% 정도가 대중매체와 지인 추천을 통해 일자리를 구한 것으로 나타나며, 다음으로 민간 취업알선 기관과 남북하나재단·하나센터가 10%대 중반을 나타내고 있다. 다양한 취업 지원 프로그램과 일자리 정보를 보유하고 있는 고용복지플러스센터에도 북한이탈주민 취업보호 담당관으로 지정된 직업상담원이 있지만 아직 역할이 미흡한 실정이다.

공공 고용서비스 기관이 적극적인 역할을 못하는 현실은 취약계층에 대한 공공 고용서비스 우선지원이라는 방향과 어긋나 보인다. 전국적으로 25개 설립된 지역하나센터와 고용복지플러스센터, 그리고 지자체 간 유기적인 협업이 더욱 강화될 필요가 있다. 특히, 북한이탈주민을 대상으로 한 취업 지원 사례는 향후 남북통일이나 남북교류 활성화 단계에서 유용하게 활용될 수 있으므로 체계적으로 정리하고 관리하여 지속적으로 발전시켜 나가야 하겠다.

특기할 만한 점은, 북한이탈주민의 지원 희망 유형을 살펴보면, 그림 12-5가 보여주는 바와 같이, 가장 우선적인 지원 희망 분야로 '취업·창업 지원'을 꼽고 있어서 원하는 일자리를 찾는 데 가장 큰 어려움을 겪고 있다는 사실을 짐작하게 한다. 또 하나 주목해야 할 점은 북한이탈주민의 경우 '건강상 문제'를 지니는 사

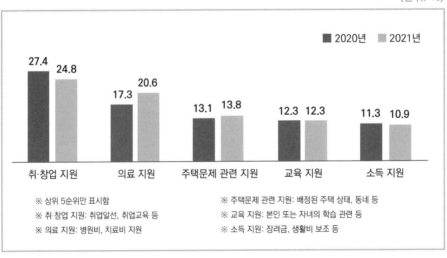

그림 12-5　　　　　　　　　　　　　　　　　　　　　　　　　**북한이탈주민 지원 희망 유형**

(단위: %)

※ 상위 5순위만 표시함
※ 취·창업 지원: 취업알선, 취업교육 등
※ 의료 지원: 병원비, 치료비 지원

※ 주택문제 관련 지원: 배정된 주택 상태, 동네 등
※ 교육 지원: 본인 또는 자녀의 학습 관련 등
※ 소득 지원: 장려금, 생활비 보조 등

* 출처: '2021 북한이탈주민 정착실태조사', 남북하나재단, 2022.

례가 많다는 점이다. 이직 사유 중 20% 이상의 비중을 차지하고 있고, 지원 희망유형에서도 의료지원이 2순위에 있는 점은 모두 이러한 측면을 잘 보여주는 조사 결과이다. 취업 지원의 경우에도 이러한 특성을 감안한 상담과 일자리 알선이 필요해 보인다.

그간 남북한이 둘로 나누어져 대치하고 있는 상황은 우리나라에 위협적인 요인으로 작용해 왔지만 향후 기회 요인으로 활용할 여지가 충분히 있다. 이는 전적으로 우리가 어떻게 준비하느냐에 달려있다고 해도 과언이 아니다. 북한의 풍부한 노동력은 북한의 경제성장과 우리나라의 안정적인 인력수급에도 도움이 될 수 있을 것이고, 궁극적으로 남북통일을 대비한 준비작업이자 통일비용을 줄일 수 있는 현실적인 대안이기도 하다.

북한이탈주민을 단순히 인도주의적인 차원에서 보호 대상으로만 접근하기보다는 우리 민족의 미래를 준비한다는 자세로, 이들이 자본주의 경제 체제하에서 자신들의 능력을 향상시키고 발휘할 수 있도록 고용정책 차원에서도 더욱 적극적인 대응 노력이 필요한 시점이다.

3. 결혼이민자와 외국인 유학생

우리나라에 입국하는 외국인력 중 결혼이민자와 외국인 유학생은 노동을 목적으로 오는 것은 아니지만, 제도 운영에 따라서는 국내 노동력으로 활용할 여지가 충분한 노동 인력으로 분류할 수 있다.

결혼이민자는 그간 꾸준히 증가하여 2006년 9만 4천 명에서 2021년에는 16만 7천 명으로 늘어났으며, 결혼이민자의 국적을 보면 중국이 가장 높고 다음으로 베트남, 일본, 필리핀이 뒤따르고 있다.

그림 12-6에서 볼 수 있는 것처럼, 2011년부터 2019년까지 매년 2만~3만여 건의 다문화 혼인이 성사되고 있으며, 우리나라 전체 결혼에서 차지하는 비중이 10%에 이르고 있다. 다만, 코로나19 영향으로 국제 이동이 제한됨에 따라 다문화 혼인 건수도 2020년과 2021년에는 절반 가까이 줄어든 상황이다.

그림 12-6

다문화 혼인 추이

(단위: 건, %)

* 출처: '2021년 다문화 인구동태 통계', 통계청, 2022.

향후 다문화 혼인 추세에 대한 전망이 쉽지는 않으나, 단기적으로는 코로나 19 회복에 따라 연간 2만 건 이상으로 회복될 것으로 보인다. 중장기적으로는 다양한 변수가 있지만, 표 12−3에서 볼 수 있는 바와 같이, 우리나라 출생성비가 1988년부터 2000년 사이에 대부분 110을 넘어설 정도로 성비 불균형이 심한 모습을 보였다는 점을 감안하면 결혼 적령기 남성의 다문화 혼인 증가 가능성은 그 어느 때보다 커질 수 있을 것으로 보인다.

 표 12-3

출생성비 추이

(단위: 건, %)

구 분	1970	1975	1980	1985	1990	1995	2000
출생성비*	109.5	112.4	105.3	109.4	116.5	113.2	110.2

* 출생성비=(남자출생아/여자출생아)×100
* 출처: '인구동향조사', 통계청, 각년도.

인구 감소 시대 대응 차원에서 다문화 혼인을 적극적으로 지원하고 장려할 것인지 등에 대한 정책적 판단이 필요해 보이며, 더 나아가 결혼이민자와 혼인귀화자의 가족 초청에 대한 규제를 완화하여 국내 노동력으로 활용할 수 있도록 하는 방안도 검토해 볼 만하다. 현재는 결혼이민자의 자녀 양육이나 중증질환·장애 등의 경우에 한정하여 가족 초청이 가능하도록 매우 엄격하게 운영하고 있으나 초청 사유를 완화하면서 계절 근로 이외의 한시적인 일자리(현재는 계절 근로만 가능)에도 참여하는 방안도 검토할 수 있을 것이다.

한편, 표 12-4에서 볼 수 있는 바와 같이, 국내에 체류하고 있는 외국인 유학생 규모는 2004년 1만 명을 돌파한 이래 2019년에는 18만 명에 이를 정도로 급격히 증가하였다. 최근 코로나19 영향으로 소폭 감소하여 16만 명대를 유지하고 있으나 코로나19 회복에 따라 점진적으로 과거 추세선으로 회복할 전망이다.

 표 12-4 　　　　　　　　　　　　　　**연도별 외국인 유학생 체류 현황**

(단위: 명, %)

연 도	2016년	2017년	2018년	2019년	2020년	2020년 12월	2021년 12월
총 계	115,927	135,087	160,671	180,131	153,361	153,361	163,699
유 학(D-2)	76,040	86,875	102,690	118,254	101,810	101,810	111,178
한국어연수(D-4 · 1)	39,873	48,208	57,971	61,867	51,545	51,545	52,506
외국어연수(D-4 · 7)	14	4	10	10	6	6	15
전년대비 증감률	20.3%	16.5%	18.9%	12.1%	-14.9%	-	6.7%

* 출처: '출입국 · 외국인정책 통계 월보', 법무부, 2021. 12.

현재 외국인 유학생에게는 학업과 병행하여 일정 시간 아르바이트를 할 수 있도록 허용하고 있으며, 졸업 후에도 일정 기간 D-10(구직비자)로 전환하여 국내에서 일자리를 찾을 수 있도록 운영하고 있다.

외국인 유학생은 전문인력으로 양성할 수 있는 잠재력을 지닌 경우가 많이 있으므로 일정한 자격 요건을 충족하는 졸업생에게는 향후 국내에서 취업할 기회를 좀 더 확대해 주는 방향으로 제도를 개선할 필요가 있다. 다만, 최근 외국 유학생 증가 배경에는 실질적으로 학업보다는 취업을 통해 돈을 벌어보겠다는 의도가 담긴 경우도 많으므로 합법적인 취업 경로를 우회하는 방식으로 유학을 활용하는 사례에 대해서는 적극적인 단속과 범칙금 부과 등 엄정한 법 집행도 병행할 필요가 있다.

큰 틀에서 봤을 때, 외국인 유학생은 국내 노동력 부족을 일정 부분 메꿔줄 수 있는 훌륭한 인적자원임에는 분명하다. 학업 기간 중 취업에 대해서도 지나치게 규제 중심으로 접근하기보다는 국내 노동시장 상황을 감안하여 탄력적으로 대응할 필요가 있다. 외국인 유학생에 대한 정책을 교육정책이나 출입국정책에만 맡겨 두지 말고 고용정책의 관점에서 적극적으로 개입하는 것이 바람직하다.

제 13 장

고용정책 집행
시스템의 미래

비단 고용정책만의 문제는 아니지만, 우리나라 정책은 지나치게 정책 설계에 치중하는 경향이 있다. 즉, 정책을 잘 설계만 하면 집행은 당연히 계획한 대로 이뤄질 것이라는 생각을 은연중에 전제하고 있는 것이다. 또한, 집행 현장이 정책을 만드는 현장과 괴리되어 있다 보니 현장의 인력 부족이나 민원 발생 등 현장 집행 인력에게 민감한 사안에 대해 정책 기획자는 둔감한 경우가 많다.

특히, 정부의 인력 조정 문제는 정책 설계와 분리되는 문제가 있다 보니 새로운 정책을 만들더라도 즉각적으로 인력이 보충되지 못하는 구조적 문제가 존재한다. 새로운 사업을 만들면 당연히 누군가는 그 업무를 집행해야 하므로 업무량이 늘어나고 추가적인 인력이 필요할 거라고 누구라도 예상할 수 있다.

그러나, 우리나라는 부처 단위에서 인력을 자율적으로 증원하는 것은 매우 어려운 행정 시스템을 유지하고 있다. 정부 조직과 직제를 조정하려면 행정안전부의 통제를 받아야 하며 기획재정부의 예산 심의도 피할 수가 없다. 이 과정을 거치다 보면 적시에 충분한 인력을 확보하는 것은 매우 어려운 일이 되고만다.

하지만 집행 현장은 생각만큼 단순하지 않다.[1] 집행을 담당하는 인력들은 그들 나름의 계산법을 기준으로 주어진 여건하에서 최선을 다하겠지만 동시에 자신들에게 책임이 돌아올 수 있는 문제는 최소화하려고 한다. 오랜 경험을 통해 인력 충원이 적시에 이뤄지지 않는다는 사실을 잘 알고 있으므로 사업 신설이나 변화에 적극성을 기대하기 어려운 측면이 있다.

고용정책의 집행 조직은 다양하다. 고용노동부의 사업만 하더라도 고용복지플러스센터가 가장 주된 역할을 맡지만, 고용노동부의 산하기관인 근로복지공단, 한국산업인력공단, 한국고용정보원, 한국장애인고용공단 등 다양한 기관이 같이 참여하고 있고, 많은 사업이 중장년일자리희망센터, 새일센터 등을 포함하여 민간의 고용서비스 기관에 위탁하는 방식으로 집행되고 있다. 또한, 지방자치단체도 별도의 일자리센터를 두고 알선업무를 수행하고 있기도 하며, 지역의 다양한 민간기관에 위탁하여 사업을 수행하고 있다.

---

1 정책학에서는 1970년대 이후 미국을 중심으로 정책 집행 관련 연구가 활발하게 진행되었다. 정책 집행과정에서 정책이 변형되는 사례를 분석하면서 그 원인을 탐구하는 등 정책 집행 과정에 영향을 미치는 여러 요인을 분석하는 연구가 있다. 자세한 내용은 유훈(2016)을 참고하기 바란다.

이처럼 다양한 집행기관은 각 기관별 규모나 인력의 질적 수준도 천차만별일 뿐만 아니라 고용 형태, 임금 수준, 고용 안정성 등도 다 제각각이다 보니 집행기관을 제대로 관리하는 문제만 하더라도 여러 가지 이슈가 계속 발생할 수밖에 없는 구조이다.

고용정책의 효과성을 높이는 차원에서는 집행과 관련 몇 가지 근본적 고민이 필요하다. 크게 세 가지로 나눠 보면, 첫 번째는 주된 집행 기능을 공공이 담당할지 아니면 민간이 담당토록 할 것인지에 대한 고민이 있다. 두 번째는 다양한 집행기관 간 유기적인 연계를 강화할 방안에 대한 문제 인식이다. 특히, 민간 고용서비스 기관의 역할에 대한 고민과 함께 그 기능을 고도화하는 방안도 연계되어 있다. 세 번째는 IT 기술 발달에 따른 비대면 고용서비스 고도화와 관련된 문제이다. 아래에서 하나씩 살펴보도록 하겠다.

1. 고용서비스 제공 주체

고용서비스 제공 주체에 대한 문제는 국가별로도 다양한 사례가 있다. 크게 이념형(ideal type)으로 구분해 본다면 1) 공무원 조직이 주로 담당, 2) 공공기관(공단)이 주로 담당, 3) 민간 고용서비스 기관이 주로 담당하는 세 가지 유형으로 나눠 볼 수 있겠다.

우리나라는 1번 유형으로 출발했지만 민간 고용서비스 기관 위탁방식을 적극적으로 활용하고 있는 경우로 볼 수 있겠다. 그리고 많은 나라들이 1990년대 이후 적극적으로 민간 위탁을 통해 고용서비스를 제공하는 방식을 확대해 오고 있다 (길현종, 2018).[2]

고용서비스 전달체계는 국민이 고용서비스를 실제 체감할 수 있는 접점이라는 측면에서 그 의미가 크다. 아무리 좋은 정책을 만들더라도 국민이 느낄 수 없다면 실질적으로 영향력을 발휘할 수 없다. 국민은 그렇게 느끼지 못하기 때문이다.

따라서 효율적인 고용서비스 전달체계를 구축하는 것은 정책 효과성을 높이기 위해 반드시 고민해야 할 중요한 과제이기도 하다. '고용서비스를 누가 제공할 것인

---

2 영국, 독일, 호주, 네덜란드 등 주요 국가의 고용서비스 전달체계에 대한 상세한 내용은 오성욱 (2019)을 참고하기 바란다.

가'라는 질문도 결국 '누구에게 맡겨야 고용서비스를 가장 잘 제공할 수 있겠는가'라는 질문이기도 하다.

앞에서 이념형으로 언급했다시피 공무원, 공공기관, 민간기관은 각기 다른 특성과 제약요건에 놓여 있다. 또한, 이러한 특성과 제약요건은 국가 별로도 다르기도 하다. 따라서 좋은 전달체계를 구축하는 방식에는 단 하나의 답만 존재하는 것은 아닐 수도 있다. 더 중요한 것은 각 조직 유형이 지니는 장·단점을 잘 분석해서 최선의 고용서비스 전달체계를 만들어 가는 과정이라 하겠다.

💬 그림 13-1   공공 고용서비스 전달체계[3]

* 출처: '공공고용서비스 전달체계의 관리위험과 감사시사점', 이혜승, 감사원 감사연구원, 2020.

그림 13-1에 나타난 바와 같이, 우리나라의 공공 고용서비스는 고용복지플러스

---

3 그림 13-1에 기술된 공공 고용서비스 기관의 숫자는 매년 변화하고 있으므로 세부 숫자에 의미를 두기 보다는 전체적인 구성에 초점을 맞춰 공공 고용서비스 전달체계를 이해하는 것이 적절하다.

센터를 중심으로 주요 취약계층의 특성에 대응하여 다양한 고용서비스 기관이 구축되어 있다. 아울러, 민간에서도 많은 기관이 고용서비스를 제공하고 있다.

고용서비스 제공 주체와 관련해서는 그간 가장 많은 논쟁이 고용복지플러스센터를 공무원 조직에 둘 것인지 아니면 공공기관으로 전환할 것인지 하는 이슈와 관련해서 발생하였다. 대표적으로, 고용복지플러스센터는 4대 사회보험 중 하나인 고용보험의 집행을 담당하고 있으므로 타 사회보험 담당 기관처럼 공공기관으로 전환하는 것이 효율적이라는 주장이 제기되어 왔다.

유사한 맥락에서, 고용노동부의 지방조직이 전통적으로 전형적인 규제행정인 근로감독과 노사관계 관리, 산업재해 예방을 중심으로 운영되어왔으므로, 급부행정 성격이 큰 고용서비스 업무를 고용노동부의 지방조직에서 담당하는 게 시너지를 발생할 수 있을지 의문을 제기하기도 한다. 특히, 공무원 조직의 경우 순환보직을 할 수밖에 없다 보니 근로감독관이 고용서비스를 제공하는 상황도 발생할 수밖에 없고 이러한 요인은 전문성 축적에 장애가 된다는 주장도 있다.

고용복지플러스센터의 조직 성격을 바꾸는 문제는 여러 가지 민감한 요인이 많이 있지만, 더 나은 고용서비스 제공 환경을 구축한다는 차원에서 공공기관(공단)으로 전환하는 방안이 좋은 선택이 될 수 있다고 판단한다.

첫째, 무엇보다 '전문성 강화'라는 측면에서 고용서비스를 전담하는 기관으로의 변화가 좋은 전환점이 될 수 있다. 무엇보다 현재와 같은 공무원 조직 틀 속에서는 순환보직이 전문성을 높이는 데 장애요인으로 작용할 수밖에 없다.

특히 더 심각한 점은 고용복지플러스센터를 이끌어 가는 소장을 비롯한 간부직원들은 고용분야 근무경험이 적은 일반행정직이 주로 맡게 되다 보니 고용서비스의 혁신을 주도하기 어렵다는 점이다. 아울러, 일반적으로 공공기관의 경우 공무원 조직에 비하여 직무 중심 인사관리와 성과관리 시스템 구축이 용이한 측면이 있다는 점도 전문성 강화에 유리한 여건이라는 측면도 감안할 필요가 있다.

둘째, 공공기관으로 전환해서 신분을 일원화하는 방안이 '조직 통합'을 위해서도 바람직할 것으로 보인다. 고용복지플러스센터 구성원의 신분을 보면 매우 다양하다. 소장과 과장급 등 사무관 이상 간부는 일반행정직 공무원이 주로 배치되어 있고, 팀장급은 일반행정직과 직업상담직 공무원이 같이 담당하고 있으며, 팀원들은 직업상담직 공무원을 중심으로 일반행정직 공무원, 무기계약직 직업상담원, 기간제 직업상담원 등이 섞여 있는 복잡한 구조를 보인다. 유사한 업무를 수행하고 있으면서도 이렇게 다양한 신분을 보이는 것은 정상적인 조직으로 이해하기 어려운 측면이 있다.

셋째, '조직 운영의 탄력성 제고'라는 측면에서도 공무원 조직보다는 공공기관으로 전환하는 것이 바람직해 보인다. 공무원 조직의 경우 관련 법령에 따라 직제 개편이나 인력 증원 등이 쉽지 않다. 고용서비스와 같이 지속해서 정책 수요가 늘어나는 분야의 경우 사업 확대가 불가피한 측면이 있음에도 불구하고 공무원 조직 틀 내에서는 탄력성 확보가 어려운 것이다. 물론 공공기관도 인력 증원 등이 쉬운 것은 아니지만 상대적으로 공무원 조직보다는 유연한 측면이 있다.

고용서비스의 질적 수준 향상을 위해서는 적정 고용서비스 인력 확보가 전제조건이라는 측면에 전문가들은 대부분 동의하고 있지만, 기존 행정의 틀 속에서는 고용서비스 인력을 대폭 확충하여 선진국과의 격차를 좁히는 게 쉽지 않다는 한계가 있다. 조직 형태의 근본적인 변화 없이 고용서비스 인력 확충을 통한 양질의 고용서비스 제공 기반 구축은 요원해 보인다.

한편, 고용서비스 제공 주체를 공무원에서 공공기관으로 이전하는 문제를 별론으로 한다면, 현 집행시스템의 구조적인 문제를 해결하려는 노력도 병행해야 한다. 가장 중요하면서도 어려운 문제는 '인력 증원' 이슈이다. 고용서비스는 기본적으로 구직자와의 라포(rapport) 형성을 기반으로 생애 경력설계를 위한 심층상담이 가장 주축이 되어야 한다. 그래서 고용서비스 담당 인력을 '직업상담원'이라고 칭하고 있기도 하고 직업상담사 자격을 중요시하고 있기도 한 것이다.

그런데 현실을 보면 상담 기능이 실종되고 있다. 고용보험의 구직급여나 국민취업지원제도가 구직촉진수당, 사업주를 위한 각종 고용장려금 등의 업무 수행 과정에서 급여 지급을 위한 요건 확인과 급여 지급 업무을 감당하기에도 버거운 상황이 지속되다 보니 취업 상담은 뒷전으로 밀려나는 상황에 놓인 것이다. 급여 지급업무는 지체되면 당장 민원이 발생하므로 집행 담당자가 우선적으로 신경을 쓰지 않을 수 없는 현실을 감안하면, 심층 상담을 전담할 수 있는 인력을 증원하거나 급여 지급 업무량을 줄여서 심층 상담을 병행할 수 있는 여건을 만들어야 한다.

표 13-1 　　　　　　　　　　　　　　　　　　　　공공 고용서비스 담당 인력 국제 비교

구분			직원수 (천 명) (A)	경제활동 인구수 (천 명) (B)	실업자수 (천 명) (C)	1인당 경제활동 인구수 (명) (B/A)	1인당 실업자수 (명) (C/A)
중앙 집권형	영국	공공 잡센터플러스	31	34,074	1,551	429	34
		민간 민간기관	96.3			354	16
		총계	127.3			199	144
	일본	공공 헬로워크	28	68,678	1,911	2,261	91
		공공 지방 포함	29			1,761	48
	한국	공공 고용센터	5.2	28,012	1,108	5,387	213
		공공 위탁+지역 포함	12.5			2,241	89
		민간고용서비스	45.5			616	24
		총계	58			483	19
공단형	독일	공공 BA	113	43,519	1,658	374	22
		민간 민간기관	55			791	30
		총계	168			259	10
	오스트리아	공공 고용공단	5.4	4,540	243	798	40
	프랑스 (2022)	공공 Emploi	58.8	29,346	2,350	499	40
시장형	호주	공공 센터링크	NA	13,551	875	-	-
		민간 NESA	33			411	26
		총계				411	26
겐트형	덴마크	공공 잡센터	1.3	3,023	170	2,325	131
		민간 민간기관	1.1			2,748	155
		총계	2.4			1,169	87

* 출처: '외국 고용서비스 인력현황 국제비교', 이덕제, 한국고용정보원, 2022.

　　실제 주요 선진국들과 비교하면, 우리나라의 공공 고용서비스 인력이 절대적으로 부족한 상황임을 알 수 있다. 표 13-1은 이덕제(2022)의 OECD 주요 국가와 우리나라의 공공 고용서비스 담당 인력 현황을 비교한 최근 연구 결과물이다. 이 연구에서도 우리나라는 공공 고용서비스 인력이 주요 선진국의 1/10에도 미치지 못한다는 점을 보여주고 있다. 다만, 민간 고용서비스 인력까지 포함하면 주

요 선진국과 큰 차이가 없다는 점도 동시에 보여주면서, 전체 고용서비스 인력의 양적인 문제와 함께 질적인 수준도 중요하다는 점을 지적하고 있다.

또한, 고용서비스 담당 인력의 전문성 강화를 위한 투자를 강화해야 한다. 민간 노동시장이 급격히 변화하는 상황에서 과거의 지식으로는 구직자에게 충실한 직업상담을 제공하는 데 한계가 있을 수밖에 없다. 따라서 교육훈련 기회를 획기적으로 확충할 필요가 있으며 교육훈련 프로그램에 민간 기업 인사·노무 담당자들을 적극적으로 섭외하여 살아있는 교육이 될 수 있도록 변화될 필요가 있다.

또한, 직업상담원이 모든 분야에 대한 전문 상담을 담당할 수는 없으므로 주요 산업별로 전담 업종이나 직종을 나눠서 해당 분야 전문 직업상담원으로 양성하여야 한다. 증권회사의 애널리스트와 같이 고용서비스 분야도 전문화가 필요한 것이다.[4]

아울러, 양질의 고용서비스를 제공할 수 있는 물적 인프라도 확충해야 한다. 심층 직업상담이 충실하게 진행되기 위해서는 개인이 내밀한 이야기도 자유롭게 이야기할 수 있는 물리적 환경도 갖추어져야 하지만, 현실에서는 상담 환경이 제대로 구축되지 못한 실정이다.

고용서비스 분야는 일종의 성장산업이다 보니 계속해서 새로운 사업이 등장하면서 서비스 대상과 예산 모두 급증하고 있다. 그러나 이를 수행할 집행기관의 인프라는 거의 변화가 없어 효과적인 직업상담을 통한 재취업 지원 등의 목표를 달성하기 쉽지 않은 상황이다.

2. 고용서비스 집행기관 간 유기적 연계

공공 고용서비스 네트워크 구축

고용정책을 집행하는 기관이 복잡다기하다는 사실은 여러 가지 과제를 수반한다. 무엇보다 일반 국민은 매우 혼란스러울 수 있다. 일자리를 구하려고 마음은 먹었는데 도대체 이 많은 기관 중 어디를 가야 원하는 고용서비스를 받을

---

4 고용서비스 담당 인력의 전문성 강화와 관련된 상세한 내용은 필자의 저서(2014)를 참고하기 바란다.

수 있는지 알 수 없기 때문이다. **구직희망자의 최초 접점을 명확하게 하고 진입 초기 상담 기능을 활성화하는 노력이 필요한 이유이다.**

그간 여러 차례 고용복지플러스센터에서 진입 초기 상담을 활성화하려고 노력했으나 가시적인 성과를 거두지 못했다. 원인을 분석해 보니 초기 상담을 위한 시스템 구축이 미비한 요인도 컸다.

즉, 초기 상담이 의미 있게 진행되기 위해서는 내담자의 교육 이력, 직장 경력, 훈련 이력, 구직활동 이력, 직업상담 이력, 자격증 현황, 복지 수혜 이력 등 다양한 고용 관련 정보를 통합적으로 확인할 수 있는 시스템 구축과 함께 관심 지역의 일자리 정보, 훈련 정보, 고용서비스 프로그램 정보, 일경험 기회 정보 등 고용서비스 수단들에 대한 통합적인 정보망을 구축하여야 한다.

이러한 조건이 충족될 때 구직자 특성에 맞춰 필요한 고용서비스를 제공하고 궁극적으로 취업에 이르기까지 경로를 설계해 줄 수 있는 것이다. 이러한 기반이 구축되지 않은 상황에서는 초기 상담을 활성화하고자 하더라도 구직자가 원하는 수준의 서비스를 제공하기에는 명백한 한계가 존재할 수밖에 없다.

아울러, 상담 인력이 충분하지 못한 현실적 제약 속에서 초기 상담을 활성화하기 위해서는 디지털 고용서비스 고도화와 연계하여 초기 상담을 추진할 필요가 있다. 온라인상에서 내담자의 프로파일링과 이에 기반한 유형화 작업이 완결될 수 있도록 통합 고용정보 시스템과 내담자의 추가적인 정보 제공을 연계하는 초기 상담 온라인 시스템을 구축하면 인력 소요를 최소화할 수 있을 것으로 기대된다.

또한, 수많은 공공 고용서비스 기관이 전체적인 고용서비스 틀 속에서 체계적으로 운영되지 않고 중구난방(衆口難防)식으로 활동하다 보면 오히려 혼란만 가중시킬 우려가 있다. 공공 고용서비스의 핵심 기관이라 할 수 있는 고용복지플러스센터를 중심으로, 제공되는 고용서비스를 표준화하고 기관 간 연계를 강화하기 위한 연계 틀을 구축할 필요가 있다.

이를 위해 (가칭) '공공 고용서비스 네트워크'를 구축하고 중앙과 지역 단위에서 주기적으로 각 기관이 제공하고 있는 고용서비스 관련 다양한 협의를 진행할 수 있도록 조치할 필요가 있다. 이 네트워크에 가입된 기관들에 대해서는 워크넷과 같은 공공 고용서비스 기반망을 통한 구직자 정보 접근 권한을 부여하는 등의 인센티브를 제공하면서, 각 기관의 구인 정보, 프로그램 모집 정보 등을 의무적으로 등록토록 하는 등 공공 고용서비스 프로그램이 네트워크 내에서 공유될 수 있도록 유도해 나간다면 구직자에게 더욱 충실한 고용서비스를 제공할 수 있을 것으로 기대된다.

이와 함께, 고용서비스의 질적 수준 향상을 도모하기 위해서는 다양한 집행기관의 상담원들에 대한 전문성 강화 교육을 체계적으로 운영할 필요가 있다. 고용노동부를 제외한 타 중앙행정기관이나 지자체, 민간위탁기관 등의 경우 고용서비스 기관의 규모가 크지 않아서 독자적인 전문성 향상 교육을 시킬 여력이 없는 경우가 대부분이다. 집행기관의 교육훈련 수요를 주기적으로 확인해서 고용노동부가 운영하는 고용서비스 전문성 향상 교육 프로그램에 참여할 수 있도록 유도할 필요가 있다.

민간 고용서비스 활성화

고용서비스 집행과 관련하여 빼놓을 수 없는 영역이 민간 고용서비스 분야이다. 민간 고용서비스는 「직업안정법」과 「파견근로자보호 등에 관한 법률」에 따라 1) 직업소개사업, 2) 직업정보제공사업, 3) 근로자 공급사업, 4) 근로자 파견사업 등 크게 네 가지 영역으로 나눠진다.

민간 고용서비스 시장은 정부의 본격적인 고용정책이 추진되기 전부터 건설, 가사, 간병 등 일용직 노동시장을 중심으로 발전해 왔으며, 현재까지도 이 분야는 공공 고용서비스의 비중이 낮은 영역이기도 하다.

표 13-2가 보여주는 바와 같이 2000년 이후 민간 고용서비스 기관은 유·무료 직업소개사업과 직업정보제공사업 중심으로 양적으로 크게 확장하였으나 여전히 대다수 업체는 영세한 수준에 머물러 있는 것으로 평가되고 있다(이덕제, 2022).

민간 고용서비스 기관은 고용정책 측면에서 크게 세 가지 과제를 던지고 있다. 첫째는 '고용정책 집행의 파트너로서 민간 고용서비스 기관을 어떻게 육성할 것인가'라는 문제 인식이고, 둘째는 '민간 고용서비스기관이 주로 담당하고 있는 일용근로자 등 취약계층에 대한 고용서비스의 질적 수준을 어떻게 제고할 것인가'라는 문제이다. 셋째는 '민간 고용서비스 고도화를 위해 영세성을 극복하고 경쟁력을 강화할 방법이 무엇인가'라는 측면이다.

 표 13-2

연도별 민간 고용서비스 기관 추이

(단위: 개소)

연도		2000	2005	2010	2015	2019
계		4,903	8,291	11,216	16,131	18,192
직업소개 사업	국내유료	3,168	6,379	8,247	8,583	13,332
	국내무료	210	419	617	1,322	1,616
	국외유료	25	49	107	107	198
	국외무료	-	2	14	7	34
	소계	3,403	6,849	8,985	10,019	15,180
직업정보제공사업		104	276	591	1,145	1,204
근로자공급사업		39	43	45	42	46
근로자파견사업		1,357	1,153	1,595	2,492	2,283

* 출처: '외국 고용서비스 인력현황 국제비교', 이덕제, 한국고용정보원, 2022.

먼저 고용정책의 집행이라는 관점에서 민간 고용서비스 기관에 어떤 역할을 부여할 것이며, 이들을 어떻게 관리할 것인가라는 과제가 있다. 고용정책 집행과정에서 민간 고용서비스 기관의 역할은 국가별로 다양하다.

호주의 'Job Network' 사례와 같이 극단적으로 민간 고용서비스 기관이 공공 고용서비스를 대체하는 수준으로 운영했던 사례도 있지만, 대부분의 경우에는 공공 고용서비스의 독점에 따른 폐해와 경직성을 보완하는 차원에서 민간 고용서비스 기관에 위탁하는 제도를 도입하고 있다. 우리나라도 2006년 경기도 청년 뉴딜사업, 2009년 고용노동부 취업성공패키지사업 등에서 민간 위탁이 도입된 이래 전반적으로 확대되는 상황이다(유길상, 2014).

민간 고용서비스 위탁에 따른 대표적인 문제로 크리밍(creaming)과 파킹(parking) 현상이 언급된다. 민간 위탁기관으로서는 사업 성과를 내기 위한 합리적인 선택일 수도 있겠지만 공공 고용서비스의 취지를 생각한다면 용납하기 어려운 현상으로 볼 수 있다. 이외에도 민간 위탁은 여러 가지 잠재적 이슈가 있다.

예를 들어, 공공 고용서비스는 전국 어디에서나 유사한 서비스를 제공받을 수 있도록 질적 수준을 관리해야 하지만, 민간 위탁 방식을 택할 경우 농어촌 지역이나 비수도권 지역은 민간 위탁이 가능한 기관의 수도 적고 그 질적 수준도 떨어짐에 따라 차별적 고용서비스를 받을 우려가 있다. 아울러, 단기 계약 방식의 민간 위탁은 고용서비스 사후관리 부실을 초래할 위험성도 내재해 있다.

이러한 문제점들을 해소하기 위해 고용노동부와 한국고용정보원은 고용서비스 민간 위탁기관 기본역량심사제도와 인증제도를 도입해서 운영하고 있으나, 이와 동시에 민간 고용서비스 기관이 전문성을 제고하고 양질의 서비스가 가능하도록 인적, 물적 기반을 강화하면서 원하는 성과를 낼 수 있도록 유도하는 방안에 대한 고민도 중요하다.

고용서비스 민간 위탁기관과 간담회를 해보면 가장 많이 애로사항으로 이야기하는 내용에는 1) 안정적 운영을 할 수 있도록 다년 계약방식 도입, 2) 상담직원에 대한 적정 인건비 책정 등 위탁관리비 현실화, 3) 번잡한 행정업무 간소화와 지나친 지도·감독 지양 등이 포함된다. 민간 고용서비스 기관이 고용정책 집행 파트너로 자리잡을 수 있도록 장기적인 관점에서 양질의 고용서비스 기관을 양성하고 합리적인 성과관리 시스템을 발전시켜 고용정책의 효과를 높이도록 노력해야 하겠다.

취약계층이 많이 의존하고 있는 유·무료 직업소개소의 역할에 대해서도 고민이 필요하다. 사실 취약계층의 경우 그 누구보다도 공공 고용서비스를 통한 지원이 필요하지만, 역설적으로 건설일용직, 간병, 가사도우미 등의 임시일용직 일자리는 공공 고용서비스 기관을 통한 취업실적이 매우 낮은 실정이다. 그렇다 보니 개인 여건을 고려한 심층 직업상담을 접할 기회도 제한되고 직업능력 개발 기회도 오히려 차단되는 문제가 있다.

과거 외환위기 직후, 공공 고용서비스망에서 건설일용직에 대한 취업알선을 해보려는 시도도 있었지만 별다른 성과를 내지 못하고 사업이 없어졌던 경험이 있다. 이처럼 유·무료 직업소개소의 기능을 공공 고용서비스가 대체한다는 것은 쉽지 않은 도전이다.

오히려 현실적인 선택은 유·무료 직업소개소와의 협업을 강화하여 유·무료 직업소개소를 이용하는 취약계층이 공공 고용서비스도 이용할 수 있도록 유도하거나 유·무료 직업소개소에서 직접 심층 직업상담을 할 수 있도록 상담인력을 지원하는 방식 등을 고민하는 것이 나을 수도 있겠다.

또한, 유·무료 직업소개소 등록·관리 업무를 지방자치단체에 이관하여 수행하고 있는데 제대로 운영되고 있는지 심층 평가해 볼 필요가 있다. 유·무료 직업소개소 업무를 지자체에서 수행하다 보니 고용노동부의 관심에서도 조금 멀어지고 고용복지플러스센터와의 연계도 미흡한 문제점이 노출되는 것으로 보인다.

민간 고용서비스 기관을 대형화, 종합화하자는 아이디어는 외환위기 이후부터 언급되었다. 대표적으로 금융회사와 대비되는 '노융(勞融)회사' 및 '종합인력서비스회사' 설립 지원 등의 아이디어가 있다.5 이는 기업에 자본을 융통해 주는 금융회사가 있듯이 인력 공급과 관련해서 채용, 알선, 훈련, 파견, 용역 등 종합적인 인력 서비스와 관련된 업무를 할 수 있는 노융산업을 양성하고 노융회사를 키우자는 의미이다. 노동시장의 인력 서비스에 대한 규제 중심의 시각에서 벗어나 규모의 경제를 실현하면서 민간 고용서비스를 활성화할 수 있다는 측면에서 진지한 고민이 필요한 영역이다.

현재 우리나라의 고용서비스는 공공 고용서비스에 대한 적극적인 투자도 부족하면서, 동시에 민간의 창의적인 고용서비스를 육성할 전략도 미흡한 실정이다. 공공과 민간을 포함한 고용서비스 분야의 선진화는 고용서비스 산업에서 양질의 일자리를 창출할 뿐만 아니라, 노동시장에서 구직자와 기업의 탐색 비용을 줄여주면서 원하는 구인·구직의 결과를 만드는 데 유용한 역할을 할 것으로 기대된다.

3. 디지털 고용서비스 고도화

기존의 고용서비스는 오프라인에서 직업상담원이 대면상담을 통해 진행하는 것을 전제로 구성된 측면이 있다. IT 기술이 발달하지 못한 상황에서는 어쩔 수 없는 측면이 있으나 이제는 상황이 많이 바뀌었다. 인터넷과 모바일 기술의 발전과 함께 ChatGPT와 같은 AI 기술과 메타버스(metaverse) 기술까지 가세하고 있는 현실 속에서 오프라인 상담을 고집하는 것은 더 이상 유효하지 않아 보인다.

---

5 강순희 외(2010)는 미국, 영국, 일본, 프랑스 등의 노융산업을 분석하면서 노융산업 활성화방안을 제시하고 있다.

특히, 코로나19 시기에 비대면 서비스 경험이 확산하면서, 비대면 서비스에 대한 거부감도 많이 사라진 상황이 되었고, MZ세대를 중심으로 대면 서비스를 오히려 부담스러워하는 경향까지 확산하고 있다. 이러한 환경 변화는 고용서비스 제공 방식도 바뀌어야 한다는 점을 역설하고 있다. 이제 고용센터를 방문하지 않더라도 인터넷을 통해 원하는 시간에 편리하게 오프라인 고용서비스 보다 더 나은 고용서비스를 제공받을 수 있도록 근본적인 고용서비스 전환이 필요한 시점이 되었다.

이미 벨기에, 프랑스 등 여러 나라에서 비대면 방식의 온라인 고용서비스 혁신 사례가 보고되고 있으니 국제적 흐름도 디지털 고용서비스를 확산하는 방향으로 진행되고 있음을 알 수 있다.[6]

💬 그림 13-2   **AI 기반 직업상담 지원 서비스(Job Care)**

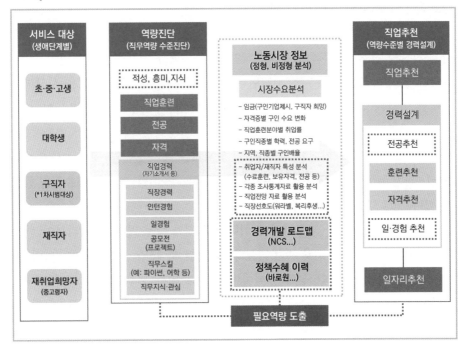

* 출처: 한국고용정보원 누리집(keis.or.kr).

---

6 이우영 외(2023)는 벨기에, 호주, 영국, 독일, 프랑스, 미국 등 주요 국가의 디지털 고용서비스 추진현황을 상세하게 분석하고 있다. 우리나라의 디지털 고용서비스 전략 수립에 큰 도움이 될 것으로 보인다.

그간 워크넷을 중심으로 AI 기반 일자리 매칭 서비스를 도입하기도 하였고, 챗봇 서비스도 낮은 수준이지만 서비스를 시작한 상황이다. 또한, 최근에는 그림 13-2에서 볼 수 있는 바와 같이, 한국고용정보원이 개발한 AI 기반 직업상담 지원 서비스(Job Care)를 활용하여 고용서비스를 고도화하는 노력을 기울이고 있다.

그러나, 여전히 고용 관련 다양한 정보를 통합적으로 접근하기는 매우 불편한 상황이다. 예를 들어, 고용 관련 대표적 전산망인 워크넷, HRD-NET, Q-NET, 고용보험 시스템 등이 다 제각각 구축되어 있어서 개인별 정보를 통합적으로 제공하지 못하는 문제가 있다. 개인의 활동이 각각의 전산망에 저장되어 있으므로 그 정보를 확인하기 위해서는 해당 전산망에 직접 로그인해서 확인하는 수밖에 없는 것이다. 이러한 불편한 구조가 발생하는 이유는 각 전산망 간 연계시스템이 구축되어 있지 않기 때문이다.

또한, 고용서비스를 제공하는 현장 직업상담원의 입장에서도 현행 전산시스템은 전산망 간 연계 부족으로 효율적인 업무 수행을 저해한다는 불만이 큰 상태였다. 다행히 고용노동부는 2022년부터 가칭 '고용 24' 구축 사업을 시작하여 위에서 언급한 고용 관련 주요 전산망 간 연계시스템 구축을 시작하였다. 이 사업이 완료되면 2024년부터는 주요 고용 관련 전산망이 연계된 통합시스템을 활용할 수 있을 것으로 기대된다. 아울러, 앞으로는 복지 전산망, 교육 전산망 등과도 연계하여 실질적으로 개인별 고용서비스 제공이 고도화될 수 있도록 추진할 필요가 있다.

디지털 고용서비스를 고도화하기 위해서는 정책 수립 방식의 획기적인 전환이 필요하다. 무엇보다 고용 관련 양질의 데이터를 축적하는 노력이 선행되어야 한다. 디지털 고용서비스의 성패는 데이터에 달려 있다는 점은 아무리 강조해도 지나침이 없어 보인다. 미국의 O*NET과 같은 직업정보 시스템을 구축하기 위해서는 직업-직무-직무능력을 연결하는 온톨로지(ontology)를 구축하여야 하며, 이를 위해서는 공공과 민간의 다양한 고용 관련 데이터를 표준화하고 연계하는 작업이 선행되어야 한다.

또한, 앞으로의 고용서비스는 디지털 프로세스로 운영된다는 인식하에 고용정책 수립 시 디지털 서비스를 전제로 사업을 설계할 필요가 있다. 지금까지는 사업을 먼저 설계하고 나서, 설계된 사업계획에 맞춰 전산시스템을 개발하고 집행하는 구도로 정책 프로세스가 진행되었다. 그러다 보니 비효율적인 지원 요건이나 지원 수준 등이 비대면으로 사업을 신청하거나 지원금 수령을 어렵게 만드는 요인으로 작용했다.

예를 들어, 고용장려금을 지원할 때 채용한 근로자의 평균임금을 계산토록 한다든지, 우선지원대상기업에 대해 한정해서 지원한다든지, 지원금을 받기 위해서는 임금대장을 첨부토록 하는 등 비대면으로 민원인이 직접 확인할 수 없는 요건들을 사업 설계 시 포함하는 경우가 많았다. 이러한 문제를 근본적으로 해결하기 위해서는 사업 설계 시부터 디지털 방식으로 사업을 운영할 수 있도록 고민하고 대안을 찾는 노력을 해야 하는 것이다.

이를 위해서는 궁극적으로 고용정책 조직 자체를 디지털 기술을 개발하고 활용하는 데 최적화될 수 있도록 바꿔 나갈 필요가 있다. 조속히 각 중앙부처 내에도 CIO(Chief Information Officer) 또는 CTO(Chief Technology Officer)를 두고 종합적으로 관리해 나가는 등 정부 조직 전체가 디지털 시대에 대응할 수 있는 정책 추진을 할 수 있도록 전환해야 한다. 이를 위해 정책 분야에 이공계 출신 비율을 늘리고 공무원 대상 교육·훈련과정에도 IT 기술과 빅데이터 활용 등의 과정을 대폭 확충해 나갈 필요가 있다.

아울러, 정책을 기획하는 담당자들이 디지털 고용서비스 구현 과정에 대해 깊이 있게 이해하는 노력이 선행되어야 하며, 이를 위한 교육·훈련도 매우 중요하다. 이제 고용정책 기획자도 UX(User Experience)와 UI(User Interface)를 이해하고, 정책 기획 단계에서부터 UX와 UI를 제고할 수 있는 방안을 고민하면서 세부적인 사업 설계를 해야 하는 시대가 된 것이다. 민간 분야는 이미 이러한 방향으로 앞서나가고 있는데 정부를 포함한 공공 분야는 많이 더딘 측면이 있다.

2022년 말 공개된 ChatGPT는 디지털 고용서비스에도 혁명적인 변화를 가져올 것으로 기대된다. ChatGPT로 대표되는 생성형 AI 시스템은 기존의 챗봇 시스템이나 AI기반 매칭 시스템 수준을 훨씬 뛰어넘는 AI 시스템이 실용화 단계에 이르렀음을 보여주고 있다.

우리나라도 벨기에 등에서 도입하고 있는 바와 같이, 'Digital First' 기조하에 디지털 고용서비스를 기본값으로 제공하고, 오프라인 고용서비스는 디지털 고용서비스 활용에 어려움을 겪는 취약계층과 프로파일링 결과 심층 상담이 필요한 장기 실업 우려 대상자 등으로 한정해서 제공하겠다는 정책 방향을 설정하고 디지털 고용서비스 고도화에 과감한 투자를 할 필요가 있다.

참고문헌

강순희 외, 2010. 『노용산업의 발전과 일자리 창출』. 한국노동연구원.

고세란. 2021. 「MZ세대의 미디어 이용행태」. ≪KISDI STAT 리포트≫, Vol. 21 – 18. 정보통신정책연구원.

고영우 외. 2019. 『한국의 지역노동시장권 2015 – 지역노동시장의 공간적 범위와 특성 연구』. 한국노동연구원.

고용노동부. 2021. 『근로시간단축제도 가이드북』. 고용노동부.

고용노동부. 2021. 「고용보험기금 재정건전화방안」. 고용노동부 보도자료, 2021.9.1.

고용노동부. 2021. 「2021년 플랫폼 종사자, 취업자의 8.5%인 220만 명」. 고용노동부 보도자료, 2021.11.19.

고용노동부. 2021. 「2022년 장애인 고용 예산 관련 주요 내용」. 고용노동부 보도자료, 2021.12.17.

고용노동부. 2022. 「2020~2030 중장기 인력수급 전망 발표」. 고용노동부 보도자료, 2022.2.3.

고용노동부. 2022. 「직장인들이 바라는 일터의 모습 설문조사 결과」. 고용노동부 보도자료, 2022.9.22.

고용노동부, 2022. 『통계로 보는 우리나라 노동시장의 모습』. 고용노동부.

고용노동부. 2023. 『2023 한 권으로 통하는 고용노동 정책』. 고용노동부.

고용노동부·갤럽. 2022. 『2021년 기업직업훈련 실태조사 기초분석 보고서』. 고용노동부.

고용노동부·한국장애인고용공단 고용개발원. 2022. 『2022 장애인 통계』. 한국장애인고용공단 고용개발원.

곽은혜. 2021. 『경기침체와 청년·여성 노동시장』. 한국노동연구원.

교육부·한국교육개발원. 2020. 『2020년 한눈에 보는 OECD 교육지표』. 교육통계서비스(kess.kedi.re.kr).

국가장학재단. 2022. 『2022년 2학기 국가장학금 시행계획』. 국가장학재단.

권향원. 2020. 「공공성 개념: 학제적 이해 및 현실적 쟁점」. ≪정부학연구≫, 제26권 제1호. 고려대학교 정부학연구소.

권혜자 외. 2022. 『웹기반형 플랫폼 노동과 정책과제』. 한국고용정보원.

금현섭 외. 2017. 『고용노동정책의 역사적 변화와 전망』. 서울대학교출판문화원.

기획재정부·KDI공공투자관리센터. 2022. 『2022 조세특례 심층평가: 고용지원을 위한 조세특례』. 기획재정부·KDI공공투자관리센터.

길현종, 2018. 「공공고용서비스 시장화와 일선의 대응: 영국, 덴마크, 독일, 프랑스의 경험」. ≪국제노동브리프≫, 2018년 12월호. 한국노동연구원.

김근주 외. 2018. 『비정규직대책의 현황과 과제』. 한국노동연구원.

김근주 외. 2021. 『채용에 관한 법적 규율과 제도적 개선 사항』. 한국노동연구원.

김난도. 2020. 『트렌드 코리아 2021』. 미래의 창.

김민호 외. 2019. 『스마트공장 도입의 효과와 정책적 함의』. 한국개발연구원.

김상봉. 2018. 『근로장려세제 효과성 제고방안』. 국회예산정책처.

김새봄. 2022. 『이민자 고용실태와 정책방향』. 한국고용정보원.

김성중 외. 2005. 『한국의 고용정책』. 한국노동연구원.

김수원 외. 2008. 『고용복지론』. 한국학술정보(주).

김승훈 외. 2022. 『사회복지정책론』. 양서원.

김안국. 2019. 「사회적 보호로서의 직업능력개발」. ≪The HRD Review≫ 제22권 제4호. 한국직업능력개발원.

김영종. 1992. 『노동정책론』. 형설출판사.

김영중. 2014. 『대한민국 일자리, 생각을 바꾸자』. 한울아카데미.

김영중. 2014. 「남북한 노동시장 통합정책에 대한 연구」. ≪한국행정학보≫, 제48권 제2호. 한국행정학회.

김용섭. 2021. 『결국 Z세대가 세상을 지배한다』. 퍼블리온.

김유빈. 2021. 「4차 산업혁명과 위드 코로나 시대의 국내 노동시장 변화」. 『백지에 그리는 일자리(윤동열 외)』. 국가인재경영연구원.

김유빈 외. 2016. 『조세제도의 고용효과 연구』. 한국노동연구원.

김지운. 2021. 「인구구조 변화가 산업별 노동공급에 미치는 영향」. 『백지에 그리는 일자리(윤동열 외)』. 국가인재경영연구원.

남북하나재단. 2022. 『2021 북한이탈주민 정착실태조사』. 남북하나재단.

남재량 외. 2022. 『전일제 환산 고용지표에 관한 연구』. 한국노동연구원.

남재욱. 2021. 『플랫폼노동자의 직업능력 관련 과제』, 경제사회노동위원회 회의자료 (2021.10.28.).

노동부. 2007. 「특집: 비정규직 보호법안 주요내용」. ≪월간 노동≫, 2007년 1월호. 노동부.

노민선. 2021. 「대－중소기업 간 노동시장 격차 변화 분석(1999~2019)」. ≪KOSBI 중소기업 포커스≫, 제21－04호. 중소기업연구원.

데이비드 와일. 송연수 역. 2015. 『균열일터, 당신을 위한 회사는 없다』. 황소자리.

방글 외. 2023. 『중장기 인력수급전망 2020－2030: 미래 일자리 세계의 변화』. 한국고
    용정보원.

법무부. 2022. 『2021년 12월 출입국·외국인정책 통계월보』. 법무부.

보건복지부. 2022. 『2022 자활사업 안내』. 보건복지부.

사람입국·일자리위원회. 2005. 『고용서비스 선진화사업 평가 및 향후과제』, 사람입국·
    일자리위원회.

선대인. 2017. 『일의 미래: 무엇이 바뀌고, 무엇이 오는가』. 인플루엔셜.

성재민. 2016. 「실업급여의 역사와 과제」. ≪월간 노동리뷰≫, 2016년 11월호. 한국노
    동연구원.

성재민. 2021. 『고용형태, 일자리 변동, 기술변화가 불평등에 미친 영향』. 한국노동연구원.

손연정 외. 2021. 『비대면 시대 일하는 방식의 변화와 일·생활 균형』. 한국노동연구원.

신민영 외. 2016. 『반세계화시대의 세계화』. LG경제연구원.

양재완. 2021. 「4차 산업혁명에 따른 기업의 일하는 방식 변화와 대응」. 『백지에 그리
    는 일자리(윤동열 외)』. 국가인재경영연구원.

여성가족부. 2020. 「2019년 경력단절여성 등의 경제활동 실태조사 결과 발표」. 여성가
    족부 보도자료, 2020.2.12.

오상봉 외. 2019. 『온실가스 감축 로드맵의 고용효과』. 한국노동연구원.

오성욱. 2019. 『고용서비스 정책과 경영』. 한국학술정보.

유길상. 2014. 「고용서비스 민간위탁조건의 국제비교와 시사점」. ≪노동정책연구≫, 제
    14권 제1호. 한국노동연구원.

유동헌 외. 2013. 「석탄산업합리화정책 출구 전략」. ≪정책 이슈페이퍼≫, 13－04. 에
    너지경제연구원.

유훈. 2016. 『정책집행론』. 대영문화사.

윤기설. 2022. 「나라 존립 위협하는 포퓰리즘 탈피」. 『대한민국 판이 바뀐다(김대환 외)』.
    미래사.

이규용 외, 2015. 『이민정책의 국제비교』. 한국노동연구원.

이규용 외, 2020. 『외국인력 정책과제－개방과 규제』. 한국노동연구원.

이덕제. 2022. 「외국 고용서비스 인력 현황 국제비교」. ≪계간 고용이슈≫, 2022년 가
    을호. 한국고용정보원.

이덕제 외. 2021. 『시간제일자리 동향과 정책과제』. 한국고용정보원.

이병희. 2018. 「근로빈곤 특성과 한국형 실업부조 도입방향」. ≪월간 노동리뷰≫, 2018
    년 12월호. 한국노동연구원.

이병희 외. 2022. 『자영업자의 노동시장 위험과 고용안전망』. 한국노동연구원.

이상철. 2000. 「위임·위탁·대리·대행」, ≪법제≫, 2000년 8월호. 법제처.

이수영 외. 2021. 『국가와 기업의 초고령사회 성공전략』. 박영사.

이승호 외. 2021. 『고령자 고용지원 정책의 국가 비교 연구』. 한국노동연구원.

이시균 외. 2021. 『기술혁신이 고용구조 변화에 미치는 효과』. 한국고용정보원.

이영욱. 2018. 『근로능력빈곤층에 대한 소득지원정책 개선방안 연구』. 한국개발연구원.

이영욱 외. 2021. 『새로운 위험에 대응한 사회안전망 구축』. 한국개발연구원.

이용관. 2018. 「청년층의 주관적 계층의식과 계층이동 가능성 영향요인 변화 분석」. ≪보건사회연구≫, 제38권 제4호. 한국보건사회연구원.

이우영 외. 2023. 『디지털 고용서비스 고도화 방안』. 한국기술교육대학교 산학협력단 (working paper).

이재흥 편저. 2019. 『한국의 고용정책과 전략』. 한국고용정보원.

이정서. 2022. 『사회복지 정책론 (제2판)』. 정민사.

이정희 외. 2021. 『기후위기와 일의 세계』. 한국노동연구원.

이종관. 2020. 『외국인 및 이민자 유입이 노동시장에 미치는 영향』. 한국개발연구원.

이주호 외. 2014. 「한국은 인적자본 일등 국가인가?: 교육거품의 형성과 노동시장 분석」. ≪KDI 포커스≫, 통권 제46호. 한국개발연구원.

이혜승. 2020. 『공공고용서비스 전달체계의 관리위험과 감사시사점』. 감사원 감사연구원.

임공수. 2018. 『고용정책학원론』. 청목출판사.

장신철. 2017. 「4대 사회보험 적용·징수 통합 추진과 향후 과제」. 『고용노동정책의 역사적 변화와 전망(금현섭 외)』. 서울대학교출판문화원.

장지언. 2020. 『플랫폼노동 현상에 어떻게 대응할 것인가?』. 정책기획위원회.

장지연. 2021. 「플랫폼노동자의 규모와 특징」. ≪고용·노동브리프≫, 제104호(2020−11). 한국노동연구원.

장지연 외. 2019. 『노동시장 이중구조 해소를 위한 통합적 노동시장정책 패러다임』. 한국노동연구원.

전병유. 2019. 「우리나라 노동시장 분절화의 구조와 시사점」. 『노동시장 이중구조 해소를 위한 통합적 노동시장정책 패러다임(장지연 외)』. 한국노동연구원

정병석 외. 2022. 『고용보험법 제정의 역사』, 한국기술교육대학교.

정재현 외. 2022. 『청년 고용정책 사각지대 발굴 및 정책제언』. 한국고용정보원.

정정길 외. 2020. 『정책학원론』. 대명출판사.

조돈문 외. 2018. 『지역 일자리 노동시장정책』. 매일노동뉴스.

중소벤처기업부. 「2022년 3조 6,668억 원 규모 창업지원사업 통합공고」. 중소벤처기업부 보도자료. 2022.1.3.

중소벤처기업부. 「실질 창업 증가 속, 기술창업 역대 최대 23만개 달성」. 중소벤처기업부 보도자료. 2022.2.23.

짐 클리프턴. 정준희 역. 2015. 『갤럽보고서가 예고하는 일자리 전쟁』. 북스넛.

최세림 외. 2022. 「효율적인 여성인력 활용을 위한 정책 제언」. ≪월간 노동리뷰≫, 2022년 4월호. 한국노동연구원.

최영준. 2022. 「MZ세대의 현황과 특징」. ≪BOK 이슈노트≫, 제2022-13호. 한국은행.

최현정. 2019. 「국제사회의 미래 위기 인식과 그 의미」. ≪이슈브리프≫, 2019-03. 아산정책연구원.

통계청. 각 년도. 『인구동향조사』. 통계청.

통계청. 2020. 「2020 통계로 보는 여성의 삶」. 통계청 보도자료. 2020.9.2.

통계청. 2021. 「2021년 사회조사 결과」. 통계청 보도자료. 2021.11.17.

통계청. 2021. 「장래인구추계: 2022~2070년」. 통계청 보도자료. 2021.12.8.

통계청. 2022. 「2022년 8월 경제활동인구조사 근로형태별 부가조사 결과」. 통계청.

통계청. 2022. 『2021년 다문화 인구동태 통계』. 통계청.

통일부. 2022. 『북한이탈주민 입국 현황』. 통일부.

페터 하르츠. 박명준 감수. 2016. 『모든 일자리에는 얼굴이 있다-폭스바겐의 해법』. 한국노동연구원.

한국경영자총협회. 2022. 「MZ세대가 생각하는 괜찮은 일자리 인식조사 결과」. 한국경영자총협회 보도자료. 2022.5.17.

한국산업인력공단. 2021. 「취업시장에서 주목받고 있는 국가기술자격증」. 한국산업인력공단 보도자료. 2021.10.6.

한국산업인력공단. 2022. 「2022년 국가기술자격 통계연보 발간」. 한국산업인력공단 보도자료. 2022.6.27.

현대경제연구원. 2021. 「국내 NEET족 현황과 시사점」. ≪경제주평≫, 통권 제905호. 현대경제연구원.

C. 라이트 밀즈. 이해찬 역. 2004. 『사회학적 상상력』. 돌베개.

Cobb, Roger W., J. Keith Ross and Marc H. Ross. 1976. 「Agenda-Building as a Comparative Political Process」, ≪American Political Science Review≫, Vol. 70, No. 1.

deLeon, Peter. 1978. 「A Theory of Policy Termination」. In Judith V. May and Aaron B. Wildavsky (eds.) The Policy Cycle (Beverly Hills: Sage).

Eytan Meyers. 2004. 『International Immigration Policy』. PALGRAVE MACMILLAN.

Günther Schmid. 2008.『Full Employment in Europe』. Edward Elgar Publishing.

ILO. 2021. 「An update on the youth labour market impact of the COVID−19 crisis」, ≪ILO Review≫, 2021.6.2.

International Commission. 2021. 『Major Future Economic Challenges』. French Republic.

Kim, Y. J. and Roh, C. Y. 2008. 「Beyond the Advocacy Coalition Framework」, ≪International Journal of Public Administration≫, Vol. 31, No. 6.

Kim, Y. J. and Roh, C. Y. 2015. 「The driving forces of collective action among policy actors: Value, power, and social capital」, ≪International Review of Public Administration≫, Vol. 20, No. 3.

Kim, Y. J. and Moon, S. J. 2021. 「The Policy Networks of the Korean International Migration Policy: Using Social Network Analysis」, ≪Journal of Policy Studies≫, Vol. 36, No. 3.

McKinsey Global Institute. 2017. 『Jobs Lost, Jobs Gained: Workforce Transitions In a Time of Automation』. McKinsey & Company.

MIT Task Force on the Work of the Future. 2020. 『The Work of the Future: Building Better Jobs in an Age of Intelligent Machines』. MIT.

OECD. 2018. 『The Future of Social Protection: What Works for Non−standard Workers?』. OECD Publishing.

OECD. 2020. 『Public employment services in the frontline for job seekers, workers and employers』. from https://www.oecd.org/coronavirus/policy−responses/ public−employment−services−in−the−frontline−for−employees−jobsee kers−and−employers−c986ff92/.

OECD. 2022. 『International Migration Outlook, 2002』. OECD Publishing.

Weible, C. M. and Sabatier, P. A. (eds) 2017. 『Theories of the Policy Process』. Westview Press.

World Economic Forum. 2020. 『The Future of Jobs Report 2020』. World Economic Forum.

찾아보기

저자 소개

김영중

저자 김영중은 1993년 행정사무관으로 공직에 입문한 이후 2022년 고용정책실장으로 명예퇴직할 때까지 고용정책 분야를 두루 섭렵한 고용 문제 전문가이다. 고용노동부에서 노동시장정책관, 고용서비스정책관, 여성고용정책과장, 청년고용대책과장, 인력수급정책과장, 인천고용센터소장 등 다양한 고용 분야 공직 경험을 지니고 있으며, 2020년에 고용정책 분야에서의 공로를 인정받아 홍조근정훈장을 받았다.

또한 서울대학교 경영학과와 행정대학원을 졸업한 후, University of Colorado Denver(UCD) 에서 행정학 박사학위를 받았으며, Policy Networks에 대한 박사학위 논문으로 미국 APPAM (Association for Public Policy Analysis and Management)이 수여하는 아시아 최우수논문상과 UCD에서 수여하는 최우수논문상을 수상하였다.

그간 국내외 저널에 4편의 논문과 1권의 고용 관련 단행본을 저술하는 등 정책 실무와 정책 연구를 병행해 왔으며, 고용정책의 이론과 정책 경험을 연계한 지식 창출과 고용정책 발전에 지속적인 관심을 두고 있다. 2023년 5월부터 한국고용정보원 원장으로 재직하고 있다.

고용정책론

초판발행	2023년 5월 31일
지은이	김영중
펴낸이	안종만·안상준
편 집	윤혜경
기획/마케팅	장규식
표지디자인	BEN STORY
제 작	고철민·조영환
펴낸곳	(주) **박영사**
	서울특별시 금천구 가산디지털2로 53, 210호(가산동, 한라시그마밸리)
	등록 1959. 3. 11. 제300-1959-1호(倫)
전 화	02)733-6771
f a x	02)736-4818
e-mail	pys@pybook.co.kr
homepage	www.pybook.co.kr
ISBN	979-11-303-1765-6 93350

* 파본은 구입하신 곳에서 교환해 드립니다. 본서의 무단복제행위를 금합니다.

정 가   20,000원